D1936871

Lexikon der Wiener Straßennamen

PERLEN-REIHE BAND 1016

Lexikon der Wiener Straßennamen

Bedeutung. Herkunft.
Hintergrundinformation
frühere Bezeichnung(en)

zusammengestellt

von

Dr. Peter Autengruber

VERLAG PERLEN-REIHE
WIEN–MÜNCHEN–ZÜRICH

Die Daten wurden vom Autor sorgfältig erhoben, dennoch kann eine Garantie nicht übernommen werden. Eine Haftung des Autors bzw. des Verlages und seiner Beauftragten für Personen-, Sach- und Vermögensschäden ist ausgeschlossen.

Für wertvolle Hinweise danke ich Herrn Prof. Mag. Alfred Moser sowie meiner Frau, Mag. Ingrid Autengruber. Herr Mag. Michael Ernegger hat sich der mühevollen Aufgabe unterzogen, die notwendigen statistischen Auswertungen vorzunehmen; hiefür sei ihm ebenfalls gedankt.

Den stets freundlichen Mitarbeitern in der Wiener Stadt- und Landesbibliothek sowie im Wiener Stadt- und Landesarchiv sei für ihre Hilfe und Unterstützung Dank ausgesprochen. Nicht zuletzt sei Herrn Siegfried Bergler für die sorgfältige Satzverarbeitung und die Hilfe beim Korrekturlesen gedankt. Er hat auch so manche Anregung eingebracht.

1. Auflage, Stand: 1. Juni 1995

Alle Rechte vorbehalten
© 1995 by Verlag Perlen-Reihe, Wien
Printed in Austria
ISBN 3-85223-269-4

PERLEN-REIHE

am Puls der Zeit

DAS GESAMTPROGRAMM

(Preise von öS 59,– / DM/sfr 9,80 bis öS 298,– / DM/sfr 43,–)

RATGEBER FÜR BÜRO U. BERUF

Geschäfts- und Privatbriefe.
Schritt für Schritt zum perfekten Brief, Anleitung zur Erstellung normgerechter Korrespondenz, Band 322, von Mag. Ingrid Scherl

Der perfekte Bewerber.
Leitfaden zur Arbeitssuche, Band 800, von Dr. Gabriele Zoubek

Uni, ich komme!
Ein Ratgeber für Erstsemestler und alle, die es werden wollen, Band 802 von Peter Rischka

Kommunikation im Ernstfall.
Ein unkonventionelles Kommunikationstraining, Band 808, von Harald Mizerovsky

Gute Noten kinderleicht.
Prüfungen ohne Angst, Band 813, von Herbert Schwinghammer

Warum Lehrer Lehrer wurden.
Wege aus dem Angstdreieck Eltern, Lehrer, Schüler, Band 814, von Sylvia Zwettler-Otte

Schulstart spielend leicht.
Die richtige Vorbereitung auf den Schuleinstieg, Band 816, von Edda Böhm

Schulprobleme.
Nicht für die Schule, für das Leben lernen wir, Band 817, von Dr. Sylvia Zwettler-Otte

RECHTS-RATGEBER

Erb- und Testamentrecht für jedermann.
Band 801, von Dr. Renate Deixler

Vereinsrecht für jedermann.
Band 804, von Erich Buchhammer

Das österreichische Steuer-SPAR-Buch.
Für Dienstnehmer (Werbungskosten, Sonderausgaben, außergewöhnliche Belastungen, etc.), Unternehmer (Betriebsausgaben, Investitionsbegünstigungen, etc.) Einkünfte aus Kapitalvermögen, sonstige Abgaben etc., Band 810, von Mag. Dr. Manfred Wagner

Wohn- und Mietrecht in Österreich.
In Zusammenarbeit mit dem Verein für Konsumenteninformation, Band 811

Datenschutz in Österreich.
So erfahren Sie, wer was über Sie speichert. So führen Sie Ihre Datenverarbeitung korrekt, Band 815, in Zusammenarbeit mit der ARGE DATEN

Der sichere Weg zum Wohnungseigentum in Österreich.
Informationen und Tips aus der Praxis, Band 819, von Elfriede Poleschinski

Arbeitsrecht für jedermann.
Band 820, von Mag. Carl-Georg Vogt

Umgang mit Rechtsanwälten.
Was kosten sie? Welche sind die besten? Wie finden Sie den richtigen? Band 821, von DDr. Alois Böhm

Kauf einer Eigentumswohnung.
In Zusammenarbeit mit dem Verein für Konsumenteninformation, Band 822

MEDIZIN UND LEBENSHILFE

Verstehe 5000 medizinische Fachausdrücke.
Band 401, von Dr. Wolf Czech

Geburt nach Maß.
Sanft, aber sicher. Band 413, von Dr. Reinhard Lober

Rutengehen und Biostrahlen.
Praxisbezogene Anleitung zum Rutengehen. Band 414, von Robert Bauer

Der Tod sitzt im Darm.
Fasten und Entschlackungskuren, Band 416, von Dr. Helmuth Bartmann

Sauna heute.
Ärztliche Ratschläge, Hygiene, Saunabau, Band 420, von Univ.-Prof. Dr. Ludwig Prokop, Ing. Peter Jeitler und Univ.-Prof. Dr. F. Tiefenbrunner

Die häufigsten Krankheiten.
Ursachen, Vorbeugung, Behandlung, Band 419, von Dr. Heinz Hutzler

Entspannung und Streßabbau.
Eine praktische Einführung in Entspannungsmethoden, Band 421, von Dr. Gerald Pohler

Einsamkeit.
Wie sie entsteht und wie man sie überwindet, Band 422, von Dr. Tony Lake

Naturkosmetik von Kopf bis Fuß.
Ein Führer für alle Jahreszeiten, Band 712, von Edith Schapelwein

Schritt für Schritt zum idealen Make-up.
Band 713, von Wilma Stelzhammer

Hypnose.
Die unheimliche Realität, Band 424, von Gerhard H. Eggetsberger

Kopfwerkzeuge.
Lernen – Begreifen – Behalten, Band 426, von Pat Leonhard

Biofeedback.
Heilung durch Körpersignale, Band 429, von Gerhard H. Eggetsberger

Was Sie über Sex wissen sollten
Band 430, von Gerhard H. Eggetsberger

Schlaf und Traum.
Neueste Erkenntnisse, Band 431, von Friedrich Hobek

Wohnen ohne Gift.
Was uns in den eigenen vier Wänden krank macht, Band 823, in Zusammenarbeit mit dem Verein für Konsumenteninformation

WUNSCHBÜCHER, VORNAMEN, WITZE

Kinder wünschen.
Wunschgedichte und Glückwunschbriefe zu allen Anlässen, Band 300

Poesie- und Stammbuchverse.
Band 301

Was bedeutet mein Vorname?
3000 Vornamen, deren Sinn und Bedeutung, Band 303

Weihnachtsgedichte.
Eine sorgfältige Auswahl volkstümlicher und literarischer Weihnachtsgedichte, Band 304, von Mag. Ingrid Scherl

Schöne Wunschgedichte.
Das Wunschbuch zu allen Gelegenheiten, Band 306

Wir gratulieren!
Heitere und besinnliche Glückwünsche für alle festlichen Anlässe, Band 320, von Leo Parthé

HOCHZEIT

Das Hochzeits ABC.
Verlobung und Hochzeit unvergeßlich gestalten, Band 323, von Isabella Bogner-Bader

SPORT UND UNTERHALTUNG

Karate im Selbstunterricht.
Schule, Sport, Waffe, Band 609

Perfekt tanzen.
Tanz im Selbstunterricht, Band 614, von Ing. Rudolf Lidmila

Billard, Pool-Billard, Snooker.
Band 616, von Heinrich Weingartner

Internationale Fußballregeln.
Band 621, von Mag. Claus Bittmann

Wer spielt mit?
Gesellschaftsspiele für jung und alt, Band 624

Wir unterhalten uns zu Hause.
Gesellschaftsspiele und Quizfragen, für Erwachsene, Band 627

Kinderparties und Kinderfeste für alle Anlässe.
Band 627 II

Lustige Hütten- und Gesellschaftsspiele.
Band 628

100 lustige Spiele im Freien.
Band 629

Der richtige Totozwölfer.
Wertvolle Tips zum Ausfüllen Ihres Totoscheins, Band 636

Internationale Volleyballregeln.
Band 637

Squash – Badminton.
Band 664, von Franz Peissensteiner

Kegeln – Bowling – Boccia.
Band 665, von Franz Peissensteiner

KARTENSPIELE, BRETTSPIELE, WÜRFELSPIELE

Schnapsen in allen Spielarten.
Band 639

Tarock komplett.
Alle Spiele, Band 640

Die schönsten Patiencen.
Band 641

Preference.
Band 643

Roulette, Baccara, Black Jack, Trente-et-Quarante.
Band 645

Wir spielen Canasta.
Band 646

Skat komplett.
Band 647

Die beliebtesten Kartenspiele.
Schnapsen, Bauernschnapsen, Barock, Preference, Poker, Skat, Canasta, Rummy, Samba-Canasta, Streitpatience,
Band 648/I,
von Johannes Bamberger

Wir legen Patiencen.
Band 649

Rommé-Rummy international.
Alle Spielarten, Band 650

Poker, Ecarté und Starpoker.
Band 651

Poker mit Würfel und andere Würfelspiele.
Band 655

Neue Patiencen.
Band 662

Bridge, schnell erlernt.
Band 663,
von Johannes Bamberger

Bridge für Fortgeschrittene.
Band 663/I,
von Johannes Bamberger

Turnierbridge.
Die Liebe zur Karte,
Band 663/II,
von Johannes Bamberger

Die beliebtesten Brettspiele.
Domino, Mühle, Dame, Alquerque, Halma, China-Dame, Fuchs und Gänse, Asalto, Go, Backgammon, Puff, Schach;
Band 668,
von Erich Buchhammer

Spielglück beim Glücksspiel.
Spielen, setzen, wetten und gewinnen,
Band 670,
von Peter Rischka

Backgammon.
Regeln, Strategien und Spielvarianten,
Band 671,
von Erich Buchhammer

Canasta und Rommé.
Band 672,
von Johannes Bamberger

Patiencelegen als Kurs.
Band 673,
von Eva Strickler

Bridge-Handbuch.
Band 674,
von Johannes Bamberger

ZAUBERBÄNDE, ASTROLOGIE

Lexikon des Aberglaubens.
Band 428,
von Erich Buchhammer

Mensch, Stern und Charakter.
Band 679,
von Erich Buchhammer

Zauberalmanach.
Handbuch zum Thema Magie, Illusion und Täuschung,
Band 692, von Pat Leonhard

Top Secret 1 – Zaubern für Gastgeber.
Band 693/I, von Pat Leonhard und Christian Fidi

VIENNENSIA

Neues Wiener Straßenverzeichnis.
Band 1002

The Catacombs of the St. Stephan's Cathedral
Band 1005 E

Berühmte Gräber in Wien und Umgebung.
Band 1012

Die schönsten und bekanntesten Wienerlieder.
Band 1015, ed. Leo Parthé

Lexikon der Wiener Straßennamen.
Bedeutung und Herkunft der Wiener Straßennamen,
Band 1016,
von Dr. Peter Autengruber

KRAFTFAHR-LITERATUR

Verkehrsvorschriften für alle Führerscheingruppen.
Band 507,
von Hofrat Dr. Franz Fischer

Neue Traktorschule.
(Verkehr und Technik),
Band 508,
von Eduard Hinterholzer

Neue Motorradschule.
Mit 12-Stationen-Plan für die Soloausbildung,
Band 509,
von Ing. E. Nigischer

Verhalten im Straßenverkehr.
Technik für Führerscheingruppe B, Band 523, von Wilfried Mohaupt

Verkehrszeichen und Verkehrsübertretungen – was tun?
Band 524, von Hofrat Dr. Franz Fischer

Notizen:

PERLEN-REIHE

BESTELLSCHEIN

Ich bestelle hiermit aus der Perlen-Reihe, 1090 Wien, Kinderspitalgasse 4, durch die Buchhandlung

Stück

Stück

Stück

Stück

Name: Datum:

Straße:

Ort: Unterschrift:

Gesamtexportkatalog

Inhalt

„So ist hier wie andernorts
aus den Straßennamen unserer Stadt
Lokal- und Zeitgeschichte zu lernen“

Karl Ziak

Vorwort

Unmittelbar nach dem Zweiten Weltkrieg brachte *Ludwig Rossa* das „Straßenlexikon von Wien“ heraus, das 1947 eine zweite Auflage erlebte.

Rossa hatte nach dem damaligen Stand sämtliche Verkehrsflächen erfaßt und gab neben Erklärungen in vielen Fällen auch Benennungsdatum und allfällige frühere Bezeichnungen an. Sein „Straßenlexikon“ galt lange Zeit als „einzigartig“.

Nach ihm beschäftigte sich *Friedrich Javorsky* mit dem Thema und verfaßte 1964 das „Lexikon der Wiener Straßennamen“; er erfaßte auch alle nichtamtlichen Bezeichnungen.

13 Jahre später gab *Eduard Koutek* das Buch „Straßen, Gassen und Plätze erzählen Geschichte“ heraus, das sich von den beiden Vorgängerwerken dadurch unterschied, daß die Straßennamen bezirksweise zusammengefaßt waren. Insgesamt war das Buch eine sehr brauchbare und solide Zusammenstellung zum Thema.

1986 kam *Peter Simbrunner* mit einem Buch „Wiener Straßennamen von A–Z“ auf den Markt, welches drei Jahre später neu aufgelegt wurde. Er verwendete, wie er selbst schrieb, Rossas Buch (Auflage 1947) als Grundlage. Er übernahm auch Rossas wenig aussagekräftige Erklärungen (z. B. Politiker, Staatsmann, Wohltäter, Dichter) und veraltete Bezeichnungen (z. B. Tondichter, Baukünstler).

Allerdings wurden auch ideologisch zweifelhafte Zuordnungen wie „Umstürzlerin“, „Opfer seiner Gesinnung“ oder „hingerichteter Widerständler“ vorgenommen. Dieses Buch befindet sich noch heute am Markt, ist jedoch mittlerweile völlig veraltet.

Felix Czeike nahm verdienstvollerweise in sein fünfbändiges „Historisches Lexikon“ alle Verkehrsflächen auf, versehen mit Benennungsdatum und genauen Erklärungen. Drei Bände sind mittlerweile erschienen, der erste 1992.

Aufbauend auf diese Literatur, vor allem auf Koutek und Czeike, auf das Amtsblatt der Stadt Wien sowie auf Archiv- und Recherchearbeiten in der Wiener Stadt- und Landesbibliothek und im Wiener Stadt- und Landesarchiv hat der Autor ein aktuelles Lexikon der Wiener Straßennamen zusammengestellt. Besonderes Augenmerk wurde darauf gelegt festzuhalten, wann die jeweilige Verkehrsfläche die heutige Benennung erfahren hat. Neben Hintergrundinformation werden auch ältere Benennungen – nach Möglichkeit mit Datumsangabe – vermerkt.

Wien, im Juni 1995 Der Autor

PS: Wenn Sie Anregungen haben oder der Meinung sind, daß sich Fehler eingeschlichen haben, so schreiben Sie bitte an den Verlag Perlen-Reihe, Kinderspitalgasse 4, 1090 Wien. Der Verlag leitet alle Zuschriften an den Autor weiter.

Abkürzungen

a. o.	außerordentlich
bes.	besonders
d. Ä.	der Ältere
d. J.	der Jüngere
Dipl.-Ing.	Diplomingenieur
dt.	deutsch
FPÖ	Freiheitliche Partei Österreichs
geb.	geboren
gegr.	gegründet
gen.	genannt
gest.	gestorben
Gestapo	Geheime Staatspolizei (Instrument der NS-Diktatur)
Hz.	Herzog
Jhd.	Jahrhundert
kais.	kaiserlich
kgl.	königlich
KPÖ	Kommunistische Partei Österreichs
KZ	Konzentrationslager
m	Meter
Msgr.	Monsignore
NÖ	Niederösterreich
NS	Nationalsozialismus (nationalsozialistisch)
o.	ordentlich
ÖAAB	Österreichischer Arbeiter- und Angestelltenbund
ÖFB	Österreichischer Fußballbund
österr.	österreichisch
ÖVP	Österreichische Volkspartei
PEN	poets, playwrights, essayists, editors, novelists; 1921 gegründete Schriftstellervereinigung
röm.	römisch
s.	siehe
s. d.	siehe dort
SPÖ	Sozialistische/Sozialdemokratische Partei Österreichs
sog.	sogenannt
tw.	teilweise
u. a.	unter anderem
Uni	Universität
Univ.-Prof.	Universitätsprofessor
VdU	Verband der Unabhängigen
Wr.	Wiener
z. B.	zum Beispiel

Erläuterungen

Äußerer Rat: erstmals 1356 urkundlich erwähntes Gremium, das neben dem alten (nunmehr Inneren) Rat trat; er bestand aus 40 Personen, die an wichtigen Geschäften teilnehmen durften; 1408 durch das Genanntenkolleg ersetzt.

Innerer Rat: erstmals 1221 urkundlich erwähnt, oberstes Gremium der bürgerlichen Verwaltung Wiens, hieß anfangs Rat, 1356–1416 „Innerer Rat", dann bis 1526 wieder Rat.

Feldmarschall: bis 1918 höchster Rang der Generalität im österr.-ung. Heer

Feldmarschall-Leutnant: bis 1918 dritthöchster Rang der Generalität im österr.-ung. Heer

Feldzeugmeister: bis 1918 niederster Rang der Generalität im österr.-ung. Heer

Freihof: im Mittelalter gab es sogenannte Freihöfe, die nicht der Grundherrschaft unterstanden; ihre Besitzer waren nur dem Landesherren gegenüber steuerpflichtig; die Freihöfe besaßen für kleinere Delikte sogar eigene Gerichtsbarkeit; nach Besitzern von Freihöfen wurden häufig Verkehrsflächen benannt, z.B. 16. *Maroltingergasse, Starchantgasse, Lindauergasse,* alles ehemalige Besitzer des Ottakringer Freihofes; oder 22. *Am Freihof,* 18. *Freihofgasse.*

Ried: abgegrenzte Wirtschaftsfläche (meist Weinried)

Waldmeister: Waldmeister entstammten meist dem mittleren oder höheren Adel, besaßen Grundbesitz und konnten einen beträchtlichen Teil der Einnahmen aus der Forstwirtschaft für sich behalten. Dafür mußten sie den Wald wirtschaftlich nutzen, Wege instandhalten, für die Unterbringung, Verpflegung und Bezahlung der Waldarbeiter sorgen, aber auch Jagdgesellschaften der Landesfürsten organisieren. In Kriegszeiten mußte der Waldmeister den Bau von Schanzen veranlassen, um einen Vormarsch feindlicher Truppen nach Wien zu verhindern; nach Waldmeistern sind zahlreiche Verkehrsflächen, vor allem im 14. Bezirk, benannt, z. B. *Jakob-Puggl-Weg, Forstmeistergasse, Georg-Freißleben-Gasse, Joachim-Schettl-Gasse, Nikolaus-Pytty-Gasse.*

Wundarzt: hatte kein Universitätsstudium, sondern eine dreijährige Ausbildung an Lyzeen absolviert; repräsentierte den größten Teil der praktizierenden Ärzte in Österreich

Anmerkung: Die Bezeichnungen Hofoper und Hofburgtheater wurden der heutigen Bezeichnung entsprechend generell auf Staatsoper und Burgtheater geändert; daher steht auch Burgschauspieler, wo es korrekt Hofschauspieler heißen müßte.

Einleitung

Zur Benennung von Verkehrsflächen

Das vorliegende Straßenverzeichnis (Stand 1. Juni 1995) umfaßt exakt 6113 Namen (Verkehrsflächen).

Eine nicht unbeträchtliche Anzahl von Namen erinnert an **Kriegsereignisse.**

So zählte der Verfasser 43 Bezeichnungen, die in Zusammenhang mit den **Türkenkriegen** (insbesondere den Türkenbelagerungen 1529/1683) stehen.

Neben bekannten Namen, wie *Türkenstraße, Sobieskigasse, Sobieskiplatz, Max-Emanuel-Straße, Karl-Lothringer-Straße, Belgradplatz* oder *Graf-Starhemberg-Gasse* gibt es noch eine Reihe von weniger bekannten Namen. In Währing etwa die *Hockegasse, Rimplergasse, Scherffenberggasse, Waldeckgasse,* in Penzing die *Leyserstraße,* den *Christian-Petzlberger-Weg,* die *St.-Gotthard-Straße* und den *Sporckplatz,* in Döbling die *Flemminggasse* und die *Goltzgasse*, in der Brigittenau die *Greiseneckergasse*. Die Namen sind wahllos herausgegriffen.

Ein einschneidendes Ereignis war ferner der **Siebenjährige Krieg** (1756–1763). An ihn erinnert etwa im neunten Bezirk die *Kolingasse,* die *Laudongasse* im achten Bezirk, in Penzing die *Draskovichgasse*, die *Kunersdorfgasse, Loudonstraße* oder *Hadikgasse;* insgesamt wurde der Verfasser mit 10 Bezeichnungen fündig, die in Zusammenhang mit diesem Geschichtsabschnitt stehen.

Die **napoleonischen Kriege** hinterließen ebenfalls umfangreiche Spuren in den Benennungen diverser Verkehrsflächen. Hervorgehoben seien die *Lützowgasse, Heinrich-Collin-Straße* oder *Salisstraße* in Penzing, die *Alliiertenstraße, Aspernbrückengasse, Friedensgasse* oder *Hillerstraße* in der Leopoldstadt, die *Stutterheimstraße, Toldgasse* und *Tellgasse* im 15. Bezirk, die *Leipziger Straße* und der *Leipziger Platz* in der Brigittenau sowie zahlreiche Namen in der Donaustadt (z. B. *Korsenweg, Erzherzog-Karl-Straße, Benjowskigasse, Asperner Heldenplatz*); insgesamt konnten 95 Namen in Zusammenhang mit den napoleonischen Kriegen gebracht werden.

An die **Revolution** von **1848** und ihrer blutigen Niederschlagung erinnert der *Achtundvierzigerplatz* in Penzing und eine Reihe von Namen rundherum, z. B. *Donhartgasse, Drewitzweg, Erbacherweg, Etschnerweg, Gusterergasse, Herschmannweg, Kiesgasse;* auch die *Märzstraße, Streffleurgasse, Novaragasse, Bechergasse* und die *Robert-Blum-Gasse* seien in diesem Zusammenhang genannt. Insgesamt führen 42 Bezeichnungen auf die Ereignisse von 1848 zurück.

An die **Kriege von 1864/1866** erinnern etwa die *Helgolandstraße, Sachsengasse, Hannovergasse* und der *Sachsenplatz* in der Brigittenau, die *Gablenzgasse* im 15. bzw. 16. Bezirk, die *Johnstraße* im 14. bzw. 15. Bezirk, die *Overseestraße* im 15. Bezirk, die *Gredlerstraße* in der Leopoldstadt und die *Cumberlandstraße* in Penzing; insgesamt zählte der Verfasser 11 Bezeichnungen, die daran erinnern.

An den **Widerstand gegen den Nationalsozialismus** gemahnen zahlreiche Namen von im Widerstand hingerichteten oder an (den Folgen von) Mißhandlungen gestorbenen Patrioten. Erwähnt seien etwa die *Ernst-Burger-Gasse, Mastnygasse, Weinfeldstraße, Jägerstätterstraße, Koblicekgasse, Käthe-Leichter-Gasse, Hedy-Urach-Gasse, Walter-Lindenbaum-Gasse, Max-Fleischer-Gasse, Marie-Murban-Gasse* und die *Horeischygasse;* insgesamt 65 Namen.

Eine andere Gruppe von Namen erinnert an die **Glaubenskriege im 16./17. Jahrhundert.** Hervorgehoben seien die *Taubergasse* in Hernals, *Am Tabor* in der Leopoldstadt, die *Zwingligasse* im 15. Bezirk, die *Thomas-Münzer-Gasse* in Favoriten und die *Huttengasse* im 14. bzw. 16. Bezirk, insgesamt 13 Namen.

Die **Wienflußregulierung** und die **Donauregulierung** waren für Wien wichtige Meilensteine.

Die Brigittenau und die Leopoldstadt waren oft von verheerenden Überschwemmungen heimgesucht (z. B. 1784, 1787, 1830, 1862); die erste Donauregulierung 1870 bis 1875 war ein bedeutender Fortschritt. Daran erinnern die *Engerthstraße, Pasettistraße, Wehlistraße* oder *Wexstraße,* alles Namen von Mitgliedern der Donauregulierungskommission, aber auch die *Eduard-Sueß-Gasse* im 15. Bezirk. Insgesamt erinnern in Wien 20 Verkehrsflächen an die Donauregulierung.

Was die Leopoldstadt und Brigittenau betrifft, so erinnern zahlreiche **Flußnamen** *(Salzachstraße, Traisengasse, Leithastraße, Innstraße, Ennsgasse, Erlafstraße, Ybbsstraße, Kampstraße, Perschlingstraße, Pielachstraße),* aber auch die *Donaueschingenstraße* (dort entspringt die Donau) an die oft unheilvolle Bedeutung des Wassers für diese Gegend. Ähnlich wie für die Brigittenau war für Penzing die Wienflußregulierung und der **Bau der Westbahn** bedeutend. Daran erinnern zahlreiche Namen, z. B. der *Kinkplatz,* die *Keißlergasse, Lindheimgasse* und die *Matthias-Schönerer-Gasse.*

Die Benennung von Verkehrsflächen ist aber auch **Ausdruck politischer Machtverhältnisse.** Zwei Beispiele mögen die Problematik verdeutlichen.

Die *Jaurèsgasse* im dritten Bezirk hieß ursprünglich Richardgasse, 1919 erhielt sie den heutigen Namen. Nach dem Bürgerkrieg 1934 und der Etablierung des autoritären Regimes wurden „sozialistische Verkehrsflächen" umbenannt, so auch die Jaurèsgasse, da sie an den französischen Sozialisten und Pazifisten Jean Jaurès erinnerte. Sie hieß von da an Lustig-Prean-Gasse. Nach der Besetzung Österreichs durch die Nationalsozialisten, dem sogenannten Anschluß 1938, wurde aus der Lustig-Prean-Gasse eine Richthofengasse. Das Ende des Zweiten Weltkrieges brachte eine neuerliche Welle von (notwendigen) Umbenennungen; die Nationalsozialisten hatten zahlreiche Verkehrsflächen einschlägig durch Umbenennungen geschändet. Aus der Richthofengasse wurde wieder eine Lustig-Prean-Gasse; 1947 erfolgte die endgültige Rückbenennung in Jaurèsgasse.

Ein anderes typisches Beispiel ist der *Familienplatz* in Ottakring. Dieser war von 1881 bis 1919 ein Stephaniplatz. Nach dem 1. Weltkrieg, den die Habsburger mitzuverantworten hatten, verschwanden die Habsburger nicht nur von der politischen Bühne, sondern auch von diversen Verkehrsflächen. Aus dem Stephaniplatz wurde ein Bebelplatz. 1934 wurde daraus ein Kernstockplatz. 1945 wurde eine Rückbenennung verabsäumt (wohl auch, weil Bebel ein deutscher Sozialistenführer war und Benennungen nach Deutschen in der unmittelbaren Nachkriegszeit nicht opportun waren); nach langen Diskussionen (Kernstock war Antisemit) wurde aus dem ursprünglichen Stephaniplatz 1992 der Familienplatz.

Auf Umbenennungen von Verkehrsflächen in der Besatzungszeit (1945–1955), insbesondere in der sowjetischen Zone, sei in diesem Zusammenhang verwiesen (z. B. Floridsdorfer Brücke/Malinovskybrücke, Laxenburger Straße/Tolbuchinstraße, Schwarzenbergplatz/Stalinplatz).

Bei der Eingemeindung der Vororte/Vorstädte im 19. Jahrhundert wurden Namen häufig nach (letzten) Ortsrichtern und Bürgermeistern bzw. Gemeinderäten benannt.

Unumstritten ist die Benennung von Verkehrsflächen nach **Flur- oder Riednamen** (insgesamt zählte der Verfasser 389 Namen), nach **Pflanzen- oder Tiernamen** (besonders massiert in Penzing und in der Donaustadt), nach **Hausschildern,** nach bedeutenden **Wissenschaftlern, Ärzten, Schriftstellern, Schauspielern** (109 Namen), **Malern, Bildhauern, Komponisten** (173 Namen) und anderen Künstlern.

Auch die Benennung nach Theaterstücken (z. B. *Spielmanngasse, Medeagasse, Sapphogasse*), Opern, Operetten (z. B. *Gasparoneweg, Traviatagasse, Fatinitzaweg*) oder Figuren bzw. Protagonisten daraus (z. B. *Sarastroweg, Herogasse, Libussagasse*) kommt vor.

Hinzuweisen wäre ferner auf eine Gruppe von Namen, die darauf zurückgeht, daß ein Grundbesitzer durch Hausbau eine Gasse eröffnete oder den Grund für den Bau einer Verkehrsfläche der Gemeinde schenkte. Diese Namensgruppe ist größer, als man gemeinhin annimmt, der Verfasser zählte 61 Verkehrsflächen.

Eine weitere große Anzahl von Namen geht auf **Geistliche,** die sich um die Gemeinde (Ortspfarrer) oder Wien (Bischöfe, Kardinäle) verdient gemacht haben, zurück. Diese Gruppe umfaßt 144 Namen.

Nach **Kirchenstiftern,** bedeutenden, sprich spendenfreudigen Mitgliedern von Kirchenbauvereinen bzw. Personen, die sich um eine Kirche sonstwie verdient gemacht haben, geht eine nicht unbeträchtliche Anzahl von Namen zurück (z. B. *Kirchstetterngasse* in Ottakring).

Um die **Armen- und Waisenfürsorge** machten sich nicht nur Geistliche verdient; eine Reihe von Verkehrsflächen erinnert daran, daß es immer wieder Personen gab, die sich für die Armen engagierte (z. B. *Sanettystraße, Neblingergasse, Trauttmannsdorffgasse, Buckalgasse, Bacherplatz, Fillgradergasse*).

Für Wien von Bedeutung sind natürlich all jene Persönlichkeiten, die der Stadt ihr Gepräge gegeben oder Bedeutendes für die Stadt geleistet haben. Neben den **Bürgermeistern** sei in diesem Zusammenhang auf **Heimatdichter** und **Wienerlieder-Komponisten** (z. B. *Mestrozigasse, Stüber-Gunther-Straße, Stürzergasse, Ludwig-Gruber-Weg, Kratzlgasse, Kroneggergasse, Föderlweg*), **Kartographen** bzw. **Illustratoren von Wiener Ansichten** (z. B. *Behselgasse, Hüttergasse, Hirschvogelgasse, Hlavacekweg, Meldemannstraße, Brandgasse*) oder **Kaffeehausbesitzern** (z. B. *Gansterergasse, Wurlitzergasse, Föderlweg*) hingewiesen. Auch **Buchhändler/Verleger** gehören zu dieser Gruppe (z. B. *Braumüllergasse, Geroldgasse, Diabelligasse, Gräffergasse, Haslingergasse*).

Auf **einige Besonderheiten** sei noch hingewiesen. So gibt es in Penzing in der Siedlung Wolfersberg ein „Planetenviertel" (z. B. *Erdenweg, Jupiterweg, Mondweg, Merkurweg*). In der Brigittenau wurde die Dresdner Straße nur deswegen so benannt, weil zur gleichen Zeit in Dresden eine Wiener Straße aus der Taufe gehoben wurde. In Favoriten existiert eine Gruppe von schwedischen Namen (z. B. *Malmögasse, Lundgasse, Per-Albin-Hansson-Straße, Upsalagasse, Göteborggasse, Jenny-Lind-Gasse, Rickard-Lindström-Gasse, Rädda-Barnen-Platz*); sie erinnern an die schwedische Hilfe für Wien nach dem Zweiten Weltkrieg.

Im 15. Bezirk wurde 1912 das „Nibelungenviertel" angelegt (z. B. *Alberichgasse, Brunhildengasse, Dankwartgasse, Gernotstraße, Giselhergasse, Guntherstraße, Kriemhildplatz*).

Im 21. Bezirk wurde nach 1945 ein „Edelsteinviertel" angelegt (*Edelsteingasse, Diamantgasse, Opalgasse, Rubingasse* usw.) und 1993 ein „Fußballviertel" *(Vogelgasse, Hahnemanngasse, Jandagasse, Platzergasse, Gschweidlgasse).* Und letzlich wurde 1994 ein „Norwegerviertel" geschaffen (z. B. *Trondheimgasse, Tönsbergweg,*

Stavangergasse, Osloplatz); zur Erinnerung an die norwegische Hilfe für Wien nach dem Zweiten Weltkrieg.

Um die Jahrhundertwende gab es den Versuch, sich an den USA zu orientieren. So gab es in Simmering die 1. bis 5. Landwehrstraße, die 1. bis 6. Landengasse, und heute existiert noch ein Restbestand der Haidequerstraßen. Diese Art der Benennung der Verkehrsflächen stieß jedoch auf Widerstand.

Seit 1989 gilt übrigens, daß die Benennung von Verkehrsflächen nach verstorbenen Persönlichkeiten ein Jahr ab dem Tod erfolgen darf (vorher war die Interkalarfrist drei Jahre).

Stadterweiterung und Bezirksgrenzen

1850 wurden die 34 Wiener Vorstädte mit Wien vereinigt. Das war die *erste* Stadterweiterung. Die Eingemeindung der Vororte dagegen stieß auf Ablehnung. Dabei hat sicher eine Rolle gespielt, daß die Bürgermeister und sonstigen politischen Vertreter der Vorortegemeinden ihr Amt verloren hätten. Die Wiener Stadtverwaltung wollte sich nicht mit den vorhersehbaren hohen Ausgaben für Wasserleitung, Kanalisation, Schulbau etc. in den meist armen dörflichen Vororten belasten. Die Eingemeindung der Vorstädte dagegen wurde als richtig und notwendig anerkannt, wiewohl es natürlich auch dagegen Widerstände gab.

Zwischen den ehemaligen Vorstädten und der Stadt lag aber noch immer die Stadtmauer mit dem Glacis als trennende Barriere. Der Kaiser stimmte erst 1857 der Schleifung der Befestigungsanlagen und der Anlegung der Ringstraße zu. **Erst 1861** (Festlegung der Bezirksgrenzen) **war der Prozeß der Eingemeindung der Vorstädte tatsächlich beendet**. Wien wurde vorerst in acht und dann durch eine Trennung der Bezirke 4 und 5 in neun Bezirke eingeteilt. Das ganze Gebiet innerhalb des Linienwalls gehörte nunmehr zu Wien und auch ein Stück außerhalb, nämlich Favoriten, vorerst aufgeteilt auf den 4. und 5. Bezirk. 1874 wurde daraus der selbständige 10. Bezirk. (Das Gründungsfest fand freilich erst mit der Installierung der ersten Bezirksvertretung 1875 statt.) Außerdem begann im selben Jahr der Bau einer Straße entlang des Linienwalls, die Gürtel genannt wurde. 1893 genehmigte der Kaiser die Einebnung dieses Walles. Der Gürtel konnte ausgebaut, die Stadtbahn gebaut und mit der Herstellung diverser Straßenverbindungen begonnen werden. Da der Wall aus Verteidigungsgründen im Zick-Zack-Muster angelegt war, fiel das neue Gebiet einmal den innerhalb und einmal den außerhalb gelegenen Bezirken zu. 1905 wurden diese Grenzen endgültig geregelt. Durch den Abbruch des Linienwalls verschob sich beispielsweise die Bezirksgrenze des 8. Bezirkes nach Westen; Teile des 16. und 17. Bezirkes kamen zum 8. Bezirk.

Im Zuge der Eingemeindung der Vorstädte wurden 1862 zahlreiche Straßen umbenannt, um Doppel- und Mehrfachbenennungen zu vermeiden. Es gab in mehreren Vorstädten Bezeichnungen wie Herrengasse, Pfarrgasse, Gemeindegasse, Hauptstraße, Kirchengasse usw.

Am 19. 12. 1890 beschloß der niederösterreichische Landtag, die Vororte mit Wien zu vereinigen; das Gesetz trat mit 1. 1. 1892 in Kraft. Die Fläche Wiens wurde damit verdreifacht, die Einwohnerzahl stieg von rund 525.000 auf rund 1,365.000. Die Vororte wurden in die Bezirke 11-19 zusammengefaßt. Die Diskussion um die Eingemeindung war lange und heftig. In nur zwei von 46 Vororten, nämlich in Währing und Unter-Meidling, fand sich eine Mehrheit für die Eingemeindung. Vertreter der Wirtschaft waren für die Eingemeindung gewesen; der

Kaiser hatte1888 eine entsprechende Erklärung abgegeben; die Vororte wurden nicht mehr gefragt.

Zu beachten ist, daß der 14. Bezirk aus Rudolfsheim und Sechshaus gebildet wurde und Rudolfsheim hieß; der 15. Bezirk hieß Fünfhaus. Die heutigen Bezirke Hietzing und Penzing bildeten den 13. Bezirk Hietzing.

Außerdem kam der nördliche Teil der Gemeinde Inzersdorf zum 10. Bezirk. Die Brigittenau war noch Teil des 2. Bezirkes; sie wurde erst 1900 als 20. Bezirk selbständig. 1904 wurde Floridsdorf (gebildet aus Floridsdorf, Kagran, Hirschstetten, Stadlau, Lobau, Aspern, Groß-Jedlersdorf, Leopoldau und einem Stück von Breitenlee) als 21. Bezirk eingemeindet. Im selben Jahr wurden Teile von Gaudenzdorf an den damaligen 14. Bezirk abgetreten (Gegend um die Diefenbachgasse; heute: 15. Bezirk). 1907 kam Neu-Margareten vom 5. zum 12. Bezirk; das Fünfhauser Gebiet östlich des Gürtels zum 7. Bezirk.

1916 kam der Schweizer Garten zum 3. Bezirk (vorher 10. Bezirk). Kaisermühlen gehörte bis 1938 zum 2. Bezirk.

Die Eingemeindung der Vororte, die *zweite Stadterweiterung,* brachte es mit sich, daß wiederum zahlreiche Verkehrsflächen neu benannt werden mußten. In den meisten Vororten gab es Schulgassen, Feldgassen, Bräuhausgassen, Parkstraßen, Parkgassen, Kirchengassen, Kirchenplätze, Hauptstraßen usw. Um Doppel- und Mehrfachbenennungen zu vermeiden, erfolgte in den 90er Jahren des vorigen Jahrhunderts eine Welle von Neu- bzw. Umbenennungen.

Die nächste große Veränderung erfuhr Wien im Jahr 1938. Die Nationalsozialisten bildeten ein Groß-Wien, indem sie niederösterreichische Gemeinden an Wien anschlossen. Zu den 21 bestehenden Bezirken kamen fünf neue Bezirke: 22 – Groß-Enzersdorf, 23 – Schwechat, 24 – Mödling, 25 – Liesing und 26 – Klosterneuburg.

Groß-Enzersdorf bestand aus Kagran, Stadlau, Hirschstetten, Aspern, Kaisermühlen, Breitenlee, Eßling und Süßenbrunn. Ein Teil von Mauer, das 1938 eingemeindet und dem 25. Bezirk zugeschlagen wurde, kam an den 13. Bezirk.

Gleichzeitig wurden alte Bezirksstrukturen geändert. Neustift am Walde und Salmannsdorf, die zum 18. Bezirk zählten, wurden zum 19. Bezirk geschlagen. Der 13. Bezirk wurde geteilt. Der südlich des Wienflusses gelegene Teil blieb als Hietzing der 13. Bezirk, der nördlich gelegene Teil wurde als Penzing der 14. Bezirk. Der bisherige 14. Bezirk Rudolfsheim wurde mit dem 15. Bezirk Fünfhaus vereint (ab 1957 Rudolfsheim-Fünfhaus).

Nach der Befreiung Wiens von der nationalsozialistischen Herrschaft einigte man sich darauf, den Großteil der eingemeindeten niederösterreichischen Orte wieder selbständig werden zu lassen. Die Besatzungsmächte sträubten sich jedoch dagegen und gaben ihren Widerstand gegen das „Gebietsänderungsgesetz“ erst 1954 auf. Von der Stadterweiterung 1938 blieben die Bezirke 22 – Donaustadt und 23 – Liesing; Hadersdorf-Weidlingau kam zu Penzing. Die 1954 gebildete Donaustadt umfaßt Süßenbrunn, Breitenlee, Eßling, Aspern, Stadlau, Hirschstetten, Kagran und Kaisermühlen. Die Orte Oberlaa und Unterlaa, soweit sie nicht schon 1890 eingemeindet waren, und Rothneusiedl kamen 1954 zum 10. Bezirk. Der Lainzer Tiergarten, bis 1938 Teil von Mauer, blieb beim 13. Bezirk. Zuletzt kam Albern 1956 zu Simmering.

Kleinere Veränderungen gibt es bis heute; sie alle aufzuzählen, würde den Rahmen dieser Einleitung sprengen. Als Beispiel sei nur folgendes aufgelistet:

1959 wurde die Bezirksgrenze des 12. Bezirks in die Achse der Grünbergstraße verlegt. 1991 kam der Auer-Welsbach-Park beim Technischen Museum zum 15. Bezirk,1992 wurden einige Gebiete von Hernals in den 18. Bezirk verlegt (Beseitigung des Grenzverlaufes des 17./18. Bezirkes quer durch den Gersthofer Friedhof). Zuletzt wurden durch Landesgesetzblatt 12 vom 20. 3. 1995 Grenzkorrekturen zwischen den Bezirken 6/15, 7/15, 7/16, 12/23, 10/12, 14/15/16, 1/8 und 1/6 vorgenommen.

A

Abbegasse, 14., seit 1930, Prof. Dr. Ernst Abbé (1840–1905), Physiker, 1889 Inhaber der optischen Werke Carl Zeiss, die er 1891 der Carl-Zeiss-Stiftung übergab; das Unternehmen, das sich bis 1918 hier befand, galt als sozial vorbildlich

Abelegasse, 16., seit 1856 (1783 Feldweg, 1835 Untere Hauptstraße), Thomas Abele (1798–1869), Gastwirt, Gemeinderatsmitglied

Abermanngasse, 12., seit 1894 (vorher Gloriettegasse); Heinrich Abermann (1583 bis 1621), 1614 Rektor der Wiener Universität und 1615–1621 Rektor der Bürgerschule zu St. Stephan (Übersetzer der „Geschichte Wiens" von Wolfgang Lazius aus dem Lateinischen ins Deutsche, das ist die erste Stadtgeschichte in deutscher Sprache), s. *Laziusstraße*

Abraham-a-Sancta-Clara-Gasse, 1., seit 1903, Abraham-a-Sancta-Clara (eigentlich Hans Ulrich Megerle, 1644–1709), Prediger (populäre Predigten voll derbem Witz, er kritisierte Unsittlichkeit und soziale Mißstände, bekannt z. B. seine Pestbußpredigt „Merck's Wienn")

Abraham-a-Sancta-Clara-Straße, 14., seit 1903, s. *Abraham-a-Sancta-Clara-Gasse*

Absberggasse, 10., seit 1875, bereits 1690 erwähnter Riedname („In den Absbergen"), möglicherweise abgeleitet von „des Abtes Bergen" (Klosterbesitz)

Abt-Karl-Gasse, 18., seit 1887 (urspr. bis 1864 Untere Quergasse, dann Karlsgasse), Alexander Karl (1824–1909), Abt von Stift Melk, niederösterreichischer Landtagsabgeordneter

Abtsbergengasse, 14., seit 1962, nach der Weinried, die das Stift Formbach in Oberbaumgarten besaß

Achamergasse, 9., seit 1903 (vorher ab 1862: Exnergasse). Johann Achamer (1651 bis 1712), Glockengießer, goß im Jahre 1711 aus 180 türkischen Kanonen die „Große Pummerin"

Achardgasse, 21., seit 1936, Franz Karl Achard (1753–1821), Chemiker, Physiker; Begründer der Rübenzuckerfabrikation (1801)

Achengasse, 21., seit 1953, nach der Tiroler Ache

Achtergasse, 23., Benennungsdatum unbekannt, Lorenz Achter (1834–1904), Schuldirektor, Begründer der freiwilligen Feuerwehr Liesing

Achtundvierzigerplatz, 14., seit 1929, zur Erinnerung an die Opfer der Revolution vom März 1848, die Verkehrsflächen rundherum sind nach Opfern benannt, s. *Märzstraße*

Ada-Christen-Gasse, 10., seit 1968, Ada Christen (Christiane von Breden: 1844 bis 1901), Schriftstellerin (Roman „Jungfer Mutter", Gedichtsammlung „Lieder einer Verlorenen"), lebte ab 1891 verarmt und in Isolation in einer selbstangelegten Gärtnerei („Einsamhof")

Adalbert-Stifter-Straße, 20., seit 1899, Adalbert Stifter (1805–1868), Hauslehrer, Landschaftsmaler, Schriftsteller; zeichnete in genauen Bildern die Schönheit der Landschaften seiner Heimat („Bergkristall", „Aus der Mappe meines Urgroßvaters", „Nachsommer")

Adambergergasse, 2., seit 1894 (vorher Theresiengasse), Antonie Adamberger (1790 bis 1867), Burgschauspielerin

Adam-Betz-Gasse, 22., Benennungsdatum unbekannt, Adam Betz (1873–1924), Bürgermeister von Eßling (1919–1924)

Adamovichgasse, 23., seit 1982, Ludwig Adamovich (1880–1955), Rektor der Wiener Universität, Jurist, 1946–1955 Präsident des Verfassungsgerichtshofes

Adamgasse, 3., seit 1862, nach dem Fleischhauer Johann Adam, der 1756 sein Geschäft in der Weißgerbervorstadt in einem Haus „Zur goldenen Weintraube" betrieb

Aderklaaer Straße, 21., seit 1910, führt zur gleichnamigen Ortschaft in NÖ

Adlerbrücke, 11., Brücke über die Schwechat bei der Kaiserebersdorfer Straße, nach einem Gasthausschild „Zum goldenen Adler"

Adolf-Amadeo-Gasse, 21., seit 1960, Adolf Amadeo (1881–1930), Beamter, Bezirksrat, Gründer des Floridsdorfer Turnvereines, Gründer einer Arbeiterbibliothek

Adolf-Blamauer-Gasse, 3., seit 1936, Adolf Blamauer (1847–1923), Aquarellmaler, Mitgründer des Österreichischen Touristenklubs

Adolf-Gstöttner-Gasse, 20., seit 1959 (vorher ab 1876: Straußgasse), Dipl.-Ing. Adolf Gstöttner (1874–1943), Bergbaufachmann

Adolf-Kirchl-Gasse, 10., seit 1959, Adolf Kirchl (1858–1936), Chorleiter, Musikerzieher, Komponist; Werke für Männer- und Frauenchöre; veröffentlichte auch Liedbücher für Volks- und Hauptschulen

Adolf-Loos-Gasse, 21., seit 1970, Adolf Loos (1870–1933), Architekt, Baumeister

Adolf-Loos-Weg, 21., seit 1993, s. *Adolf-Loos-Gasse*

Adolf-Lorenz-Gasse, 13., seit 1959, Prof. Dr. Adolf Lorenz (1854–1946), Arzt, baute das Fach „Orthopädie" auf, Verdienste um die unblutige Einrenkung der angeborenen Hüftgelenksluxation

Adolf-Raupenstrauch-Gasse, 19., seit 1979, Dr. Gustav Adolf Raupenstrauch (1859 bis 1943), Chemiker, Erfinder des Lysols

Adolf-Schmidl-Gasse, 20., seit 1910, Adolf Schmidl (1802–1863), Wiener Heimatschriftsteller

Adolf-Schiel-Straße, 23., nichtamtlich (Privatstraße)

Adolfstorgasse, 13., seit 1894 (vorher: Bergstraße), nach dem Tor in der Tiergartenmauer

Adolf-Unger-Gasse, 10., seit 1969, Adolf Unger (1904–1942; KZ Auschwitz), jüdischer Arbeiterschriftsteller (zeitkritische Gedichte)

Adolf-Uthmann-Gasse, 21., seit 1932, Adolf Uthmann (1867–1920), Chorkomponist, Wegbereiter der Arbeitermusik

Adonisweg, 22., seit 1954, nach der gleichnamigen Pflanze

Aegidigasse, 6., seit 1852, der hl. Aegidius ist Namenspatron der Pfarrkirche von Gumpendorf („Zum hl. Aegidius")

Ährengrubenweg, 19., seit 1994, alter Flurname

Äugelgasse, 21., seit 1907, Flurname (Äugel = kleine Au)

Afrikanergasse, 2., seit 1862 (vorher: Marokkanergasse, zur Beseitigung der Doppelbezeichnung im 3. Bezirk umbenannt), s. auch *Marokkanergasse*

Afritschgasse, 22., seit 1927, Anton Afritsch (1873–1924), Sozialdemokrat, Gründer der Vereinigung der Kinderfreunde, Redakteur des „Arbeiterwillen"

Agavenweg, 22., seit 1954, nach dem Liliengewächs

Agnesgasse, 19., seit 1894 (vorher: Neustiftgasse), Markgräfin Agnes (1076–1157), Gattin Leopolds III.; der Legende nach verlor sie bei der Jagd ihren Schleier, an der Stelle, wo er gefunden wurde, entstand das Stift Klosterneuburg

Agricolagasse, 16., seit 1936, Karl Agricola (1779–1852), Kupferstecher, Porträt- und Historienmaler

Ahornergasse, 7., seit 1938, Karl Ahorner (1873 bis 1934), Fabrikant, Verdienste als Wohltäter

Ahornweg, 22., seit 1978 (vorher: Hillerweg), nach dem gleichnamigen Baum

Aichbühelgasse, 13., seit 1961, Johann Carl Aichbühel (1598–1658), Rektor der Wiener Universität, Besitzer der Herrschaft Hacking um 1654

Aichholzgasse, 12., seit 1894 (bis 1864 Blindegasse, dann Millergasse), Josef Miller von Aichholz, Kunstsammler, Unternehmer

Aichhorngasse, 12., nach Josef Aichhorn (1823 bis 1889), Gastwirt, Gemeinderat und Vizebürgermeister von Gaudenzdorf

Aidagasse, 23., seit 1960, nach der gleichnamigen Oper von Giuseppe Verdi

Aignerstraße, 20., seit 1921, Josef Matthäus Aigner (1818–1886), Porträtmaler, Gemeinderat (1883–1886), deutschnationaler Hintergrund, Gemeinderat (1883 bis 1886)

Ailecgasse, 11., seit 1975, Josef Ailec (1874 bis 1944), Bildhauer; schuf Kreuzwegstation und Taufbecken für die Simmeringer Pfarrkirche am Enkplatz

Aistgasse, 21., seit 1953, Fluß in Oberösterreich, Nebenfluß der Donau

Akademiestraße, 1., seit 1862, nach der 1860 bis 1862 erbauten Handelsakademie

Akaziengasse, 23., seit 1952, nach dem gleichnamigen Baum

Akeleiweg, 22., seit 1944, nach der Pflanze

Akkonplatz, 15., seit 1912, Herzog Leopold V. erstürmte beim dritten Kreuzzug (1191) die türkische Festung Akkon in Palästina; dabei entstand der Sage nach das österreichische Wappenschild Rot-Weiß-Rot

Aladar-Pecht-Gasse, 22., seit 1959, Prof. Dr. Aladar Pecht (1898–1961), Stadtbaudirektor

Alaudagasse, 10., seit 1968, nach der römischen Legion „Alaudarum", deren Veteranendorf am Wienerberg lag

Alban-Berg-Weg, 13., seit 1969, Alban Berg (1885–1935), Komponist, gehörte zum Freundeskreis von Arnold Schönberg, Oper „Wozzeck"

Albatrosgasse, 22., seit 1957, nach dem Vogel

Alberichgasse, 15., seit 1912, Zwergenkönig der Nibelungensage

Alberner Hafenzufahrtsstraße, 11., seit 1960, Zufahrt zum Alberner Hafen

Alberner Brücke, 11., seit 1958, über die Donauuferbahn

Alberner Straße, 11., seit 1958, Albern, 1162 erstmals urk. erwähnt, kam 1938 zum 23. Bezirk, Schwechat, 1956 zu Simmering

Albertgasse, 8., seit 1862 (vorher: Breite Gasse; um 1840: An der Alserbreite), s. *Albertplatz*

Albertinaplatz, 1., seit 1934 (1877–1920 Albrechtsplatz, bis 1934 Revolutionsplatz), nach der „Albertina", der von Herzog Albert von Sachsen-Teschen 1776 gegründeten Sammlung von Handzeichnungen und Stichen

Albertisgasse, 21., seit 1966, nach dem ehemaligen Kleingartenverein „Albertis"

Albertplatz, 8., seit 1904, Herzog Albert von Sachsen-Teschen (1738–1822), Erbauer der Albertinischen Wasserleitung (1803 bis 1805) aus dem Haltertal

Albert-Schweitzer-Gasse, 14., seit 1969, Dr. Albert Schweitzer (1875–1965), Arzt (Missionsarzt in Lambarene), Kulturphilosoph, Friedensnobelpreis 1952

Albert-Sever-Straße, 21., Benennungsdatum unbekannt, Albert Sever (1867–1942), Sozialdemokrat, Fleischhauerlehrling, Beamter, 1911 Reichsratsabgeordneter, 1913 Obmann der Ottakringer Sozialdemokratie, 1919 Landeshauptmann von NÖ, 1921 geschäftsführender Klubobmann der Sozialdemokraten im Parlament

Albin-Hirsch-Platz, 11., seit 1949 (urspr. Friedplatz, 1938–1949 Egerländerplatz), Albin Hirsch (1847–1918), christlichsozialer Bezirksvorsteher (1896–1918), Tischlermeister

Albrechtsbergergasse, 12., seit 1894 (vorher: Pfarrgasse), Johann Georg Albrechtsberger (1736–1809), Musiktheoretiker, Komponist, Domkapellmeister, Lehrer Beethovens

Albrechtskreithgasse, 16., seit 1888, Flurname, als „Albertsgeräut" 1267 urkundlich erwähnt, wahrscheinlich wurde diese Gegend von einem Albrecht gerodet

Alexander-Mell-Gasse, 22., seit 1968, Alexander Mell (1850–1931), Blindenerzieher, Direktor des Blindeninstituts

Alexander-Nehr-Gasse, 9., seit 1962, Alexander Nehr (1855–1928), Kunstschlosser, schuf den Rathausmann (1882)

Alexander-Poch-Platz, 2., seit 1969, Msgr. Alexander Poch (1904–1966), Pfarrer von St. Leopold, half 1938–1945 vielen Juden und anderen Verfolgten

Alfons-Mucha-Weg, 14., seit 1977, nach dem Maler und Graphiker Alfons Mucha (1860 bis 1939), einem Vertreter des Jugendstils in Frankreich

Alfred-Grünfeld-Gasse, 9., seit 1925 (1938 bis 1947: Hofhaimergasse), Alfred Grünfeld (1852–1924), Pianist, Komponist, bekannt durch Konzertparaphrasen Straußscher Walzer

Alfred-Huth-Gasse, 21., seit 1992, Alfred Huth (1918–1945), Hauptmann, Widerstandskämpfer, am 8. April 1945 hingerichtet.

Alfred-Kubin-Platz, 22., seit 1977, Alfred Kubin (1877–1959), Zeichner, Maler, Schriftsteller

Alfred-Nobel-Straße, 21., seit 1933, Alfred Nobel (1833–1896), schwedischer Chemiker, Erfinder des Dynamits, Stifter des Nobel-Preises

Alfred-Stix-Platz, 10., seit 1959, Alfred Stix (1882–1957), Generaldirektor der staatlichen Kunstsammlungen in Wien

Alfred-Wegener-Gasse, 19., seit 1933, Univ.-Prof. Alfred Wegener (1880–1930), Polarforscher; nahm 1906 bis 1908 und 1912 bis 1917 an Grönlandexpeditionen teil, bekannt durch seine Kontinentalverschiebungstheorie („Entstehung der Kontinente und Ozeane", 1915)

Algenweg, 22., seit 1954, nach der Pflanze

Allerheiligengasse, 20., seit 1908, s. *Allerheiligenplatz*

Allerheiligenplatz, 20., seit 1905, nach der Pfarrkirche „Zu allen Heiligen", 1679 als Kapelle errichtet, 1873 abgetragen, 1905 Neubau der Kirche, 1945 zerstört, 1949/50 neu gebaut in der Vorgartenstraße

Alliiertenstraße, 2., seit 1909 (vorher: Prager Reichsstraße), am 25. September 1814 empfing Kaiser Franz I. an dieser Stelle seine Alliierten Kaiser Alexander von Rußland und König Friedrich Wilhelm von Preußen

Alliogasse, 15., seit 1913, Donatus Felice d'Allio (1677–1761), ab 1711 kaiserl. Befestigungsbaumeister

Allißengasse, 21., seit 1953, Riedname (Alißen)

Alma-König-Weg, 23., seit 1977, Alma König (1887–1942), schrieb Romane, Erzählungen, Gedichte; in den 20er und 30er Jahren recht erfolgreich; hieß eigentlich Alma Johanna Freifrau von Ehrenfels; von den Nationalsozialisten als Jüdin verhaftet, starb im Ghetto von Minsk

Alma-Rosé-Gasse, 10., seit 1969, Alma Rosé (1903–1940), berühmte Geigerin

Almgasse, 21., seit 1953, Fluß in OÖ

Alois-Behr-Straße, 14., Benennungsdatum unklar (urspr.: Vereinshausstraße), Alois Behr (1883–1949), Gründungsobmann des Gartenvereines „Bierhäuselberg"

Alois-Czedik-Gasse, 14., Benennungsdatum unklar (urspr.: Czedikgasse), Prof. Alois Freiherr v. Czedik-Bründsperg (1830 bis 1924), Gemeinderat (1871–1873), große Verdienste um die Gemeinde Hadersdorf-Weidlingau

Alois-Dachs-Gasse, 23., seit 1957 (vorher: Arbeitergasse), Alois Dachs (1890–1952), Gemeinderat von Liesing

Aloisgasse, 2., seit 1858, Alois Miesbach (1790–1857), Ziegeleibesitzer, kaufte zahlreiche Gründe in der Leopoldstadt; baute hier um 1850 das erste Haus, s. auch *Miesbachgasse, Malzgasse*

Alois-Eyermann-Weg, 22., nichtamtliche Bezeichnung nach einem Siedlerfunktionär

Alois-Höfler-Gasse, 11., seit 1940, Alois Höfler (1853–1922), Pädagoge, Philosoph, Schulreformer

Alois-Kraus-Promenade, 13., seit 1955 (vorher: Promenadeweg), Alois Kraus (1840 bis 1926), Direktor des Tiergartens Schönbrunn (1879–1919)

Alois-Negrelli-Gasse, 21., seit 1933, Alois Negrelli (1799–1858), Verkehrstechniker, entwickelte die Baupläne zum Suezkanal

Alpengartenstraße, 14., nach dem bei Kleingärtnern früher beliebten Alpengärten (Beet mit Steinen und Gebirgspflanzen)

Alpengasse, 10., seit 1869 (vorher: Aspanggasse), im Hinblick auf den letzten Ausläufer der Alpen (ungesicherte Deutung!)

Alphons-Petzold-Gasse, 23., seit 1925, Alphons Petzold (1882–1923), Arbeiterdichter („Das rauhe Leben", 1920)

Alpiltoweweg, 21., seit 1970, „Alpiltowe" = älteste Bezeichnung von Leopoldau (um 1120)

Alsegger Straße, 18., seit 1878 (in Hernals vorher Alsgasse, in Währing noch bis 1884 Bachgasse; urspr. Bach- und Mühlbachgasse), Weingartenried, urkundlich schon 1241 erwähnt

Alserbachstraße, 9., seit 1862 (1353: Auf dem Griesz, 1699 Auf den Hürnern, 1719 Auf dem Grieß am Alserbach, 1749 Weiße Löwengasse; nach dem 1840–1846 in diesem Bereich eingewölbten Alser Bach

Alser Straße, 8. und 9., seit 1862, ehemaliger Verlauf des Baches „Als". 1211 schon „Alsaersträzze" genannt (frühere Bezeichnungen: Alstergasse [1628], In der vordern Alstergassen [1766], Große Gasse und Alsergrund Hauptstraße)

Alsgasse, 17., seit 1877, nach dem Alser Bach (Alsbach)

Alszeile, 17., seit 1897 (ein Teil vorher seit 1868: Badgasse); nach der entlang des Alser Bachs erbauten Häuserzeile

Altdorferstraße, 10., seit 1936, Albrecht Altdorfer (1480–1538), Maler der Donauschule (sakrale Bilder), Kupferstecher, Baumeister

Altebergenstraße, 14., seit 1901, Riedname (schon 1338 urkundlich erwähnt)

Alte-Laaer-Straße, 10., seit 1960, nach dem alten Straßenzug der Laaer Straße

Alter Wiener Weg, 21., Benennungsdatum unbekannt, führte in Richtung Wien

Altes Landgut, 10., seit 1981, zur Erinnerung an das „Alte Landgut", urspr. eine Ziegelei, ab 1834 Ausflugs- und Vergnügungslokal (Tanzlokal, Kasino), 1851 sukzessive aufgelassen, heute Favoritner Verteilerkreis

Alte Straße, 22., alter Straßenzug vor Errichtung der Wagramer Straße

Altgasse, 13., Benennungsdatum unbekannt, ältester Teil des Ortes Hietzing

Althanstraße, 9., seit 1920 (vorh. ab 1909: Franz-Josefs-Bahnhof-Straße, urspr. Untere Schmiedgasse, Große Schmiedgasse und Spittelauergasse). Ludwig Joseph Gundacker Althan (1665–1747), General, leistete einen wesentlichen Beitrag zum Ausbau der schon von seinem Vater gegründeten Vorstadt Althan (heute: Franz-Josefs-Bahnhof)

Altmannsdorfer Anger, 12., seit 1908, nach den Weideplätzen der ehemaligen Gemeinde Altmannsdorf

Altmannsdorfer Straße, 12. und 23., seit 1894 (1742 Laxenburger Allee, dann Laxenburger Straße), nach dem Ort Altmannsdorf, der wiederum auf den hl. Altmann, Bischof von Passau, zurückgeht

Altmannsdorfer Weg, 10., seit 1992, nach der Lage Richtung Altmannsdorf, s. *Altmannsdorfer Straße*

Altmüttergasse, 9., seit 1892, Georg Altmütter (1787–1858), Technologe, Prof. für mechanische Technologie (1816)

Altomontegasse, 12., seit 1936, Martin Altomonte (1657–1745), berühmter Barockmaler (z. B. Peterskirche: Hochaltarbild „Heilung des Lahmen durch Petrus und Johannes“; Karlskirche: Altarbild „Erweckung des Jünglings von Naim“; Stephansdom: Altarbild des „hl. Januarius“)

Altwirthgasse, 23., seit 1955 (vorher: Ferdinandgasse), Dr. Erika Altwirth (1866 bis 1927), Gemeinderat in Inzersdorf

Alvarsgasse, 23., seit 1954, Parish Elias Alvars (1804–1849), Harfenvirtuose

Alxingergasse, 10., seit 1875, Johann Baptist von Alxinger (1755–1797), Dichter (Ritterepen, Lyrik), Aufklärer, Burgtheatersekretär

Am Abhang, 21., Benennungsdatum unbekannt, nach einem Geländeabfall in der Siedlung

Amalgergasse, 19., seit 1903, nach dem Bauer Amalger, angeblich erster Siedler im Raum (erwähnt im 9. Jhd.)

Amalienstraße, 13., seit 1922 (vorher: Goldmarkstraße ab 1919, davor ebenfalls Amalienstraße), Kaiserin Amalie (1673–1742), Gattin von Joseph I.

Amarantgasse, 10., seit 1957 (vorher: Randstraße), nach der gleichnamigen Pflanze

Am Badfeld, 23., Benennungsdatum unbekannt, nach einer früheren Badewiese

Am Bahnhof, 22., seit 1907, nach dem Stadlauer Ostbahnhofgebäude, erbaut 1870

Ambergergasse, 22., Benennungsdatum unbekannt, Christof Amberger (1500–1561), deutscher Maler

Am Bergl, 22., seit 1993, Flurname

Am Bisamberg, 21., seit 1912 (vorher: Obere Kellergasse), nach dem urk. schon um 1100 erwähnten 360 m hohen Bisamberg

Am Brigittenauer Sporn, 20., seit 1973, nach dem Sporn (Teilungsbauwerk) zwischen Donau und Donaukanal

Ambrosweg, 23., seit 1954 (vorher: Jägerweg), August Wilhelm Ambros (1816 bis 1876), Musikhistoriker, Komponist, Musikkritiker

Ambrosigasse, 22., seit 1984, Gustinus Ambrosi (1893–1975), Bildhauer, Schriftsteller

Ameisbachzeile, 14. und 16., seit 1925, nach dem seit 1908 eingewölbten Ameisbach

Ameisgasse, 14., seit 1859, nach dem schon seit 1366 als „Amaispach“ erwähnten Bach

Amerlingstraße, 6., seit 1887, Friedrich Ritter von Amerling (1803–1887), Porträtmaler, wohnte 1828–1831 und dann wieder bei seiner Rückkehr aus Italien von 1833 bis 1840 im Palais Strozzi

Am Fasangarten, 12. und 13., seit 1905, nach einer ehemaligen Fasanzüchterei in Schönbrunn

Am Freihof, 22., seit 1909 (vorher: Freihofstraße), nach dem Kagraner Freihof (s. *Erläuterungen*); urk. 1650 erwähnt

Am Fuchsenfeld, 12., seit 1925, Flurname (nach dem ehemaligen Gasthaus „Zum Fuchsen“)

Am Gestade, 1., seit 1862, mundartlich für Gstetten, nach 1848 „An der Gstetten“

Am Häufel, 21., nichtamtliche Bezeichnung, Flurname

Am Hasensprung, 23., seit 1914, Flurname

Am Heidjöchl, 22., seit 1944, Flurname

Am Heumarkt, 3., um 1418 schon „Heugries“, später „Im Gereit“, bis 1862 „Am Glacis“. Ehemaliger Verkaufsplatz der Bauern, die ihr Heu nach Wien brachten

Am Heustadelwasser, 2., Benennungsdatum unbekannt, an diesem einstigen Donauarm standen Heustadeln für die Wildfütterung

Am Himmel, 19., seit ca. 1780, Hofkriegsrat Leopold von Kriegl, der in der Stadt beim Stoß im Himmel wohnte, erwarb hier 1779 ein Haus; an sich ist „Himmel“ ein alter Name für hoch gelegene Grundstücke

Am Himmelhof, 13., Benennungsdatum unbekannt, wegen der schönen Aussicht und Lage so benannt

Am Hof, 1., Herzog Heinrich II. Jasomirgott verlegte seine Residenz von Regensburg 1154 nach Wien

Am Hubertusdamm, 21. und 22., s. *Hubertusdamm*

Am Hundsturm, 5., seit ca. 1850, nach dem ehemaligen Vorort Hundsturm, der seinen Namen von einem turmartigen Gebäude hat, in dem Rüden für die kaiserliche Jagd gehalten wurden

Am Johannesberg, 10., seit 1989, Flurname

Am Kahlenberg, 19., Benennungsdatum unbekannt, nach dem 483 m hohen Kahlenberg

Am Kaisermühlendamm, 22., seit 1872, Ansiedlung der Schiffmüller, die am Kaiserwasser ihre Mühlen betrieben und nach der Donauregulierung den Grund zur Siedlung Kaisermühlen legten

Am Kanal, 3. und 11., seit 1925 (früher „Am Wiener Neustädter Kanal"), nach dem Schiffskanal Wien – Wiener Neustadt, erbaut 1797 bis 1803, aufgelassen 1879, in Wien 1928–1935 zugeschüttet

Am Krautgarten, 22., seit 1909 (vorher: Parkgasse), Flurname

Am Langen Felde, 22., seit 1909 (vorher: Jubiläumsstraße), Flurname

Am Leopoldsberg, 19., Benennungsdatum unbekannt, nach dem 424 m hohen Leopoldsberg

Am Lettenhaufen, 22., Benennungsdatum unbekannt, als Lettenhaufen wurden Inseln im Donaugebiet bezeichnet (Letten = Ton, Haufen = Insel)

Am Lissenwasser, 21., Benennungsdatum unbekannt, nach einem früheren Donauarm

Am Meisenbühel, 13., seit 1975, nach dem Vogel

Ammerweg, 14., seit 1953, nach der Finkenart (Goldammer, Rohrammer usw.)

Am Modenapark, 3., seit 1916, nach Herzogin Adelgunde d'Este von Modena (1823 bis 1914), die hier ein Palais mit großem Park besaß (1812 erbaut, 1916 abgerissen)

Am Mühlhäufel, 22., erst Volksmund, seit 1943 amtlich. Vor der Donauregulierung bestanden hier viele Inseln (= Häufel, Haufen, Werd, Gründ). Die an den Ufern gelegenen Schiffmühlen gaben dem Grund den Namen

Am Mühlwasser, 22., seit 1922, nach einem Donauarm mit Mühlen

Am Müllnermais, 22., seit 1922, Flurname

Am Nordwestbahnhof, 21., seit 1909 (vorher: Nordwestbahnstraße), nach dem 1870 bis 1873 erbauten Bahnhof

Am oberen Kirchberg, 21., seit 1975, nach der Lage

Amongasse, 22., seit 1952, Anton Amon (1862 bis 1931), Schauspieler, Volksbildner

Amortgasse, 14., seit 1904, Johann Amort (1826–1903), Bürgermeister von Breitensee (1877–1887), Wirtschaftsbesitzer, Milchmeier

Ampèregasse, 21., seit 1952, André Ampère (1775–1836), franz. Physiker, Mathematiker, Philosoph

Ampferergasse, 10., seit 1956, Otto Ampferer (1875–1947), Geologe; begründete 1906 die Unterströmungstheorie (Theorie über die Entstehung von Faltengebirgen)

Am Platz, 13., (urspr. St. Marienplatz, bis 1894 Kirchenplatz), nach dem Platz vor der Kirche

Am Predigtstuhl, 16., seit 1971, Flurname

Am Rosenberg, 13. und 23., seit 1965, Flurname

Am Rosenhügel, 12. und 13., seit 1922 und ein Teil seit 1985, nach der ehemals dort ausgedehnten Rosenkultur

Am Schierlinggrund, 22., seit 1953, Flurname

Am Schöpfwerk, 12., seit 1912 (vorher: Inzersdorfer Weg). Das Schöpfwerk ist das Hebewerk der I. Wiener Hochquellenwasserleitung

Am Schulweg, 11., Benennungsdatum unbekannt, nach der Lage zur Hauptschule Kaiserebersdorf

Amselgasse, 21., seit 1942, nach dem Singvogel

Am Spiegeln, 23., seit 1912, Riedname

Am Spitz, 21., seit 1874, zur Wahrung des alten Ortsnamens „Spitz" (seit 1804 eigene Gemeinde), 1874 mit Floridsdorf vereinigt

Am Stadtpark, 3., seit 1986 (vorher: Am Heumarkt und Vordere Zollamtsstraße), nach der Lage

Amstergasse, 23., seit 1967, Samuel Amster (1867–1942), Wohltäter, Kaufmann; 1942 im KZ Riga ermordet

Am Tabor, 2., seit 1890, im 15. Jhd. wurde zur Verteidigung gegen die Hussiten eine Schanze und Brücke errichtet, die diese Bezeichnung erhielt; die Bezeichnung „Tabor" war um diese Zeit für Befestigungsanlagen allgemein üblich

Amtshausgasse, 5., seit 1862 (vorher: Zwerch- und Schmidgasse), nach dem ehemaligen Amtshaus des Grundgerichtes Hundsturm (1847 abgebrochen)

Amtsstraße, 21., seit 1892, in früheren Zeiten wurden allen Amtshandlungen, die die Gemeinde betrafen, im Freien mitten im Ort abgehalten

Amundsenstraße, 14. und 17., seit 1930 (vorher: Franz-Karl-Straße), Roald Amundsen (1872–1928), norwegischer Polarforscher, überflog 1926 den Nordpol, erreichte als erster auf dem Landweg den Südpol, kam 1928 bei einer mißglückten Polarexpedition ums Leben

Am Weingebirg, 19., seit 1974, alter Flurname

Anastasius-Grün-Gasse, 18., seit 1876 (ein Teil seit 1903 Sporkenbühelgasse), Anastasius Grün (eigentlich Anton Alexander Graf von Auersperg, 1806–1876), schuf politische Lyrik mit liberalen Tendenzen, Gemeinderat, Ehrenbürger von Wien

Anatourgasse, 13., seit 1955 (vorher: Bürgergasse), Maria Anatour (1857–1929), Schauspielerin

Andayweg, 14., seit 1980, Rosette Anday (1903 bis 1977), Opernsängerin (1921–1938 und 1945–1961 Mitglied der Wiener Staatsoper; 1938–1945 Auftrittsverbot aus rassischen Gründen), Gustav-Mahler-Interpretin

An den Alten Schanzen, 22., seit 1944, in der Gegend befanden sich viele Schanzen gegen Napoleon (1809)

An den Eisteichen, 12., seit 1912, hier befanden sich Ziegelteiche zur Eisgewinnung im Winter

An den Froschlacken, 12., seit 1912, alter Flurname nach Wasserlachen, in denen viele Frösche lebten

An den langen Lüssen, 19., seit 1894 (amtlich seit 1908; urspr. Friedhofstraße und Grinzinger Friedhofstraße), Riedname, bereits 1315 genannt, Luß ist ein durch Los zugewiesener Ackerteil

An den Steinfeldern, 23., seit 1942, Flurname

An der Au, 23., Benennungsdatum unbekannt, nach dem ehemaligen Schwimmbad „An der Au"

An der Bien, 22., seit 1988, Flurname

Andergasse, 17., seit 1894 (vorher: Pichlergasse; urspr. Haltergasse), Alois Ander (1821–1864), Sänger (hauptsächlich am Kärntnertortheater)

An der Grenze, 14., Benennungsdatum unklar, bis zur Eingemeindung von Hadersdorf-Weidlingau 1938 verlief hier die Stadtgrenze

An der Hölle, 10., seit 1944 (vorher: Schlesingerstraße), Flurname (abgeleitet von Höhle!)

An der Hülben, 1., 1367 urkundlich „Auf der Hülben", amtlich seit 1909

An der Kuhtrift, 10., seit 1987, Flurname

An der Liesing, 23., seit 1947, am Liesingbach gelegen

An der Neurisse, 22., seit 1986, Flurname (Neurisse = neues bzw. umgeackertes Wiesenland)

An der Niederhaid, 14., seit 1920, Flurname (tiefgelegene Heide)

An der oberen Alten Donau, 21. und 22., seit 1909 (vorher: Donau- und Obere Donaustraße), nach der Lage am linken Ufer der Alten Donau

An der Ostbahn, 10. und 11., seit 1920, durch die Lage der Straße an der 1854 erbauten Ostbahn

An der Schanze, 21., seit 1909 (vorher: Floridusgasse), nach den 1866 errichteten Schanzen (= Erdwälle) gegen die Preußen

An der Scheibenwiese, 16., seit 1905, nach einer alten Ortsbezeichnung (Holzlagerstätten der Bauern außerhalb des Ortsgebietes)

An der Schloßmauer, 23., Benennungsdatum unbekannt, längs der alten Mauer des Erlaaer Schlosses

An der Schwarzen Lackenau, 21., seit 1982, Flurname

Andersengasse, 12., seit 1953, nach Hans Christian Andersen (1805–1875), dänischer Märchendichter („Des Kaisers neue Kleider", „Die Prinzessin auf der Erbse", „Das häßliche Entlein", „Däumeline")

Anders-Zorn-Weg, 10., seit 1951, Anders Zorn (1860–1920), schwedischer Kupferstecher, Maler

An der Töllerschanze, 21., nichtamtliche Bezeichnung, nach einer Schanze aus der Zeit der Franzosenkriege (nap. Kriege)

An der unteren Alten Donau, 22., seit 1909 (vorher: Spornstraße), nach der Lage am linken unteren Ufer der Alten Donau

An der Zwerchwiese, 19., seit 1936, alter Riedname

Andlergasse, 7., seit 1803, nach der Familie von Andler(n), Grundbesitzer in dieser Gegend (1679–1793), die Gasse wurde 1794 errichtet

Andorngasse, 22., seit 1953, Pflanzenname (Heilpflanze)

Andreasgasse, 7., seit 1897, Andreas Ditscheiner (1753–1808), Seidenfabrikant, Grundbesitzer, Händler

Andreas-Hofer-Straße, 21., seit 1900 (vorher: Stephaniestraße), Andreas Hofer (1767–1810), Tiroler Freiheitskämpfer

Andreas-Huger-Gasse, 22., seit 1909 (vorher: Hugergasse), Andreas Huger (1807 bis 1892), Pfarrer von Kagran, Verdienste in der Armenfürsorge

Andreas-Lechner-Straße, 14., Benennungsdatum unklar, Andreas Lechner (1878 bis 1920), volkstümlicher Bahnwärter

Andreas-Morth-Weg, 22., seit 1988, Andreas Morth (1902–1942), NS-Opfer

Andreas-Urteil-Weg, 22., seit 1977, Andreas Urteil (1933–1963), Bildhauer

Anemonenweg, 22., seit 1952, nach der Blume

Anfanggasse, 22., seit 1909 (vorher: Gartengasse), nach den Herren von Anfang, Besitzer der Herrschaft Hirschstetten

Angeligasse, 10., seit 1894, Heinrich von Angeli (1840–1925), Porträt- und Historienmaler; Leiter einer Spezialschule für Malerei an der Akademie der bildenden Künste in Wien, u. a. Porträt von Bürgermeister Weiskirchner (1917)

Angergasse, 17., seit 1979, Josef Anger (1837 bis 1882), Fabrikant, Erfinder („Anger-Nähmaschine"), als Fabrikant errichtete er für seine Arbeiter Sozialbauten, außerdem stiftete er für bedürftige Hernalser Schulkinder

Angerer Straße, 21., seit 1874 (vorher: Bahngasse), führt nach dem Ort Angern in NÖ

Angermayergasse, 13., seit 1894 (vorher: Mayergasse), Anton Angermayer (1803 bis 1874), Pfarrer von Ober-St. Veit (1847 bis 1861)

Anglerweg, 22., seit 1978 (vorher: Fischerweg), nach einem beliebten Angelplatz

Angoraweg, 22., amtlich seit 1984, nach der Katzenart, vorher ebenso nicht amtlich

Anichweg, 21., seit 1933, Peter Anich (1723 bis 1766), Kartograph, schuf ein Kartenwerk von Tirol, löste das Problem der Hochgebirgskartographie

Anilingasse, 6., seit 1865, Anilin, Grundstoff zum Färben von Stoffen (hier wohnten Färber)

Anisgasse, 22., seit 1953, nach der Gewürzpflanze

Anna-Frauer-Gasse, 18., seit 1894 (vorher: Quergasse), Anna Frauer (1765–1848), Gattin eines Großhändlers, spendete großzügig für die Weinhauser Schule (s. *Weinhausgasse*) und den Währinger Friedhof

Annagasse, 1., urk. erstmals 1290 genannt, amtlich seit ca. 1750, nach der Annakirche

Anningerweg, 10., seit 1971, wegen der Aussicht nach dem gleichnamigen Berg

Anreitergasse, 23., seit 1956, Alois von Anreiter (1803–1882), Maler (Aquarellporträts, Ölbilder)

Anschlußgasse, 14., seit 1914, nach dem Anschluß, den die Gasse zur Nachbarsiedlung herstellte (kein Zusammenhang mit dem Anschluß 1938!)

Anschützgasse, 15., seit 1894 (vorher: Kaisergasse), Johann Immanuel Anschütz (1785–1865), Burgschauspieler, Regisseur, Schriftsteller

Antaeusgasse, 14., seit 1924, nach der Siedlungsgenossenschaft „Antaeus"; Antaeus, Riese aus der griechischen Sage, der durch die Berührung der Erde, die seine Mutter war, stets neue Kraft gewann

Anton-Anderer-Platz, 21., seit 1958, Anton Anderer (1857–1936), Kaufmann, letzter Bürgermeister von Floridsdorf (1898 bis 1905)

Anton-Baumgartner-Straße, 23., Benennungsdatum unbekannt (urspr. Steinhofstraße), Anton Baumgartner (1858–1932), Gemeinderat von Erlaa, Ökonomierat

Anton-Böck-Gasse, 21., seit 1912 (vorher: Obere und Untere Kirchengasse), Anton Böck (1842–1903), Bürgermeister von Strebersdorf (1880–1903)

Anton-Bosch-Gasse, 21., seit 1909 (vorher: Boschgasse, urspr. Theresien- und Herrengasse), Anton Bosch (1784–1868), Brauhausbesitzer in Jedlesee, Ortsvorsteher, Verdienste bei der Überschwemmungskatastrophe von 1830

Anton-Burg-Gasse, 4., seit 1876, Anton Burg (1767–1849), Hofmaschinist, Grundbesitzer; errichtete in Wieden die erste Fabrik für landwirtschaftliche Maschinen

Anton-Dengler-Gasse, 21., seit 1909 (vorher: Bräuhausgasse), Anton Dengler (1839 bis 1900), Brauhausbesitzer in Jedlesee

Anton-Frank-Gasse, 18., seit 1894 (vorher: Frankgasse), Anton Frank (1835–1880), Währinger Kaffeesieder, der die ersten Häuser in der Gasse erbauen ließ

Anton-Freunschlag-Gasse, 23., Benennungsdatum unbekannt, Anton Freunschlag (1851–1910), Bürgermeister von Siebenhirten (1890–1907), Fuhrwerksbesitzer

Anton-Haberzeth-Gasse, 21., seit 1932, Anton Haberzeth (1856–1928), Bürgermeister von Strebersdorf (1904–1911), Bindermeister

Anton-Haidl-Gasse, 17., seit 1951, Anton Haidl (1870–1949), sozialdemokratischer Bezirksvorsteher von Hernals (1919–1934)

Anton-Heger-Platz, 23., Benennungsdatum unbekannt, Anton Heger (1821–1899), Gastwirt, Bürgermeister von Atzgersdorf

Antonie-Platzer-Gasse, 14., seit 1991, Antonie Platzer (1890–1981), Hausgehilfin, 1932–1934, 1945–1957 SPÖ-Gemeinderätin, 1945–1959 stellvertretende Vorsitzende der SPÖ-Penzing

Antonigasse, 17. und 18., seit 1894 (im 17. Bezirk vorher Antongasse; 1938–1945: Josef-Hackel-Gasse), nach Anton Klettenhofer (1815–1897), Bürgermeister von Währing (1864–1871 und 1873–1882); nach anderer Version nach einer Statue des heiligen Antonius von Padua

Anton-Karas-Platz, 19., seit 1990, Anton Karas (1906–1985), Zitherspieler (durch den Film „Der 3. Mann“ populär geworden)

Anton-Kolig-Gasse, 21., seit 1959, Anton Kolig (1886–1950), Maler, Graphiker

Anton-Krieger-Gasse, 23., seit 1909, Josef Anton Krieger (1828–1905), Bürgermeister von Mauer (1882–1885 und 1888–1891), Kaufmann

Anton-Langer-Gasse, 13., seit 1894 (vorher: Parkgasse), Anton Langer (1824–1879), Lokalschriftsteller, Journalist

Anton-Ochsenhofer-Gasse, 23., seit 1958, Anton Ochsenhofer (1889–1958), Gemeinderat von Inzersdorf (1922–1934), Obmann des Fürsorgerats (1945–1958)

Anton-Sattler-Gasse, 22., seit 1906, Anton Sattler (1826–1881), Postmeister, Wirtschaftsbesitzer, Bürgermeister von Kagran

Anton-Schall-Gasse, 21., seit 1985, Anton Schall (1907–1947), Spieler im legendären Fußball-Wunderteam

Anton-Scharff-Gasse, 12., seit 1906, Anton Scharff (1845–1903), Leiter der Graveurakademie des Hauptmünzamtes in Wien

Antonsplatz, 10., seit 1897, nach der dem hl. Antonius von Padua geweihten Kirche (errichtet von Franz R. Neumann um die Jahrhundertwende nach dem Vorbild der Markuskirche in Venedig)

Anton-Steinböck-Gasse, 11., seit 1987, Anton Steinböck (1903–1970), Pfarrer

Anton-Störck-Gasse, 21., seit 1909, Anton Freiherr von Störck (1731–1803), Leibarzt der Kaiserin Maria Theresia, Besitzer der Herrschaft Jedlesee, Gründer der Jedleseer Brauerei

Anton-Strutzenberger-Weg, 23., nichtamtliche Bezeichnung, Anton Strutzenberger, Gemeinderat von Mauer, Kirchenförderer

Anzbachgasse, 14., seit 1923, nach der Flur Anzbach, die sich zwischen Hüttelbergstraße, Linzer Straße und der alten Stadtgrenze erstreckte (nicht nach der Ortschaft Anzbach benannt!)

Anzengrubergasse, 5., seit 1890, Ludwig Anzengruber (1839–1889), Schriftsteller, Wegbereiter der naturalistischen Literatur („Der Meineidbauer“, „Das 4. Gebot“)

Anzengruberstraße, 14., Benennungsdatum unbekannt, s. *Anzengrubergasse*

Apfelgasse, 4., seit 1873, nach einem Gasthausschild „Zum roten Apfel“

Apfelrosenweg, 14., seit 1966, nach der Rosenart

Apfelweg, 11., nichtamtliche Bezeichnung

Apollogasse, 7., seit 1862 (vorher: Zwerchgasse, urspr. Fiakerdörfl): Der Arzt und Mechaniker Sigmund Wolfssohn (1767 bis 1852), der 1795 eine Maschinen- und Bandagenfabrik gegründet hatte, baute in diesem Bereich einen Vergnügungssaal, der 1808 eröffnet wurde („Apollosaal“). Der Tanzsaal bot 8.000 Besuchern Platz, Höhepunkt des Geschäfts war der Wiener Kongreß 1814/15, dann ging es bergab. Wolfssohn verkaufte den Apollosaal 1819 und starb verarmt, die Besitzer wechselten; 1839 wurde daraus eine Kerzenfabrik, die bis 1876 bestand

Apostelgasse, 3., seit 1862 (vorher: Kirchengasse), nach den Aposteln Peter und Paul, denen die Erdberger Pfarrkirche geweiht ist

Arabellagasse, 23., seit 1959, nach der gleichnamigen Oper von Richard Strauss

Arbeitergasse, 5., seit 1871, die ersten Häuser in der Gasse wurden vom Maria-Elisabethen-Verein als Arbeiterfamilienhäuser errichtet

Arbeiterstrandbadstraße, 21. und 22., seit 1912; urspr. Arbeiterstrandbadgasse, nach dem gleichnamigen Bad

Arbesbachgasse, 19., seit 1904, nach dem Erbsenbach (volkstümlich Arbesbach), Nebenfluß des Krottenbachs

Arenberggasse, 3., seit 1862, Leopold Philipp Josef Fürst von Arenberg (1690 bis 1754), Besitzer des Arenbergparks, 1900 von der Stadt Wien erworben und der Öffentlichkeit zugänglich gemacht

Argauergasse, 18., seit 1895, Karl Argauer (1817–1890), Kaufmann, 25 Jahre Mitglied des Gemeindeausschusses, Armenvater

Argentinierstraße, 4., seit 1921 (die Umgebung hieß einst Haferpoint, 1700 Alleegasse, ein Teil bis 1862 Sophiengasse, später Obere und Untere Alleegasse, nachher bis 1921 Alleegasse), zur Erinnerung an die 5-Millionen-Peso-Spende Argentiniens an Österreich nach dem Ersten Weltkrieg

Argonautenstraße, 22., seit 1959, nach den Argonauten in der Sage vom Goldenen Vlies

Aribogasse, 22., seit 1909, Aribo war Obergraf der Ostmark (ca. 876–909)

Arlethgasse, 19., seit 1972, Emmerich Arleth (1900–1965), Schauspieler, Sänger, Interpret des Wienerlieds, gewerkschaftlich tätig

Arltgasse, 16., seit 1887, Prof. Dr. Ferdinand Ritter von Arlt (1812–1887), 1849–1856 Vorstand der Prager Univ.-Augenklinik, 1856 bis 1883 Ordinarius für Augenheilkunde an der Universität Wien, zählte zu den führenden Augenärzten der Welt

Armbrustergasse, 19., seit 1894 (vorher: Wiener Straße), Johann Melchior Armbruster (1761–1814), Schriftsteller, Gründer der ersten öffentlichen Leihbücherei, Redakteur, Zeitschriftenherausgeber

Arminenstraße, 22., seit 1959; nach dem gleichnamigen germanischen Volksstamm

Arndtstraße, 12., seit 1894 (vorher: Lainzer Straße), Ernst Moritz Arndt (1769–1860); Arndt wirkte für die nationale Erhebung gegen Napoleon und die politische Einheit Deutschlands („Geist der Zeit", „Was ist des Deutschen Vaterland?"); nach dem Wiener Kongreß 1814/15 Bekämpfer der politischen Reaktion (Zeitschrift „Der Wächter"), Professor für Geschichte in Bonn, aber lange Zeit wegen unerwünschter politischer Ansichten des Amtes enthoben, 1848/49 Mitglied der Frankfurter Nationalversammlung

Arnethgasse, 16., seit 1894 (vorher: Wagnergasse), Josef Ritter von Arneth (1791 bis 1863), Historiker, Numismatiker

Arnezhoferstraße, 2., seit 1906, Johann Ignaz Arnezhofer (gest. 1679), Pfarrer, Kommissär zur Ordnung israelitischer Angelegenheiten nach Schließung des Leopoldstädter Ghettos

Arnikaweg, 22., seit 1953, nach der Heilpflanze

Arnimgasse, 21., seit 1954, Dr. Hans Arnim (1859–1931), Altphilologe, 1900 Prof. für klassische Philologie, setzte sich für die Lehre von Latein und Griechisch an den Schulen ein

Arnoldgasse, 21., Benennungsdatum unbekannt, Georg Arnold (1847–1900), Bürgermeister von Floridsdorf, Bäckermeister, Hausbesitzer

Arnold-Holm-Gasse, 10., seit 1969, Arnold Holm (Pseudonym), Lyriker, gest. 1938, eines der ersten Opfer des NS-Terrors

Arnsburggasse, 12., seit 1930, Friedrich Ludwig Arnsburg (1816–1891), Burgschauspieler, Professor an der Schauspielschule des Konservatoriums

Arnsteingasse, 15., seit 1864 (1938–1945 Blüchergasse), Nathan Adam Freiherr von Arnstein (1748–1838), Bankier, Großhändler, Mäzen

Arsenalstraße, 3. und 10., seit 1872, nach der Revolution 1848 als Zentrum militärischer Macht über Wien erbaut (Artilleriezeugfabrik, Munitionsdepots, militärische Werkstätten, Nachrichtenzentralen), heute u. a. Heeresgeschichtliches Museum

Arsenalweg, 3., seit 1901 (vorher: Marx-Meidlinger-Straße), s. *Arsenalstraße*

Artariastraße, 17. und 18., seit 1894 (vorher Salmannsdorfer Straße und Tiefaustraße), Matthias Artaria (1793–1835), Verleger (Kunst- und Landkartenhandlung)

Arthaberplatz, 10., seit 1890, Rudolf von Arthaber (1795–1867), Textilgroßhändler (Weltruf durch die von ihm erzeugten „Wiener Shawls"), Kunstsammler, Mitbegründer des NÖ-Gewerbevereins

Artillerieplatz, 11., seit 1957, nach der früher dort bestandenen Artilleriekaserne

Artmanngasse, 11., seit 1973, Prof. Ferdinand Artmann (1830–1883), Prof. für Physik, Chemie; Techniker, Offizier, projektierte die Aspangbahn und Schneebergbahn; gründete die erste Konservenfabrik in Wien

Arzbergergasse, 17., seit 1907, Johann Arzberger (1778–1835), Techniker, Erfinder, Prof. für Mechanik, unterrichtete an Sonn- und Feiertagen Künstler und Handwerker unentgeltlich, erfand einen Dampfheizapparat, der bei der ersten Gasbeleuchtung Wiens Verwendung fand

Arztgasse, 22., seit 1956, Dr. Leopold Arzt (1883–1955), Dermatologe, Rektor der Wiener Universität (1936/37), 1938 verhaftet, 1940 als Gegner des Nationalsozialismus zwangspensioniert, 1945 rehabilitiert, Mitglied des obersten Sanitätsrates; Arzt beschäftigte sich mit Haut- und Geschlechtskrankheiten

Aschbachgasse, 23., seit 1961, Prof. Dr. Josef Ritter von Aschbach (1801–1882), Historiker („Geschichte der Wiener Universität", „Allgemeines Kirchenlexikon")

Aschergasse, 13., seit 1955 (vorher: Waldmüllergasse), Leo Ascher (1880–1942), Operettenkomponist („Hoheit tanzt Walzer"), schrieb auch Filmmusik, Emigration 1938

Aslangasse, 19., seit 1961, Raoul Aslan (1886 bis 1958), Burgschauspieler (klassische Helden- und Charakterrollen), 1945–1948 Burgtheaterdirektor

Aspangstraße, 3., seit 1894 (vorher: Am Kanal), nach dem Aspangbahnhof benannt

Asparagusweg, 22., seit 1962, nach der Pflanze

Aspernallee, 2., seit 1907, nach einer Allee, die in Richtung Aspern angelegt war

Aspernbrücke, 2., 1863/64 erbaut, 1913 bis 1920 und 1949–1951 neu erbaut, s. *Aspernbrückengasse*

Aspernbrückengasse, 2., seit 1909 (vorher: Asperngasse; bis 1862 Schmidgasse, dann bis 1864 Untere Fischergasse), nach der Aspernbrücke, die nach der Schlacht bei Aspern (1809) über Napoleon so benannt wurde

Asperner Friedhofweg, 22., seit 1955 (vorher: Friedhofsweg), führt zum Asperner Friedhof

Asperner Heldenplatz, 22., seit 1955 (vorher: Heldenplatz), zur Erinnerung an den Sieg Erzherzog Karls über Napoleon (1809) bei Aspern und Eßling

Aspernstraße, 22., seit 1909, zur Wahrung des alten Ortsnamens (schon 1083 Asparn), 1904 eingemeindet

Aßmayergasse, 12., seit 1894 (vorher: Rudolfsgasse, ein Teil Lechnergasse), Ignaz Aßmayer (1790–1862), Hofkapellmeister, Komponist (Oratorien: „Das Gelübde", „Saul und David", „Sauls Tod")

Asternweg, 11., nichtamtliche Bezeichnung, nach der Blume

Astgasse, 14., seit 1907, Kilian Ast (1749 bis 1851), Mitglied des Äußeren Rates, Hausbesitzer, Armenrat von Gumpendorf

Ateliergasse, 22., nichtamtliche Bezeichnung, nach den Ateliers der Akademie der bildenden Künste

Attemsgasse, 22., seit 1909 (vorher: Schmidtgasse), Johann Friedrich Graf Attems (1590 bis 1663), Herrschaftsbesitzer in Jedlesee und Kagran

Atzgersdorfer Platz, 23., seit 1990, s. *Atzgersdorfer Straße*

Atzgersdorfer Straße, 12., 13. und 23., seit 1918, nach dem ehemaligen Vorort Atzgersdorf, 1130 als Azichinstorf urkundlich erwähnt

Atzlergasse, 23., seit 1954 (vorher: Moritz-Zander-Gasse), Alois Atzler (1860–1930), Gemeinderat von Siebenhirten

Auckenthalergasse, 21., Benennungsdatum unbekannt, Flurname

Audorfgasse, 21., seit 1932, Jakob Audorf (1835–1898), Dichter („Lied der deutschen Arbeiter")

Auenbruggergasse, 3., seit 1891, Dr. Leopold Auenbrugger (1722–1809), Arzt, Erfinder der Perkussion (Untersuchung durch Abklopfen des Körpers)

Auerhahngasse, 21., seit 1942, nach dem gleichnamigen Waldhuhn

Auernheimergasse, 22., seit 1960, Raoul Auernheimer (1876–1948), Schriftsteller, Journalist (Redakteur der „Neuen Freien Presse"), 1939 Emigration in die USA

Auerspergstraße, 1. und 8., seit 1862 (vorher: Am Glacis, Am Paradeplatz), Fürst Johann Adam Auersperg (1721–1795), kaufte 1781 das schon seit ca. 1710 bestandene Palais und ließ es durch italienische Künstler ausschmücken; Palais und Straße tragen noch heute den Namen seiner Familie

Auer-Welsbach-Straße, 23., Benennungsdatum unbekannt, Carl Freiherr von Auer-Welsbach (1858–1929), Chemiker, erfand 1886 den „Gasglühstrumpf"; der Gasverbrauch war halb so groß, die Leuchtkraft doppelt so stark wie bei den bis dahin offenen Flammen; 1887 errichtete er in Atzgersdorf eine Fabrik (ab 1902 Osram-Werke)

Auf der Haide, 22., Benennungsdatum unbekannt, Flurname

Auf der Schanz, 23., Benennungsdatum unbekannt, nach Schanzen in den Schweden-Kriegen (17. Jhd.)

Auf der Schmelz, 15., seit 1974, Flurname

Auf der Schottenwiese, 16., seit 1923, Flurname

Auf der Simmeringer Haide, 11., seit 1894 (vorher: Auf der Haide), Flurname

Augartenbrücke, 2., seit 1919 (1872 als Maria-Theresien-Brücke erbaut), mündet in die Untere Augartenstraße, die zum Augarten führt

Augasse, 9., seit 1862 (vorher ab 1835: Spittelauer Weg), hier bestanden einst Augebiete der Donau

Augasse, 13., Benennungsdatum unbekannt, Johann Peter Au (1720–1792), Weinhauer, Ortsrichter von Mauer (1754–1779)

Äugelgasse, 21., seit 1907, Flurname

Augentrostgasse, 22., seit 1955, nach der Heilpflanze

August-Forel-Gasse, 10., seit 1932, Dr. August Forel (1848–1931), Schweizer Psychiater, Verdienste als Führer der Antialkoholbewegung

August-Greiml-Weg, 23., nichtamtliche Bezeichnung, August Greiml (1867–1950), Kleingartenvereinsfunktionär

Augustinerbastei, 1., Teil der Befestigungsmauer Wiens, 1548–1552 erbaut, 1863 abgetragen, lediglich die Auffahrtsrampe blieb erhalten

Augustinerstraße, 1., seit 1862 (im Mittelalter Hochstraße, ab 1547 Augustinergasse), nach dem benachbarten Augustinerkloster

August-Kronberger-Gasse, 10., Benennungsdatum unbekannt, August Kronberger (1863–1935), Gastwirt, Gemeinderat, Mühlenbesitzer in Oberlaa

August-Reuss-Gasse, 13., seit 1959, Prof. Dr. August Reuss (1879–1954), Kinderfacharzt, Univ.-Prof. für Kinderheilkunde

August-Sigl-Straße, 10., seit 1989, August Sigl (1868–1936), Bezirksvorsteher von Favoriten (1919–1934)

Auhirschenweg, 22., seit 1966, nach dem Wild

Auhofstraße, 13., Benennungsdatum unbekannt, nach einem „Hof in der Au", erstmals 1250 urkundlich erwähnt, seit 1560 Amtssitz des kais. Forstmeisters

Aumannplatz, 18., seit 1913, Ignaz Aumann (1816–1896), Pfarrer von Währing (1884 bis 1896), hinterließ ein Vermögen für den Bau einer Kirche; der Bau wurde wegen des Ersten Weltkrieges nicht realisiert

Aumühlstraße, 23., Benennungsdatum unbekannt, nach einer ehemaligen hier bestandenen Aumühle

Auparkweg, 22., seit 1993, nach der Umgebung benannt

Aurikelweg, 22., seit 1944, nach der Pflanze

Ausjagdweg, 14., seit 1956, nach der Flurbezeichnung, „Ausjagdboden" (grenzte an die Siedlung jenseits des Halterbaches an)

Auspitzgasse, 22., seit 1972, Dr. Heinrich Auspitz (1835–1886), Dermatologe, ao. Prof. (1875), zahlreiche wissenschaftliche Arbeiten

Außererweg, 21., seit 1954, Dr. Carl Ausserer (1883–1950), Direktor des Finanz- und Hofkammerarchives, Historiker (mittelalterliche Quelleneditionen)

Aussichtsweg, 19., seit 1891 (vorher tw. Schulweg), nach der schönen Aussicht auf Wien

Ausstellungsstraße, 2., seit 1872 (vorher: Feuerwerksallee), zur Erinnerung an die Weltausstellung 1873

Austerlitzgasse, 22., seit 1993, Friedrich Austerlitz (1862–1931), Journalist, Chefredakteur der Arbeiter-Zeitung (1895 bis 1931)

Autofabriksstraße, 23., seit 1954 (vorher: Siebenhirtenstraße), nach der in der Nähe befindlichen ehemaligen Autofabrik Perl

Autokaderstraße, 21., seit 1960, nach einer motorisierten militärischen Einheit (Autokader), die während des Ersten Weltkrieges hier stationiert war

Auwinkel, 1., seit 1862 (1547–1786 „Im Sauwinkel"), nach dem Schweineschlachthaus

Avedikstraße, 15., seit 1894 (vorher: Eisenbahnstraße), Dr. Stephan Avedig (sic! 1804–1884), Arzt, Wohltäter (Engagement für die Armen)

Awarenstraße, 11., seit 1983, zur Erinnerung an die 1976/77 aufgefundenen Awarengräber in der Csokorgasse; die Awaren waren ein Reitervolk, das im 6. Jhd. in unsere Gegend kam

Ayrenhoffgasse, 9., seit 1894 (vorher ab 1862: Hirschengasse), Cornelius Hermann von Ayrenhoff (1733–1819), Lustspieldichter, Dramatiker; Offizier im Siebenjährigen Krieg, Feldmarschall-Leutnant (1794)

Azaleengasse, 22., seit 1954, nach der Pflanze

B

Babenbergerstraße, 1., seit 1863, zur Erinnerung an die Babenberger (von 976 bis 1246 Markgrafen bzw. ab 1156 Herzöge von Österreich)

Babitschgasse, 21., seit 1961, Jakob Babitsch (1870–1945), Vorstand der Jedlersdorfer Spar- und Vorschußkassa, Bezirksrat von Floridsdorf (1918–1934)

Bacherplatz, 5., seit 1871, Leopold Bacher (1793–1869), Gärtner, Armenrat, Armenbezirksdirektor

Bachgasse, 16., seit 1864 (vorher: Am Liebhartsgraben), nach dem seit 1847 eingewölbten Ottakringer Bach, der bis 1881 an dieser Stelle allerdings noch offen war

Bachofengasse, 19., seit ca. 1886, Adolf Bachofen von Echt (1830–1922), Brauhausbesitzer, Bürgermeister von Nußdorf, Numismatiker, 1891–1895 liberales Mitglied des Wiener Gemeinderats

Bachrachgasse, 22., seit 1959, Dr. Adolf Bachrach (1859–1932), Jurist, Anwalt, Konsulent des Kaiserhauses

Bachzeile, 17., nichtamtliche Bezeichnung, nach einem Bachgerinne

Badgasse, 9., Benennungsdatum unbekannt (1716 In der Baadergassen), nach dem ehemaligen Lichtentaler Bad

Badgasse, 14., Benennungsdatum unbekannt, nach der dortigen Badeanlage

Badhausgasse, 7., seit 1862, nach dem 1841 bis 1921 bestandenen Marienbad

Badweg, 22., nichtamtliche Bezeichnung

Badwinkel, 22., nichtamtliche Bezeichnung

Bäckenbrünnlgasse, 18., seit 1911, nach einer Quelle (Brünnl), die 1880 versiegte; nach einer Sage soll sich ein Bäckerlehrling über einen Brunnen gebeugt haben, um zu trinken, bückte sich zu tief, fiel in den Brunnen und ertrank

Bäckersteig, 21., Benennungsdatum unbekannt, nach einem Steig, der hier an einer Bäckerei vorbeiführte

Bäckerstraße, 1., seit 1862, seit dem 14. Jhd. übten hier einige Bäcker ihr Gewerbe aus

Bärengasse, 5., seit 1862 (vorher: Schmiedgasse), nach dem Hausschild „Zum braunen Bären“

Bärenmühldurchgang, 4., seit 1937, Durchgang durch das Haus Rechte Wienzeile 1; nach einer von 1113 bis 1856 in Betrieb gewesenen Mühle; der Name geht auf ein Gasthaus „Zum Schwarzen Bären“ zurück; der Sage nach wurde ein Müller von einem Bären überfallen und von seinem Knecht gerettet, der dann das Gasthaus eröffnete

Bäuerlegasse, 20., seit 1885, Adolf Bäuerle (1786–1859), Schriftsteller, Journalist, Gründer der „Wr. Allgemeinen Theaterzeitung“, Theaterdichter, erfand die Figur des Staberl; schrieb auch Wienerlieder

Bahndammweg, 21., nichtamtliche Bezeichnung, Weg längs des Nordbahndammes

Bahnfeldweg, 22., seit 1944, Flurname

Bahnhofplatz, 21., Benennungsdatum unbekannt, Platz vor dem Bahnhof Stammersdorf

Bahnhofstraße, 14., seit 1873, nach dem Hütteldorfer Bahnhof

Bahnlände, 10., Benennungsdatum unbekannt, längs der Donauländebahn

Bahnsteggasse, 21., seit 1872, führt zum Steg über die Nordwestbahn

Bahnstraße, 14., Benennungsdatum unbekannt, Zufahrt zur Bahnstation Hadersdorf-Weidlingau

Bahnweg, 14., benannt nach der Nähe zur Westbahn

Baldassgasse, 21., seit 1973, Prof. Dr. Ludwig Baldass (1887–1963), Kunsthistoriker, Direktor der Gemäldegalerie des Kunsthistorischen Museums

Balderichgasse, 17., seit 1894 (vorher: Stiftsgasse), Balderich, Abt des Stiftes St. Peter in Salzburg, Förderer des Kirchenbaus in Dornbach

Baldiagasse, 16., seit 1893, Ferdinand Baldia (1817–1869), Baumeister, Gemeinderatsmitglied von Ottakring

Balgavyweg, 21., seit 1993, Stephan Balgavy (1892–1960), Gastwirt, Siedlungsgründer

Ballgasse, 1., 1547 „Auf der Dacken“, hier bestand das „Ballhaus Auf der Dacken“

Ballhausplatz, 1., seit 1906, nach dem hier befindlichen Ballhaus, 1786 erstmals so genannt, 1848 kurzfristig Revolutionsplatz

Balsaminengasse, 14., seit 1953, nach der Zierpflanze

Bambergergasse, 22., seit 1954 (vorher: Kubitschekweg), Prof. Dr. Heinrich von Bamberger (1822–1888), Arzt, 1872–1888 Vorstand der II. Med. Univ. Klinik in Wien

Bandgasse, 7., seit 1862 (urspr. Langenkellergasse, bis 1780 Windmühlzwerchgasse und bis 1862 Herrengasse), im 19. Jhd. befanden sich hier Seidenbandfabriken

Bankgasse, 1., seit 1862, nach dem 1820 bis 1822 errichteten Gebäude der österreichisch-ungarischen Bank

Barakgasse, 23., seit 1959, nach einer Gestalt aus der Oper „Die Frau ohne Schatten" von Richard Strauss

Baranygasse, 22., Dr. Robert Barany (1876 bis 1930), Arzt, Nobelpreisträger 1914, Privatdozent für Otologie

Barawitzkagasse, 19., seit 1873, Stephan Barawitzka (1807–1891), Gemeinderat von Oberdöbling, Fabrikant

Barbaragasse, 1., seit 1862 (vorher Teil der Postgasse), nach der Barbarakirche

Barbenweg, 22., nichtamtliche Bezeichnung, Fischname

Barichgasse, 3., seit 1876, Michael von Barich (1792–1859), Hofkonzipist, ließ den Grund für Wohnhäuser und Verkehrsflächen parzellieren

Barmherzigengasse, 3., seit 1877, nach einem Genesungsheim der Barmherzigen Brüder, 1755 gegründet, 1877 aufgelassen

Barnabitengasse, 6., seit 1862 (vorher: Kleine Kirchengasse), nach dem Orden der „Barnabiten", einem katholischen Männerorden, dem die Betreuung der Mariahilfer Kirche übertragen war

Bartensteingasse, 1., seit 1873, Johann Christian Bartenstein (1689–1767), Vertrauter von Karl VI., Berater von Maria Theresia

Barthgasse, 3., seit 1900, Dr. Johann Barth (1745–1818), Augenarzt, Anatom, behandelte viele arme Kranke unentgeltlich

Bartschweg, 12., seit 1937, Gregor M. Bartsch (1839–1918), Lehrer, Meidlinger Heimatforscher

Baschgasse, 22., seit 1955 (vorher: Durchlaufgasse), Prof. Dr. Samuel Siegfried Basch (1873–1905), Experimental-Pathologe und Kliniker, 1900 o. Univ.-Prof.

Basler Gasse, 23., seit 1957 (vorher: Josef-Weichselbaum-Gasse), Basel ermöglichte nach dem Zweiten Weltkrieg durch Spenden den Schulbau in der Gasse

Bastiengasse, 18., seit 1874, Karl Bastien (1823–1889), Bürgermeister von Gersthof (1860–1888)

Batkagasse, 18., seit 1960, Richard Batka (1863–1922), Musiker, Schriftsteller, unterrichtete an der Akademie für Musik in Wien, verfaßte musikhistorische Werke („Allgemeine Geschichte der Musik", 3 Bände), schrieb auch Libretti für Opern

Batschegasse, 23., seit 1954 (vorher: Quergasse), Anton Batsche (1836–1897), Graveur

Battiggasse, 10., seit 1920, Ing. Anton Battig (1832–1896), Brückenbautechniker

Baudißgasse, 11., seit 1974, Prof. Ing. Leo Baudiß (1861–1914), Maschinenbauingenieur, Prof. an der Technischen Hochschule; erfand eine Lenksteuerung für Dampfmaschinen

Bauernfeldgasse, 19., seit 1904, Eduard von Bauernfeld (1802–1890), Leiter des Zahlenlottos, ab 1848 Schriftsteller, schrieb erfolgreiche Lustspiele mit Wiener Lokalkolorit, schilderte mit feiner Satire die Gesellschaft des Vormärz, 1882 Ehrenbürger von Wien

Bauernfeldplatz, 9., seit 1890, s. *Bauernfeldgasse*

Bauernmarkt, 1., uralter Marktplatz der Bauern, erstmals 1440 erwähnt, amtlich 1862 benannt

Bauernweg, 18., nichtamtliche Bezeichnung

Baumannstraße, 3., seit 1902 (1938–1947: Adolf-Kirchl-Straße, s. *Adolf Kirchl-Gasse!*), Dr. Oskar Baumann (1864–1899), Afrikaforscher, Reiseschriftsteller, schenkte seine Sammlungen dem Naturhistorischen Museum

Baumberggasse, 21., seit 1906, Antonie Baumberg (eigentlich Antonie Kreiml, 1857 bis 1902), Schriftstellerin (Theaterstücke, Feuilletons)

Baumeistergasse, 16., seit 1920 (vorher: Roterdstraße), Bernhard Baumeister (1827 bis 1917), Schauspieler, von H. Laube 1852 ans Burgtheater geholt, 1857 Burgschauspieler, 1892 auf Lebenszeit ans Burgtheater engagiert; er hatte 6.299 Auftritte in 494 Rollen

Baumergasse, 21., seit 1892, Heinrich Baumer (1840–1888), Pfarrer von Großjedlersdorf (1862–1888)

Baumgartenstraße, 14., seit 1894 (vorher: Bahngasse), zur Erinnerung an den alten Vorstadtnamen, Baumgarten bestand urspr. aus Baumgarten oberes Gut und Baumgarten unteres Gut, kurz Ober- und Unter-Baumgarten, beide Orte wurden 1850 zur selbständigen Gemeinde Baumgarten zusammengefaßt; vor der Eingemeindung zählte Baumgarten 3.526 Einwohner; es kam zum 13. Bezirk, erst 1938 zum 14. Bezirk

Baumgartner Höhe, 14., seit 1910, höchster Teil Baumgartens, ursprünglich Höhenweg mit Aussicht auf Wien

Baumgasse, 3. und 11., seit 1899, nach den in dieser Gegend gepflanzten Obstbäumen; Baumgasse 1 trug das Hauszeichen „Zum grünen Baum“

Baumschulweg, 18., nichtamtliche Bezeichnung

Bayerngasse, 3., seit 1916, hier sollte eine Gesandtschaft des Freistaates Bayern errichtet werden

Beatrixgasse, 3., seit 1862 (vorher: Bockgasse, Rabengasse); einer der ältesten Straßenzüge des 3. Bezirks, nach Erzherzogin Beatrix d'Este von Modena (1750 bis 1829), ließ ein Palais im Bereich des heutigen Modenaparks erbauen

Bechardgasse, 3., seit 1876, Barbara Baronin Bechard (1789–1859), ihr Palais kam nach ihrem Tode an die Gemeinde Wien, die es abreißen und die Weißgerber Pfarrkirche errichten ließ

Bechergasse, 10., seit 1971, Dr. Alfred Julius Becher (1803–1848), Musikwissenschafter, Jurist; führender Kopf der Revolution von 1848 (standrechtlich erschossen)

Beckgasse, 13., seit 1949 (vorher: Gustav-Groß-Gasse), Max Wladimir Freiherr von Beck (1854–1943), Ministerpräsident (1906–1908), setzte 1907 das allgemeine (Männer) Wahlrecht durch, Ratgeber von Thronfolger Franz Ferdinand, 1919–1934 Rechnungshofpräsident

Beckmanngasse, 14. und 15., seit 1894 (vorher: Schmiedgasse), Friedrich Beckmann (1803–1866), Schauspieler, Charakterkomiker

Beduzziweg, 23., seit 1955 (vorher: Adalbert-Stifter-Weg), Antonio Mario Nicolo Beduzzi (1675–1735), Maler

Beer-Hofmann-Gasse, 21., seit 1968, Richard Beer-Hofmann (1866–1945), Dichter, Dramatiker, Regisseur („Der Graf von Charolais“)

Beethovenaussicht, 19., Benennungsdatum unbekannt, wegen der schönen Aussicht, Lieblingsplatz von Beethoven, s. *Beethovenplatz*

Beethovengang, 19., seit ca. 1864/69, Lieblingsspazierweg von Beethoven; Beethoven wohnte im Sommer häufig in Heiligenstadt, s. *Beethovenplatz*

Beethovengasse, 9., seit 1864, hier befindet sich das Sterbehaus Beethovens

Beethovenplatz, 1., seit 1904, Ludwig van Beethoven (1770–1827), Komponist (Oper Fidelio, Symphonien, Sonaten, Klavierkonzerte)

Beethovenruhe, 19., seit 1894; hier verweilte Beethoven gerne

Beethovenstraße, 23., s. *Beethovenplatz*

Begonienweg, 22., seit 1944, nach der Blume

Beheimgasse, 17., seit 1894 (vorher: Josefigasse), Michael Beheim (1416–1474), Dichter, Soldat; verfaßte das „Buch von den Wienern“, Chronik in Versen über die Ereignisse 1462–1465, welches sozialgeschichtlich interessant ist

Behselgasse, 15., seit 1912, Anton Behsel (1781–1838), erster Stadtbauinspektor, verfertigte u. a. einen Plan der Stadt Wien mit 34 Vorstädten, stellte ein komplettes Häuserverzeichnis zusammen

Bei den Meierhöfen, 13., seit 1911, nach hier bestandenen Meierhöfen

Beichlgasse, 10., seit 1988, Karl Beichl (1874 bis 1937), Geologe, Grundwasserwissenschaftler, Wünschelrutengeher, schuf eine Thermenkarte von Wien

Beingasse, 15., seit ca. 1864, Bein (Näheres unklar), war hier Grundbesitzer um 1850 und Wohltäter

Bela-Laszky-Gasse, 22., seit 1966 (vorher: Auf der Haide), Bela Laszky (1867–1935), Komponist

Belghofergasse, 12., seit 1903, Johann Belghofer (1763–1821), Zimmermeister aus Flandern, baute die ersten artesischen Brunnen (Springbrunnen) in Wien

Belgradplatz, 10., seit 1900, zur Erinnerung an die Siege über die Türken 1717 (Prinz Eugen) und 1789 (General Laudon)

Bellariastraße, 1., seit 1869, nach der Bellaria, einem Vorbau der Hofburg (= „angenehme Luft“)

Bellegardegasse, 22., seit 1874, Friedrich Heinrich Graf von Bellegarde (1757 bis 1845), Feldmarschall, Verdienste in den napoleonischen Kriegen, Präsident des Hofkriegsrats

Bellevuestraße, 19., seit 1894 (vorher: Himmelstraße), nach dem ehemaligen Schloß Bellevue; an seiner Stelle errichtete die Gemeinde 1963 ein Ausflugsrestaurant, 1982 abgebrochen

Bellgasse, 21., seit 1901, Alexander Graham Bell (1847–1922), Erfinder des Fernsprechers (1875), Physiker

Bellinigasse, 22., seit 1932, Vicenzo Bellini (1801–1835), italienischer Opernkomponist („Norma“)

Belvedereallee, 2., seit 1912; verläuft vom Lusthaus Richtung Belvedere

Belvederegasse, 4., 1823 angelegt, bis ca. 1860 Ferdinandsgasse; nach dem Schloß Belvedere

Benatzkygasse, 22., seit 1962, Dr. Ralph Benatzky (1884–1957), Komponist, Texter (Wienerlieder, Operetten), schrieb auch die Musik zu ca. 200 Filmen

Bendagasse, 23., seit 1964, Univ.-Prof. Dr. Oskar Benda (1886–1954), Pädagoge, Germanist

Bendlgasse, 12., seit 1894 (vorher: Schulgasse), nach dem Fabriksbesitzer Bendl, er stellte 1834 die erste Dampfmaschine in Österreich auf

Benedikt-Schellinger-Gasse, 15., seit 1894, Benedikt Schellinger (1824–1875), Bürgermeister von Braunhirschen, regte die Vereinigung der Vororte Braunhirschen, Rustendorf und Reindorf zur Gemeinde Rudolfsheim an, erster Bürgermeister von Rudolfsheim

Benischkegasse, 10., seit 1975, Karl Benischke (1867–1954), regte den Ausbau des Filmteichgeländes zum Erholungsgebiet an

Benjowskigasse, 22., seit 1961 (vorher: Unterer Feuerrayonweg), Moritz August Graf Benjowski (1741–1786), zur Erinnerung an die Beteiligung des Infanterieregiments Nr. 31 Benjowski an der Schlacht bei Aspern (1809) gegen Napoleon

Benkgasse, 13., seit 1924, Johannes Benk (1844–1914), Bildhauer (z. B. Deutschmeisterdenkmal am Deutschmeisterplatz, 1907)

Benndorfgasse, 22., seit 1958, Dr. Otto Benndorf (1838–1907), Altertumsforscher, Archäologe (Ausgrabungen in Carnuntum)

Bennogasse, 8., seit 1862 (vorher: Königsgasse), s. *Bennoplatz*

Bennoplatz, 8., seit 1862 (vorher: Magazinplatz), Benno Pointner (1782–1807), Gründer der Vorstadt Breitenfeld (1802), Schottenabt

Bensasteig, 14., seit 1930, Alexander Bensa (1820–1902), Maler (Genre und Schlachten), sein gleichnamiger Vater malte Bilder aus dem Wiener Leben

Bentheimstraße, 21., seit 1900 (vorher: Mühlgasse), Friedrich Wilhelm Fürst zu Bentheim-Steinfurt (1782–1839), Feldmarschall-Leutnant (1829), Verdienste in den napoleonischen Kriegen

Berchtoldgasse, 22., seit 1873, Leopold Graf von Berchtold (1759–1809), kais. Kämmerer, Verdienste um die Armen

Bergengasse, 22., seit 1994, zur Erinnerung daran, daß die norwegische Bevölkerung nach dem Zweiten Weltkrieg Lebensmittelpakete für Kinder spendete

Bergenstammgasse, 13., seit 1894 (vorher: Sackgasse), Alois Groppenberger Edler von Bergenstamm (1754–1821), Altertumsforscher, verfaßte eine Geschichte der Wiener Vorstädte und der Wiener Juden

Berggasse, 9., seit 1862, nach dem steilen alten Donauuferhang; früher: An der Bergstraße, Holzstraße, Schottenpoint, Am Ochsenbergl

Berggasse, 14., Benennungsdatum unbekannt, nach ihrer Lage am Abhang des Wolfersberges

Bergheidengasse, 13., seit 1892, Flurname

Berglergasse, 21., seit 1960, Hans Bergler (1859–1912), Schriftsteller, Journalist (Humoresken, Schwänke, Theater- und Literaturkritiker)

Bergmillergasse, 14., seit 1911 (vorher: Bergmüllergasse, bis 1894 Brauhausgasse), Anton Bergmiller (1821–1870), Bürgermeister von Hütteldorf (1861–1867), Brauhausbesitzer

Bergsteiggasse, 17., seit ca. 1864 (vorher: Obere und Untere Bergsteiggasse), ein steiler Hauersteig durch Weingärten (Weinberge)

Bergtaidingweg, 10., seit 1968, Bergtaiding, urk. 1499 erwähnt, Rechtsprechung in Weingartenangelegenheiten

Bergweg, 17., nichtamtliche Bezeichnung, unter Bezugnahme auf das bergige Gelände am Schafberg

Beringgasse, 16. und 17., seit 1904, Gottfried Bering (1700–1777), Pfarrer von Hernals

Berlagasse, 21., seit 1913, Alois Berla (eigentlich Scheichel, 1826–1896), Schauspieler, Sänger, Schriftsteller (schrieb ca. 130 Bühnenstücke)

Berlepschgasse, 10., seit 1958, Franz Freiherr von Berlepsch (1875–1914), österreichischer Flugpionier

Bernadottegasse, 10., Benennungsdatum unklar, Folke Bernadotte Graf von Wisborg (1895–1948), Präsident des schwedischen Roten Kreuzes, das Österreich nach 1945 besonders unterstützte

Bernardgasse, 7., seit 1862 (vorher: Strohmayergasse, Seillergasse), Franz Alois Bernard (1791–1851), Äußerer Rat, Erbauer der „Zollerschule“, Fabrikant, Maler

Bernatzikgasse, 19., seit 1957, Univ-Prof. Dr. Hugo Adolf Bernatzik (1897–1953), Völkerkundler, Schriftsteller, ab 1939 Univ.-Prof., zahlreiche Forschungsreisen, brachte umfangreiche völkerkundliche Sammlungen nach Wien

Bernhard-Billes-Gasse, 23., seit 1954, Dr. Bernhard Billes (1882–1940), Gemeinderat von Siebenhirten (1926–1938), Arzt

Bernhard-Bolzano-Gasse, 21., seit 1975 (vorher: Bolzanogasse), Bernhard Bolzano (1781–1848), Mathematiker, Philosoph

Bernhardinerallee, 22., nichtamtliche Bezeichnung, führt zum ARBÖ, nach dem Wappentier des ARBÖ

Bernhardtstalgasse, 10., seit 1898, zur Wahrung des alten Ortsnamens (im 14. Jhd. erwähnt, 1683 von den Türken zerstört)

Bernoullistraße, 22., seit 1965, Hans Bernoulli (1876–1959), Architekt und Städteplaner, 1919–1939 Prof. in Zürich

Bernreiterplatz, 21., seit 1898, Franz Bernreiter (1842–1914), Bürgermeister von Großjedlersdorf; aus seiner Familie gingen mehrere Ortsvorsteher und Richter hervor

Berresgasse, 22., seit 1872, Prof. Dr. Josef Berres (1796–1844), Anatom, Fotopionier

Berta-Branco-Weg, 14., seit 1994

Bertégasse, 23., seit 1929 (1942–1947 Hans-Prock-Gasse), Heinrich Berté (1857 bis 1924), Komponist („Dreimäderlhaus")

Bertha-von-Suttner-Gasse, 22., seit 1986, Bertha von Suttner (1843–1914), Schriftstellerin, Friedensaktivistin („Die Waffen nieder", 1889), gründete 1890 die „Österreichische Gesellschaft der Friedensfreunde", Friedensnobelpreis

Berthold-Viertel-Gasse, 10., seit 1959, Berthold Viertel (1885–1953), Schriftsteller, Burgtheaterregisseur, Bahnbrecher der expressionistischen Dramaturgie

Bertlgasse, 21., seit 1896, Alois Bertl (1840 bis 1888) Bürgermeister von Donaufeld (1881–1887), Gastwirt

Bertoldusgasse, 23., seit 1955, Bertoldo di Giovanni (1420–1491), italienischer Bildhauer

Bertoligasse, 16., seit 1883 (vorher: Krebsgasse), Franz Bertoli, Seidenfabrikant, erlegte 1809 die Kontribution (Kriegssteuer zur Erhaltung der Besatzungstruppen) für Neulerchenfeld, womit eine Plünderung durch die Franzosen unterblieb

Berzeliusgasse, 21., seit 1914, s. *Berzeliusplatz*

Berzeliusplatz, 21., seit 1914, Johann Jakob Freiherr von Berzelius (1779–1848), schwedischer Chemiker, Begründer den anorganischen Chemie, bestimmte die Atomgewichte, schrieb ein epochales „Lehrbuch der Chemie" (6 Bände 1808–1830)

Bessemerstraße, 21., seit 1901, Henry Bessemer (1813–1898), englischer Ingenieur, Verdienste um das Eisenhüttenwesen

Bethlengasse, 12., seit 1894, Iktar Dominik Graf Bethlen (1810–1866), Besitzer der Herrschaft Hetzendorf

Bettelheimstraße, 22., seit 1955 (vorher: Bahnstraße), Anton Bettelheim (1851 bis 1930), Privatgelehrter, Biograph, Literaturhistoriker, Schriftsteller, Journalist

Betty-Roose-Weg, 12., seit 1930, Betty Roose (1778–1808), Burgschauspielerin

Beyfusgasse, 23., seit 1954, Hermann Beyfus (1857–1898), Maler (Porträts, Szenen aus dem Mönchs- und Klosterleben)

Biberhaufenweg, 22., seit 1922 (ab ca. 1906 nichtamtlich ebenso), ehemalige Insel (Haufen) im alten unregulierten Donaugebiet mit reichem Biberbestand

Bibernellweg, 22., seit 1965, nach der Heilpflanze

Biberstraße, 1., seit 1902, nach dem mittelalterlichen Ministerialiengeschlecht der Biber (Byber)

Biblgasse, 23., seit 1959, Rudolf Bibl (1832 bis 1902), Organist, Komponist (Kirchenmusik)

Bickellgasse, 12., seit 1922, Gustav Bickell (1838–1906), Theologe, Sprachforscher, Orientalist

Bickgasse, 23., seit 1952, Hofrat Dr. Josef Bick (1880–1952), Bibliothekar, Univ.-Prof. für klassische Philologie, Generaldirektor der Österreichischen Nationalbibliothek

Biedergasse, 19., seit 1876, Eduard Bieder (1820–1883), Zementhändler, Hausbesitzer, Gemeindevorsteher von Ober-Döbling

Biedermanngasse, 12., seit 1894, (vorher: Gärtner- und Kirchfeldgasse; 1938 vorübergehend Lagardegasse), Michael Lazar Biedermann (1769–1843), kaiserlicher Siegelstecher, Hofjuwelier

Bienefeldgasse, 22., seit 1909 (vorher: Thurmgasse), Wilhelm Freiherr von Bienefeld (1776–1823), Major, Verdienste in den napoleonischen Kriegen

Bienengasse, 6., seit 1862 (vorher: Krongasse); nach einem Hausschild „Zum Bienenkorb“

Bienenweg, 11. und 17., nichtamtliche Bezeichnung nach Bienenstöcken

Bienweg, 22., seit 1928, Flurname („An der Bien“)

Bierbaumgasse, 21., seit 1933, Otto Julius Bierbaum (1865–1910), Schriftsteller (Erzählungen, Romane, Künstlerbiographien)

Biererlgasse, 10., seit 1956 (vorher Neugasse), Riedname

Bierhäuselberggasse, 14., seit 1923, führt zum Bierhäuselberg (268 Meter), an dessen Fuß die ausgedehnten Kellereien der Hütteldorfer Brauerei lagen; heute Gartensiedlungen

Billergasse, 19., seit 1895, Johann Baptist Freiherr von Biller (gest. 1793), Hofkommissionsrat, Hausbesitzer, Wohltäter im Kahlenbergerdorf

Billgasse, 22., seit 1974, Heinrich Bill (1895 bis 1916), Flugpionier, Kunstflieger (in Aspern abgestürzt), s. *Flugfeldstraße*

Billrothstraße, 19., seit 1894 (urspr. 1796 An der Stiege und In den Sätzen, bis 1894 Hirschengasse und Grinzinger Straße), Dr. Christian Theodor von Billroth (1829 bis 1894), Chirurg, Mitbegründer der Wiener Freiwilligen Rettungsgesellschaft, Musik- und Kunstliebhaber

Binagasse, 23., seit 1957 (vorher: Dürergasse), Maurer Hauerfamilie

Bindergasse, 9., seit 1862 (vorher ab 1776: Krongasse), hier befanden sich viele Arbeitsstätten und Wohnungen von Faßbindern

Bindergasse, 10., nichtamtliche Bezeichnung, Herkunft unklar

Bindingweg, 14., seit 1932, Dr. Karl Binding (1841–1920), Jurist, Verdienste um die Erforschung des deutschen Strafrechts, verfocht die Vergeltungstheorie (im Gegensatz zur Präventivtheorie)

Binsenweg, 22., seit 1973, nach der Pflanze

Biraghigasse, 13., seit 1894 (vorher: Eisenbahngasse), Marianne Biraghi (1819 bis 1895), Wohltäterin, stiftete 10.000 Gulden für die Armen

Birkenstockgasse, 11., seit 1894 (vorher: Untere Wintergasse), Johann Melchior Edler von Birkenstock (1735–1809), Ratgeber Kaiser Josephs II., grundlegende Arbeiten über die Neuordnung des Schul- und Erziehungswesens

Birkenweg, 11. und 22., nichtamtliche Bezeichnung (nach dem Baum)

Birnbaumgasse, 10., seit 1959, Uriel Birnbaum (1894–1956), Lyriker, Buchillustrator, Graphiker, 1938 Emigration nach Holland

Birneckergasse, 21., seit 1961, Franz Birnecker (1878–1923), Betriebsrat bei Semperit, Opfer eines monarchistischen Attentats, der Mord an Birnecker war Anlaß für die Gründung des sozialdemokratischen Republikanischen Schutzbundes

Birnenweg, 11., nichtamtliche Bezeichnung

Birnersteig, 21., nichtamtliche Bezeichnung (nach dem „Birnerbad“)

Biróstraße, 23., seit 1982, Michael Biró (1886 bis 1948), Graphiker, Plakatkünstler

Bischof-Faber-Platz, 18., seit 1894 (vorher: Kirchenplatz, kurzfristig Faberplatz), Johann Faber III. (Heigerlein von Leutkirch in Schwaben, 1478–1541), Sohn eines Schmiedes (daher Faber oder Fabri), Bischof von Wien (1530–1541)

Bischoffgasse, 12., seit 1874, Hofrat Dr. Ignaz Rudolf Bischoff Edler von Altenstern (1784 bis 1850), Pathologe; seine Gattin ließ ein Frauenheim errichten

Bischofgasse, 10., Benennungsdatum unbekannt, nach einem ehemaligen Bischofshof, der 1585 bis 1850 hier bestand

Bischofplatz, 10., Benennungsdatum unbekannt, s. *Bischofgasse*

Bischofsteg, 14., seit 1896 (vorher: Rudolfskettensteg), führte zur erzbischöflichen Sommerresidenz nach Ober-St. Veit

Bitterlichstraße, 10., seit 1929, Eduard Bitterlich (1833–1872), Maler, Bildhauer

Bittnergasse, 19., seit 1940, Julius Bittner (1874–1939), Komponist, Dichter; urspr. Richter, schrieb erfolgreich Opern

Björnsongasse, 13., seit 1932, Björnstjerne Björnson (1832–1910), norwegischer Dichter

Blaasstraße, 19., seit 1895, Carl Ritter von Blaas (1815–1894), Historienmaler (z. B. 24 Fresken in der Altlerchenfelder Kirche, Hochaltarbild für die Johannes-Evangelist-Kirche am Keplerplatz)

Blaselgasse, 18., seit 1925, Carl Blasel (1831 bis 1922), Schauspieler, Theaterdirektor (Josefstadt, Carltheater, Wiedner Theater)

Blattgasse, 3., seit 1864, nach ausgedehnten Gärten, die hier bestanden haben (s. auch *Blütengasse, Stammgasse*)

Blebanngasse, 13., seit 1982, Heinrich Blebann (1882–1965), Philanthrop

Blechschmidtgasse, 21., seit 1940, Anton Blechschmidt (1841–1916), Vorkämpfer für die Altersversicherung der Privatangestellten

Blechturmgasse, 4. und 5., seit 1862 (um 1829 Blecherne Thurmgasse, ein Teil „Alter Bürgerweg"), nach einem Haus mit blechernem Turm

Bleibtreustraße, 11., seit 1981, Hedwig Bleibtreu (1868–1958), Schauspielerin (Carltheater, Burgtheater), auch beliebte Filmdarstellerin

Bleichergasse, 9., seit 1862 (vorher: Wachsbleichergasse), nach der hier einst bestandenen Wachsbleiche; Bienenwachs, für die Kerzenerzeugung notwendig, wurde gebleicht

Bleichsteinerstraße, 10., seit 1957, Dr. Robert Bleichsteiner (1891–1954), Univ.-Prof. für Völkerkunde, 1945 Direktor des Museums für Völkerkunde; Orientalist, Ethnologe

Bleigasse, 10., seit 1959, Franz Blei (1871 bis 1942), Schriftsteller, Kritiker, Biograph, Literaturhistoriker; 1933 Emigration

Blériotgasse, 11., seit 1969, Ing. Louis Blériot (1872–1936), Pionier des Flugwesens, überflog 1909 erstmals den Ärmelkanal, im selben Jahr Schauflug vor 300.000 Zuschauern (auch Kaiser Franz Joseph war anwesend) auf der Simmeringer Haide

Blindengasse, 8., seit 1862 (früher: An der Lerchenfelderlinie, Linien- und Brunngasse), nach einem 1804 gegründeten und seit 1829 dort befindlichen Blindeninstitut; im Hof fand sich ein fließender Brunnen, daher vorher der Name Brunngasse

Bloschgasse, 19., seit 1895, Georg Dunstan Blosch (1834–1892), Pfarrer des Kahlenbergerdorfs (1872–1892)

Blümelgasse, 6., seit 1887, Carl Blümel (1782 bis 1840), Fabrikant, Verdienste um die Armen

Blümelhubergasse, 16., seit 1936, Michael Blümelhuber (1865–1936), Bildhauer, Stahlschneider, gilt als Erneuerer der im 16. und 17. Jhd. blühenden Technik des Stahlschnittes; schuf vor allem religiösliturgische Werke

Blütengasse, 3., seit 1864 (s. *Blattgasse*)

Blumauergasse, 2., seit 1874, Alois Blumauer (1755–1798), Schriftsteller, Buchhändler; bekannt durch sein fragmentarisches Werk „Die travestierte Aeneis" (nach Vergil)

Blumberggasse, 16., seit ca. 1850, die altansässige Familie Blumberg besaß einen Hof („Blumberghof") in Ottakring

Blumenbindergasse, 22., seit 1960, nach der Berufsschule für Gärtner und Floristen (Blumenbinder)

Blumengasse, 17. und 18., Benennungsdatum unklar, 1938–1945 Wohlrabgasse, nach der einst blumenreichen Umgebung

Blumenstockgasse, 1., nach dem Gasthausschild „Zum alten Blumenstock", amtlich seit 1862

Blumentalgasse, 23., seit 1920, nach einer mit Blumen bewachsenen Bodensenke

Blumenweg, 10. und 11., nichtamtliche Bezeichnung

Blutgasse, 1., 1368–1392 Kothgässel, später Chorgäßlein, Herkunft unklar (der Sage nach sollen hier 1312 Templer erschlagen worden sein, das vergossene Blut habe der Gasse den Namen gegeben, von der Forschung als Legende entlarvt)

Bobiesgasse, 23., seit 1954, Carl Bobies (1865–1897), Maler (Donaumotive)

Bockbergergasse, 11., seit 1971, Ignaz Bockberger (1897–1957), Betriebsratsobmann des Simmeringer E-Werks, Haftstrafe 1934, von den Nationalsozialisten 1938 wieder eingesetzt, organisierte jedoch eine Widerstandsgruppe, 1945 im Zentralvorstand der Gewerkschaft der Gemeindebediensteten, Sozialdemokrat

Bockkellerstraße, 19., seit 1888, nach dem gleichnamigen Bierlokal, 1842 gegründet, 1945 zerstört

Bodenstedtgasse, 21., seit 1933, Friedrich von Bodenstedt (1819–1892), Lyriker, Übersetzer, Univ.-Prof.

Bodmergasse, 22., seit 1954, Johann Jakob Bodmer (1698–1783), Schweizer Schriftsteller, Historiker, 1725–1775 Prof. für helvetische Geschichte in Zürich

Böckhgasse, 12., seit 1918, Franz Heinrich Böckh (1787–1831), Schriftsteller, beschäftigte sich mit Wiener kunst- und lokalhistorischen Themen

Böckingstraße, 22., seit 1955 (vorher: Raasdorfer Straße), Prof. Wilhelm Böcking (1742–1804), Anatom, Physiologe

Böcklinstraße, 2., seit 1919 (vorher ab 1876: Valeriestraße), Arnold Böcklin (1827 bis 1901), Schweizer Maler (See- und Landschaftsgemälde)

Böheimgasse, 23., seit 1961 (vorher: Grenzgasse), Wendelin Böheim (1832–1900), Historiker, Waffentechniker, Offizier

Böhmgasse, 21., seit 1900, Anton Böhm (1812–1865), Wohltäter (stiftete 4000 Gulden für wohltätige Zwecke)

Böhmmühlgasse, 19., seit 1894 (vorher: Mühlgasse), Johann Böhmmühl, Besitzer der ehemaligen Klostermühle

Boërgasse, 12., seit 1894 (vorher: Rudolfsgasse), Dr. Johann Lukas Boer (1751 bis 1835, richtig Boorgers), Boer begründete in Österreich die Geburtshilfe als eigenes Fach, er leitete seit 1789 das Gebärhaus, 1791–1807 erschienen seine „Abhandlungen und Versuche geburtshülflichen Inhaltes", 1834 „Sieben Bücher über natürliche Geburtshilfe"

Boerhaavegasse, 3., seit 1864, Dr. Herman Boerhaave (1668–1738), Arzt, Botaniker, Chemiker; Verfasser medizinischer Lehrbücher, Lehrer von van Swieten, führte den medizinischen Unterricht am Krankenbett ein

Börnergasse, 19., seit 1958, Wilhelm Börner (1882–1951), Schriftsteller, Arzt, Pädagoge, wirkte für die Idee der Volksbücherei, 1938 ins KZ eingeliefert, durch Intervention Emigration in die USA, 1948 Rückkehr nach Österreich, Pazifist

Börnsteingasse, 21., seit 1960, Heinrich Börnstein (1805–1892), Direktor des Theaters in der Josefstadt, Schriftsteller

Börsegasse, 1., seit 1870, nach der projektierten Wiener Börse (wurde dann 1874 bis 1877 errichtet)

Börseplatz, 1., seit 1870, s. *Börsegasse*

Bösendorferstraße, 1., seit 1919 (vorher: Giselastraße), Ludwig Bösendorfer (1835 bis 1919), Klavierfabrikant; seine Flügel pries Franz Liszt in ganz Europa und machte sie damit berühmt

Böttgerweg, 19., seit 1930, Johann Friedrich Böttger (1682–1719), Apotheker, Alchimist, Begründer der europäischen Porzellanerzeugung

Bognergasse, 1., seit 1300 belegt, nach den im Mittelalter ansässigen Bogner, Pfeilschnitzer und Schwertfegern, ab 1563 so bezeichnet

Bohattaweg, 23., seit 1960, Hans Bohatta (1864–1947), Bibliothekar, Schriftsteller, Publizist („Anonymenlexikon", 7 Bände, „Dt. Pseudonymenlexikon")

Bojanusgasse, 22., seit 1943 (vorher: Heinrich-Kolben-Straße), Dr. Ludwig Bojanus (1776–1827), Tierarzt, Univ.-Prof. in Wilna

Boltzmanngasse, 9., seit 1913 (vorher: Waisenhausgasse, Carlsgasse, urspr. Spitalberggasse), Dr. Ludwig Boltzmann (1844 bis 1906), Physiker, Univ.-Prof. in Wien und Graz; zählte durch seine Vielseitigkeit und Bedeutung seiner wissenschaftlichen Entdeckungen zu den größten Naturforschern, „Pionier der Atomtheorie"

Bombekgasse, 12., seit 1932 (1938 umbenannt in Ludwig-Martinelli-Gasse), Josef Bombek (1882–1923), Gewerkschaftsfunktionär, Sozialdemokrat, Wiener Gemeinderat und Stadtrat (1919–1923)

Bonitzgasse, 21., seit 1954, Dr. Hermann Bonitz (1814–1888), Philologe, Pädagoge, Reformer des österr. Gymnasialwesens, Mitglied der Akademie der Wissenschaften

Bonnweg, 10., seit 1959, Ferdinand Bonn (1861–1933), Schriftsteller, Burgschauspieler

Bonygasse, 12., seit 1864, Franz Bony (1801 bis 1872), stellte den Grund für den Bau der Gasse unentgeltlich zur Verfügung

Borkowskigasse, 19., seit 1910, Karl Ritter von Borkowski (1835–1905), Architekt, Stadtbaumeister, Gründer des „Wr. Cottage-Vereins" und Chefarchitekt, unter seiner Leitung entstanden rund 170 Villen, enge Zusammenarbeit mit Ferstel, s. *Cottagegasse*

Borschkegasse, 9., seit 1894 (vorher: Czermackgasse), Dr. Franz Borschke (1848 bis 1892), Rechtsanwalt, stellvertretender Bürgermeister von Wien (1890), Gemeinderat ab 1882

Boschettigasse, 23., seit 1959, Viktor Boschetti (1871–1933), Organist von St. Stephan, Kirchenliederkomponist

Boschstraße, 19., seit 1889, Franz Xaver Bosch (1790–1860), Industrieller, Gründer des Nußdorfer Brauhauses (war für hochwertiges Schwarzbier bekannt), Ortsrichter

Bossigasse, 13., seit 1907, Giuseppe Bossi (1810–1891), Hutfabrikant (Verdienste um die österr. Hutindustrie im Ausland)

Bowitschgasse, 13., seit 1883, Ludwig Bowitsch (1818–1881, Pseudonym L. Bisthow), Hofbeamter, Schriftsteller („Donausagen", „Österr. Balladenbuch")

Brabbéegasse, 22., seit 1953, Prof. Ewald Brabbée (1878–1937), Pionier der Stenographie, Pädagoge; Mitschöpfer der Einheitskurzschrift

Brachelligasse, 22., seit 1962, Hugo Franz Ritter von Brachelli (1834–1892), Professor für Statistik, Mathematiker

Brachsengasse, 21., seit 1942 (vorher: Traubengasse), Fischname (Brassen, Brachsen)

Brachtlgasse, 23., seit 1954, Josef Brachtl (1876–1949), Vizebürgermeister von Kalksburg, Gemeinderat (1934–1938)

Brändströmgasse, 23., seit 1987 (vorher: Brandströmgasse), Elsa Brändström (1888 bis 1948), Krankenschwester, betreute im Ersten Weltkrieg Kriegsgefangene in Sibirien („Engel von Sibirien")

Bräuhausbrücke, 14., seit 1896, nach dem nahegelegenen Hütteldorfer Brauhaus, führendes Brauunternehmen im 19. Jahrhundert; im Brauhaus gab es einen Konzertsaal – Johann Strauß Vater und Joseph Lanner dirigierten Kapellen – und eine Bühne (Theater- und Varietévorstellungen); 1928 wurde die Hütteldorfer Brauerei mit der Brauerei Schwechat vereinigt, 1937 die Brauerei in Hütteldorf geschlossen.

Bräuhausgasse, 5., seit 1901 (urspr. Sackgasse, dann Untere Bräuhausgasse), nach dem Margaretner (Hundsturmer) Brauhaus, bestand 1564–1860

Bräunerstraße, 1., seit 1862, durch Verballhornung entstanden (1642 Breittenstraße, 1664 Preitenstraße, 1701 Breunerstraße, 1710 Breinerstraße; urspr. gab es eine Obere und Untere Bräunerstraße)

Braheplatz, 10., seit 1955, Tycho Brahe (1546 bis 1601), dänischer Astronom am Hofe Rudolfs II. in Prag, lebte lange Zeit in Wien

Brahmsplatz, 4., seit 1898, Johannes Brahms (1833–1897), Komponist (Symphonien, Sonaten, Klavier- und Kammermusik), Vertreter der Wiener Klassik

Braillegasse, 14., seit 1930, Louis Braille (1809–1852), französischer Blindenlehrer, erfand das System der Blindenschrift

Brambillagasse, 11., seit 1894 (vorher: Bachergasse), Dr. Alexander Ritter von Brambilla (1728–1800), Leibarzt Kaiser Josephs II., Chirurg, Erfinder von chirurgischen Instrumenten

Brammergasse, 13., seit 1955 (vorher: Dr.-Julius-Angerer-Gasse), Julius Brammer (1877–1943), Operettenlibrettist (arbeitete u. a. für Oscar Straus, Robert Stolz und Emmerich Kálman)

Brandgasse, 2., seit 1876, Johann Christian Brand (1722–1795), Maler (Historien- und Landschaftsbilder), Kupferstecher; u. a. Prateraquarelle, Wandbilder für Schloß Laxenburg

Brandmayergasse, 5., seit 1875, Eduard Brandmayer (1810–1874), Bezirksvorsteher (1862–1874), Gemeinderat, Apotheker

Brandstätte, 1., seit 1876, zur Erinnerung an die mittelalterliche Brandstatt, einem kleinen Ort, 1373 urk. erwähnt

Brandströmgasse, s. *Brändströmgasse*

Brantinggasse, 10., Hjalmar Branting (1860 bis 1925), schwedischer Friedensnobelpreisträger, 1889 Mitbegründer und 1907 bis 1925 Vorsitzender der sozialdemokratischen Arbeiterpartei Schwedens, 1917/18 Finanzminister, 1920–1925 Ministerpräsident; Verdienste um die Linderung der Not in Österreich nach dem Ersten Weltkrieg

Brauergasse, 6., seit 1862 (vorher: Bräuhausgasse), nach der Gumpendorfer Brauerei, 1680 errichtet, 1841 aufgelassen

Braumüllergasse, 17., seit 1966, Wilhelm von Braumüller (1807–1884), Buchhändler, Verleger (rechtswissenschaftliche und medizinische Literatur)

Braungasse, 17., seit 1877, Dr. Carl Braun Ritter von Fernwald (1825–1891), Gynäkologe, Dekan und später Rektor der medizinischen Fakultät, schrieb einschlägige Lehrbücher

Braunhirschengasse, 15., seit 1894 (vorher Schmiedgasse), zur Wahrung des alten Vorortnamens Braunhirschen, 1863 mit Rudolfsheim vereint, s. auch *Dreihausgasse*

Braunhubergasse, 11., seit 1875, Josef Braunhuber (1811–1862), Landwirt, Bürgermeister von Simmering (1856–1862)

Braunschweigbrücke, 13. und 14., seit 1896, s. *Braunschweiggasse*

Braunschweiggasse, 13., seit 1902 (vorher: Hügelgasse), Herzog Wilhelm von Braunschweig (1806–1884), Besitzer des Cumberlandpalais seit 1878, Ehrenbürger von Hietzing 1861

Braunspergengasse, 10., seit 1897, Riedname

Brausewettergasse, 22., seit 1955 (vorher: Bauergasse), Ing. Benno Brausewetter (1869–1926), Baurat, Betonfachmann

Brechergasse, 19., seit 1898 (vorher: Wiesendorferstraße), Dr. Moritz von Brecher (1831 bis 1896), Arzt, Wohltäter und Ehrenbürger von Sievering

Brehmstraße, 11., seit 1895, Dr. Alfred Brehm (1829–1884), Naturforscher, bekannt durch sein „Illustriertes Tierleben" (10 Bände), 1864–1869 Direktor des Vivariums im Prater

Breite Gasse, 7., benannt nach ihrer für damalige Verhältnisse (um 1850) ungewöhnlichen Breite

Breiteneckergasse, 23., Benennungsdatum unbekannt, Franz Breitenecker (1866 bis 1945), Baumeister, Bürgermeister von Inzersdorf

Breitenfelder Gasse, 8., seit 1862 (vorher: Karlsgasse), zur Erinnerung an den alten Vorstadtnamen; Breitenfeld, 1802 um den Albertplatz gegründet, wurde 1850 in den damaligen 7. Bezirk, seit 1861 8. Bezirk, eingegliedert; es zählte bei der Eingemeindung 4.875 Bewohner

Breitenfurter Straße, 12. und 23., 1593 „Die Straße", später „Ordinari Straße von Wien nach Atzgersdorf", dann „Breitenfurther Waldämtliche Straße", nach dem Ort Breitenfurt benannt

Breitenleer Straße, 22., seit 1910 (um 1830: Preßburger Straße), nach dem ehemaligen Vorort Breitenlee, bereits 1160 urk. erwähnt („Praitenlev"), 1938 eingemeindet

Breitenseer Straße, 14., seit 1894 (vorher: Hauptstraße und Nußallee), zur Erinnerung an den Vorortnamen Breitensee; 1309 als „Praitten See" erwähnt, zählte vor der Eingemeindung 3.245 Einwohner

Breitenweg, 21., seit 1974, Flurname („die Breiten")

Breite Weg, 22., nichtamtliche Bezeichnung

Breitingergasse, 22., seit 1954, Johann Jakob Breitinger (1701–1776), Schweizer Historiograph

Brennergasse, 23., Benennungsdatum unbekannt, Ignaz Ritter von Brenner-Felsach (1772–1849), Besitzer des Schlosses Erlaa, Wohltäter

Brestelgasse, 16., seit 1883, Dr. Rudolf Brestel (1816–1881), Assistent an der Wr. Sternwarte, Professor der Elementarmathematik, setzte sich 1848 für die freiheitlichen Ideale ein und wurde des Amts enthoben, 1861 Mitglied des NÖ Landtags, 1867–1870 Finanzminister

Bretschneidergasse, 19., seit 1930, Ludwig Bretschneider (1860–1920), Bildhauer; Mitarbeiter von Viktor Adler, Bretschneider hatte großen Anteil an den Einigungsbestrebungen der Sozialdemokratie 1888/89, Redakteur der Arbeiterzeitung, 1907–1918 Reichsratsabgeordneter, 1918–1927 Abgeordneter zum Nationalrat

Breuergasse, 22., seit 1977, Dr. Josef Breuer (1842–1925), Arzt (zeitweise Mitarbeiter Freuds)

Breuninggasse, 23., seit 1961, Dr. Moritz Gerhard von Breuning (1813–1892), Arzt, Schriftsteller

Brigittagasse, 20., seit ca. 1868, s. *Brigittaplatz*

Brigittaplatz, 20., Benennungsdatum unbekannt, nach der Pfarrkirche „Zur hl. Brigitta", die hl. Brigitta von Schweden (1303 bis 1373; Heiligsprechung 1391) kam aus adeligen Verhältnissen, zog sich aus dem Gesellschaftsleben zurück, kümmerte sich um Pilger, Bettler und Pestkranke und gründete einen Erlöserorden; die Kirche wurde 1867–1874 erbaut

Brigittenauer Brücke, 20., benannt 1981; erbaut 1980–1982

Brigittenauer Lände, 2. und 20., seit 1868, an der Lände legten seinerzeit die flußabwärtsfahrenden Donauschiffe an; die Brigittenau wurde urspr. als Werd bezeichnet und 1670 erstmals urkundlich erwähnt, seit 1850 bei Wien, gehörte bis 1900 zum 2. Bezirk; der Bäckermeister Lorenz Müller hatte sich für die Trennung von der Leopoldstadt eingesetzt; s. *Lorenz-Müller-Gasse*

Brioschiweg, 22., seit 1977, nach der Familie Brioschi, einer Theatermaler-Dynastie

Brixweg, 21., nichtamtliche Bezeichnung, Herkunft unklar

Brockhausengasse, 22., seit 1960, Dr. Carl Brockhausen (1859–1951), Jurist, 1907 o. Prof. für Verwaltungsrecht an der Uni Wien

Brockmanngasse, 12., seit 1930, Franz Karl Brockmann (1745–1812), Burgschauspieler (große Erfolge als Hamlet-Darsteller) und erster Direktor des Burgtheaters

Brombeerweg, 22., seit 1955, nach der Beere

Brosamergasse, 22., seit 1953, Hans Brosamer (ca. 1500–1554), Holzschnittzeichner, Kupferstecher

Broßmannplatz, 21., seit 1956, Ferdinand Broßmann (1892–1955), Bezirksrat von Floridsdorf (1945–1955), Fürsorgerat (1928 bis 1938), Mitbegründer eines Studentenheims, Kleingärtnerobmann

Bruckhaufener Hauptstraße, 21., Benennungsdatum unbekannt, nach der Siedlung „Donaufeld-Bruckhaufen", entstanden auf einer Donauinsel zwischen zwei Brücken (Haufen = Insel) vor der Donauregulierung

Brucknerstraße, 4., seit 1901 (vorher: Brucknergasse), Anton Bruckner (1824–1896), Komponist, Lehrer (Sinfonien, Chorwerke), Hofkapellorganist, Professor für Harmonielehre, Kontrapunkt und Orgelspiel am Konservatorium für Musikfreunde

Brudermanngasse, 14., seit 1894 (vorher: Hahngasse), Julie Brudermann (1813 bis 1857), Wohltäterin (Stiftung für das Hütteldorfer Armenhaus)

Brückengasse, 6., seit 1862 (vorher: Kirchengasse), führte zur Nevillebrücke (1854 erbaut)

Brückenweg, 17., nichtamtliche Bezeichnung nach der dortigen Brücke

Brüder-Albert-Gasse, 23., seit 1938, (vorher: Albertgasse), nach Alois Albert (1904 bis 1936) und dessen Bruder Karl (1909 bis 1936), beide Faßbinder, die bei einer Senkgrubenräumung verunglückten

Brüder-Heindl-Gasse, 23., seit 1949, nach den Brüdern Franz (geb. 1906) und Michael (geb. 1901) Heindl, gehörten einer 1943 von der Gestapo entdeckten Widerstandsgruppe an, 1944 hingerichtet

Brühlgasse, 11., seit 1895, Flurname (in der Nähe befand sich die Brühlwiese; „brühl" = sumpfig)

Bründelgasse, 21., Benennungsdatum unbekannt, nach einer im Volksmund so bezeichneten Quelle (Zigeunerbründel)

Bründlsteig, 14., Benennungsdatum unbekannt, nach einer Quelle am Bierhäuselberg

Brünner Straße, 21., seit 1904 (vorher: Floridsdorfer Hauptstraße), 1736 erbaute Reichsstraße, nach der mährischen Hauptstadt Brünn

Brünnlbadgasse, 9., seit 1862 (vorher: Brünnlgasse, Bründlgasse, Bründlbadgasse; ein Teil Zwerchgasse, Sauerkräutlergasse), nach der ehemaligen Heilquelle, bereits 1391 „Goldbrünnl" genannt; 1795 wurde das Brünnlbad erbaut und dort eine Wasserheilanstalt eröffnet; bestand bis 1957

Brünnlweg, 18., nichtamtliche Bezeichnung

Brüßlgasse, 16., seit 1883, Franziska Brüßl (1793–1855), Mitgründerin des Ottakringer Kirchenbaufonds

Brunellengasse, 22., seit 1953, nach der Arzneipflanze

Brunhildengasse, 15., seit 1912, Gattin des Burgunderkönigs Gunther aus der Nibelungensage

Brunnengasse, 16., seit 1873 (vorher: Untere Zwerchgasse und Elisabethgasse), Kaiser Joseph II. bewilligte der Gemeinde Neulerchenfeld die Benützung der Hofwasserleitung zur Versorgung der Gemeinde mit Trinkwasser. Ecke Brunnengasse und Neulerchenfelder Straße wurde ein öffentlicher Auslaufbrunnen errichtet („Monumentalbrunnen"), welcher von 1786 bis 1871 bestand; das Bassin wurde aus Platzgründen 1871 in die Grundsteingasse verlegt; der Obelisk mit Reliefbild des Kaisers stand von 1880 bis 1918 auf dem Hofferplatz

Brunnenstubengasse, 17., nichtamtliche Bezeichnung

Brunnenstubenweg, 18., amtlich seit 1993

Brunnenweg 10., 12. und 17., nichtamtliche Bezeichnungen

Brunner-Lehenstein-Gasse, 21., seit 1988, Karl-Heinrich Brunner-Lehenstein (1887 bis 1960), Architekt, Stadtplaner

Brunner Straße, 23., Benennungsdatum unbekannt, führt nach Brunn am Gebirge

Brunnweg, 10., seit 1922, nach einem ehemaligen Brunnenhaus, das hier stand

Bruno-Kreisky-Gasse, 1., seit 1991, s. *Bruno-Kreisky-Platz*

Bruno-Kreisky-Platz, 22., seit 1991, Dr. Bruno Kreisky (1911–1990), Sozialdemokrat, 1959–1966 Außenminister, 1970–1983 Bundeskanzler, 1967 Parteivorsitzender der SPÖ, Ehrenbürger der Stadt Wien (1975); der Platz liegt vor dem 1987 fertiggestellten Austria Center, für das sich Bruno Kreisky eingesetzt hatte

Bruno-Pittermann-Platz, s. *Dr.-Bruno-Pittermann-Platz*

Bubergasse, 21., seit 1970, Martin Buber (1878–1965), Schriftsteller, Religionsphilosoph, Pazifist; wirkte für die geistig-kulturelle Erneuerung der jüdischen Kultur

Buchbergergasse, 21., seit 1901, Georg Buchberger (1833–1894), Wirtschaftsbesitzer aus altansässiger Familie, der mehrere Ortsrichter und Gemeinderatsmitglieder entstammen

Buchbergstraße, 14., Benennungsdatum unbekannt, führt auf den Buchberg (462 m)

Buchbindergasse, 13., seit 1955 (vorher: Dr.-Josef-Bayer-Gasse), Bernhard Buchbinder (1849–1922), Librettist, Schauspieler, Journalist

Buchengasse, 10., seit 1872; nach den Buchen, die am Laaer Berg wuchsen

Buchenweg, 17., nichtamtliche Bezeichnung

Buchfeldgasse, 8., seit 1862 (vorher: Herrengasse), zur Erinnerung an das Buchfeld, schon 1281 als „burcfelt" bekannt; bezog sich auf die Gegend des späteren Burgglacis; im 17. Jhd. tauchte die Bezeichnung „Burgfeld" auf; Kernstück der späteren Josefstadt

Buchfinkenweg, 17., seit 1965, nach dem gleichnamigen Vogel

Buchleitengasse, 18., seit 1914, Flurname, schon 1642 „die Lang Buchleuthen" genannt; abschüssige Berglehne mit Buchen

Buchsgasse, 22., seit 1953, nach der Pflanze

Buckalgasse, 23., seit 1954 (vorher: Gebirgsgasse), Ing. Rudolf Buckal (1863 bis 1914), Gemeinderat von Liesing, stellte sein ganzes Vermögen der Feuerwehr und den Armen zur Verfügung

Budaugasse, 22., seit 1953, Prof. Ing. Arthur Budau (1856–1923), Wasserbautechniker, 1920 Prof. für Maschinenbau an der Technischen Hochschule Wien, 1922 Hofrat

Budinskygasse, 19., seit 1905, Dr. Julius Budinsky, schenkte der Gemeinde im Zuge der Erweiterung des Grinzinger Friedhofes eine Parzelle

Büchnergasse, 21., seit 1973, Georg Büchner (1813–1837), deutscher Dichter („Danton Tod", „Woyzeck")

Büdingergasse, 18. und 19., seit 1929, Dr. Max Büdinger (1828–1902), Historiker („Österreichische Geschichte bis zum Ausgang des 13. Jahrhunderts"), seit 1872 Prof. für allgemeine Geschichte an der Universität Wien; 1942–1945 Hans-Hirsch-Gasse

Bühlerweg, 14., seit 1934, Univ.-Prof. Dr. Georg Bühler (1837–1898), führender Indologe seiner Zeit, 1881 Professor an der Universität Wien

Bürgergasse, 10., seit 1872, Gottfried August Bürger (1747–1794), Dichter (Balladen, z. B. „Lenore")

Bürgermeisterweg, 12. und 18., nichtamtliche Bezeichnungen

Bürgerspitalgasse, 6., seit 1841, die Gegend befand sich im Besitz des Bürgerspitalfonds

Bürgerspitalwiese, 11., Benennungsdatum unbekannt, zur Erinnerung daran, daß sich die Gegend im Besitz des Bürgerspitalfonds befunden hatte

Büttnergasse, 23., Benennungsdatum unbekannt, Ludwig Büttner, Gemeinderat von Inzersdorf, Oberinspektor der Wienerberger Ziegelwerke AG

Bugstraße, 14., Benennungsdatum unbekannt, vermutlich nach einer Biegung (Bug) im Straßenverlauf benannt

Bujattigasse, 14., seit 1898 (vorher: Halterbachgasse), Franz Bujatti (1813–1897), Seidenwarenfabrikant, Hausbesitzer und Wohltäter in Hütteldorf

Bukovicsgasse, 22., seit 1955 (vorher: Beethovengasse), Emmerich Bukovics (1844 bis 1905), Direktor des Volkstheaters seit 1889, Schauspieler, Schriftsteller, Journalist

Bullagasse, 22., seit 1993, Max Bulla (1905 bis 1990), Radrennfahrer, Träger des Sportehrenzeichens der Stadt Wien

Bullgasse, 10., seit 1955, Ole Bornemann Bull (1810–1880), berühmter norwegischer Geiger

Bundesländerplatz, 6., seit 1990, als Zeichen der Solidarität mit den übrigen Bundesländern

Bundesweg, 12., als Bekenntnis zum Bund, den die Siedler bildeten

Bunsengasse, 21., seit 1901, Wilhelm Bunsen (1811–1899), Chemiker, Physiker; Erfinder des Bunsenbrenners (1855) und der Spektralanalyse

Bureschgasse, 22., seit 1911, Wenzel Buresch von Grafenbach (1748–1813), Feldmarschall-Leutnant, Verdienste in den napoleonischen Kriegen

Burgenlandgasse, 10., seit 1924, zur Erinnerung an die Einverleibung des Burgenlandes als Bundesland am 11. 11. 1921

Burgersteingasse, 14., seit 1931, Dr. Leo Burgerstein (1855–1928), Schulhygieniker

Burggasse, 7., seit 1862, benannt nach ihrer Ausrichtung auf die Hofburg, um 1683 im unteren Teil Steig nach St. Ulrich, später Am Zeißelbühel, andere Teile Am Anger, Am Bergel und Auf der Wendelstatt, 1771 in St. Ulrich Entengasse und Wendlgasse, am Neubau Lange Kellergasse, am Schottenfeld Rittergasse; bis 1885 endete die

Burggasse an der Kaiserstraße, Verlängerung 1885 bis zum Gürtel

Burghardtgasse, 20., seit 1868, Herkunft unklar, vermutlich nach einem vorbabenbergischen Markgraf

Burgkmeiergasse, 22., seit 1953, Hans Burgkmeier d. Ä. (1475–1531), Augsburger Maler

Burgring, 1., seit 1863, nach der Hofburg

Burjanplatz, 15., seit 1984, Dr. Hildegard Burjan (1883–1956), Gründerin der Caritas Socialis

Bussardgasse, 21., seit 1942, nach dem Vogel

Bussongasse, 22., seit 1955 (vorher: Anzengrubergasse), Paul Busson (1873–1924), Schriftsteller, Arzt; schrieb Gedichte, Novellen, Romane

Buttenweg, 19., nach dem Behälter zum Tragen der Weintrauben

C

Calafattiplatz, 2., seit 1963, Basilio Calafatti (1800–1878), Ringelspielbesitzer, Zauberer, Taschenspieler; seine überlebensgroße Figur, „Der Große Chineser", bildete den Mittelpunkt des Ringelspiels (1945 zerstört)

Calvigasse, 23., Benennungsdatum unbekannt, Dr. Primo Calvi (1851–1937), Bezirkshauptmann von Hietzing und Umgeburg, schrieb Heimatbücher

Camesinaweg, 12., seit 1973, Albert Camesina, Ritter von San Vittore (1806–1881), Graphiker, Altertumsforscher

Camillanergasse, 13., seit 1911, Männerorden (Krankenpflege), 1596 von Camillus von Lellis (1550–1614) gestiftet, seit 1905 in Wien

Camillo-Sitte-Gasse, 15., seit 1913, (vorher: Sittegasse), Camillo Sitte (1843–1903), Architekt, Erbauer der Mechitaristenkirche

Campingplatzweg, 22., nichtamtliche Bezeichnung

Canalettogasse, 12., seit 1894 (vorher: Waltergasse), nach Giovanni Antonio Canal, genannt Canaletto (1697–1768), venezianischer Maler, malte Veduten von Wien

Canavesegasse, 23., seit 1954 (vorher: Gärtnergasse), Cesare Antonio Canavese (1672–1739), Bildhauer (Schöpfer der Marienstatue in Atzgersdorf)

Canevalestraße, 23., seit 1955 (vorher: Friedhofgasse), Isidore Canevale (1730 bis 1786), italienischer Architekt, ab 1760 in Wien tätig (Augarten, Lusthaus)

Canisiusgasse, 9., seit 1900 (vorher ab 1862: Gemeindegasse; urspr. Wallgasse), Petrus Canisius (1521–1597), Jesuitenpater, Prediger der Gegenreformation, schrieb 1555 einen „Kleinen Katechismus", der in 12 Sprachen übersetzt wurde; 1864 Seligsprechung, 1925 Heiligsprechung

Cankarstraße, 22., seit 1987, Ivan Cankar (1876–1918), Arbeiterdichter, Schöpfer und Erneuerer der slowenischen Literatur

Canongasse, 18., seit 1894, (vorher: Goldschmidgasse), Hans von Canon (richtig Strásirípka, 1829–1885), Genre-, Porträt- und Historienmaler (u. a. „Kreislauf des Lebens" im Naturhistorischen Museum)

Canovagasse, 1., seit 1865, Antonio Canova (1757–1822), Bildhauer (z. B. Grabmal für Erzherzogin Marie Christine in der Augustinerkirche)

Capistrangasse, 6., seit 1906, (vorher: Windmühlgasse), nach dem hl. Johannes Capistran (1386–1456), wortgewaltiger Franziskanerprediger, Hussitengegner, 1690 heiliggesprochen

Carabelligasse, 21., seit 1953, Dr. Georg Carabelli (1787–1842), Arzt, Pionier der Zahnheilkunde

Carlbergergasse, 23., Benennungsdatum unbekannt, Josef Carlberger (1792 bis 1877), letzter Ortsrichter und erster Bürgermeister von Atzgersdorf (1852–1864)

Carl-Prohaska-Platz, 10., seit 1959, Carl Prohaska (1869–1927), Komponist

Carl-Reichert-Gasse, 17., seit 1951, Carl Reichert (1851–1922), Gründer eines bedeutenden optischen Werkes („Reichert-Werke"), schuf vorbildliche soziale Einrichtungen für Betriebsangehörige

Carl-von-Linde-Straße, 11., seit 1991, Carl Linde (1842–1934), Industrieller, Wissenschaftler, Erfinder der Luftverflüssigung

Carminweg, 21., nichtamtliche Bezeichnung

Carolaweg, 13., seit 1973, Prinzessin Carola Wasa, 1877 Besitzerin eines in der Nähe befindlichen Schlosses

Carrogasse, 21., seit 1914, Dr. Johann Ritter de Carro (1770–1857), Arzt, Verdienste um die Verbreitung der Pockenimpfung

Cassinonestraße, 22., seit 1961 (vorher: Lannerstraße), Alexander Cassinone (1866 bis 1931), Flugpionier, Freiballonfahrer, Techniker, Mitinitiator des Flughafens Aspern, s. *Flugfeldstraße*

Castagnagasse, 22., seit 1965, Ludwig Castagna (1867–1944), Erfinder (z. B. Blutdruckmesser)

Castellezgasse, 2., seit 1876, Dr. Anton Castellez (1779–1837), Arzt (sehr populär, weil er armen Leuten ohne Bezahlung half)

Castelligasse, 5., seit 1874 (vorher: Zwerchgasse, Traubengasse), Dr. Ignaz Castelli (1781–1862), Schriftsteller, begründete 1846 den Wiener Tierschutzverein

Castlegasse, 21., seit 1972, Prof. Dr. Eduard Castle (1875–1959), Germanist, Literaturhistoriker, Theaterwissenschaftler, Univ.-Prof.

Cebotariweg, 19., seit 1958, Maria Cebotari (1911–1949), Kammersängerin, ab 1931 bei den Salzburger Festspielen, Mitglied der Staatsopern in Dresden und Berlin, ab 1947 Wien

Celtesgasse, 19., seit 1894 (vorher: Berggasse), Konrad Celtes (eigentlich Pickell, 1459–1508), Humanist, 1487 zum Dichter gekrönt („poeta laureatus"); trug entscheidend zum Aufschwung der Uni Wien bei

Ceralegasse, 10., seit 1959, Luigia Cerale (1859–1937), Tänzerin

Cervantesgasse, 14., seit 1926 (urspr. bis 1900 Schöffelgasse, dann Barchettigasse), Miguel de Cervantes Saavedra (1547–1616), spanischer Dichter (Don Quijote)

Chamissogasse, 18., seit 1927, Adelbert Louis Charles Adelaide Chamisso de Boncourt (1781–1838), Naturforscher, Dichter (Märchennovelle „Peter Schlemihl", Balladen)

Charasgasse, 3., seit 1960, Dr. Heinrich Charas (1860–1940), Chefarzt und Leiter der Wiener Freiwilligen Rettungsgesellschaft

Charausgasse, 23., seit 1955 (vorher: Brucknergasse, Ziehrergasse), Wenzel Charaus (1849–1923), Gemeindearzt von Atzgersdorf

Cherubinistraße, 22., seit 1952, Luigi Cherubini (1760–1842), Komponist (Oper „Faniska")

Chiarigasse, 10., seit 1932, Ottokar Freiherr von Chiari (1853–1918), Arzt, 1912 o. Univ.-Prof., Spezialist für Kehlkopferkrankungen

Chiavaccigasse, 5., seit 1925, Vinzenz Chiavacci (1847–1916), Schriftsteller, Bühnendichter; gab ab 1885 das illustrierte Wochenblatt „Wiener Bilder" heraus

Chimanistraße, 19., seit 1894 (vorher: Marienstraße), Leopold Chimani (1774–1844), Schriftsteller (über 100 Kinder- und Jugendbücher)

Chlumberggasse, 16., seit 1959, Hans Chlumberg (1897–1930), expressionistischer Dramatiker und Lustspieldichter („Eines Tages")

Chmelgasse, 19., seit 1961, Josef Chmel (1798 bis 1858), Bibliothekar, Archivar, Historiker, förderte die urkundliche Erforschung der mittelalterlichen Geschichte („Monumenta Habsburgica", 3 Bände, 1854 bis 1858)

Christian-Bucher-Gasse, 21., seit 1909 (urspr. Feldgasse, ab 1901 Buchergasse), Christian Bucher (1769–1837), Ortsrichter von Jedlesee (1815–1836)

Christian-Petzlberger-Weg, 14., seit 1956, Christian Petzlberger, ein Förster, soll während der Türkenbelagerung 1683 das Entsatzheer von Sobieski durch den Wienerwald geführt haben

Christian-von-Arup-Gasse, 14., Benennungsdatum unklar, Christian Lorenz von Arup (1572–1636), Pfarrer von Hütteldorf (1621 bis 1636)

Christinengasse, 1., angelegt 1865, benannt 1867, Erzherzogin Marie Christine, Tochter Kaiserin Maria Theresias und Gattin Herzog Alberts von Sachsen-Teschen

Christophgasse, 5., Benennungsdatum unbekannt, nach dem Hausschild „Zum hl. Christoph"

Chrobakgasse, 15., seit 1912, Prof. Dr. Rudolf Chrobak (1843–1910), Gynäkologe, Vorstand der II. Frauenklinik, schrieb zahlreiche Lehrbücher

Chromygasse, 23., seit 1955 (vorher: Johann-Strauß-Gasse), Adalbert Chromy (1852 bis 1903), Gründer der gleichnamigen Holzfabrik

Chrudnergasse, 13., seit 1894 (vorher: Brunngasse), Peter und Alexius Chrudner, 1411 bis 1527 Lehensherren von Lainz und Speising

Churhausgasse, 1., angelegt nach 1309, benannt 1862, nach dem Churhaus benannt

Chvostekgasse, 22., seit 1955 (vorher: Feldgasse), Dr. Franz Chvostek (1864–1944), Internist, Neurologe, 1909 o. Univ.-Prof.

Chwallagasse, 6., seit 1887, Rudolf Chwalla (1840–1894), Fabrikant, Förderer der Seidenraupenzucht

Cilli-Löwinger-Weg, 19., seit 1979, Cilli Löwinger (1877–1949), Volksschauspielerin

Cizekplatz, 22., seit 1953, Franz Cizek (1865 bis 1946), Gründer der „Jugendkunstbewegung", Maler, Kunstpädagoge

Claretinergasse, 22., seit 1986, Antonio Maria Claret y Clariá (1807–1870), Erzbischof von Santiago (Chile), Heiliger

Clemens-Hofbauer-Platz, 17., seit 1894 (vorher: Parhamerplatz), Clemens Maria Hofbauer (1751–1820), Priester, Prediger, Reformer, erreichte die Zulassung der Redemptoristen in Österreich, großer Einfluß auf Kardinal Rauscher, s. *Rauscherstraße*

Clementinengasse, 15., seit 1894 (vorher: Schwanengasse), Clementine Pereira, verkaufte der Westbahngesellschaft um drei Millionen Gulden Gründe

Clerfaytgasse, 17., seit 1894, Charles de Croix Graf von Clerfayt (1733–1798), Feldmarschall-Leutnant, kämpfte erfolgreich gegen die Türken und war 1792–1796 Oberbefehlshaber der österr. Truppen gegen die Franzosen

Clessgasse, 21., seit 1956 (vorher: Berggasse), Ernst Cless (1879–1908), letzter Erbpostmeister von Stammersdorf

Clusiusgasse, 9., seit 1876, Charles Lécluse, genannt Clusius (1525–1609), Botaniker, Direktor der kais. Gärten in Wien, züchtete als erster in Wien Tabak und Kartoffeln

Cobdengase, 1., seit 1865, Richard Cobden (1804–1865), extremer Vertreter des Freihandels (Manchester-Liberalismus)

Cobenzlgasse, 19., seit 1894 (urspr. Sommerzeile, dann Bräuhaus- und Berggasse), Graf Johann Philipp von Cobenzl (1741 bis 1810), führender Finanzexperte, Hof- und Vizekanzler, ließ nach Auflösung des Jesuitenordens auf dem bald nach ihm genannten Cobenzl (urspr. Reisenberg und Latisberg) ein Schloß errichten, 1907 kaufte es die Gemeinde Wien, beliebtes Ausflugsziel bis zum Ersten Weltkrieg, dann sukzessiver Verfall

Coburgbastei, 1., seit 1863, benannt nach dem Coburgpalais und der ehemaligen Braunbastei (eine etwas merkwürdige Mischung)

Colerusgasse, 22., seit 1960, Egmont Colerus von Geldern (1888–1939), Schriftsteller (Bücher über die Geschichte der Naturwissenschaften)

Collmanngasse, 10., seit 1974, Ing. Alfred Collmann (1851-1937), Maschinenbauer, verbesserte die Dampfmaschinensteuerung

Colloredogasse, 18., seit 1894 (vorher: Stefanigasse), Ferdinand Graf von Colloredo-Mannsfeld (1777–1848), Gründer der 1. niederösterreichischen Zuckerfabrik und des NÖ-Gewerbevereins, Befehlshaber der Akademischen Legion während der Revolution 1848

Columbusgasse, 10., seit 1864, s. *Columbusplatz*

Columbusplatz, 10., seit 1864, Christoph Columbus (1451–1506), Entdecker Amerikas (1492), leitete durch seine Fahrten den Übergang zur Neuzeit ein

Comeniusgasse, 17., seit 1872 (vorher zum Teil Ferchergasse), Johann Amos Komenský (genannt Comenius, 1592–1670), Pädagoge, Volkserzieher, Geistlicher

Computerstraße, 10., seit 1979, nach der dortigen Computerfirma (Philips Data System, errichtet 1980)

Concordiaplatz, 1., seit 1880, nach dem Schriftstellerverein Concordia, gegründet 1859, der in der Gegend seinen Sitz hatte

Conngasse, 22., seit 1972, Leopold Conn (1820–1876), Pionier der Parlaments-Stenographie, 1858 Prof. für Stenographie an der Handelsakademie, Leiter des Stenographenbüros des Reichsrates

Conrad-Briel-Gasse, 23., Benennungsdatum unbekannt, Conrad Briel (1822–1889), Gründer einer Kupfer- und Eisenfabrik (1856), Bürgermeister von Liesing (1875 bis 1887)

Contiweg, 22., seit 1934 (vorher: Kapellenweg), Carl Conti (1741–1795), Kupferstecher

Cooperweg, 21., nichtamtliche Bezeichnung, nach James Fenimore Cooper (1789 bis 1851), Schriftsteller („Lederstrumpf")

Corneliusgasse, 6., seit ca. 1867, Peter Ritter von Cornelius (1783–1867), Historienmaler, und sein Neffe Peter Cornelius (1824–1874), Komponist

Corneliusstiege, 6., s. *Corneliusgasse*

Cortigasse, 22., seit 1960, Cäsar Conte Corti (1886–1953), Schriftsteller, Historiker (biographische Romane)

Corvinusgasse, 23., seit 1967, Matthias Corvinus (1443–1490), König von Ungarn, Eroberer (1483) u. a. von Mauer

Corygasse, 21., seit 1973, Prof. Dr. Gerty Cori (sic!, 1896–1957), Biochemikerin, Nobelpreis für Physiologie und Medizin 1947 gemeinsam mit Carl Ferdinand Cori (1896 bis 1986), wanderten 1922 in die USA aus, Forschungen über den Kohlehydratstoffwechsel

Cossmanngasse, 14., seit 1952, Alfred Cossmann (1870–1951), hinterließ Kupferstiche, Zeichnungen, Radierungen, Buchillustrationen

Costagasse, 15., seit 1912, Karl Costa (richtig Kostia, 1832–1907), Theaterdichter (Lokalpossen), Direktor des Theaters in der Josefstadt

Costenoblegasse, 13., seit 1908, Carl Ludwig Costenoble (1837–1907), Bildhauer (u. a. Werke für das Burgtheater)

Cothmannstraße, 12., seit 1905, Martin Conrad Edler von Cothmann (1685–1759), Hofkriegsagent, spendete einen hohen Geldbetrag für den Bau der Meidlinger Kirche

Cottagegasse, 18. und 19., seit 1886, benannt nach dem Cottageviertel, 1872 angelegt auf Initiative des Architekten Heinrich von Ferstel; der Cottage-Bauverein errichtete ca. 350 Einfamilienhäuser; ähnliche Anlagen entstanden in Hütteldorf, Ober-St. Veit und Hetzendorf, s. *Borkowskigasse*

Cottagestraße, 14., Benennungsdatum unklar; verlängert 1983, engl. „cottage", Bezeichnung für Einfamilienhäuser/Villen in gehobenem Standard

Coulombgasse, 21., seit 1952, Ing. Charles Auguste de Coulomb (1736–1806), französischer Physiker (Reibungsgesetz)

Cramolinigasse, 23., seit 1954 (vorher: Quergasse II), Eduard Cramolini (1807–1881), Maler (Porträts)

Cranachstraße, 13., seit 1919 (vorher: Franz-Karl-Straße), Lukas Cranach d. Ä. (1472 bis 1553), d. J. (1515–1586), beide bedeutende Maler, Begründer der Donauschule (z. B. „Christus am Ölberg")

Csardastraße, 2., seit 1910, nach dem Gasthausschild „Zur Csarda", 1873–1909 befand sich hier das Unterhaltungslokal „Csarda" mit Zigeunermusik

Csokorgasse, 11., seit 1975 (vorher ab 1894 Mühlsangergasse, urspr. Fischer- und Gemeindegasse), Franz Theodor Csokor (1885–1969), Schriftsteller (Vertreter des expressionistischen Dramas, „3. November 1918"), protestierte bereits 1933 auf dem PEN-Kongreß in Dubrovnik gegen die NS-Gewaltherrschaft in Deutschland, 1938 Exil, schloß sich den alliierten Truppen an, 1946 Rückkehr nach Österreich, PEN-Präsident

Cumberlandstraße, 14., seit 1894 (urspr. Zwerchgasse, dann Bahngasse und Feldgasse), Ernst August Herzog von Cumberland zu Braunschweig-Lüneburg (1845 bis 1923), kam nach der Annexion des Königreichs Hannover durch Preußen (1866) nach Wien, bewohnte und besaß das bald nach ihm so benannte „Cumberlandpalais" (bis 1920); bereits 1760 von Maria Theresia als Kammerschlößchen erbaut

Curiegasse, 22., seit 1973, Dr. Marie Curie (1867–1934), französische Chemikerin und Physikerin, Entdeckerin der Radiumstrahlung, 1911 Nobelpreis für Chemie

Curlandgasse, 17., seit 1892, s. *Montléartstraße*

Custozzagasse, 3., seit 1866 oder 1868; nach den Siegen der Österreicher 1848 bei Custoza (sic!)

Cuviergasse, 13., seit 1931, Georg Baron Cuvier (1769–1832), französischer Zoologe, Anatom

Czapkagasse, 3., Ignaz Czapka Ritter von Winstetten (1791–1881), Verwaltungsjurist, Bürgermeister von Wien (1838–1848), unter seiner Ära wurde das Marktamt errichtet, das Schlachthaus St. Marx und die Gasbeleuchtung eingeführt), 1856–1859 Polizeidirektor von Wien

Czartoryskigasse, 17. und 18., seit 1894 (vorher: Mandlgasse), Fürst Constantin Czartoryski (1773–1860), Kunstsammler, Schloßbesitzer in Weinhaus (Währing)

Czeija-Nissl-Gasse, 21., seit 1985, nach Karl August Czeija und Ing. Franz Nissl, Techniker, Firmengründer (1884), später ITT

Czernetzplatz, 22., seit 1983, Karl Czernetz (1910–1978), Sozialdemokrat, 1938 Emigration, leitete mit Oscar Pollak das Londoner Büro der österr. Sozialdemokratie, nach 1945 Leiter des Schulungsreferates der SPÖ, 1945–1978 Nationalratsabgeordneter, 1975–1978 Präsident des Europarates

Czerningasse, 2., seit 1882 (vorher: Schabdenrüsselgasse), s. *Czerninplatz*

Czerninplatz, 2., seit 1882 (vorher: Schabdenrüsselgasse), Johann Rudolf Graf Czernin (1757–1845), Präsident der Akademie der bildenden Künste, Oberstkämmerer; legte ab 1800 die Kupferstich- und Gemäldesammlung an

Czibulkagasse, 11., seit 1938, Alfons Czibulka (1842–1894), Militärkapellmeister, Komponist, dirigierte in der Rotunde große Konzerte

Czubergasse, 22., Emanuel Czuber (1851 bis 1925), Mathematiker, 1891–1919 Prof. an der Technischen Hochschule, Verfasser einschlägiger Lehrbücher

D

Dachsensteig, 21., seit 1942, nach dem gleichnamigen Tier

Dadlergasse, 15., seit 1863, Franz Wenzel Dadler (1760–1835), Tuchfabrikant, Pottascheerzeuger, Besitzer der Herrschaft Braunhirschen

Dänenstraße, 18. und 19., seit 1930 (vorher: Dänenplatz, bis 1919 Maridiangasse), zur Erinnerung an die Hilfsbereitschaft des Königreiches Dänemark, das dem hungernden Wien nach dem Ersten Weltkrieg geholfen hat

Dafertgasse, 21., seit 1936, Dr. Franz Dafert (1863–1933), Nahrungsmittelchemiker, 1898–1925 Direktor der landwirtschaftlich-chemischen Versuchsanstalt

Daffingerstraße, 3., seit 1913, Moritz Michael Daffinger (1790–1849), Miniaturen- und Aquarellmaler, gefragter Porträtist in Kreisen des Kaiserhauses, Hochadels und Großbürgertums; auf der 20-S-Banknote verewigt (1988)

Dahliengasse, 21., seit 1960, nach der Zierpflanze

Damböckgasse, 6., seit 1886, Ludwig Damböck (1838–1886), Spitzenfabrikant (Spitzen- und Vorhangfabrik), bestand 1827 bis 1973

Dammäckergasse, 21., Benennungsdatum unbekannt, Flurname

Dammhaufen, 2., Benennungsdatum unbekannt, alter Flurname

Dammstraße, 20., seit 1852, nach einem 1769 bis 1784 erbauten Schutzdamm gegen Hochwasser

Dampfbadgasse, 16., seit 1894 (vorher: Schubertgasse), nach einem Dampfbad, das der Industrielle Johann Schuberth als Volksbad errichtet hatte („Katharinenbad")

Dampfgasse, 10., seit 1862, im 19. Jhd. entstanden hier viele Fabriken, die mit Dampfmaschinen arbeiteten

Dampfmühlgasse, 11., seit 1894 (vorher: Mühlgasse), hier stand einst die erste Simmeringer Dampfmühle

Dampfschiffhaufen, 22., seit 1875, Halbinsel im alten Donaubett in der Nähe des Gänsehäufels

Dampfschiffstraße, 3., Benennungsdatum unklar (vorher: „An der Donau" und Donaustraße), hier stand 1838–1981 das Direktionsgebäude der Donau-Dampfschiffahrts-Gesellschaft

Dampierrestraße, 14., seit 1899 (1938 teilweise aus dem amtlichen Straßenverzeichnis gestrichen), Henry Duval Graf Dampierre (1580–1620), General, soll Kaiser Ferdinand II. 1619 von demonstrierenden protestantischen Ständevertretern befreit haben

Danhausergasse, 4., seit 1862, Josef Danhauser (1805–1845), Porträt-, Historien- und Genremaler, Sittenschilderer des Biedermeier

Danilovatzgasse, 12., seit 1955, Josef Danilowatz (sic!, 1877–1945), Maler, Graphiker, Karikaturist der Zeitschriften „Muskete“ und des „Wr. Magazins“; Danilowatz faszinierten Schiffe und Lokomotiven, die er häufig darstellte (Titelseiten von Märklin-Katalogen)

Dankwartgasse, 15., seit 1912, Gestalt aus der Nibelungensage, ein Recke aus Burgund

Dannebergplatz, 3., seit 1949 (vorher: Arenbergring), Dr. Robert Danneberg (1885 bis 1942), Jurist, maßgebliche Persönlichkeit der Wr. Stadtverwaltung, 1919–1934 Angehöriger des Wr. Gemeinderates, 1922 bis 1934 Präsident des Wiener Landtags, 1932–1934 Finanzstadtrat, hatte wesentlichen Anteil am Mietengesetz, 1934 verhaftet, dann wieder 1938, im Konzentrationslager Auschwitz ermordet

Danningerweg, 21., seit 1932, nach der Wiener Bronzearbeiter-Familie, Johann Georg Danninger d. Ä. begründete zu Beginn des 19. Jhds. die Wiener Bronzeindustrie

Danzergasse, 22., seit 1960, Johann Caspar Danzer (1763–1809), Stenograph, nach seinem System erfolgte in Österreich der erste Stenographieunterricht

Daphneweg, 22., seit 1954, nach der Zierpflanze

Dapontegasse, 3., seit 1906 (1938–1945: Max-Reger-Gasse), Lorenzo da Ponte (richtig Emanuele Conegliano, 1749–1838), Theaterdichter, u. a. Texte für Mozart („Hochzeit des Figaro“, „Don Giovanni“)

Daringergasse, 19., seit 1894 (vorher: Grinzinger Straße), Hans Georg Daringer stiftete 1606 die dort befindliche Pestsäule mit Gedächtniskreuz

Darnautgasse, 12., seit 1955 (vorher: Draschegasse), Hugo Darnaut (1851–1937), Wiener Maler (Vertreter des Naturalismus, später Realismus); Organisator von Großausstellungen, Bürger der Stadt Wien (1930), Ehrenbürger der Technischen Hochschule Wien

Darwingasse, 2., seit 1872, Charles Robert Darwin (1809–1882), Naturwissenschaftler, stellte das Schöpfungsdogma der Kirche in Frage („Über die Entstehung der Arten durch natürliche Auslese“, 1859)

Dattlergasse, 21., seit 1992, Dr. Franz Dattler (1896–1973), Stammersdorfer Gemeindearzt, soziale Verdienste

Daumegasse, 10., seit 1982, Dr. Friedrich Daume (1926–1977), Arzt, Präsident der Wiener Ärztekammer (1962–1977)

Daungasse, 8., seit 1862, Leopold Josef Maria Reichsgraf von Daun (1705–1766), Feldmarschall, Reorganisator der österr. Armee nach den schlesischen Kriegen; siegte im 7jährigen Krieg 1757 bei Kolin über König Friedrich II.; 1760 Mitglied des Staatsrates, 1762–1766 Präsident des Hofkriegsrates

Davidgasse, 10., seit 1875, Johann David (1795–1869), Grundbesitzer, stiftete den Grund für diese Gasse (1862)

Dechantweg, 22., seit 1995, Flurname

Deckergasse, 12., seit 1909, Georg Decker (1818–1894), Aquarellporträtmaler, Lithograph

Defreggerstraße, 12., seit 1922, Franz Defregger (1835–1921), Tiroler Historienmaler („Das letzte Aufgebot 1809")

Degengasse, 16., seit 1868, nach der alteingesessenen Familie Degen; Ferdinand Degen (1831–1889), Gründer und Hauptmann der Ottakringer Feuerwehr, Gemeinderat

Degenruhe, 16., seit 1890, s. *Degengasse*

Dehmelgasse, 16., seit 1930, Richard Dehmel (1863–1920), Lyriker

Dehnegasse, 14., seit 1872, August Dehne (1796–1875), Hofzuckerbäcker (Konditorei am Kohlmarkt), belieferte das Buffet des Burgtheaters (einer seiner Lehrlinge war Ferdinand Raimund), verkaufte seine Konditorei an den ältesten Gesellen, Christoph Demel; Dehne war auch liberaler Gemeinderat und besaß Besitz in Hütteldorf

Deindorfstraße, 22., Benennungsdatum unbekannt, zur Wahrung des Ortsnamens Deindorf, durch Krieg und Überschwemmung vernichtet

Deingasse, 21., seit 1901, David Dein (1720 bis 1776), Ortsrichter von Jedlesee (1773 bis 1776), Hausbesitzer

Deinhardsteingasse, 16., seit 1894 (urspr.: Auf der Schanze, ab 1853 Rittergasse), Ludwig Johann Deinhardstein (1790 bis 1859), Schriftsteller, Bühnendichter, Redakteur der „Wr. Jahrbücher der Literatur“, Leitung des Hofburgtheaters

Deinleingasse, 22., seit 1967, Ing. Erwin Deinlein (1885–1945), Wegbereiter des österr. Fremdenverkehrs

Deißenhofergase, 23., seit 1929, Johann Deißenhofer (1821–1879), Bürgermeister von Mauer (1864–1867), Bäcker

Delsenbachgasse, 11., seit 1932, Johann Adam Delsenbach (1687–1765), Maler, Kupferstecher (Wr. Ansichten, u. a. Schloß Neugebäude)

Delugstraße, 19., seit 1931, Alois Delug (1859 bis 1930), Maler (Prominentenporträts), initiierte die Künstlerheime am Rosenhügel und in Grinzing

Demeliusgasse, 22., seit 1959, Dr. Gustav Demelius (1831–1891), Rechtshistoriker (röm. Recht), ab 1881 Univ.-Prof. in Wien

Demmergasse, 21., seit 1909 (vorher: Haidegasse), Bernhardt Demmer (1833–1902), Direktor der Floridsdorfer Lokomotivfabrik ab 1869

Dempschergasse, 18., seit 1894 (vorher: Andreasgasse, urspr. Obere Quergasse), Johann Dempscher, 1723–1733 Pfarrer von Währing, ließ den Pfarrhof auf eigene Kosten erbauen

Demuthgasse, 16., seit 1936 (1938–1945 Strigelgasse), Leopold Demuth (1861–1910), Bariton der Wiener Hofoper

Denglergasse, 15., seit 1894 (vorher: Sigmundgasse), Johann Fritz Dengler (1781 bis 1862), Brauhausbesitzer in Rudolfsheim, sein Brauhaus war beliebtes Ausflugsziel der Wiener (angebauter Vergnügungssaal)

Denisgasse, 20., seit 1874, Johann Michael Cosmas Denis (1729–1800), Jesuit, Dichter, Bibliograph (Lyrik, bibliothekswissenschaftliche Werke)

Dennweg, 19., seit 1913, bereits 1318 urkundlich erwähnter Flurname

De-Quer-Gasse, 17., seit 1885, Louis Maximilian Chevalier De Quer (1801–1862), begründete den Dornbacher Verschönerungsverein, Grundbesitzer in Dornbach, Wohltäter

Dermotagasse, 13., seit 1992, Anton Dermota (1910–1989), Opernsänger

Dernjacgasse, 23., seit 1954, Josef Dernjac (1851–1920), Kunsthistoriker, Schriftsteller

Desider-Friedmann-Platz, 1., seit 1990 (vorher Teil des Fleischmarktes), Desider Friedmann (1880–1944), Präsident der israelitischen Kultusgemeinde, 1944 im KZ Auschwitz ermordet

Dessoffgasse, 23., seit 1955, Felix Otto Dessoff (1835–1892), Dirigent, Komponist, begründete den Weltruf der Wr. Philharmoniker

Dettergasse, 16., seit 1884, Leopold Detter (1821–1867), Baumeister, Gemeinderatsmitglied, erbaute u. a. das Schulhaus beim Weißen Kreuz (1852) und das Armenhaus (1856)

Deublergasse, 21., seit 1919 (vorher: Jubiläumsgasse), Konrad Deubler (1814 bis 1884), Bauernphilosoph aus Oberösterreich

Deutschmeisterplatz, 1., seit 1876, zur Erinnerung an das ehemalige Wiener Hausregiment „Hoch- und Deutschmeister Nr. 4", 1696 gegründet

Deutschordensstraße, 14., seit 1894 (vorher: Bahngasse und Hackinger Allee), zur Erinnerung an den Deutschen Orden, der in dieser Gegend großen Grundbesitz hatte

Deutschstraße, 23., seit 1980, Prof. Dr. h. c. Erich Deutsch (1883–1967), Buchhändler, Verleger, weltberühmter Mozart- und Schubertforscher

Devrientgasse, 19., seit 1930 (vorher: Prälatenkreuzgasse), Max Devrient (1857 bis 1929), Burgschauspieler, 40jähriges Bühnenjubiläum 1922, Ehrenmitglied des Burgtheaters, auch als Regisseur tätig gewesen

Diabelligasse, 13., seit 1894 (vorher: Plankengasse), Antonio Diabelli (1781–1858), Komponist, Verleger, Musikalienhändler; verlegte die meisten Werke von Franz Schubert

Diamantgasse, 21., seit 1953, nach dem Edelstein

Dianabadufer, 2., seit 1923, Kaigelände vor dem Dianabad am Donaukanal

Dianagasse, 3., seit 1862, Sebastian Dean (auch Diani, Diana, 1697–1752), Gestalter von Ziergärten

Diderotgasse, 21., seit 1933, Denis Diderot (1713–1784), französischer Dichter, Hrsg. der „Encyclopédie“ (1751–1772)

Diefenbachgasse, 15., seit 1894 (vorher: Plankengasse), Heinrich Diefenbach (1832 bis 1891), Gemeinderat von Sechshaus, Direktor der Sparkasse

Diehlgasse, 5., seit 1886 (vorher: Koflergasse), Karl Diehl (1812–1886), Seidenfabrikant, Stifter einer Mädchenfortbildungsschule

Diemgasse, 19., seit 1877, Anton Diem (1837 bis 1876), Bürgermeister von Nußdorf (1874–1876)

Diepoldplatz, 17., seit 1905, nach Diepoldus, aus dem Geschlecht der Herren von Als (um 1135/1155)

Dieselgasse, 10., seit 1930, Rudolf Diesel (1858–1913), Erfinder des nach ihm benannten Motorensystems

Diesterweggasse, 14., seit 1894 (vorher: Schulgasse), Friedrich Adolf Wilhelm Diesterweg (1790–1866), Pädagoge, führte neue Erziehungsmethoden ein

Dietmayrgasse, 20., seit 1874, Johann Georg Dietmayr (1608–1667), Jurist, Stadtrichter, Bürgermeister von Wien (1648 bis 1653, 1656–1659, 1664–1667)

Dietrichgasse, 3., seit 1830, Georg Dietrich, um 1800 Erbauer des ersten Hauses in der Gasse

Dietrichsteingasse, 9., seit 1862, Johann Karl Graf Dietrichstein (1728–1808), Obersthofstallmeister, Gesandter, Günstling von Joseph II.

Dingelstedtgasse, 15., seit 1894 (vorher ab 1867 Blütengasse), Franz Freiherr von Dingelstedt (1814–1881), Dichter, Opern- und Burgtheaterdirektor

Dinsfüßlweg, 16., seit 1970, Hans Dinsfüßl, war um 1550 erster Schulmeister Ottakrings

Dionysius-Andrassy-Straße, 19., seit 1905, nach Franziska Seraphika Andrassy (1836 bis 1902), Gattin von Graf Dionysius-Andrassy (gest. 1913), stiftete für wohltätige Zwecke

Dirkensgasse, 13., seit 1955, Annie Dirkens (1869–1942), Operettensängerin

Dirmhirngasse, 23., seit 1954 (vorher: Schulgasse), Arnold Dirmhirn (1882–1933), Gemeinderat von Liesing (ab 1924), Schuldirektor, beschäftigte sich mit der Jugendfürsorge

Dirmoserstraße, 3., seit 1942, Oswald Dirmoser (1875–1938), ao. Prof. für Maschinenbau, Konstrukteur des größten österr. Geschützes im Ersten Weltkrieg

Dirndlgasse, 21., Benennungsdatum unbekannt, nach der Volkstracht

Dirnelstraße, 21., seit 1953, nach dem Dirnelstrauch (Kornelkirsche)

Dißlergasse, 3., seit 1875, Johann und Magdalena Dißler, Gärtner, schenkten 1689 den Grund für den Neubau der 1683 zerstörten Weißgerber Pfarrkirche; 1872 demoliert

Distelweg, 22., seit 1978, nach der Pflanze

Ditscheinergasse, 3., seit 1901, Prof. Dr. Leander Ditscheiner (1839–1905), Mathematiker, Physiker, bahnbrechende Forschungen auf dem Gebiet der Optik und Elektrizität, 1879–1885 liberaler Gemeinderat

Dittelgasse, 22., seit 1975, Univ.-Prof. Leopold von Dittel (1815–1898), Urologe, Chirurg, ab 1861 Leiter der III. Chirurgischen Abteilung des AKH, Erfinder von neuen Operationsmethoden

Dittersdorfgasse, 17., seit 1913, Karl Ditters von Dittersdorf (1739–1799), Kapellmeister, Komponist (Sinfonien, Messen, Oratorien)

Dittesgasse, 18., seit 1894, Dr. Friedrich Dittes (1829–1896), Pädagoge, Schulrat, reformierte das Schulwesen und gab einschlägige Zeitschriften heraus

Dittmanngasse, 11., seit 1894 (vorher: Bräuhausgasse), Johann Georg Dittmann (1767 bis 1829), Braumeister

Divischgasse, 21., seit 1917, Prokop Divisch (1698–1765), Pfarrer in Brendik bei Znaim, erprobte 1754 den ersten europäischen Blitzableiter (unabhängig von Franklin), Physiker

Dobiaschofskyweg, 12., seit 1955 (vorher: Altmannsdorfer Feldweg), Franz Dobiaschofsky (1818–1867), Historienmaler (Nazarener), „Christus am Ölberge" und „Verklärung" in der Altlerchenfelder Kirche, „Kreuzigung" in der Ulrichskirche

Doblhoffgasse, 1., seit 1873, Anton Freiherr von Doblhoff-Dier (1800–1872), Jurist, Fabrikant; Verdienste beim Kampf gegen Fron- und Leibeigenschaft, 1848 Ackerbauminister

Dobrowskygasse, 23., seit 1975, Josef Dobrowsky (1889–1964), Maler (Porträts, Landschaften), Mitglied der Secession, Prof. an der Akademie

Doderergasse, 21., seit 1970, Heimito Doderer (1896–1966), Schriftsteller, 1925 Doktor der Philosophie, „Die Strudlhofstiege" (1951) brachte den Durchbruch seines literarischen Schaffens

Döblergasse, 7., seit 1907 (vorher: Schrankgasse, Spindlergasse), Ludwig Döbler (1801–1864), Magier, englischer Hofzauberkünstler („Der unerschöpfliche Zylinderhut"); die Döblergasse war die erste Gasse der Welt, die nach einem Magier benannt wurde

Döblerhofstraße, 3. und 11., seit 1872, nach dem Döblerhof, einem Gutshof, der 1840 einem gewissen Herrn Döbler gehörte

Döblinger Gürtel, 19., seit 1903 (vorher: Gürtelstraße), zur Wahrung des alten Vorortnamens; Döbling, bereits 1114 urkundlich erwähnt, bestand aus Ober-Döbling und Unter-Döbling, getrennt durch den Krottenbach. Unter-Döbling hieß bis ins 16. Jhd. Krottendörfl. 1890/92 wurde Ober-Döbling, Unter-Döbling, Grinzing, Heiligenstadt, Ober-Sievering, Unter-Sievering, Nußdorf, Kahlenbergerdorf, Josefsdorf und ein Stück von Weidling zum 19. Bezirk. Ober-Döbling hatte 1890 14.460 Einwohner, Unter-Döbling 2.074.

Döblinger Hauptstraße, 19., seit 1894 (urspr. Auf der Osterleiten, um 1800 Hofzeile, später Hauptgasse, dann Hauptstraße), s. *Döblinger Gürtel*

Döblinger Steg, 19., seit 1911, s. *Döblinger Gürtel*

Doeltergasse, 22., seit 1953, Prof. Dr. Cornelio Doelter (1850–1930), Mineraloge, Chemiker

Doerenkampgasse, 10., seit 1977, Konsul Hubert Wilhelm Doerenkamp (1882 bis 1972), Industrieller

Dörfelstraße, 12., seit 1894 (vorher: Bahngasse), alte Bezeichnung für die spätere Gemeinde Wilhelmsdorf

Dörmanngasse, 22., seit 1955 (vorher: Roseggergasse), Felix Dörmann (richtig Biedermann, 1870–1928), Lyriker, Theaterschriftsteller

Dr.-Adolf-Schärf-Platz, 22., seit 1983, Dr. Adolf Schärf (1890–1965), Sozialdemokrat, Jurist, 1946–1957 Parteivorsitzender der SPÖ, Vizekanzler, Abgeordneter zum Nationalrat, 1957–1965 Bundespräsident

Dr.-Albert-Geßmann-Gasse, 21., Benennungsdatum unbekannt, Dr. Albert Geßmann (1852–1920), Bibliothekar, 1882 bis 1888 und 1893–1911 Gemeinderat, Mitbegründer der christlichsozialen Partei, 1896 bis 1908 nö. Landtagsabgeordneter, 1891 bis 1911 Reichsratsabgeordneter, 1908 Arbeitsminister; neben Dr. Karl Lueger bedeutendster Politiker der christlichsozialen Partei bis 1911 (Zurücklegung seiner Funktionen)

Dr.-Andreas-Zailer-Gasse, 23., Benennungsdatum unbekannt, Dr. Andreas Zailer (1845–1923), Arzt, Wohltäter von Atzgersdorf

Dr.-Anton-Matzig-Gasse, 23., seit 1953, Dr. Anton Matzig (1862–1939), Heimatforscher („Chronik von Liesing"), Bezirksrichter

Dr.-Barilits-Gasse, 23., seit 1965, Dr. Rudolf Barilits (1874–1962), Bürgermeister von Mauer (1929–1934)

Dr.-Boehringer-Gasse, 12., seit 1975 (vorher Teil der Laskegasse), Dr. Ernst Boehringer (1896–1965), Förderer der pharmazeutischen Forschung

Dr.-Bohr-Gasse, 3., seit 1955, Dr. Oskar Bohr (1858–1935), Arzt, gründete seine Praxis bewußt in einer der ärmsten Gegenden Wiens; bestimmte sein Honorar nach den Möglichkeiten der Patienten (Arme zahlten nichts), war bei der Bevölkerung sehr populär, Teile seiner Praxis befinden sich im Bezirksmuseum

Dr.-Bruno-Pittermann-Platz, 12., seit 1991, Dr. Bruno Pittermann (1905–1983), Abgeordneter zum Nationalrat, 1957–1967 Vorsitzender der SPÖ, 1957–1966 Vizekanzler der Großen Koalition

Dr.-Eberle-Gasse, 10., seit 1971, Prim. Dr. Konrad Eberle (1903–1961), Kinderarzt; Mitbegründer der „Vereinigung österr. Ärzte", Gemeinderat (ÖVP)

Dr.-Eduard-Heinl-Gasse, 19., seit 1961, Dr. Eduard Heinl (1880–1957), 1919–1934 christlichsoziales Mitglied des Nationalrats, 1920/21 Handelsminister, 1930–1932 Bundesminister für Handel und Verkehr, 1946–1948 ÖVP-Bundesminister für Handel und Wiederaufbau

Dr.-Gonda-Gasse, 23., seit 1975, Dr. Aurel Gonda (1885–1964), Gemeinderat von Inzersdorf, Medizinalrat

Dr.-Hanswenzel-Gasse, 23., Benennungsdatum unbekannt, Dr. Karl Anton Hanswenzel (1860–1942), Bürgermeister von Siebenhirten (1905–1918)

Dr.-Heckmann-Straße, 14., Benennungsdatum unbekannt, Dr. Anton Heckmann (1872–1920), Gemeindearzt in Hadersdorf-Weidlingau

Dr.-Heinrich-Maier-Straße, 18., seit 1949 (vorher: Feldgasse), Dr. Heinrich Maier (1908–1945), Kaplan der Pfarre Gersthof, Mitglied einer Widerstandsgruppe, die Flugblätter gegen Krieg und Faschismus verteilte; Maier wurde 1944 in der Sakristei verhaftet, zum Tode verurteilt und ins KZ Mauthausen gebracht, am 22. 3. 1945 hingerichtet

Dr.-Heinrich-Müller-Gasse, 14., Benennungsdatum unbekannt, Dr. Heinrich Müller, Rechtsanwalt in der Gemeinde Hadersdorf-Weidlingau

Dr.-Heller-Weg, 10., nichtamtliche Bezeichnung; Herkunft unklar

Dr.-Ignaz-Seipel-Platz, 1., seit 1949 (vorher: Jesuiten- und Universitätsplatz), Dr. Ignaz Seipel (1876–1932), Priester, Bundeskanzler (1922–1924, 1926–1929)

Dr.-Jakob-Neumann-Steig, 23., Benennungsdatum unbekannt, Dr. Johann (Jakob) Neumann (1855–1920), Ehrenbürger von Liesing, Arzt

Dr.-Josef-Resch-Platz, 17., seit 1949 (vorher: Frauenfeldplatz), Dr. Josef Resch (1880 bis 1939), christlichsozialer Bundesminister für soziale Verwaltung (1924–1929, 1930–1933)

Dr.-Karl-Lueger-Platz, 1., seit 1926, s. *Dr.-Karl-Lueger-Ring*

Dr.-Karl-Lueger-Ring, 1., seit 1934 (urspr. Franzensring, 1919 Ring des 12. November = Tag der Ausrufung der Republik 1918), Dr. Karl Lueger (1844–1910), 1897 bis 1910 Bürgermeister von Wien

Dr.-Karl-Renner-Ring, 1., seit 1956 (urspr. Burgring und Franzensring, 1919 Ring des 12. November; 1934 Dr.-Ignaz-Seipel-Ring, 1940 Josef-Bürckel-Ring, 1945 Dr.-Ignaz-Seipel-Ring, 1949 Parlamentsring), Dr. Karl Renner (1870–1950), Staatskanzler (1919/20 und 1945), Bundespräsident (1945–1950)

Dr.-Kühne-Gasse, 23., seit 1947, Dr. Alfred Kühne (1857–1908), Arzt, Ehrenbürger von Mauer

Dr.-Natterer-Gasse, 2., seit 1916, nach Johannes Natterer (1787–1843), Naturforscher (Verdienste um die Erforschung brasilianischer Vögel) und dessen Sohn Dr. Johann Natterer (1821–1900), Arzt

Dr.-Nekowitsch-Straße, 21., seit 1961 (vorher: Strebersdorfer Straße), Dr. Leopold Nekowitsch (1871–1925), volkstümlicher Arzt in Stammersdorf und Strebersdorf

Dr.-Neumann-Gasse, 23., seit 1949 (vorher: Badhausgasse), Dr. Karl Neumann (1890 bis 1944), verdienter Arzt, im KZ Auschwitz ermordet

Dr.-Otto-Neurath-Gasse, 22., seit 1949 (vorher: Pirquetgasse), Dr. Otto Neurath (1882 bis 1945), Wirtschaftswissenschaftler, Organisator der sozialdemokratischen Bildungspolitik in Wien

Dr.-Pirnitzer-Platz, 23., Benennungsdatum unbekannt, Dr. Adolf Pirnitzer (1844 bis 1897), Arzt, Inzersdorfer Gemeinderatsausschußmitglied

Dr.-Schober-Straße, 13., seit 1932, Dr. Johann Schober (1874–1932), Polizeipräsident (1918–1927), umstrittene Rolle beim Justizpalastbrand 1927, Bundeskanzler (1921/22 und 1929/30), Vizekanzler und Außenminister 1930–1932

Dr.-Schreber-Gasse, 13., seit 1927, Dr. Daniel Gottlieb Moritz Schreber (1808–1861), Arzt, Heilpädagoge; nach ihm sind die „Schrebergärten" benannt

Dr.-Schreber-Weg, 10., 12., 19. und 22., nichtamtliche Bezeichnungen, s. *Dr.-Schreber-Gasse*

Dr.-Skala-Straße, 21., seit 1896, Dr. Albert Skala (1827–1896), Stammersdorfer Gemeindearzt (1867–1890)

Doldenweg, 22., seit 1994, botanischer Begriff (Art des Blütenstandes)

Dolezalgasse, 21., seit 1971, Prof. Dr. Eduard Dolezal (1862–1955), Vermessungstechniker, 1905–1930 Prof. an der Technischen Hochschule

Dollinergasse, 19., seit 1894 (vorher: Ferdinandsgasse), Dr. Thomas Dolliner (1760 bis 1839), Jurist, Historiker, 1801 Prof. für Kirchenrecht in Prag, 1805 in Wien, 1810 Prof. für römisches Recht

Domaniggasse, 10., seit 1934, Dr. Karl Domanig (1851–1913), Numismatiker, Tiroler Heimatdichter, unterrichtete in Wien

Domgasse, 1., seit 1862 (vorher: Kleine Schülerstraße), nach dem nahegelegenen Stephansdom

Dominikanerbastei, 1., seit 1863, nach der gleichnamigen Befestigungsanlage; 1858 bis 1862 abgetragen

Dominikanergasse, 6., Benennungsdatum unbekannt, 1827 erstmals erwähnt, von 1606 bis 1777 gehörte eine Mühle an der Wien dem Dominikanerorden

Dominik-Wölfel-Gasse, 21., seit 1968, Dr. Dominik Wölfel (1888–1963), Völkerkundler, Univ.-Prof., Publizist

Dommayergasse, 13., seit 1894 (vorher: Badhausgasse), Ferdinand Dommayer (1799 bis 1858), Kammacher; Besitzer des Dommayer Casinos (Vergnügungslokal, Ballsaal), 1907 abgerissen

Dommesgasse, 11., seit 1894 (verlängert 1902; vorher: Mühlgasse), Josef Dommes (1805–1878), Seilermeister, Gründer des ersten Simmeringer Krankenunterstützungsvereines

Donabaumgasse, 10., seit 1957, Dr. Josef Donabaum (1861–1936), Historiker, Bibliothekar; 1917 Direktor der Hofbibliothek (Nationalbibliothek)

Donatelloweg, 22., seit 1932, Donato di Nicolo di Betto Bordi Donatello (1386–1466), italienischer Renaissancebildhauer

Donaueschingenstraße, 20., seit 1897, Ursprungsort der Donau in Deutschland

Donaufelder Straße, 21. und 22., zur Erinnerung an die Ortsgemeinde Donaufeld 1860/62 als „Neu-Leopoldau" gegründet, 1905 zum 21. Bezirk eingemeindet

Donauinselplatz, 21., seit 1993; Platz auf der Donauinsel vor dem Schulschiff „Bertha von Suttner"

Donaustadtstraße, 22., seit 1971, der nach der Donauregulierung 1875 entstandene Stadtteil zwischen Reichsbrücke und Ausstellungsstraße wurde volkstümlich so genannt

Donauturmstraße, 22., seit 1965, führt zum gleichnamigen Turm auf dem WIG-Gelände

Donauwartesteig, 19., Benennungsdatum unbekannt, nach dem einstigen Weingut „Donauwarte"

Don-Bosco-Gasse, 23., seit 1956, Johannes Don Bosco (1815–1888), Priester, Gründer von Jugendheimen, 1934 heiliggesprochen

Donhartgasse, 14., seit 1929 (als Donhardtgasse, 1948 richtiggestellt in Donhartgasse), Lorenz Donhart (1815–1848), Taglöhner, fiel während der Märzrevolution 1848, s. *Achtundvierzigerplatz*, s. *Märzstraße*

Doningasse, 22., seit 1966 (vorher Teil der Eipeldauer Straße), Dr. Kurt Richard Donin (1881–1963), Kunsthistoriker, Jugendfürsorger

Donizettiweg, 22., seit 1932, Gaetano Donizetti (1797–1848), Opernkomponist („Don Pascuale")

Donnergasse, 1., seit 1862 (vorher: Spitalgasse), Georg Raphael Donner (1693 bis 1741), Bildhauer (Schöpfer des Donnerbrunnens, 1739)

Dontgasse, 13., seit 1938, Jakob Dont (1815 bis 1888), Komponist, Geigenvirtuose; komponierte rund 50 Violinwerke

Dopplergasse, 11., seit 1895, nach der altansässigen Simmeringer Familie Doppler

Dopschstraße, 21., seit 1954, Dr. Alfons Dopsch (1868–1953), Historiker, 1900 bis 1937 Prof. an der Uni Wien, 1920/21 Rektor

Dorfmeistergasse, 12., seit 1922, Johann Dorfmeister (1736–1786), Kirchenbildhauer

Dornbacher Straße, 17., seit 1894 (um 1880 Wiener Straße, dann Hauptstraße), zur Erinnerung an den ehemaligen Vorort Dornbach, der 1892 mit Hernals und Neuwaldegg zum 17. Bezirk wurde, Dornbach zählte vor der Eingemeindung 3.369 Einwohner

Dornenweg, 11., nichtamtliche Bezeichnung

Dornerplatz, 17., seit 1873, Johann Dorner (1794–1871), stellte der Gemeinde den Grund für den Platz zur Verfügung

Dornrosenweg, 22., seit 1959, nach der Heckenrose

Dorotheergasse, 1., um 1300 Färberstraße, später „Unter den Verbern" (nach den flämischen Tuchfärbern), seit dem 15. Jhd. „St.-Dorotheengasse" (nach dem Dorotheerkloster), im 17. Jhd. setzt sich dann die Bezeichnung Dorotheergasse durch

D'Orsaygasse, 9., seit 1847, Dominika Gräfin d'Orsay von Grimaus (1789–1847), Erbauerin der ersten Häuser in der Gasse

Dostalgasse, 13., seit 1955 (vorher: Künstlergasse), Hermann Dostal (1874–1930), Komponist, Kapellmeister; schrieb Märsche und Operetten

Dostgasse, 14., seit 1953, nach der Pflanze benannt

Dostojewskygasse, 13., seit 1932, Fjedor Dostojewski (1821–1881), russischer Dichter („Schuld und Sühne", „Die Dämonen")

Dovskygasse, 13., seit 1936, Beatrice Dovsky (1866–1923), Schriftstellerin, Schauspielerin (Kolumne „Der Wiener Fratz")

Drachengasse, 1., erstmals 1656 erwähnt, nach dem Haus „Zum goldenen Drachen"

Dragonerweg, 22., seit 1966, leichte Reitertruppe (bewährt in den napoleonischen Kriegen 1809)

Drahtgasse, 1., seit 1862, einst Sitz und Verkaufsplatz der Drahtzieher und Drahthändler

Drapal-Pintar-Weg, 14., seit 1992, Julia Drapal (1917–1988), 1949–1959 Primaballerina der Wiener Staatsoper, war auch beim Film und als Choreographin tätig

Draschestraße, 23., Benennungsdatum unbekannt, Heinrich Drasche Ritter von Warttinberg (1811–1880), Industrieller, Neffe und Erbe von Alois Miesbach (s. *Miesbachgasse*), Gründer der Wienerberger Ziegelwerke, einer der reichsten Männer der Monarchie, Bauherr der Gründerzeit („Heinrichshof" von Theophil Hansen), spendete große Summen für humanitäre Zwecke

Draskovichgasse, 14., seit 1894 (vorher: Rudolfsgasse), Josef Graf Draskovich (1714 bis 1765), Feldherr im Siebenjährigen Krieg (1756–1763)

Draustraße, 21., seit 1953, nach dem Fluß in Kärnten

Drdlagasse, 23., seit 1955 (vorher. Seidlgasse), Franz Drdla (1868–1944), Komponist, Dirigent

Drechslergasse, 14., seit 1894, Josef Drechsler (1782–1852), Komponist, Kirchen- und Theaterkapellmeister, Domkapellmeister zu St. Stephan, schrieb z. B. die Musik zu Raimunds „Diamant des Geisterkönigs"

Dreherstraße, 11., seit 1894 (vorher: Schwechater Straße), Anton Dreher (1849–1921), Brauereibesitzer, Rennstallbesitzer, Wiener Original, 1902–1918 Herrenhausmitglied

Dreiersteig, 14., war am Bierhäuselberg der dritte Steig (Einser- und Zweiersteig sind aufgelassen)

Dreihackengasse, 9., seit 1870, nach dem Gasthaus „Zu den drei Hacken"

Dreihausgasse, 15., Benennungsdatum unbekannt, zur Erinnerung daran, daß aus einer Ansiedlung von drei Häusern der Braunhirschengrund entstand

Dreimarksteingasse, 19., seit 1952 (vorher: Am Dreimarkstein, bis 1894 Herrengasse), benannt nach dem 454 m hohen Dreimarkstein (dieser ist nach der Lage, nämlich dem Zusammentreffen dreier ehemaliger Bezirksgrenzen – Hernals, Währing, Döbling – benannt)

Dreiständegasse, 23., seit 1957, nach den drei Ständen: Arbeiter, Bauer, Bürger

Dresdner Straße, 2. und 20., seit 1875/77 nach der Hauptstadt von Sachsen, weil dort nach Fertigstellung der nach Dresden fahrenden Nordwestbahn eine Wiener Straße errichtet wurde

Drewitzweg, 14., seit 1948 (1929 irrtümlich Drawitzweg benannt), Josef Drewitz (1816 bis 1848), fiel in der Märzrevolution 1848, s. *Achtundvierzigerplatz*, s. *Märzstraße*

Dreyhausenstraße, 14., seit 1899, Gustav Dreyhausen Edler von Ehrenreich (1839 bis 1884), förderte die Erbauung der Dampftramway vom Gürtel nach Breitensee

Drillgasse, 23., seit 1954 (vorher: Türkengasse), Dr. Wilhlem Drill (1873–1942), Arzt

Drischützgasse, 11., seit 1894 (vorher: Schulgasse), Johann Nepomuk Drischütz (gest. 1835), stellte ein Legat von 600 Gulden für arme Simmeringer Schulkinder aus, Regierungsrat

Drnekgasse, 21., seit 1971 (vorher: Drnekweg), nach der Familie Drnek, die hier als erste siedelte

Drorygasse, 3., Benennungsdatum unklar, Ing. Henry Drory (1837–1889), Direktor des seinerzeitigen englischen Gaswerkes auf der Landstraße

Drosselweg, 22., nichtamtliche Bezeichnung, nach dem Vogel

Drygalskiweg, 21. und 22., seit 1956 (vorher: Haidweg), Erich von Drygalski (1865 bis 1949), Leiter von Polarexpeditionen (Grönland, Antarktis), Univ.-Prof., Geograph, veröffentlichte seine Ergebnisse in einem 22bändigen Werk

Duchekgasse, 22., seit 1954, Dr. Adalbert Duchek (1824–1882), Arzt, Diagnostiker, Therapeut

Duchweg, 12., seit 1992, Karl Duch (1898 bis 1973), Direktor der Berufsschule für Gastgewerbe und Präsident des Weltbundes der Kochverbände

Dückegasse, 21. und 22., seit 1909 (vorher: Alter Mühlweg, Mühlgasse), Friedrich Dücke (1847–1908), Gemeinderat von Leopoldau (1905–1908), Gärtner

Dürauergasse, 16. und 17., seit 1914 (vorher tw. Albrechtskreithgasse), Franz Dürauer (1816–1872), Schuldirektor und Wohltäter in Hernals

Dürergasse, 6., seit 1862 (vorher: Untere Stättengasse), Albrecht Dürer (1471–1528), Maler, Kupferstecher, Holzschneider (stand am Übergang von der Spätgotik zur Renaissance)

Dürrnbacherstraße, 11., seit 1903, Andreas Ritter von Dürrnbacher, kaiserlicher Schiffsoberleutnant, Besitzer der Herrschaft Simmering; verkaufte sie 1573 an Freiherrn Michael von Eyzing

Dürwaringstraße, 18., seit 1912, alter Flur- und Bachname, Quellbach des Währinger Bachs

Düsseldorfer Straße, 22., seit 1922 (1938 bis 1959 war die Benennung aufgelassen), zur Erinnerung an die Hilfe Düsseldorfs nach dem Ersten Weltkrieg

Dumbastraße, 1., seit 1900 (vorher: Künstlergasse), Nikolaus Dumba (1830–1900), Industrieller, Kunstmäzen, 1870–1895 Landtagsabgeordneter

Dumreichergasse, 22., seit 1953, Johann Freiherr von Dumreicher (1815–1880), Chirurg, 1861–1863 liberaler Gemeinderat, Verdienste um das militärärztliche Sanitätswesen

Dunantgasse, 21., seit 1949 (vorher: Moltkegasse), Dr. Henri Dunant (1828–1910), Friedensnobelpreisträger (1901), Gründer des Roten Kreuzes, Arzt

Dunklergasse, 12., seit 1894 (vorher: Gürtel- und Jakobstraße), Gaudentius von Dunkler (1746–1829), Propst des Stiftes Klosterneuburg, Rektor der Universität Wien

Durchlaufstraße, 20., seit 1906, nach der Durchlaufsau, einem Donauarm vor der Donauregulierung

Dusikagasse, 22., seit 1993, Franz „Ferry" Dusika (1908–1984), Radrennfahrer, Radsportveranstalter, Sportartikelhänder, Publizist

Dustmannweg, 16., seit 1936, Marie Louise Dustmann-Meyer (1831–1899), Opernsängerin

Dvorakgasse, 13., seit 1924, Max Dvorák (1874–1921), Kunsthistoriker, baute die Kunstgeschichte zu einer exakten Disziplin aus

Dworschakgasse, 10., nichtamtliche Bezeichnung, Herkunft unklar

E

Ebendorferstraße, 1., seit 1873, Thomas Ebendorfer von Haselbach (1388–1464), Theologe, Historiograph, Dekan, Rektor der kath. Fakultät der Uni Wien; er schrieb eine „Kaiserchronik" und eine „Papstchronik"

Ebereschengasse, 21., seit 1953, nach dem Baum

Eberlgasse, 2., seit 1888, Karl Eberl (1820 bis 1887), Gemeinderat (1875–1887), Holzhändler, Ortsschulratstellvertreter

Ebersberggasse, 13., seit 1926, Ottokar Franz Ebersberg (1833–1886), Schriftsteller, schrieb rund 150 Wiener Lokalpossen, gründete 1861 das politische Witzblatt „Der Kikeriki" und 1872 das „Illustrierte Wiener Extrablatt"

Eberstorferweg, 23., seit 1967; Veit, Herr von Eberstorf, Besitzer der Herrschaft Mauer (1499), Näheres nicht bekannt

Ebner-Rofenstein-Gasse, 13., seit 1936, Dr. Viktor Ebner-Rofenstein (1842–1925), Histologe, 1888–1922 Univ.-Prof.

Eckartsaugasse, 12., seit 1909 (vorher: Bahnhofstraße), die Grafen von Eckartsau, ein niederösterreichisches Adelsgeschlecht, besaßen in Hetzendorf viel Grundbesitz

Eckertgasse, 10., seit 1875, Karl Eckert (1820 bis 1879), Komponist, Dirigent; Direktor des Kärntnertortheaters, „Regenerator" der Wiener Philharmoniker

Eckhelgasse, 10., seit 1872, Josef Hilarius Eckhel (1737–1798), Begründer der wissenschaftlichen Numismatik

Eckmüllnergasse, 16., seit 1894 (vorher: Krongasse), Lorenz Eckmüllner (gest. 1663), 1650–1655 Ortsrichter von Ottakring; in der Eckmüllnergasse befand sich bis 1900 das Amtshaus des 16. Bezirks

Eckpergasse, 18., seit 1903, Matthias Eckper (gest. 1599), Besitzer der Grundherrschaft Pötzleinsdorf

Economogasse, 10., seit 1932, Dr. Konstantin Economo (1876–1931), Neurologe; Verdienste auch auf dem Gebiet des Flugwesens, 1910–1927 Präsident des österr. Aero-Clubs

Eddagasse, 10., seit 1955, Edda ist die bekannteste nordische Lieder-(Sagen-)Sammlung

Edelhofgasse, 18., seit 1864 (vorher: Neue Gasse), nach dem ehemaligen Adelssitz „Edelhof“

Edelsinnstraße, 12., seit 1919 (vorher: Kranichberggasse, dann Cantacuzinostraße), nach dem gleichnamigen, 1888 gegründeten Wohltätigkeitsverein

Edelsteingasse, 21., seit 1955, hier sind mehrere Gassen nach Schmucksteinen benannt; s. *Einleitung*

Edelweißweg, 22., seit 1954, nach der Pflanze

Edenstraße, 14., Benennungsdatum unbekannt, nach dem Paradies („Garten Eden“)

Edergasse, 21., seit 1914, Jakob Eder (1842 bis 1908), Gemeinderat von Großjedlersdorf, Oberlehrer

Edisonstraße, 21., seit 1934, Thomas Alva Edison (1847–1931), amerikanischer Erfinder (Phonograph, Kohlenfadenlampe, Mikrophon)

Edlmosergasse, 23., seit 1964, Lorenz Edlmoser (1860–1922), Gemeinderat von Atzgersdorf, Feuerwehrhauptmann

Edmund-Hawranek-Platz, 21., seit 1964, Edmund Hawranek (1874–1944), Kaplan von Strebersdorf, Verdienste um die Erziehung sprachgestörter Kinder

Edmund-Reim-Gasse, 12., seit 1937, Edmund Reim (1859–1928), Lehrer, Komponist, Dirigent

Edmund-Weiß-Gasse, 18., seit 1918 (vorher: Spöttelgasse), Prof. Dr. Edmund Weiß (1837–1917), Sternwartedirektor, Professor für Astronomie an der Wiener Universität

Eduard-Brückner-Gasse, 20., seit 1956, Dr. Eduard Brückner (1862–1927), Geograph, Professor für Physik und Geographie an der Uni Wien, Gletscher- und Eiszeitforscher

Eduardgasse, 18., seit ca. 1864/1871, angeblich nach Eduard Astleithner, Kassenfabrikant; die exakte Herkunft des Namens ist jedoch unklar

Eduard-Hanslick-Gasse, 16., seit 1932, Dr. Eduard Hanslick (1825–1904), Musikkritiker, Musikhistoriker; Univ.-Prof. für Ästhetik und Geschichte der Tonkunst 1861 bis 1895; Förderer von Johannes Brahms, Gegner von Richard Wagner

Eduard-Jaeger-Gasse, 13., seit 1894 (vorher: Bahngasse), Dr. Eduard Jaeger (1818 bis 1884), Augenarzt, Univ.-Prof.

Eduard-Kittenberger-Gasse, 23., seit 1965, Eduard Kittenberger (1855–1921), Bürgermeister von Erlaa (1909–1919), Gärtner

Eduard-Klein-Gasse, 13., seit 1899 (urspr. Badgasse, dann Hietzinger Kai, 1938 bis 1945 Emil-Wimmer-Gasse), Dr. Eduard Klein (1828–1894), Mitglied des Gemeinderatsausschusses, Oberschulrat, Anwalt

Eduard-Pötzl-Gasse, 19., seit 1925 (vorher: Josef-Friedl-Gasse, urspr. Friedlgasse), Eduard Pötzl (1851–1944), Wiener Heimatschriftsteller, Journalist

Eduard-Reyer-Gasse, 19., seit 1930, Dr. Eduard Reyer (1849–1914), Geologe, Universitätsprofessor

Eduard-Sueß-Gasse, 15., seit 1914 (1938 bis 1947 Peuckgasse), Dr. Eduard Sueß (1831 bis 1914), Geologe, erstellte die Pläne für den 1870–1875 erbauten Donaukanal, Liberaler

Efeuweg, 22., seit 1954, nach dem Strauch

Effingergasse, 16., seit 1888 (vorher: Montléartgasse), Pauline Baronin Effinger von Wildegg (1808–1905), Wohltäterin; Erzieherin der Prinzessin W. Montléart

Egger-Lienz-Gasse, 12., seit 1930, Albin Egger-Lienz (1868–1926), Tiroler Maler (Motive aus dem Bauernleben)

Eggerthgasse, 6., seit 1902, Karl Eggerth (1834–1888), Gemeinderat (1882–1885), Besitzer des Karolinenbades

Eglseegasse, 12., seit 1894 (vorher: Neugasse), Flurname (nach einem ehemaligen Teich mit Blutegeln, die für medizinische Zwekke gezüchtet wurden)

Egon-Friedell-Gasse, 21., seit 1954, Egon Friedell (1878–1938), Schriftsteller („Kulturgeschichte der Neuzeit“), schrieb auch Theaterstücke und hatte großen Einfluß auf das geistige Leben Wiens bis 1938, entzog sich der Verhaftung durch die Nationalsozialisten durch Freitod

Egon-Schiele-Gasse, 13., seit 1930, Egon Schiele (1890–1918), Maler (Expressionist)

Ehamgasse, 11., seit 1900, Dr. Michael Eham (1544–1610), Rektor der Wiener Universität, Besitzer der Herrschaft Simmering (1598–1608), Dr. jur., Reichshofrat

Ehngasse, 23., seit 1960, Josef Ehn (1889 bis 1959), Heimatforscher, Volksschuldirektor; gründete 1953 das Bezirksmuseum Liesing

Ehrenfelsgasse, 12., seit 1876, Johann Michael Freiherr von Ehrenfels (1767–1843), Gründer des Theresienbades, Bienenzüchter

Ehrenpreisgasse, 22., seit 1955, nach der Pflanze

Ehrensteingasse, 22., seit 1909 (vorher: Florianigasse), Josef Robert Freiherr von Ehrenstein (1787–1814), Mitkämpfer von Aspern (1809)

Eibengasse, 22., seit 1953, nach dem Baum

Eibesbrunnergasse, 10. und 12., seit 1900, Ulrich, der Eybesbrunner und Michael Eybesbrunner, beide Besitzer der Flur Eglsee

Eibesbrunnerweg, 12., nichtamtliche Bezeichnung

Eibischweg, 22., seit 1953, nach der Pflanze

Eichbachgasse, 14., seit 1956, Eichbach ist der frühere Name des Halterbaches oder eines Zuflusses

Eichelhofstraße, 19., seit 1874 (vorher: Am Berg), ehemaliger Gutshof, schon 1358 erwähnt

Eichelhofweg, 19., seit 1961 (vorher: nichtamtlich so), s. *Eichelhofstraße*

Eichendorffgasse, 19., seit 1902, Josef Freiherr von Eichendorff (1788–1857), bedeutendster Dichter der Romantik („Aus dem Leben eines Taugenichts"), nahm an den Befreiungskriegen gegen Napoleon teil, wohnte 1846/47 in Wien, literaturhistorische Arbeiten; schrieb auch zahlreiche Lieder

Eichenstraße, 12., seit 1894 (vorher: Dammstraße), am Schnittpunkt Eichenstraße und Wilhelmstraße befanden sich zwei Eichen mit Marterln

Eichenweg, 14., nichtamtliche Bezeichnung, zur Erinnerung an den einstigen großen Eichenbestand

Eichfeldergasse, 21., seit 1936, Karl Eichfelder (1847–1921), Direktor des Pensionates St. Josef in Strebersdorf (1899–1910)

Eigelgasse, 23., Benennungsdatum unbekannt, Johann Nepomuk Eigel (1877 bis 1942), Wohltäter in Siebenhirten

Eigenheimweg, 17., nichtamtliche Bezeichnung

Einfahrtstraße, 14., Benennungsdatum unklar, bis 1952 teilweise Birkenstraße, nach der Einfahrtsmöglichkeit in die Siedlung Wolfersberg

Einsiedeleigasse, 13., seit 1936, Leopold Zetl, Beamter der kaiserlichen Reichskanzlei, lebte hier von 1748 bis 1782 als Einsiedler (Franziskaner) in einer Klause

Einsiedlergasse, 5., seit 1873, nach Matthäus Käufler, der 1763 bis 1782 als Einsiedler hier lebte (vorher war er Kirchendiener in der Nikolsdorfer Kirche)

Einsiedlerplatz, 5., seit 1873, s. *Einsiedlergasse*

Einsiedlerweg, 10., nichtamtliche Bezeichnung; vermutlich wie *Einsiedlergasse*

Einslegasse, 22., seit 1983, Anton Einsle (1801–1871), Porträt- und Genremaler

Einwanggasse, 14., seit 1894 (vorher: Friedhofgasse, Pfarrgasse), Georg Einwang (1657–1662), Pfarrer von Penzing, in seiner Amtszeit wurde die Rochuskapelle in der Penzinger Straße errichtet

Einzingergasse, 21., seit 1970, Ulrich und Stephan Eizinger (sic!), Herrschaftsbesitzer in Strebersdorf (um 1469)

Eipeldauer Straße, 21. und 22., seit 1910, Eipeldau (1136 urk. erwähnt), alter Ortsname

Eisenbachgasse, 13., seit 1955 (vorher: Beethovengasse), Heinrich Eisenbach (1870 bis 1923), Direktor des „Budapester Orpheums" in Wien (Singspieltheater), Schauspieler

Eisenbahnstraße, 19., seit 1905 (in Nußdorf schon ab 1873), nach der 1871/72 erbauten Franz-Josefs-Bahn, die parallel dazu führt

Eisenberggasse, 23., seit 1960, Ludwig Eisenberg (1858–1910), Schriftsteller; freier Mitarbeiter für Theater-, Kunst- und Literaturzeitschriften, Lexikograph

Eisenhutgasse, 22., seit 1944, nach der Pflanze

Eisenmengergasse, 10., seit 1959, August Eisenmenger (1830–1907), Maler; 1872 Prof. an der Akademie der bildenden Künste (Arbeiten u. a. für Rathaus und Justizpalast)

Eisenstadtplatz, 10., seit 1914, nach der Hauptstadt des Burgenlandes

Eisernenhandgasse, 19., seit 1895, nach der Gastwirtschaft „Zur eisernen Hand" am Kahlenberg

Eisnergasse, 16., seit 1894 (vorher: Leopoldigasse), Georg Eisner (1803–1858), Gastwirt, Ortsrichter und Bürgermeister von Ottakring

Eisstoßgasse, 22., seit 1957, zur Erinnerung an den Eisstoß von 1830

Eisteichgasse, 11., seit 1904, hier bestanden einst Teiche zur Eisgewinnung

Eisvogelgasse, 6., seit ca. 1869 (urspr. Obere Gärtnergasse, ab 1827 Gärtnergasse), nach einem Hausschild „Zum Eisvogel"

Eiswerkstraße, 22., seit 1966, nach der Eisfabrik

Eitelbergergasse, 13., seit 1894 (vorher: Malfattigasse), Rudolf Eitelberger von Edelberg (1817–1885), Kunsthistoriker, Professor für Kunstgeschichte 1864, Direktor des österr. Museums für Kunst und Industrie, 1864–1867 Gemeinderat

Eitnergasse, 23., seit 1977, Wilhelm Eitner (1843–1921), Pionier der Gerbereitechnik, Chemiker

Elderschplatz, 2., seit 1933 (1897–1933 Santa-Lucia-Platz, 1937–1947 Vierundachtzigerplatz), Matthias Eldersch (1869–1931), 1901–1911 sozialdemokratischer Reichsratsabgeordneter für Schlesien; baute das Krankenversicherungs- und Genossenschaftswesen auf, 1919/20 Staatssekretär für Inneres und Unterricht, 1919–1923 Gemeinderat, 1919–1931 Nationalrat, 1930 1. Präsident des Nationalrats

Elfingerweg, 22., seit 1964 (vorher: Kapellenweg), Dr. Anton Elfinger (1821–1864), Arzt, Karikaturist, Illustrator (Pseudonym Cajetan)

Elidagasse, 22., seit 1959, nach der gleichnamigen Rudersportvereinigung

Elisabethallee, 12. und 13., seit 1918 (im 12. Bezirk vorher: Hietzinger Weg, dann Lustschloßallee und Schlögelgasse), Kaiserin Elisabeth (1837–1898), Gattin Kaiser Franz Josephs, in Genf von einem italienischen Anarchisten ermordet; beliebte Gestalt von Roman, Film („Sissi – Jugendjahre einer Kaiserin"), Operette („Sissy") und Musical („Elisabeth")

Elisabethstraße, 1., seit 1862, s. *Elisabethallee*

Elisenstraße, 23., Benennungsdatum unbekannt, s. *Elisabethallee*

Ellen-Key-Gasse, 10., seit 1951, Ellen Key (1849–1926), Pädagogin, Lehrerin, Schriftstellerin; propagierte das 20. Jhd. als „Jahrhundert des Kindes"

Ellmingergasse, 23., seit 1954, Ignaz Ellminger (1843–1894), Maler, Mundartdichter; malte Wr. Marktszenen und Landschaften

Elmargasse, 19., seit 1894 (vorher: Döblingergasse), Karl Elmar (Pseudonym für Karl Swiedak, 1815–1888), Schauspieler, Schriftsteller (rund 130 vokstümliche Theaterstücke)

Elsbeergasse, 14., seit 1953, die Elsbeere ist ein Rosengewächs

Elsa-Feldmann-Gasse, 21., seit 1994, Elsa Feldmann (1884–1942), Schriftstellerin, im KZ ermordet

Elsniggasse, 12., seit 1911, Johann Baptist Elßnig (auch Elßnigg) (1741–1798), Kaplan von Altmannsdorf

Elßlergasse, 13., seit 1894 (vorher: Endlergasse), Fanny Elßler (1810–1884), gefeierte Tänzerin an der Wiener Hofoper

Elsterweg, 14., seit 1953, nach dem Vogel

Elterleinplatz, 17., seit 1882, Johann Georg Elterlein (1805–1882), Gastwirt, Bürgermeister von Hernals (1869–1881), sehr populär, Verdienste um die Einwölbung des Alsbaches

Embelgasse, 5., seit 1875, Franz Xaver Embel (1770–1857), erbaute in der Gasse das erste Haus; Topograph, Magistratsrat, sorgte für den Schulbau in den Vorstädten

Emichgasse, 22., seit 1970, Dr. Friedrich Emich (1860–1940), Chemiker, Pionier der Mikrochemie

Emil-Behring-Weg, 12. und 23., seit 1952, Dr. Emil von Behring (1854–1917), deutscher Arzt, Entdecker des Diphterie- und des Tetanusserums, Nobelpreis 1901

Emil-Hertzka-Platz, 10., seit 1959, Emil Hertzka (1869–1932), Musikverleger

Emil-Kralik-Gasse, 5., seit 1927, Emil Kralik (Pseudonym „Habakuk", 1864–1906), Schriftsteller, Journalist („Volkstribüne", „Arbeiter-Zeitung")

Emil-Ottenthal-Gasse, 10., seit 1932, Dr. Emil von Ottenthal (1855–1931), Historiker, Univ.-Prof.

Emmerich-Fasching-Gasse, 22., seit 1995, Emmerich Fasching (1921–1983), Bezirksrat (1964–1983), Bezirksvorsteherstellvertreter der Donaustadt (1969–1983), ÖVP

Empergergasse, 21., seit 1953, Dr. Fritz Emperger (1862–1942), Techniker, Begründer des Stahlbetonbaues in Österreich

Endemanngasse, 23., seit 1959 (vorher: Weinbergstraße), Johann Endemann (1869 bis 1947), Gemeinderat von Atzgersdorf (1924–1934)

Endergasse, 12., seit 1922, Johann Nepomuk Ender (1793–1854), Thomas Ender (1793 bis 1875) und Eduard Ender (1822–1853), Wiener Malerfamilie

Endlichergasse, 10., seit 1932, Stephan L. Endlicher (1804–1849), Professor für Botanik (1840), Direktor des botanischen Gartens (1839–1849)

Endresstraße, 23., seit 1966, Dr. Robert Endres (1892–1964), Historiker, Mittelschullehrer, zahlreiche wissenschaftliche Publikationen

Enenkelstraße, 16., seit 1894 (vorher: Breitenseer Straße), Hans von Enenkel (1190 bis 1250), Angehöriger einer vermögenden Wiener Familie, Chronist, verfaßte eine 9.000 Verse umfassende „Weltchronik", die im Mittelalter sehr beliebt und verbreitet war, sowie ein 4.200 Verse umfassendes „Fürstenbuch"

Engelbrechtweg, 13., seit 1936, Dr. August Engelbrecht (1861–1925), Altphilologe, Univ.-Prof.

Engelhartgasse, 13., seit 1951, Josef Engelhart (1864–1941), Bildhauer, Maler (beschäftigte sich mit Altwiener Typen und Szenen)

Engelhorngasse, 21., seit 1986, Dr. Friedrich Engelhorn (1855–1911), Industrieller, Gründer der Firma Boehringer Mannheim GmbH

Engelmanngasse, 17., seit 1979, Eduard Engelmann sen. (1833–1897), Fabrikant, kam auf die Idee, auf den Gartenwegen des Fabriksgeländes eine kleine Eisbahn zu errichten, Eislaufen war in „besseren" Kreisen damals modern geworden; es wurden Teiche angelegt, die im Sommer mittels Bootsverleih Einnahmen erzielten, Eduard Engelmann jun. (1864–1944) schuf dann die erste Freiluftkunsteisbahn der Welt (1909), er war 1892, 1893 und 1894 Europameister im Eiskunstlauf, von Beruf war er Techniker/Direktor der niederösterreichischen Landeseisenbahn-Baudirektion

Engelsberggasse, 3., seit 1907, Eduard Engelsberg (eigentlich Dr. Eduard Schön, 1825–1879), Komponist, schrieb Lieder für Männerchöre, als kaiserlicher Beamter mußte er ein Pseudonym verwenden

Engelsburggasse, 23., seit 1924, nach einem als Pfarrhof bekannten Gebäude (1697 bis 1716), später als Kaserne verwendet

Engelshofengasse, 23., seit 1954, Gottlieb Penz Edler von Engelshofen (1697–1758), Stifter der Kirche St. Erhard in Mauer

Enge Lucken, 10., seit 1969, mundartlich für eine Bodenvertiefung in der Gegend

Engerthstraße, 2. und 20., seit 1886, Wilhelm Freiherr von Engerth (1814–1884), Erbauer des Sperrschiffes, das ehemals vor der Donaukanaleinmündung – statt der jetzigen Nußdorfer Schleuse – lag; Professor der Maschinenlehre, Fachmann für Lokomotiven, Zentraldirektor für den technischen Dienst der österr.-ungar. Staatseisenbahngesellschaft

Engilgasse, 16., seit 1971, Engil von Ottakringe war im 13. Jahrhundert Freihofbesitzer

Englisch-Feld-Gasse, 22., Benennungsdatum unbekannt, Flurname

Enkplatz, 11., seit 1894 (vorher: Marktplatz), Michael Leopold Enk von der Burg (1788 bis 1843), Benediktinermönch, Schriftsteller, trat gegen seine Überzeugung in das Benediktinerkloster Melk ein; schrieb Romane und Dramen pessimistischen Inhalts, beging Selbstmord

Ennemosergasse, 22., seit 1955 (vorher: Ferdinand-Raimund-Gasse), Josef Ennemoser (1787–1854), Diplomat (Geheimschreiber Andreas Hofers)

Ennsgasse, 2., seit 1891, Nebenfluß der Donau

Entensteig, 21., seit 1942, vorher: Jägersteig

Entersweg, 22., nichtamtlich, Herkunft unklar

Enzelsbergergasse, 17., seit 1905, Johann Enzelsberger (1827–1920), Gemeinderatsmitglied von Dornbach

Enzianweg, 22., seit 1944, nach der Pflanze

Enzingergasse, 7., seit 1903, Karl Enzinger (1820–1889), Gemeinderat von Neubau (1872–1889), Seidenfabrikant, Verdienste um die Armen

Erbacherweg, 14., seit 1929, Ferdinand Erbacher (1829–1848), Maurergeselle, fiel in der Märzrevolution 1848, s. *Achtundvierzigerplatz*, s. *Märzstraße*

Erbpostgasse, 21., Benennungsdatum unbekannt, Stadler von Wolffersgrün (1786 bis 1857), k. u. k. Erbpostmeister von Stammersdorf (ab 1819)

Erbsenbachgasse, 19., seit 1876, nach dem Erbsenbach (Arbesbach), s. auch *Arbesbachgasse*

Erdberger Brücke, 2. und 3., 1971 als Teil des Knotens Prater eröffnet

Erdberger Lände, 3., seit 1952 (früher „An der Donau"), zur Erinnerung an die Landestelle von Flößen und Schleppern am rechten Donaukanalufer; die Bezeichnung war seit 1890, also lange vor der offiziellen Benennung, schon gebräuchlich

Erdberger Maiß(s), 3., inoffiziell seit 1863, amtlich seit 1905, mais = Jungholz, kleiner Waldflecken, durch den Nebenarm der Donau vom Dorf Erdberg getrennt, später gerodet, durch Donaukanaldurchstich mit Erdberg vereint und für den Gemüseanbau verwendet

Erdbergstraße, 3., Benennungsdatum unklar, ein Teil bis 1862 Erdberger Hauptstraße und Antongasse, ein Teil bis 1899 Mitterweg; zur Wahrung des alten Vorstadtnamens („Ertpurch" = Erdburg; 1192 erwähnt bei der Gefangennahme von Richard Löwenherz), Erdberg wurde mit Landstraße und Weißgerber 1850 zum 3. Bezirk zusammengefaßt

Erdbrustgasse, 16., seit 1883, urkundlich 1524 bestätigter Flurname (Erdbrust = Bodenerhebung)

Erdburgweg, 14., seit 1985, in diesem Bereich soll ein Erdwall zum Schutz von Hadersdorf-Weidlingau bestanden haben

Erdenweg, 14., seit 1923, nach dem Planet Erde (in dieser Gegend wurden mehrere Wege nach Planeten benannt!)

Erdrauchgasse, 22., seit 1955, nach der Pflanze

Erhardgasse, 23., seit 1929, Kirchenpatron der Pfarrkirche Mauer, Bischof von Passau (7./8. Jhd.)

Erlaaer Platz, 23., seit 1988, s. *Erlaaer Straße*

Erlaaer Schleife, 23., seit 1978, Umkehrstelle der Linie 64, Verkehrsknoten

Erlaaer Straße, 23., seit 1955, führt nach Alt- und Neuerlaa (neuerdings auch Schreibweise Alterlaa, Neuerlaa richtig); Erlaa, 1114 als „Erila" urk. erwähnt, 1938 bzw. 1954 eingemeindet

Erlachgasse, 10., seit 1875, Johann Bernhard Fischer von Erlach (1656–1723), Barockarchitekt (erbaute u. a. die Karlskirche, das Stadtpalais des Prinz Eugen, heute das Finanzministerium, sowie die Nationalbibliothek)

Erlachplatz, 10., seit 1875; s. *Erlachgasse*

Erlafstraße, 2., seit 1905 (vorher ab 1889 Erlaufstraße), Nebenfluß der Donau

Erlenweg, 22., seit 1966 (vorher: Flickerweg), nach dem Baum

Erlgasse, 12., seit 1892, Josef Erl (1811 bis 1874), Opernsänger

Ernanigasse, 23., seit 1960; Oper von Giuseppe Verdi (1813–1901)

Erndtgasse, 18., seit 1888, Franz Bernhard Erndt (1836–1909), Hofhafnermeister, Gemeinderat von Gersthof, Besitzer des Gersthofer Schlosses, trat den Grund unentgeltlich für den Bau der Gasse ab

Ernst-Bergmann-Gasse, 14., seit 1932, Ernst von Bergmann (1836–1907), Begründer der Hirnchirurgie

Ernst-Burger-Gasse, 14., seit 1963, Ernst Burger (1915–1944), Funktionär des kommunistischen Jugendverbandes, Widerstand gegen den Nationalsozialismus, 1944 im KZ Auschwitz gehenkt

Ernst-Karl-Winter-Weg, 19., seit 1988, Dr. Ernst Karl Winter (1895–1959), katholischer Publizist, sozialpolitisch engagiert, vom Austrofaschismus nach dem Bürgerkrieg 1934 als dritter Vizebürgermeister von Wien eingesetzt, sollte das Regime mit der Arbeiterschaft versöhnen („Aktion Winter"), scheiterte am System und weil er sich auch gegen die Nationalsozialisten wehrte, 1936 abgesetzt, 1938 Emigration in die USA, Rückkehr 1957

Ernst-Ludwig-Gasse, 10., seit 1932, Dr. Ernst Ludwig (1842–1915), Prof. für medizinische Chemie, Förderer des Volksbildungswesens

Ernst-Renz-Gasse, 2., seit 1993, Ernst Renz (1814–1892), Artist, Gründer des gleichnamigen Zirkus

Ernst-Sadil-Platz, 22., seit 1994, Ernst Sadil (1908–1991), Obmann der Naturfreunde, Bezirkspolitiker

Eroicagasse, 19., seit 1894 (vorher: Beethovengasse), 3. Symphonie Beethovens

Ertlgasse, 1., seit 1894, Maria Anna Edle von Ertl (1728–1801), gründete die nach ihr benannte Stiftung für mittellose oder verarmte Rechtsanwaltsanwärter, die alle juristischen Prüfungen mit Auszeichnung bestanden haben

Erzbischofgasse, 13., seit 1894 (vorher: Bischofgasse), nach dem Sommerschloß des jeweiligen Erzbischofs von Wien („Ober-St.-Veiter Schloß")

Erzherzog-Karl-Straße, 22., seit 1909 (vorher: Aspernstraße), Erzherzog Karl (1771 bis 1847), Feldmarschall, Sieger von Aspern (1809) gegen Napoleon

Eschenallee, 10., seit 1929, nach dem Baum

Eschenbachgasse, 1., seit 1863, Jakob Eschenbacher (1749–1809), Sattlermeister, auf Befehl Napoleons erschossen, weil er in seinem Garten eine Kanone versteckt hatte

Eschenkogelgasse, 10., seit 1965, nach dem Berg im Anningergebiet (649 m hoch)

Escherichgasse, 19., seit 1919, Dr. Theodor Escherich (1857–1911), Gründer der Säuglingsfürsorge in Österreich, ab 1902 Prof. für Kinderheilkunde in Wien

Eselstiege, 17., volkstümliche Bezeichnung für eine Gegend, die 1422 als „Eselhart hinter der Herren Als“ erwähnt wurde

Eslarngasse, 3., seit 1894 (vorher: Schulgasse), Konrad von Eslarn, 1287 Bürgermeister, Niklas Eslarn, 1309 und 1310 bis 1313 Bürgermeister von Wien

Espenweg, 22., seit 1953, nach dem Baum

Essiggasse, 1., seit 1908, früher Sitz und Verkaufsstätte der Essighändler

Eßlinger Furt, 22., amtlich seit 1987, Flurname

Eßlinger Hauptstraße, 22., Benennungsdatum unbekannt, zur Erinnerung an den ca. 1250/60 urk. genannten Ort („Ezzelaren“), seit dem 19. Jhd. Esslingen; der Name wurde vom NS-Regime 1938 auf Essling gekürzt, um eine Verwechslung mit Eßlingen am Neckar zu vermeiden; 1938 bzw. 1954 eingemeindet

Eßlinggasse, 1., seit 1869 (vorher: Eßlinger Gasse), zur Erinnerung an die Schlacht bei Aspern und Eßling (1809) gegen Napoleon

Esteplatz 3., seit 1912 (1938–1949 General-Krauß-Platz), nach dem 1914 ermordeten Thronfolger Franz Ferdinand, der dem Haus Österreich-Este angehörte

Esterházygasse, 6., seit 1862 (1797–1852 Neue Gasse, dann Berggasse), Fürst Nikolaus Esterházy (1775–1856) errichtete hier Palais und Park

Etrichstraße, 11., Igo Etrich (1879–1967), Pionier des Flugwesens, Flugzeugkonstrukteur („Etrichtaube“)

Etschnerweg, 14., seit 1930, Josef Etschner, Tischlergeselle, fiel in der Märzrevolution 1848, s. *Achtundvierzigerplatz*, s. *Märzstraße*

Ettenreichgasse, 10., seit 1875, Christian Joseph Ettenreich (1800–1875), Hausbesitzer; kam am 18. 2. 1853 Kaiser Franz Joseph I. zu Hilfe, indem er den Attentäter Janos Libényi, der auf den Kaiser mit einem Messer eingestochen hatte, niederschlug; als Belohnung wurde er später in den Adelsstand erhoben

Ettingshausengasse, 19., seit 1913 (vorher: Hohenwartgasse), Andreas Freiherr von Ettingshausen (1797–1878), Mathematiker, Physiker, Rektor der Uni Wien

Eugen-Bormann-Gasse, 22., seit 1932, Dr. Eugen Bormann (1842–1912), Professor für Altertumsgeschichte, Epigraphiker

Eugenie-Fink-Gasse, 10., seit 1969, Eugenie Fink (1891 bis ca. 1942; Abtransport ins KZ Minsk), Lyrikerin

Eugen-Jettel-Weg, 13., seit 1932, Eugen Jettel (1845–1901), österreichischer Landschaftsmaler

Europaplatz, 15., seit 1958, zur Unterstreichung des von Bürgermeister Franz Jonas propagierten Europagedankens

Eustachiusweg, 13., seit 1932, nach dem römischen Feldherrn, Heiligen und Schutzpatron der Jäger

Ewaldgasse, 11., seit 1971, Oskar Ewald (richtig Friedländer, 1881–1940), Religionsphilosoph, führender Kopf des religiösen Sozialismus („Freidenkertum und Religion“)

Ewald-Balser-Gasse, 23., seit 1982, Ewald Balser (1898–1978), Burgschauspieler

Exelbergstraße, 17., seit 1961 (vorher: Tullner Straße), nach dem 515 m hohen Exelberg

Eyblergasse, 19., seit 1894 (vorher: Kirchengasse, urspr. Zinkengasse), Josef von Eybler (1764–1846), Komponist, Hofkapellmeister (Kirchenmusik)

Eyblweg, 21., seit 1933 (vorher: Josef-Baumann-Gasse), Franz Eybl (1806–1890), Lithograph, Maler

Eyslergasse, 13., seit 1955 (vorher: Mozartgasse), Edmund Eysler (1874–1949), Operettenkomponist („Bruder Straubinger“, „Schützenliesl“, „Die gold’ne Meisterin“), Pianist, entging dem Tod in der NS-Zeit als Jude nur, weil er mit einer „Arierin“ verheiratet war

Eyzinggasse, 11., seit 1894 (vorher: Wintergasse, 1864–1872 Döblergasse), Michael Eitzing Freiherr von Schrattenthal (gest. 1598); Diplomat, Geschichtsschreiber, gab eine Vorform einer periodischen Zeitschrift heraus (sog. Meßrelationen); die Familie Eyzing war von 1573 bis 1608 Grundherr von Simmering

F

Fabergasse, 23., Benennungsdatum unbekannt, Moritz Faber (1837–1921), Besitzer der Liesinger Brauerei (machte sie zu einem Großunternehmen); Gemeinderat von Liesing (1870–1885); hatte die Tochter des Mitbesitzers, Marie Löwenthal, geheiratet; zuletzt Generaldirektor, s. *Löwenthalgasse*

Fabianistraße, 11., seit 1984, Max Fabiani (1865–1962), Architekt, Schüler Otto Wagners, erbaute u. a. die Wiener Urania

Fabiganstraße, 11., seit 1904, Andreas Pfabigan (1805–1870), Lehrer

Fabriksgasse, 12., 1877/78 im ehemaligen Fabriksviertel Meidling angelegt

Fännergasse, 21., seit 1899, Gottlieb Fänner (1830–1889), Oberbaurat der Donauregulierungskommission, Verdienste um die Kanalisation in Floridsdorf

Färbergasse, 1., seit 1908 (im 15./16., Jhd. „Hofgäßlein“, ab 1563 Färbergässel, ab 1776 Färbergasse), nach ehemaligen Färbereiwerkstätten

Färbermühlgasse, 23., seit 1954 (vorher: Gärtnergasse), nach der ehemaligen „Färbermühle“, einem Wahrzeichen von Liesing (heute steht dort das Liesinger Rathaus)

Fahnengasse, 1., seit 1898; zur Erinnerung an den „Fahnentumult“ von 1798, ein Gesandter der französischen Republik ließ anläßlich eines Festes als begeisterter Republikaner die Trikolore hissen, es entstand ein Auflauf; er mußte am nächsten Tag Wien verlassen

Fahrbachgasse, 21., seit 1909, Wiener Musikerfamilie: Philipp d. Ä. (1815–1885); Philipp d. J. (1843–1894); Josef (1804 bis 1883); Wilhelm (1838–1866)

Faistauergasse, 13., seit 1931, Anton Faistauer (1887–1930), Maler (u. a. Freskenzyklus im Salzburger Kleinen Festspielhaus)

Falkestraße, 1., seit 1901, Jakob Ritter von Falke (1825–1897), Museumsdirektor, Kunsthistoriker

Fallgasse, 6., seit ca. 1867, nach dem Fallbach (Feilbach), Nebenfluß der Wien

Fallmerayerweg, 21., seit 1956, Jakob Fallmerayer (1790–1861), Schriftsteller, Orientalist

Familienplatz, 16., seit 1992 (vorher: Kernstockplatz; 1881–1919 Stefaniplatz, 1919 bis 1934 Bebelplatz), nach der Pfarrkirche „Zur Hl. Familie“ benannt

Faradaygasse, 3., seit 1933, Michael Faraday (1791–1867), englischer Physiker, entdeckte die elektromagnetische Induktion, konstruierte den ersten Dynamo

Farngasse, 22., seit 1944, nach den hier heimisch gewesenen Farnkräutern

Fasangartengasse, 12. und 13., seit 1894 (vorher: Hetzendorfer Straße und in Lainz bis 1909 noch Hetzendorfer Gasse), nach dem ehemaligen Schönbrunner Fasangarten

Fasangasse, 3., nach dem ehemaligen Bierhaus „Zum Fasandl“

Faschinggasse, 22., seit 1913, Karl Freiherr von Fasching (1753–1826), Generalmajor, Verdienste in der Schlacht von Aspern gegen Napoleon (1809)

Fasholdgasse, 13., seit 1894 (vorher: Mayerhofgasse), Josef Fashold (1821–1892), Gemeinderat von Hietzing (1863–1891), Fuhrwerksunternehmer

Fassbendergasse, 13., seit 1981, Eugen Fassbender (1854–1923), Architekt, Stadtplaner

Faßziehergasse, 7., seit dem 18. Jhd. (vor 1770 Hintere Gasse), Herberge und Wohnort vieler Faßzieher (Fasselzieher = Beförderer von Weinfässern)

Fatinitzaweg, 10., seit 1953, nach der gleichnamigen Operette von Franz von Suppé

Faulmanngasse, 4., seit 1913, Carl Faulmann (1835–1894), Schriftsetzer, Stenograph, Prof. 1884, Erfinder einer neuen Kurzschrift und Vorkämpfer für die Vereinheitlichung („Einheitskurzschrift“)

Favoritenstraße, 4. und 10., seit 1903 (um 1734 Kaiserallee, auch Kaiserweg, später ein Teil Favoriten-Linienstraße und Kirchenplatz, im 10. Bezirk Wampersdorfer und Himberger Straße); nach dem kaiserlichen Lustschloß Favorita; die Straße wurde angelegt, um eine Verbindung zwischen dem Schloß und den kaiserlichen Gründen auf dem Laaer Berg zu schaffen

Favoritner Gewerbering, 10., seit 1987, ringförmiger Zusammenschluß von vier Straßen, Ansiedlung von zahlreichen Gewerbebetrieben

12.-Februar-Platz, 19., seit 1985 (1930: Karl-Marx-Platz, 1935 Heiligenstädter Platz), zur Erinnerung an den Bürgerkrieg 1934, Generalstreik und Aufstandsversuch des Republikanischen Schutzbundes, des bewaffneten Armes der Sozialdemokratischen Partei, gegen das Regime; blutig niedergeschlagen, führte zum Verbot der Sozialdemokratie und ihrer Organisationen

Fechtergasse, 9., seit 1862 (vorher: Zweyfechtergasse, Degengasse, Thury Gässl), nach einem Hausschild „Zu den zwei Fechtern"

Fehlingergasse, 13., seit 1894 (vorher: Gemeindegasse), Friedrich Fehlinger (1813 bis 1890), Gemeinderat von Speising (1864–1873), Arzt

Feilergasse, 19., Benennungsdatum unbekannt, Franz von Feiler (1801–1862), um 1840 Kasinobesitzer, Wohltäter der Gemeinde Grinzing, Kaufmann, Fabrikant

Feilplatz, 14., seit 1881, Johann Feil (1824 bis 1892), Bürgermeister von Breitensee (1866–1876), Hutfabrikant

Feistlgasse, 21., seit 1971, Anton Feistl (1881 bis 1961), Bezirksvorsteher des 21. Bezirks (1932–1934), gründete 1933 das Floridsdorfer Bezirksmuseum

Feistmantelstraße, 18., seit 1897 (vorher: Hochschulstraße), Rudolf Ritter von Feistmantel (1805–1871), Reformator, Schöpfer des österreichischen Forstgesetzes, Verdienste um das Forstwesen, Publikationen, Professor an der Hochschule für Bodenkultur

Feistritzgasse, 21., seit 1953, Fluß in der Steiermark

Feitsingergasse, 22., seit 1911, Leopold Feitsinger (1763–1849), Ortsrichter von Aspern

Felberstraße, 15., seit ca. 1864, Riedname (Felber = Weidenbaum)

Felbigergasse, 14., seit 1894 (vorher: Schulgasse), Abt, Schulreformer („Allgemeine Schulordnung"), Befürworter der allgemeinen Schulpflicht, vertrat Ideen der Aufklärung

Felderstraße, 1., seit 1899, Dr. Kajetan Freiherr von Felder (1814–1894), Bürgermeister von Wien (1868–1878), Rechtsanwalt, Liberaler; in seine Amtszeit als Bürgermeister fielen der Bau der 1. Hochquellwasserleitung, des Zentralfriedhofes, die Donauregulierung und der Bau des Rathauses; Felder war Sprachgenie (Gerichtsdolmetsch für Spanisch, Französisch, Englisch, Holländisch, Dänisch, Portugiesisch, Schwedisch)

Feldgasse, 8., Benennungsdatum unklar (18. Jhd.), zur Erinnerung an die agrarische Nutzung der Gegend bis ins 18. Jhd.; war bis 1862 Grenze zwischen Alsergrund und Breitenfeld

Feldgasse, 23., seit 1886, nach der Lage

Feldkellergasse, 13., Benennungsdatum unbekannt, nach der Gastwirtschaft „Zum Feldkeller"

Feldmühlgasse, 13., seit 1894 (vorher: Feldgasse), nach einer einst hier bestandenen Mühle auf freiem Felde

Felix-Braun-Gasse, 19., seit 1977, Felix Braun (1885–1973), Schriftsteller, 1928–1936 Prof. für deutschsprachige Literatur an der Uni Palermo, 1937/38 an der Uni Padua, 1939 Emigration nach England, nach dem Krieg Rückkehr nach Wien, Würdigungspreis der Stadt Wien für Dichtkunst, Lehrtätigkeit am Reinhardt-Seminar

Felix-Dahn-Gasse, 18. und 19., seit 1912, Felix Dahn (1834–1912), deutscher Dichter, der durch historische Romane bekannt wurde („Ein Kampf um Rom", „Attila")

Felixgasse, 13., seit 1955 (vorher: Tiergartengasse), Benedikt Felix (1860–1912), Opernsänger

Felix-Grafe-Gasse, 10., seit 1968, Felix Grafe (1888–1942, hingerichtet), Lyriker, Übersetzer

Felix-Mottl-Straße, 19., seit 1911 (vorher: Prinz-Eugen-Straße), Felix Mottl (1856 bis 1911), Dirigent, Komponist

Felix-Slavik-Straße, 21., Felix Slavik (1912 bis 1980), ab 1945 wesentliche Rolle in der Wiener Kommunalpolitik, Bürgermeister (1970–1973), Obmann der SPÖ Wien, Ehrenbürger von Wien

Fellnergasse, 22., seit 1963, Ferdinand Fellner (1847–1916), Architekt (Theater, Wohn- und Geschäftshäuser)

Felmayergasse, 21., seit 1974, Prof. Rudolf Felmayer (1897–1970), Schriftsteller, Bibliothekar (Reihe „Neue Dichtung aus Österreich")

Felsgasse, 11., seit 1894 (vorher: Roseggergasse), Maria Elisabeth Colonna Freiin von Völs (Fels), Besitzerin der Herrschaft Simmering, die sie 1677 dem Himmelpfortkloster schenkte

Fenchelweg, 14., seit 1978, nach der Heilpflanze

Fendigasse, 5., seit 1875, Peter Fendi (1796 bis 1842), Maler, Graphiker, Lithograph (Hauptrepräsentant der Biedermeiermalerei)

Fenzlgasse, 14. u. 15., seit 1894 (vorher: Lerchengasse), Eduard Fenzl (1808–1879), Botaniker; seit 1849 Direktor des Botanischen Gartens, Univ.-Prof. der Botanik, zahlreiche wissenschaftliche Veröffentlichungen

Ferchenbauergasse, 21., seit 1901, Franz Ferchenbauer (1791–1883), Wohltäter; Ortsrichter, Glasermeister

Ferchergasse, 17., seit 1904, Johann Fercher von Steinwand (eigentlich J. Kleinfercher, 1828–1902), österreichischer Dichter (Lyrik, Dramatik)

Ferdinand-Frey-Weg, 14., seit 1965, Ferdinand Frey (1880–1956), nach dem langjährigen Obmann des Siedlungsvereines

Ferdinand-Käs-Gasse, 21., seit 1992, Dr. Ferdinand Käs (1914–1988), Offizier, Widerstandskämpfer

Ferdinand-Kaufmann-Platz, 21., seit 1974, Ferdinand Kaufmann (1889–1965), Siedlerfunktionär

Ferdinand-Löwe-Straße, 10., seit 1936 (1938–1947 Lachnerstraße), Ferdinand Löwe (1865–1925), Dirigent, Vorkämpfer für die Musik Anton Bruckners

Ferdinand-Pölz-Gasse, 21., seit 1932, Ferdinand Pölz (1878–1930), Bezirksrat von Floridsdorf, Sozialdemokrat

Ferdinandstraße 2., seit 1840, Kaiser Ferdinand I. (1793–1875), 1835–1848 Kaiser von Österreich

Fernkorngasse, 10., seit 1880, Anton Dominik Ritter von Fernkorn (1813–1878), Bildhauer; Schöpfer der Reiterstandbilder auf dem Heldenplatz, des Beethovendenkmals und des „Löwen von Aspern"

Ferrogasse, 18., seit 1894 (vorher: Johannesgasse), Pasqual Josef Ferro (1753–1809), Arzt, 1800 Stadtphysikus von Wien, Verdienste um das Sanitätswesen, Durchsetzung der Pockenschutzimpfung

Ferstelgasse, 9., seit 1886 (vorher: Petrarcagasse), Heinrich Freiherr von Ferstel (1828–1883), Architekt (Erbauer der Votivkirche), Vertreter des Historismus

Feßlergasse, 10., seit 1958, Johann Baptist Feßler (1803–1875), Bildhauer, schuf zahlreiche Porträtbüsten

Feßtgasse, 16., seit 1856, der Fleischhauer Jakob Feßt (1778–1858) ließ hier Grund parzellieren und das erste Haus errichten

Feuchterslebengasse, 10., seit 1889, Dr. Ernst Freiherr von Feuchtersleben (1806 bis 1849), Arzt, Publizist, Wegbereiter der Psychiatrie

Feuerbachstraße, 2., seit 1899, Anselm von Feuerbach (1829–1880), Historienmaler, Professor an der Akademie der bildenden Künste

Feuersteingasse, 23., seit 1929, nach dem 1929 entdeckten neolithischen Feuersteinbergwerk auf der Maurer Antonshöhe

Fiakerplatz, 3., seit 1958 (vorher: Kugelgasse, Dörfelgasse), nach der Legende, daß in Erdberg besonders viele Fiaker zu Hause waren (1892 gab es in Erdberg 13 Fiakerbetriebe, in ganz Wien mehr als 800 Fiaker und 1.000 Einspänner)

Fichtegasse, 1., seit 1865, Johann Gottlieb Fichte (1762–1814), Philosoph

Fichtnergasse, 13., seit 1894, Karl Albrecht Fichtner (1805–1873), Burgschauspieler

Fickertgasse, 19., seit 1926, Auguste Fickert (1855–1910), Lehrerin, Sozialreformerin, gründete 1893 den „Allg. österr. Frauenverein", kämpfte ums Frauenwahlrecht und die Gleichberechtigung der Frau

Fickeysstraße, 11., seit 1907, Johann Fickeys (1849–1905), Gemeinderat (1895–1905), Kaufmann

Fidelis-Breier-Weg, 21., seit 1974, Josef Breier (1877–1968), Heimatforscher (Strebersdorfer Heimatbuch), Lehrer (Schulbruder in Strebersdorf, „Fidelis von Jesus")

Fiebrichgasse, 22., seit 1952, Franz Paul Fiebrich (1879–1935), Wiener Liederkomponist („Das silberne Kanderl", „Drauß't in Nußdorf")

Fillenbaumgasse, 21., seit 1912, Dr. Philipp Josef Edler von Fillenbaum (1715–1779), Besitzer der Herrschaft Strebersdorf

Fillgradergasse, 6., seit 1862 (1787 angelegt, um 1797 Rosengasse), Marie Anna Fillgrader (1763–1831), Glockengießerwitwe; gründete eine Stiftung für verarmte Bürger

Fillgraderstiege, 6., s. vorher

Filmteichstraße, 10., seit 1972, nach einem so benannten Teich im Erholungspark Oberlaa (dort wurden in der Ersten Republik Monumentalfilme gedreht)

Fimbingergasse, 23., seit 1955 (vorher: Anzengrubergasse), Engelbert Fimbinger (1878–1951), Gewerkschaftsfunktionär

Fingergasse, 10., seit 1965, Josef Finger (1841–1925), 1878 a. o. Prof. der reinen Mechanik und der graphischen Statistik an der Technischen Hochschule, 1888 bis 1890 Dekan, 1891 Rektor; Mitglied der Akademie der Wissenschaften

Fingerhutweg, 22., seit 1954, nach der Pflanze

Finkenweg, 11., 12., 18. und 22., nicht amtliche Bezeichnungen (nach dem Vogelnamen)

Finsenstraße, 16., seit 1913, Niels Ryberg Finsen (1860–1904), dän. Arzt, Gründer der Lichttherapie, Nobelpreis 1903

Finsterbuschstraße, 22., Benennungsdatum unbekannt, Christian Johann Finsterbusch, k. k. Hoffeuerzimmermann (Daten unbekannt)

Finsterergasse, 22., seit 1975, Dr. Hans Finsterer (1877–1955), Chirurg, rund 300 Arbeiten über Magen- und Darmerkrankungen

Firmiangasse, 13., seit 1894 (vorher: Lange Gasse), Leopold Max Graf von Firmian (1766–1831), Erzbischof von Wien (1822 bis 1831), engagierte sich für die Katholiken in Nordamerika

Fischergasse, 2., seit 1864 (vorher: Obere Fischergasse), zur Erinnerung daran, daß Fischer die ersten Bewohner des Unteren Werd waren

Fischergasse, 23., seit 1886 (vorher: Fischer- oder Schneidergassel), Jakob Fischer (1810–1883), Gemeinderat von Mauer, Schneidermeister, Schulaufseher

Fischerstiege, 1., urk. erstmals 1373 erwähnt, Weg und Stiege zur Donau (heutiger Donaukanal)

Fischerstrand, 22., seit 1966, nach der Gaststätte „Zum Fischerhaus“ benannt

Fischerweg, 22., amtlich seit 1993, s. *Fischerstrand*, vorher ebenso nicht amtlich

Fischhof, 1., urk. erstmals 1255 genannt, nach einem alten Platz für Fischhändler

Fischhofgasse, 10., seit 1979, Adolf Fischhof (1816–1893), Arzt, Vorkämpfer für die Demokratie in Österreich, trug mit seiner Rede am 13. 3. 1848 zur Entfaltung der Revolution bei

Fischingergasse, 23., seit 1955 (vorher: Lannergasse), Julius Fischinger (1878 bis 1953), Atzgersdorfer Schulreformer, Bürgerschuldirektor

Fischottergasse, 21., seit 1942 (vorher: Heinemanngasse), nach dem Tier

Fitzweg, 22., nicht amtlich (nach einem Siedlerfunktionär)

Flachgasse, 14. und 15., seit 1871 (1938 bis 1945: Matthias-Schönerer-Gasse), Karl Flach (1772–1868), letzter Ortsrichter von Penzing (1848–1850), Gemischtwarenhändler

Flachsweg, 22., Benennungsdatum unbekannt, nach der Pflanze

Flammweg, 11., Benennungsdatum unbekannt, Dr. Ludwig Flamm (1885–1964), Physiker, 1922–1956 Prof. f. theoretische Physik, Rektor (1950/51)

Flandorferweg, 21., Benennungsdatum unbekannt, Johann Flandorfer (1870–1954) Fuhrwerksunternehmer

Fleischhackergasse, 23., Benennungsdatum unbekannt, Hofrat Dr. Richard Fleischhacker (1882–1939), Bezirkshauptmann von Hietzing, Ehrenbürger von Mauer

Fleischmanngasse, 4., seit 1825, Johann Georg Fleischmann (1765–1832), Stadtrat

Fleischmarkt, 1., urk. bereits 1220 erwähnt, ältester Marktplatz für Fleisch und Sitz der Fleischhacker

Flemminggasse, 19., seit 1909, Heinrich Graf von Flemming (1632–1706), Feldmarschall-Leutnant, Verdienste in der Entsatzschlacht gegen die Türken (1683)

Fleschgasse, 13., seit ca. 1876 (vorher: Adlergasse, 1938–1947 Burgmairgasse), Siegmund Flesch (1827–1902), Lederfabrikant, Wohltäter

Fliegerweg, 22., amtlich seit 1991, im Zusammenhang mit dem ehemaligen Flughafen Aspern benannt, s. *Flugfeldstraße*

Flötzersteig, 14. und 16., im 16. Bez. bis 1894 Hütteldorfer Straße; Bezeichnung für einen alten Verkehrsweg, der vom 9. Bezirk quer durch den 16. Bezirk führte, von hier wanderten die Flötzer (Flößer) nach Abladen ihrer Fracht zu Fuß nach Hause

Floragasse, 4., seit 1862, nach der ehemaligen Badeanstalt „Florabad“

Florian-Berndl-Gasse, 22., Benennungsdatum unbekannt, Florian Berndl (1856 bis 1934), Gründer des Gänsehäufelbades; lebte später auf dem Bisamberg als Naturapostel

Florian-Geyer-Gasse, 10., seit 1932, Florian Geyer (ca. 1430–1525), fränkischer Ritter, spielte eine führende Rolle im Bauernaufstand 1524/25; am 9. 6. 1525 getötet

Florian-Hedorfer-Straße, 11., seit 1969 (vorher: Weißenböckstraße), Florian Hedorfer (1865–1948), Gemeinderat (1912–1932), Fürsorgevorstand, Sozialdemokrat

Florianigasse, 8., Benennungsdatum unbekannt (urspr. bis 1778 Schottentorgasse; ein Teil lange Zeit Kaserngasse, Magazingasse), nach einem bestandenen Hausschild „Zum hl. Florian" (Florianigasse 15)

Floridsdorfer Brücke, 21., 1872–1875 als Kaiser-Franz-Josephs-Brücke errichtet, 1913–1923 umgebaut, 1946 Malinovsky-Brücke bis 1956, 1977/78 neuerlich umgebaut bzw. saniert

Floridsdorfer Hauptstraße, 21., seit 1910 (vorher: Hauptstraße), zur Wahrung des Ortsnamens (1786 gegründet, 1904 eingemeindet)

Floridsdorfer Markt, 21., seit 1926, Lebensmittel-Verkaufsplatz

Floridusgasse, 21., seit 1900 (vorher: Klosterneuburger Straße), Floridus Leeb (1731 bis 1799), Prälat von Klosterneuburg, Gründer Floridsdorfs

Floristenweg, 22., seit 1993, nach dem Berufsstand

Floßgasse, 2., seit 1862 (vorher: Florianigasse), Anlegeplatz der Holzflöße am Donaukanal

Flotowgasse, 19., seit 1889, Friedrich Freiherr von Flotow (1812–1883), Opernkomponist („Martha", „Alessandro Stradella")

Fluchtgasse, 9., seit 1862 (vorher ab 1825: Währinger Linienstraße), nach einem Hausschild „Zur Flucht nach Ägypten"

Flugfeldstraße, 22., Benennungsdatum unbekannt, nach dem ehemaligen Flugplatz Aspern; der Flugplatz Aspern, 1912 errichtet, zählte zu den größten und modernsten Flughäfen in Europa; vor dem Ersten Weltkrieg war er Schauplatz großer internationaler Flugmeetings, 1920 wurde der Flughafen ausgebaut; nach der Zerstörung im Zweiten Weltkrieg konnte er trotz Wiederaufbauversuche seine frühere Bedeutung nicht wiedererlangen; 1955 übernahm ihn der „Aero-Club", 1977 wurde der Flughafen aufgelassen; seit 1982 befindet sich dort das General Motors Werk

Flurgasse, 13., seit 1876 (vorher: Floragasse), führte auf die Fluren des Girzenberges

Flurschützstraße, 12., seit 1896, Johann Flurschütz (1820–1895), Gastwirt, Bezirksvorsteher des 5. Bezirks, Wiener Gemeinderat

Fockygasse, 12., seit 1875, Daniel Fockhy (1626–1695), Bürgermeister von Wien (1688–1691), während der Pestepidemie 1679 kontrollierte er die Lazarette, während der Türkenbelagerung 1683 Oberstleutnant der Bürgerwehr; als Bürgermeister führte er die öffentliche Beleuchtung von Straßen und Plätzen ein

Föderlweg, 17., seit 1954, Karl Föderl (1885 bis 1953), Wienerlieder-Komponist („Die Reblaus", „Da fangt der alte Stephansturm zu plaudern an"), Kaffeehausbesitzer

Föhrengasse, 23., seit 1965, nach dem Nadelbaum

Föhrengasse, 21., nicht amtlich, s. vorher

Förstergasse, 2., seit 1886, Ludwig Christian Friedrich Förster (1797–1863), Architekt, gründete 1836 die „Allgemeine Bauzeitung" (lange Zeit das führende Fachorgan), Professor an der Akademie der bildenden Künste, setzte sich für die Stadterweiterung ein; dessen Sohn Emil (1838 bis 1909), ebenfalls Architekt (baute u. a. das Dorotheum und das Burgtheater)

Försterweg, 21., nichtamtliche Bezeichnung

Fontanastraße, 10., seit 1978, Oskar Maurus Fontana (1889–1969), Schriftsteller, Journalist, Verlagslektor, Präsident des österr. PEN-Clubs, baute die österr. Buchgemeinschaft auf, Volksbildner

Forchheimergasse, 23., seit 1933, Philipp Forchheimer (1852–1933), Professor für Tiefbau und Hydraulik an der Technischen Hochschule in Graz

Forestgasse, 22., seit 1966, Karl Forest (1874 bis 1944), Schauspieler, von den Nationalsozialisten ermordet

Formanekgasse, 19., seit 1891, Karl Formanek (1814–1886), Tischlermeister, Bürgermeister von Unter-Döbling (1867–1885)

Forsthausgasse, 20., seit 1920, s. *Forsthausplatz*

Forsthausplatz, 20., seit 1920, nach dem Sieg Erzherzog Leopold Wilhelms (1645) über die Schweden ließ er an der Entscheidungsstelle in der Wolfsau eine Kapelle und zu deren Schutz ein Forsthaus bauen

Forstmeistergasse, 14., seit 1958, nach dem alten Amtstitel (in staatlichen und privaten Forstverwaltungen), s. *Mariabrunner Straße*

Forstnergasse, 22., seit 1906, Anton Forstner (1770–1855), Lebensretter, Fischermeister, Wohltäter

Forstschulgasse, 14., Benennungsdatum unbekannt, nach der Forstschule Mariabrunn (1875 in die Hochschule für Bodenkultur eingegliedert, s. *Mariabrunner Straße*)

Fourniergasse, 13., seit 1932, Prof. Dr. August Fournier (1850–1920), Historiker, 1903 bis 1920 Prof. für allgemeine Geschichte der Neuzeit an der Uni Wien, 1891 Reichsratsabgeordneter (Vereinigung deutscher Linker)

Frankenberggasse, 4., seit 1873, Heinrich Frankenberg (1809–1869), Bezirksvorsteher-Stellvertreter von Wieden (1865 bis 1869), Hausbesitzer

Frankgasse, 9., seit 1875, Dr. Johann Peter Frank (1745–1821), Leiter des Allgemeinen Krankenhauses, Hygieniker, genoß internationales Ansehen

Frankhplatz, 8. und 9., seit 1935 (vorher ab 1925: Alser Platz), Dr. Josef Frankh, kaiserlicher Rat, widmete 1686 die Gründe, auf denen sich das Allgemeine Krankenhaus befindet

Franklinstraße, 21., seit 1910 (vorher: Rudolfsstraße), Benjamin Franklin (1706–1790), Erfinder des Blitzableiters, Gesandter

Franz-Asenbauer-Gasse, 23., seit 1909 (vorher ab 1903 Tiergartenweg, urspr. ab 1886 Leitengasse), Franz Asenbauer (1853 bis 1946), Gemeinderat von Mauer, Dachdekkermeister

Franz-Barwig-Weg, 18., seit 1954, Franz Barwig (1868–1931), österreichischer Bildhauer, Professor an der Wiener Kunstgewerbeschule, Mitglied der Secession (Tier- und Aktplastiken, sakrale Werke)

Franz-Boos-Gasse, 13., seit 1905, Franz Boos (1752–1832), Direktor des Botanischen Gartens und des Tiergartens

Franz-Eduard-Matras-Gasse, 22., seit 1969, Franz Eduard Matras, ehemals Präsident des österreichischen Touristenklubs

Franz-Eichert-Weg, 16., seit 1932, Franz Eichert (1857–1926), katholischer Publizist

Franz-Emerich-Gasse, 12., seit 1907; Dr. Franz Emerich (1496–1560), Mediziner (Chirurg)

Franzensbrücke, 2., 1801 bis 1803 als Weißgärberbrücke erbaut, 1844 bis 1848 umgebaut und nach Kaiser Franz I. benannt, 1947/48 Neubau

Franzensbrückenstraße, 2., seit 1875 (1845 bis 1875 Franzensbrückengasse, urspr. Franzallee oder Franzensallee), nach Franz I., dem Gatten Maria Theresias

Franzensgasse, 5., seit 1862 (vorher: Leopoldsgasse), Kaiser Franz I. (1768–1835), 1792–1806 röm.-dt. Kaiser (Franz II.), ab 1804 als Franz I. österr. Kaiser

Franz-Glaser-Gasse, 17., seit 1894 (vorher: Glasergasse), Franz Glaser (1822–1885), Bürgermeister von Dornbach, Baumeister

Franz-Graßler-Gasse, 23., seit 1905, Franz Graßler (1857–1934), Bürgermeister von Mauer (1891–1919), Baumeister

Franz-Grill-Straße, 3., Benennungsdatum unklar; nach Franz Grill, Beamter, der sich Verdienste um die Versuchsanstalt im Arsenal machte

Franz-Hauer-Gasse, 3., seit 1917, Franz von Hauer (1822–1899), Direktor der Geologischen Reichsanstalt (heute: Geologische Bundesanstalt)

Franz-Heider-Gasse, 23., Benennungsdatum unbekannt, Franz Heider (1867–1938), Bürgerschuldirektor in Liesing

Franz-Hochedlinger-Gasse, 2., seit 1919 (vorher: Kleine Schiffgasse), Franz Hochedlinger (1833–1917), Kaufmann, Gemeinderat (1877–1880), Hausbesitzer; stiftete eines seiner Häuser der Gemeinde Wien für wohltätige Zwecke

Franziskanerplatz, 1., nach dem Franziskanerkloster; der Platz entstand 1624

Franz-Jachym-Platz, 10., seit 1992, Dr. Franz Jachym (1910–1984), Theologe, Univ.-Prof., Bischof, Erzbischof-Koadjutor, 1969 bis 1980 Generalvikar der Erzdiözese Wien; Verdienste um das kirchliche Bauwesen

Franz-Jonas-Platz, 21., seit 1975, Franz Jonas (1899–1974), Bundespräsident von Österreich (1965–1974), Bürgermeister von Wien, Bezirksvorsteher von Floridsdorf, Sozialdemokrat

Franz-Josefs-Kai, 1., angelegt 1858 bis 1860, nach Kaiser Franz Joseph I. (1830–1916; Kaiser ab 1848)

Franz-Klein-Gasse, 19., seit 1926 (urspr. Gaswerkgasse, ab 1917 Exportakademiestraße), Dr. Franz Klein (1854–1926), Schöpfer der österreichischen Zivilprozeßordnung, 1887–1896 Prof. des Zivilprozeß-, Handels- und Wechselrechts, zahlreiche wissenschaftliche Publikationen

Franz-Koci-Straße, 10., seit 1968, Franz Koci (1899–1966), Gewerkschafter, 1945–1964 Gemeinderat (SPÖ), 1951–1954 Stadtrat für Wohnungswesen, Bürger der Stadt Wien

Franz-Loidl-Straße, 22., seit 1991, Franz Loidl (1905–1987), Prälat, Kirchenhistoriker, Dekan der Universität Wien

Franzosengraben, 3., seit 1896; von den Franzosen errichteter Schanzgraben zur Verteidigung der Donauübergänge (1809; nap. Kriege)

Franzosenweg, 10., Benennungsdatum unbekannt, zur Erinnerung an die französische Besatzung (1809)

Franz-Parsche-Gasse, 23., Benennungsdatum unbekannt, Franz Parsche (1837 bis 1907), Bürgermeister von Liesing (1905–1914), Fabriksgründer

Franz-Petter-Gasse, 13., seit 1932, Franz Xaver Petter (1791–1866), Blumenmaler

Franz-Peyerl-Gasse, 16., seit 1907, Franz Peyerl (1810–1881), Oberlehrer, Wohltäter

Franz-Pletersky-Weg, 22., seit 1978 (vorher nicht amtlich: Franz-Pletersky-Ring), nach einem ehemaligen Anrainer

Franz-Schalk-Platz, 13., seit 1935, Franz Schalk (1863–1931), Direktor der Staatsoper, Dirigent

Franz-Schreker-Gasse, 10., seit 1959, Franz Schreker (1878–1934), Komponist, Leiter der Berliner Hochschule für Musik

Franz-Schubert-Straße, 14., Benennungsdatum unbekannt, Franz Schubert (1797 bis 1828), Komponist (Vertreter der Wiener Klassik)

Franz-Schubert-Weg, 18., nichtamtliche Bezeichnung (s. *Franz-Schubert-Straße*)

Franz-Schuh-Gasse, 10., seit 1906, Dr. Franz Schuh (1804–1865), Chirurg, Vorstand der Wiener Universitätsklinik, Reformer der Wiener medizinischen Schule

Franz-Schuhmeier-Gasse, 23., Benennungsdatum unbekannt, s. *Schuhmeierplatz*

Franz-Siller-Gasse, 22., Benennungsdatum unbekannt, nach Franz Josef Siller (1893 bis 1924), Präsident des Zentralverbandes der Kleingärtner, Siedler und Kleintierzüchter Österreichs

Franz-Siller-Weg, 12., nicht amtlich, s. *Franz-Siller-Gasse*

Franz-Wels-Gasse, 22., seit 1966, Franz Wels (1873–1940), Flugpionier, Erfinder; s. *Flugfeldstraße*

Franz-Zahalka-Weg, 11., seit 1991, Franz Zahalka (1897–1989), Bezirksvorsteherstellvertreter von Simmering (1950–1969), Bezirksrat (1946–1969), ÖVP

Frauenfelderstraße, 17., seit 1904, Flurname; die Gegend war einst im Besitz eines Nonnenklosters

Frauengasse, 17., Benennungsdatum unklar, s. *Frauenfelderstraße*

Frauenheimgasse, 12., seit 1894 (vorher: Schulgasse), nach einem Heim für alleinstehende ältere Frauen

Frauenhofergasse, 21., seit 1913, Joseph von Fraunhofer (sic!, 1787–1826), Astronom, Optiker; entdeckte die nach ihm benannten Linien im Sonnenspektrum

Frauenschuhgasse, 21., Benennungsdatum unbekannt, nach der Pflanze

Frauenstiftgasse, 21., Benennungsdatum unbekannt, nach dem Tullner Nonnenkloster, das bis 1782 die Herrschaft Großjedlersdorf besaß

Fraungrubergasse, 12., seit 1937, Hans Fraungruber (1863–1933), steirischer Mundartdichter, Schuldirektor in Wien VI., Volksliedforscher, Pionier guter österreichischer Jugendliteratur

Fred-Raymond-Gasse, 22., seit 1986 (vorher: Raymondgasse), Fred Raymond (1900 bis 1954), Komponist („Ich hab' mein Herz in Heidelberg verloren")

Freesienweg, 14., seit 1974 (vorher ab 1923 Mariabrunn-Weg), nach der Blume

Freihausplatz, 4., seit 1913, nach dem Freihaus; nach seinem urspr. Besitzer Conrad Balthasar Graf Starhemberg auch „Conradswörth" genannt, brannte mehrfach nieder und wurde immer neu gebaut, ab 1913 sukzessive abgebrochen, der letzte Rest verschwand 1970

Freiheitsplatz, 21., Benennungsdatum unbekannt, zur Erinnerung an die Ausrufung der Republik Österreich 1918

Freihofgasse, 19., seit 1894 (vorher: Bräuhausgasse), Freihof des niederösterreichischen Stiftes Altenburg, s. Erläuterungen Freihof im Vorspann des Buches

Freilagergasse, 2., seit 1897, nach dem Zollfreilager

Freiligrathplatz, 21., seit 1919 (vorher: Kaiser-Josef-Platz), Ferdinand Freiligrath (1810 bis 1876), deutscher Dichter, Übersetzer

Freisingergasse, 1., seit 1862, nach dem Freisinger Hof (später Trattnerhof)

Freudenauer Hafenbrücke, 2., 1880 erbaut, 1945 zerstört, 1956–1958 wiedererrichtet

Freudenauer Hafenstraße, 2., seit 1894, nach dem 1889–1902 erbauten Freudenauer Winterhafen

Freumbichlerweg, 14., seit 1954, Johann Freumbichler (1881–1949), österreichischer Schriftsteller (Romane, Erzählungen; z. B. „Philomena Ellenhub")

Freundgasse, 4., seit 1862 (urspr. Salvatorgasse), Martin Freund (1748–1825), Mitglied des Äußeren Rates, Anstreichermeister, Verdienste um die Armen

Freyenthurmgasse, 14., seit 1895, nach dem Grafengeschlecht Utendorf–Freyenthurm, das im 16. Jhd. die Herrschaft Hütteldorf besaß, s. *Hütteldorfer Straße*

Freytaggasse, 21., seit 1901, Gustav Freytag (1816–1895), deutscher Dichter und Schriftsteller („Soll und Haben", 1855)

Freyung, 1., seit dem 12. Jhd., der Name geht auf die 1181 verfügte Befreiung des Klosterbezirks von der städtischen Gerichtsbarkeit zurück

Frieda-Richard-Gasse, 10., seit 1959, Frieda Richard (1873–1946), Schauspielerin

Friedensbrücke, 9. und 20., seit 1924 (1941 bis 1945 Brigittenauer Brücke), benannt nach dem Friedensvertrag von St. Germain-en-Laye

Friedensgasse, 2., seit 1876; zur Erinnerung an ein Friedensfest im Wiener Prater während des Wiener Kongresses zur Feier der Beendigung der napoleonischen Herrschaft

Friedenshöhegasse, 13., seit 1929 (vorher: Friedensstraße), nach der Siedlungsgenossenschaft „Friedenshöhe"

Friedensstadtgasse, 13., seit 1920 (vorher: Waldgasse), nach der gleichnamigen Siedlungsgenossenschaft

Friedensstraße, 23., seit 1927, zur Erinnerung an den Frieden von 1918

Friedenszeile, 13., seit ca. 1921, benannt zur Erinnerung an das Ende des Ersten Weltkrieges

Friedhofstraße, 10., Benennungsdatum unbekannt, nach dem Oberlaaer Friedhof

Friedhofstraße, 14., Benennungsdatum unklar, nach dem dortigen Friedhof

Friedhofweg, 12., nichtamtliche Bezeichnung (nach dem Altmannsdorfer Friedhof)

Friedjunggasse, 11., seit 1956, Dr. Josef Karl Friedjung (1871–1946), Kinderarzt, Kulturpolitiker, Verdienste auf dem Gebiet der Volksgesundheit, Sozialdemokrat, Gemeinderat (1922–1934), 1938 Emigration

Friedlgasse, 19., seit 1874, Josef Ferdinand Friedl (1813–1870), Gemeindeausschußmitglied von Ober-Döbling

Friedmanngasse, 16., seit 1882 (urspr.: Quergasse, bis 1867 Schellhammerplatz, bis 1882 Am Exerzierplatz), Alexander Friedmann (1838–1882), Landtagsabgeordneter und Gemeinderat 1875–1877

Friedrich-Adler-Weg, 10., seit 1989, Sohn von Victor Adler, Universitätsdozent in Zürich, Sozialdemokrat, erschoß 1916 Ministerpräsident Graf Stürgkh

Friedrich-Engels-Platz, 20., urspr. Kaiser-Joseph-Platz, seit 1884 Kaiser-Platz, 1920 bis 1934 Engels-Platz, 1934–1946 Pater-Abel-Platz, seit 1946 Friedrich-Engels-Platz, Friedrich Engels (1820–1895), Sozialpolitiker, Publizist („Kommunistisches Manifest", 1847), führender Kopf des Marxismus

Friedrich-Hillegeist-Straße, 2., seit 1980 (vorher: Schalichstraße), Friedrich Hillegeist (1895–1973), Gewerkschafter, 1939/40 im KZ Buchenwald inhaftiert, 1944 neuerlich festgenommen, dem Stellungsbefehl Ende 1944 entging er durch Flucht, tauchte unter und kam erst im Herbst 1945 nach Wien, 1945–1963 Vorsitzender der Gewerkschaft der Privatangestellten, 1959 bis 1962 Vizepräsident des ÖGB, 1945 bis 1962 Abgeordneter zum Nationalrat (SPÖ), 1961/62 Zweiter Nationalratspräsident

Friedrich-Kaiser-Gasse, 16., seit 1894 (vorher: Lange Gasse), Friedrich Kaiser (1814 bis 1874), Theaterdichter, Revolutionär von 1848, schrieb über 100 Bühnenstükke, in denen er das Wien des 19. Jahrhunderts schilderte

Friedrich-Knauer-Gasse, 10., seit 1930 (vorher: Patrubangasse), Dr. Friedrich Knauer (1850–1926), Zoologe, Direktor des Wiener Vivariums im Prater

Friedrich-Lieder-Weg, 14., seit 1933, Friedrich Lieder (1780–1859), Miniatur- und Porträtmaler

Friedrich-Manhart-Straße, 21., Benennungsdatum unbekannt, Friedrich Manhart (1830 bis 1903), Schulleiter in Stammersdorf

Friedrich-Schmidt-Platz, 1. und 8., seit 1907, Friedrich Freiherr von Schmidt (1825 bis 1891), Professor an der Wiener Akademie, Dombaumeister, Architekt (neugotischer Bau des Wiener Rathauses, Kirche Maria vom Siege), Ehrenbürger der Stadt Wien

Friedrichsplatz, 15., seit 1886, Dr. Adolf Friedrich (1833–1902), Bürgermeister von Fünfhaus (1873–1890), Apotheker

Friedrichstraße, 1. und 4., seit 1862, Kaiser Friedrich III. (1415–1493), Erzherzog von Österreich (1440–1493), Krönung zum röm.-dt. Kaiser 1452

Friedrich-Teller-Gasse, 10., seit 1955, Friedrich Teller (1852–1913), Geologe (beschäftigte sich mit der Geologie der Karawanken)

Friedrich-Wagner-Gasse, 18., seit 1889, Friedrich Wagner (1828–1897), Bürgermeister von Währing (1882–1889)

Friedstraße, 21., seit 1949 (vorher: Josef-Meise-Straße), Alfred Fried (1864–1921), Friedensnobelpreisträger (1911), Pazifist, Schriftsteller

Friesenplatz, 10., seit 1897, Friedrich Friesen (1785–1814), Mitgründer der deutschen Turnerbewegung; fiel in den Befreiungskriegen gegen Napoleon (1814)

Friesgasse, 15., seit 1945 (1938–1945 Scharnhorstgasse; urspr. Floragasse), Flora Gräfin Fries (1814–1882), Wohltäterin

Frimbergergasse, 13., seit 1956, Johann Georg Frimberger (1851–1919), Wiener Mundartdichter

Frimmelgasse, 19., seit 1940, Dr. Theodor Frimmel von Traisenau (1853–1928), Arzt, Kunsthistoriker, bedeutender Beethovenforscher

Frischweg, 21., seit 1954, Hofrat Dr. Ernst Frisch (1878–1950), Literaturhistoriker

Fritz-Grünbaum-Platz, 6., seit 1989, s. *Grünbaumgasse*

Fritz-Kastner-Weg, 13., seit 1955, Dr. Josef Fritz Kastner (1888–1968), Heimatforscher

Fritz-Pregl-Gasse, 10., seit 1932, Dr. Fritz Pregl (1860–1930), Nobelpreisträger; Prof. der medizinischen Chemie in Graz

Fritz-Steinbach-Gasse, 23., seit 1957, Fritz Steinbach (1893–1954), Ortsvorsteher von Kalksburg

Fritz-Wotruba-Promenade, 1., seit 1993, Fritz Wotruba (1907–1975), Bildhauer, Architekt („Wotrubakirche" in Mauer, 1976 eingeweiht), Bürger der Stadt Wien

Fröbelgasse, 16., seit 1883 (bis 1872 Schmelzgasse, dann Höfer- bzw. Hoffergasse), Friedrich Fröbel (1782–1852), deutscher Pädagoge, Kindergartengründer

Frödenplatz, 10., seit 1959, Adolf Fröden (1857–1932), Schauspieler, Schriftsteller

Frohes-Schaffen-Weg, 21., amtlich seit 1982; vorher ebenso nichtamtlich

Fröhlichgasse, 23., Benennungsdatum unbekannt, Johann Fröhlich (1911–1934), Sozialdemokrat; nahm nach dem Verbot der Sozialdemokratie an einer illegalen Feier von Sozialdemokraten auf einer Wienerwaldwiese teil und wurde gemeinsam mit Richard Lehmann (s. *Lehmanngasse*) von Heimwehr und Gendarmerie erschossen

Frömmlgasse, 21., seit 1891, Karl Frömml (1807–1889), Baumeister, Bürgermeister von Floridsdorf (1869–1874)

Fröschelgasse, 19., seit 1894 (vorher: Severinusgasse), Berthold Ignaz Fröschel (1813–1882), Pfarrer von Sievering (1855 bis 1869), Propst von Klosterneuburg (1871–1882)

Fruchtgasse, 2., Benennungsdatum unbekannt, nach einem 1804–1849 bestandenen Frucht- und Getreidemagazin

Fruëthstraße, 3., seit 1904, Josef Fruëth (1745–1835), Ortsrichter von Erdberg

Frühwirthgasse, 12., seit 1922, Johann Frühwirth (1640–1701), Wiener Bildhauer; gestaltete u. a. Decken in der Hofburg

Fuchsbodengasse, 11., seit 1894 (vorher: Fuchsboden), Flurname

Fuchsenlochweg, 16., seit 1976, Flurname

Fuchsensteig, 21., seit 1942, nach dem Tier

Fuchsgasse, 15., seit ca. 1864, Andreas Fuchs (1843–1917), Gemeinderat von Fünfhaus, Fleischhauer, Gastwirt

Fuchsienweg, 22., seit 1954, nach der Zierpflanze

Fuchsenröhrenstraße, 22., seit 1904 (1872 bis 1883 Fuchsröhren, 1884–1904 Fuchsröhrengasse), Flurname

Fuchsthallergasse, 9., seit 1890 (urspr. ab 1825 Währinger-Linienstraße, ab 1853 Teil der Fluchtgasse), Karl Fuchsthaller (1770 bis 1846), Grundrichter von Michelbeuern (1808–1843), Hausbesitzer, Seidenfabrikant; soziales Engagement

Füchselhofgasse, 12., seit 1902, ehemaliger Gutshof, schon 1442 erwähnt („Füchselhof", nach der Besitzerfamilie Füchsel)

Fügergasse, 6., seit 1876, Friedrich Heinrich Füger (1751–1818), Historienmaler; 1795 bis 1806 Direktor der Wiener Akademie, 1806 bis 1818 Direktor der kaiserlichen Akademie und Schloßhauptmann im Belvedere

Führichgasse, 1., seit 1876, Josef Ritter von Führich (1800–1876), Maler, Kupferstecher (Hauptvertreter der Nazarener)

Fünfhausgasse, 15., Benennungsdatum unbekannt, zur Wahrung des alten Vorortnamens, gegr. ca. 1708, 1892 als 15. Bezirk eingemeindet

Fünkhgasse, 14., seit 1896, Dr. Hermann Fünkh (1849–1889), Gemeinderat von Penzing, Arzt

Fürfanggasse, 19., seit 1910, Flurname („vürfang", ein altes Bodenmaß für Weingärten) oder nach dem „Fürfang" (im Mittelalter die Gebühr, die dem Blutrichter des Landesgerichts für die Abholung des Missetäters an der Gemeindegrenze zu bezahlen war)

Fürstengasse, 9., seit 1862, nach dem 1698 bis 1711 erbauten Palais der Fürsten Liechtenstein

Fürstenhoferstraße, 10., seit 1989, Karl Fürstenhofer (1899–1965), 1946–1964 Gemeinderat (SPÖ), 1950–1965 Obmann der Kleintierzüchter Österreichs

Fürst-Liechtenstein-Straße, 23., Benennungsdatum unbekannt, nach den Fürsten von und zu Liechtenstein, Besitzer von Schloß und Ort Rodaun

Fürthweg, 13., seit 1930 (1938–1947: Dühringweg), Dr. Emil Fürth (1863–1911), Förderer des Wiener Volksbildungswesens, Jurist, Gemeinderat (1904–1910), Experte auf dem Gebiet der Wohnungsfürsorge

Füsterweg, 22., seit 1932, Dr. Anton Füster (1808–1881), Theologe, engagierte sich in der Märzrevolution 1848, mußte deswegen 1849 fliehen und kehrte erst 1876 von Amerika nach Europa zurück

Füttterergasse, 1., 1786 erstmals erwähnt, nach den Fütterern (Futterhändlern)

Fugbachgasse, 2., seit 1862 (vorher: Am Fugbach), nach dem Fugbach, einem Seitenarm der Donau vor der Regulierung

Fuhrgassel, 19., amtlich seit 1962, nach einer alten ortsüblichen Bezeichnung (vermutlich nach einem Nutzweg)

Fuhrmannsgasse, 8., seit 1862 (urspr. Feldgasse, Äußere Gartengasse, Gärtnergasse, Äußere Klostergasse) nach Einkehrgasthäusern der Fuhrleute, schon um 1770 erwähnt

Fuhrygasse, 11., seit 1958, Hans Fuhry (1879 bis 1948), Glasermeister, Bezirksvorsteher von Simmering (1934–1938), Obmann des katholischen Männervereins

Fultonstraße, 21., seit 1909 (vorher: Schiffstraße, urspr. Vereinsgasse), Robert Fulton (1765–1815), Erbauer des ersten brauchbaren Dampfschiffes

Fundergasse, 22., seit 1978, Dr. Friedrich Funder (1872–1959), Schriftsteller, Journalist; Chefredakteur der christlichsozialen „Reichspost" ab 1902, Herausgeber ab 1904 bis 1938, unterstützte die Politik des Thronfolgers Franz Ferdinand; in der Ersten Republik Mitarbeiter von Bundeskanzler Seipel; von den Nationalsozialisten 1938 ins KZ Dachau und dann nach Flossenbürg eingeliefert, 1945 Begründer des katholischen Wochenblattes „Die Furche"

Funkengerngasse, 16., seit 1905, Riedname (gern = schmale Weingartenparzelle)

Funkgasse, 21., seit 1909 (vorher: Quergasse), Johann Georg Funk (1766–1817), Lehrer in Großjedlersdorf

Furtwänglerplatz, 13., seit 1955, Wilhelm Furtwängler (1886–1954), Dirigent (Wr. Philharmoniker, Berliner Philharmoniker)

Futterknechtgasse, 23., seit 1955 (vorher: Südtiroler Gasse und Dr.-Schober-Straße), Josef Futterknecht (1900–1946), Gemeinderat und Finanzreferent von Erlaa

G

Gaargasse, 23., seit 1954, Dr. Emil Josef Albert Gaar (1883–1953), Altphilologe, verfaßte Grammatiken und Lehrbücher („Liber Latinus")

Gabelsbergergasse, 2., seit 1886, Franz Xaver Gabelsberger (1789–1849), Begründer der deutschen Kurzschrift

Gabillongasse, 16., seit 1920, Ludwig Gabillon (1828–1896) und seine Gattin Zerline Gabillon-Würzburg (1835–1892), beide populäre Burgschauspieler

Gablenzgasse, 15. und 16., seit 1894 (vorher: Burggasse, Marc-Aurel-Gasse), Ludwig Karl Wilhelm Freiherr von Gablenz (1814–1874), sächsischer Offizier, der 1866 im verlorenen Krieg gegen Preußen die einzige Schlacht für Österreich gewann; im vorangegangenen Krieg gegen Dänemark führte er für Österreich erfolgreich das Kommando

Gabor-Steiner-Weg, 2., seit 1987, Gabor Steiner (1858–1944), Theaterdirektor, Animator des Wiener Praters um die Jahrhundertwende

Gadnergasse, 11., seit 1912, Friedrich Josef Gadner (gest. 1894), Hausbesitzer, Wohltäter

Gagerngasse, 22., seit 1973, Friedrich Freiherr von Gagern (1882–1947), Dichter (Tier- und Jagdgeschichten)

Gänsbachergasse, 3. und 11., seit 1894 (vorher teilweise: Herbstgasse), Johann Baptist Gänsbacher (1778–1844), Komponist, Domkapellmeister, Freiwilliger in vier Feldzügen gegen Napoleon

Gänseblümchenweg, 22., seit 1954, nach der Blume

Gänsehäufelgasse, 22., seit 1909 (vorher: Lobaugasse), nach dem gleichnamigen Bad; s. *Florian-Berndl-Gasse*

Gärtnergasse, 3., seit 1862 (vorher teilweise: Bockgasse), nach Johann Andreas Gärtner (1745–1807), 1806/1807 Ortsrichter von Erdberg

Gärtnerstraße, 2., nichtamtliche Bezeichnung

Gaheisgasse, 13., seit 1910 (vorher: Raschgasse), Franz Anton de Paula Gaheis (1739–1809), Lokalhistoriker, Pädagoge, Volksschulreformator; u. a. „Wanderungen und Spazierfahrten in die Gegenden um Wien“ (7 Bände)

Gaisgrabenweg, 17., nichtamtliche Bezeichnung nach dem Flurnamen „Gaisgraben“

Gaißmayrgasse, 10., seit 1930, Michael Gaißmayr (ca. 1490–1532), Anführer im Tiroler Bauernaufstand (1525–1526), wollte mit seiner „Tiroler Landesordnung“ eine demokratisch-protestantische Bauernrepublik schaffen

Galileigasse, 9., seit 1870, Galileo Galilei (1564–1642), Astronom, Physiker, Mathematiker; verwendete als erster das Fernrohr; Untersuchung zur Wurf- und Fallbewegung, bewies die Kugelform des Mondes, setzte sich in Gegensatz zur katholischen Kirche, weil er am Weltsystem des Kopernikus (Drehung der Erde um die Sonne) festhielt; von der Kirche erst 1992 (!) rehabilitiert

Gallgasse, 13., seit 1894 (vorher: Mayerhofgasse), Sebastian Gall (1820–1888), Gemeinderat von Speising (1870–1888), Hausbesitzer, Wohltäter

Gallitzinstraße, 16., seit 1883 (vorher teilweise: Nadenweg), Demeter Fürst von Gallitzin (1721–1793), russischer Botschafter in Wien, kaufte einen großen Teil des bis dahin als Predigtstuhl bekannten Gebietes und ließ sich dort 1785 ein Sommerschloß erbauen, das viel bewundert wurde; s. auch *Montléartstraße*

Gallmeyergasse, 19., seit 1928 (vorher: Teil der Dionysius-Andrassy-Straße), Josefine Gallmeyer (1838–1884), Schauspielerin, Volkssängerin, Tänzerin, Schriftstellerin

Galvanigasse, 21., seit 1936, Luigi Galvani (1737–1798), Arzt, Entdecker der nach ihm benannten Elektrizität

Gamandergasse, 14., seit 1953, nach dem gleichnamigen Blütenkraut

Gamgasse, 13., seit 1933, Michael Gam (1793 bis 1870), Weinhauer in Mauer; die Familie Gam war eine alteingesessene Familie in Mauer

Ganghofergasse, 11., seit 1932, Ludwig Ganghofer (1855–1920), Schriftsteller, Dichter (beschrieb Bauern und Landschaft Oberbayerns), 1881 Dramaturg des Ringtheaters

Ganglbauergasse, 16., seit 1886, Cölestin Josef Ganglbauer (1817–1889), Fürsterzbischof von Wien (1881), Kardinal (1884); Förderer des Ottakringer Kirchenbauvereins und der christlich-sozialen Bewegung

Gansterergasse, 16., seit 1856, Matthias Gansterer (1802–1865), Ziegelbrennereibesitzer, Gastwirt (eröffnete 1840 das 2. Kaffeehaus in Ottakring), errichtete eine Badeanstalt; zum 1. Kaffeehaus s. *Wurlitzergasse*

Garbergasse, 6., seit 1862, Karl Garber (1807–1897), Webwarenfabrikant, Ortsrichter (1851–1861), Gemeinderat (1861 bis 1864), Verdienste als Armenvater

Gardegasse, 7., seit 1909 (urspr. Kandlstiege, bis 1862 Kandlgasse, dann Spittelberggasse), nach der ungarischen Leibgarde, die im Trautsohnpalais stationiert war

Garelligasse, 9., seit 1888, Pius Nikolaus Garelli (1675–1739), Leibarzt Kaiser Karls VI., Dekan der medizinischen Fakultät der Uni Wien; hinterließ der Hofbibliothek seltene und kostbare Bücher

Garnisongasse, 9., seit 1862 (vorher: Kirchengasse), nach dem Garnisonsspital, das seit 1920 zum AKH gehört

Gartenbaupromenade, 1., seit 1962, zur Erinnerung an das ehemalige Gartenbaugebäude

Gartenfreundeweg, 12., nichtamtliche Bezeichnung

Gartengasse, 5., seit 1862 (vorher: Gärtnergasse), nach dem Margaretner Schloßgarten (1727 von der Gemeinde parzelliert)

Gartengasse, 10., Benennungsdatum unbekannt, nach Obstgärten in der Nähe des ehemaligen Grafenhofes

Gartengasse, 14., nichtamtliche Bezeichnung nach den umliegenden Gärten

Gartenheimstraße, 22., Benennungsdatum unbekannt, nach der gleichnamigen Siedlergenossenschaft

Gartenschaugasse, 10., seit 1975, zur Erinnerung an die 2. Internationale Gartenschau (WIG II, 1974)

Gasgasse, 15., seit ca. 1864, nach der Gasanstalt der Englischen Gasgesellschaft, erbaut 1839, aufgelassen 1909

Gasparoneweg, 10., seit 1965, Operette von Carl Millöcker (Erstaufführung 1884, Theater an der Wien)

Gassergasse, 5., seit 1875 (vorher: Raingasse), Hanns Gasser (1817–1868), Bildhauer, Maler

Gaßmannstraße, 12., seit 1906 (vorher: Wiener Weg), Florian Leopold Gaßmann (1729 bis 1774), Hofkapellmeister, Ballettkomponist

Gasteigergasse, 20., seit 1912, Hans Gasteiger (1499–1576), Wasserbaumeister, erfand eine Baggermaschine, mit der man der Versandung der Donau entgegenwirken konnte; er legte auch die Hernalser Wasserleitung

Gastgebgasse, 23., seit 1976, Hans Gastgeb (1897–1970), Sportfunktionär

Gaswerksteg, 2., 1900 errichtet, 1945 nach Zerstörung wiederhergestellt

Gaswerkstraße, 21., Benennungsdatum unbekannt, nach dem Leopoldauer Gaswerk

Gatterburggasse, 19., seit 1894 (vorher: Theresiengasse), Gräfin Therese Gatterburg (1783–1849), Besitzerin der Herrschaft Ober-Döbling, die 1811–1819 das Herrschaftshaus („Gatterburg“) besaß

Gatterederstraße, 23., Benennungsdatum unbekannt, Andreas Gattereder (1793 bis 1848), Pfarrer von Atzgersdorf (1829 bis 1848), legte das Pfarrgedenkbuch an und errichtete einen neuen Pfarrhof

Gattergasse, 11., seit 1966, Ernest Carl Gatter (1846–1928), Simmeringer Heimatforscher, Lehrer, Botaniker, Imker

Gatterholzgasse, 12., seit 1894 (vorher: Albertsgasse), nach dem Gatterhölzl, einem ehemals ausgedehnten, wildreichen Wald

Gaudenzdorfer Gürtel, 12., seit 1894 bzw. 1910 (vorher: Gürtelstraße und Margaretengürtel), nach dem ehemaligen Ort Gaudenzdorf

Gauermanngasse, 1., seit 1870, Friedrich Gauermann (1807–1862), Landschafts- und Tiermaler, und sein Vater Jakob (1773–1843), Maler, Graphiker

Gaulgasse, 23., seit 1957 (vorher: Bachgasse), Gustav Gaul (1836–1888), Maler

Gaulhofergasse, 20., seit 1968, Karl Gaulhofer (1885–1941), Reformer des Schulturnens (Turnpädagoge), Mittelschullehrer, Professor in Amsterdam

Gaullachergasse, 16., seit 1883 (urspr. Obere Gasse, Obere Hauptgasse, 1867 Feldgasse), Josef Gaullacher (1751–1833), Ortsrichter von Neulerchenfeld (1798 bis 1825)

Gaußplatz, 2. und 20., seit 1919 (vorher: ab 1868 Mathildenplatz, urspr. Alter Tabor), Karl Friedrich Gauß (1777–1855), Mathematiker, Physiker, Astronom; Untersuchungen über die Anziehungskraft der Erde

Gebauergasse, 21., seit 1967 (urspr. Mautner-Markhof-Gasse, 1938–1945 Arnulf-Hansl-Gasse), Anton K. Gebauer (1872–1942), Lehrer, Ethnograph (bereiste u. a. Hinterindien und China und hielt Vorträge an der Urania)

Gebhardtgasse, 19., seit 1894 (vorher: Leopoldigasse), Gebhardt von Döbelich, Besitzer der Herrschaft Döbling (1357), der einem alten nö. Adelsgeschlecht entstammte

Gebirgsgasse, 23., seit 1866, nach dem am Kadoltsberg gelegenen Weinberg, der früher „Gebürge“ genannt wurde

Geblergasse, 16. und 17., seit 1894 (vorher: im 17. Bezirk Stiftgasse), Tobias Freiherr von Gebler (1726–1786), Dramatiker (Vorläufer von Bauernfeld); 1768 von Maria Theresia in den Staatsrat berufen (Schulreformer)

Gebrüder-Lang-Gasse, 15., seit 1911 (vorher: Ferdinandsgasse und ab 1867 Tellgasse), Anton (1819–1880) und Jakob (1822–1892) Lang, Seidenfabrikanten, widmeten Baugrund für die Kirche Marie vom Siege

Gegenbauerweg, 21., seit 1973, Dr. Leopold Gegenbauer (1849–1903), Mathematiker

Geibelgasse, 15., seit 1894 (vorher: Karolinengasse), Emanuel Geibel (1815–1884), deutscher Dichter (Dramen, Gedichte)

Geiereckstraße, 11., seit 1894 (vorher: Hasnerstraße), Riedname (Weinried)

Geigergasse, 5., seit 1894, Johann Peter Geiger (1805–1880), Historienmaler, Buchillustrator, 1853–1871 Professor an der Vorbereitungsschule der Akademie der bildenden Künste

Geigeringasse, 19., seit 1895, Flurname (schon um 1377 urkundlich erwähnt)

Geiselbergstraße, 11., seit 1875, führt über den Geiselberg (Flurname)

Geißfußgasse, 10., seit 1957, nach der gleichnamigen Pflanze

Geistingergasse, 19., seit 1928 (vorher: Dionysius-Andrassy-Straße), Marie Geistinger (1833–1903), Schauspielerin, Sängerin („Königin der Operette“)

Gelbsilberweg, 22., amtlich seit 1984, nach der Pflanze; vorher ebenso nicht amtlich

Gelinekgasse, 23., seit 1959, Josef Gelinek (1758–1825), Komponist, Klaviervirtuose, Musiklehrer, Kaplan

Gellertgasse, 10., seit 1872, s. *Gellertplatz*

Gellertplatz, 10., seit 1875, Christian Fürchtegott Gellert (1715–1769), Fabel- und Liederdichter („Die Himmel rühmen des Ewigen Ehre“, von Beethoven vertont)

Gemeindeaugasse, 22., seit 1909 (vorher: Klostergasse), früher eine Au im Besitz der Gemeinde Aspern

Gemeindeberggasse, 13., seit 1894 (urspr. Hausbergstraße, dann Friedhofstraße), führt zum Gemeindeberg in Ober-St.Veit (319 m hoch)

Gemeindegasse, 22., seit 1906, zur Erinnerung an die Selbständigkeit der Gemeinde Aspern (1904 eingemeindet)

Genégasse, 13., seit 1951, Richard Franz Friedrich Gené (1823–1895), Operettenlibrettist; schrieb Texte zu Opern von Johann Strauß, Franz von Suppé und Karl Millöcker

Gennarogasse, 23., seit 1956, Antonio Mario Gennaro (1679–1744), Graveur (Porträt- und Gedenkmedaillen für das Kaiserhaus), Direktor der von ihm gegründeten Graveurakademie

Genochplatz, 22., seit 1910, Josef Genoch (1846–1907), Bürgermeister von Stadlau, Grundbesitzer

Genossenschaftsstraße, 14., Benennungsdatum unbekannt, nach der Siedlergenossenschaft „Wolfersberg“ (ein Teil bis 1952 Kirschenstraße)

Gentzgasse, 18., seit 1894 (vorher: Herrengasse), Friedrich von Gentz (1764–1832), politischer Schriftsteller, verfaßte 1809 und 1813 die Kriegsaufrufe gegen Napoleon, Protokollführer auf dem Wiener Kongreß 1814/15, nach 1815 enger Mitarbeiter von Metternich

Geologengasse, 3., seit 1875 (vorher: Hoernesgasse), nach der Geologischen Bundesanstalt benannt

Georg-Bilgeri-Straße, 22., seit 1959, Georg Bilgeri (1873–1934), Alpinist, Skipionier; verband die norwegische mit der Lilienfelder Schule

Georg-Coch-Platz, 1., seit 1913 (vorher: Lisztstraße), Dr. Theodor Georg von Coch (1842 bis 1890), Mitgründer des Postsparkassenamtes

Georg-Ehrlich-Weg, 22., seit 1977, Georg Ehrlich (1897–1966), Maler, Bildhauer

Georg-Freißleben-Gasse, 14., seit 1956, Georg Freißleben zu Liechtenstein, um 1550 Waldmeister (im heutigen Sprachgebrauch: Forstverwalter)

Georginenplatz, 22., seit 1955, nach der Pflanze

Georgistraße, 21., seit 1940, Friedrich Freiherr von Georgi (1852–1926), Generaloberst, Organisator der österreichischen Landwehr

Georg-Prentl-Gasse, 10., Benennungsdatum unbekannt, Georg Prentl (1828–1886), Bürgermeister von Unterlaa (1884–1886)

Georgsgasse, 23., seit 1892, nach dem Georgenberg (322 m hoch), der als Weinried bekannt war

Georg-Sigl-Gasse, 9., seit 1888, Georg Sigl (1811–1887), Industrieller (baute Lokomotiven und Druckmaschinen), sozial engagiert, finanzierte u. a. den ersten Kindergarten von Wien

Georg-Wiesmayer-Gasse, 10., Benennungsdatum unbekannt, Georg Wiesmayer (1852–1936), Bürgermeister von Oberlaa (1886–1900)

Georg-Wilhelm-Pabst-Gasse, 10., seit 1968, Georg Wilhelm Pabst (1885–1967), bedeutender Filmregisseur

Gerambgasse, 22., seit 1909, Karl Freiherr von Geramb (1772–1848), Oberst, Schriftsteller, Generalabt des Trappistenordens

Geranienweg, 22., seit 1977, nach der Zierpflanze

Gerasdorfer Straße, 21., seit 1898, nach dem Ort in Niederösterreich

Gerbergasse, 23., Benennungsdatum unbekannt, zur Erinnerung an die ehemalige Gerberei

Gerhard-Fritsch-Gasse, 17., seit 1975, Gerhard Fritsch (1924–1969), Bibliothekar, Lektor, Schriftsteller, Redakteur von Literaturzeitschriften, Lyrik, Roman „Moos auf den Steinen"

Gerhardusgasse, 20., seit 1866, Gerhardus von Siebenbürgen (um 1210–1271), Arzt und Pfarrer zu St. Stephan, Gründer des ersten Armenhauses in Wien um 1210

Gerichtsgasse, 21., seit 1901, nach dem 1895/96 erbauten Gerichtsgebäude

Geringergasse, 11., seit 1896, Johann Geringer (1824–1898), Gastwirt, Gemeinderat von Kaiserebersdorf

Gerlgasse, 3., seit 1829 (vorher: Am Feld), Matthias Gerl (1713–1765), Baumeister (Architekt), erbaute u. a. 1744 die Oberlaaer Pfarrkirche und gestaltete 1746/47 die Simmeringer Pfarrkirche um, barockisierte mehrere Kirchen und war am Bau des AKH beteiligt

Gerlichgasse, 22., seit 1966, Rudolf Gerlich (1836–1904), Techniker, Eisenbahnbauer, Lehrer am Polytechnikum

Gerlosplatz, 21., seit 1953, nach dem gleichnamigen Fluß in Tirol

Gernengasse, 21., Benennungsdatum unbekannt, Riedname („Gernen" = schmale oder keilförmige Feldstücke)

Gernotgasse, 15., seit 1912, Gernot, Bruder des Burgunderkönigs Gunther aus der Nibelungensage

Gernotgasse, 22., Benennungsdatum unbekannt, siehe vorher

Gerögasse, 23., seit 1973, Dr. Josef Gerö (1896 bis 1954), Jurist, 1945–1949 und 1952 bis 1954 Justizminister; ab 1945 ÖFB-Präsident

Geroldgasse, 17., seit 1896, Friedrich Gerold (1813–1886), Gemeinderat, Buchhändler, Moritz Gerold (1815–1884), Buchhändler, gemeinsam mit seinem Bruder Friedrich Besitzer eines Verlags- und Druckereihauses

Gerspergasse, 21., seit 1933, Anton Gersper (1858–1929), Fürsorgerat, Oberschulrat

Gersthofer Anger, 18., seit 1881, nach dem als Gemeindeweidefläche benutzten Anger

Gersthofer Straße, 18., seit 1894 (vorher: Hauptstraße), zur Wahrung des alten Vorortnamens, zurückzuführen auf einen Gutshof („Gerstlerhof"), Gersthof hatte vor der Eingemeindung 3.984 Einwohner

Gerstlgasse, 21., seit 1900, Georg Gerstl, um 1587 Ortsrichter von Jedlesee

Gerstmayerweg, 22., seit 1956 (vorher: Markweg), Josef Gerstmayer (1801–1870), Landschaftsmaler

Gerstnerstraße, 15., seit 1903 (vorher: ab 1894 Gerstnergasse, urspr. Bahnhofstraße), Franz Anton Ritter von Gerstner (1793–1840), Erbauer der ersten Eisenbahn in Österreich (1825–1832, Pferdebahn Linz–Budweis)

Gersunygasse, 19., seit 1924 (1938–1947: Dumreichergasse), Dr. Robert Gersuny (1844–1924), Chirurg, Leiter des Rudolfinerhauses ab 1894, vorher Assistent von Billroth

Gertrudplatz, 18., seit 1894 (vorher: Kirchenplatz), nach der Pfarrkirche „Zu den Heiligen Laurenz und Gertrud" (Währinger Pfarrkirche)

Gerunggasse, 16., seit 1897, Gerung, um 1230 Besitzer des Ottakringer Freihofes

Geßlgasse, 23., seit 1954, Monsignore Franz Geßl (1883–1948), Pfarrer von Mauer (1923–1940), führte den Umbau der Pfarrkirche durch

Gestettengasse, 3., Benennungsdatum unklar, abgeleitet von Sandgstätten (Sandgewinnung am Donauufer)

Getreidemarkt, 1. und 6., seit 1866, bis Anfang des 10. Jhds. standen hier Getreidespeicher, bis 1864 wurde ein Getreidemarkt abgehalten

Geusaugasse, 3., seit 1876, Anton Ferdinand Reichsritter von Geusau (1746–1811), Beamter, Publizist (schrieb u. a. eine vierbändige Geschichte Wiens und eine zweibändige Geschichte Österreichs)

Geweygasse, 19., seit 1894 (vorher: Adlergasse), Franz Xaver Karl Gewey (1764 bis 1819), Schriftsteller (Lustspiele), Schauspieler, gründete 1787 mit Freunden ein Privattheater, dessen Gewinne den Taubstummen zugute kamen; später Angestellter in der Hofkanzlei, schrieb auch eine Topographie in Versform („Komische Gedichte auf die Vorstädte Wiens")

Geyergasse, 18., seit 1912, Franz Geyer (1839 bis 1903), Selchermeister, Hausbesitzer, Gemeinderat (1891–1903)

Geyerweg, 21., nichtamtliche Bezeichnung

Geylinggasse, 13., seit 1907, Carl Michael Geyling (1814–1880), Glas- und Landschaftsmaler (von ihm stammten die 1945 zerstörten Fenster des Stephansdomes)

Geymüllergasse, 18., seit 1894 (vorher: Brunngasse), Johann Freiherr von Geymüller (1754–1824), Bankier, Besitzer der Herrschaft Pötzleinsdorf ab 1801

Geyschlägergasse, 15., seit 1894, Georg Geyschläger (1801–1876), Bürgermeister von Fünfhaus (1864–1867)

Geystraße, 11., seit 1894 (bis 1871 Große Kanalgasse, dann Kanalgasse), Lorenz Gey (1820 bis 1884), Bürgermeister von Simmering (1862–1884), Landwirt, unter seiner Amtszeit wandelte sich Simmering vom Bauerndorf zum Industriestandort

Gfrornergasse, 6., seit 1832, Franz Gfrorner (1798–1840), Gärtner, Grundbesitzer, eröffnete 1832 die Gasse

Ghegastraße, 3., Benennungsdatum unklar, Karl Ritter von Ghega (1802–1860), Erbauer der Semmeringbahn, der ersten Gebirgsbahn der Welt

Ghelengasse, 13., seit 1894 (vorher: Parkgasse), nach den Buchdruckern Johann Peter von Ghelen (1673–1754) und Johann von Ghelen (1645–1721)

Gierstergasse, 12., seit 1894 (vorher: Krongasse), Josef Gierster (um 1800–1863), Brauhausbesitzer, erster Bürgermeister von Gaudenzdorf und reichster Mann des Ortes

Gießaufgasse, 5., seit 1842, Georg Gießauf (ca. 1763–1840), Webermeister, Armenvater, Äußerer Rat

Gießergasse, 9., seit 1862, hier bestand eine von Georg Sigl gegründete Eisengießerei, seit 1879 k. u. k. Technologisches Gewerbemuseum, s. *Georg-Sigl-Gasse*

Giffingergasse, 23., seit 1955 (vorher: Atzgersdorfer Straße), Lorenz Giffinger (1876 bis 1942), Bürgermeister von Erlaa

Gigergasse, 3., seit 1903, Jakob Giger (1751 bis 1834), 1811–1829 Grundrichter der Vorstadt Landstraße

Gilgegasse, 9., seit 1910 (vorher: Brünnlmühlgasse), Dr. Karl Gilge (1834–1888), Gemeinderat, Jurist, Besitzer des Brünnlbades

Gilmgasse, 17., seit 1894 (vorher: Halmgasse), Hermann Gilm zu Rosenegg (1812–1864), Dichter (Lyrik)

Gimniggasse, 10., seit 1959, Oskar Gimnig (1857–1920), Schauspieler (1885 Carltheater, 1892 Burgtheater)

Ginsterweg, 22., seit 1954, nach dem Strauch

Girardigasse, 6., seit 1918 (vorher Engelgasse), Alexander Girardi (1850–1918), Schauspieler, Komiker (vor allem in Operetten), ab 1913 auch Filmrollen

Girlitzweg, 14., seit 1953, nach dem Vogel (Finkenart)

Girzenberggasse, 13., seit 1894, führt auf den gleichnamigen Berg (285 m hoch)

Giselagasse, 14., Benennungsdatum unbekannt, Königin Gisela, Gemahlin Stephan des Heiligen, König von Ungarn (1001 bis 1038). Fand der Legende nach hier im Jahre 1042 in einem Brunnen ein Marienbild; in der Folge entwickelte sich der Wallfahrtsort „Maria Brunn"

Giselhergasse, 15., seit 1912, Gestalt aus der Nibelungensage

Gisevíusgasse, 21., seit 1953, Paul Gisevius (1858–1935), Agrarfachmann

Gitlbauergasse, 21., seit 1954, Dr. Michael Gitlbauer (1847–1903), Altphilologe, Archivar, Historiograph

Gladiolenweg, 22., seit 1954, nach der Pflanze

Glangasse, 21., seit 1953, nach dem Fluß in Kärnten

Glanzinggasse, 19., seit 1907, Flurname (im 13. Jhd. urkundlich erwähnt)

Glasauergasse, 13., seit 1894, Karl Glasauer (1819–1874), Bürgermeister von Ober-St. Veit

Glasergasse, 9., seit 1888 (1938 bis 1945: Scheuchgasse), Dr. Julius Glaser (1831 bis 1885), Jurist, o. Prof. für Strafrecht (1860), Justizminister (1871–1879), liberaler Reformer der Strafgesetzgebung

Glatzgasse, 19., seit 1895 (urspr. Rosinagasse, dann Mostlergasse, zuletzt Artariagasse), Jakob Glatz (1776–1831), Jugendschriftsteller, evangelischer Prediger

Glauberplatz, 16., seit 1897, Nikolaus Glauber, um 1530 Pfarrer von Ottakring, Mitbegründer der „Lamprechtszeche" (1409). Das war eine Laiengemeinschaft, die sich die Aufgabe gestellt hatte, für die Beleuchtung der Kirche und die Meßutensilien zu sorgen sowie verarmten Ottakringern ein ordentliches Begräbnis und eine Seelenmesse zu sichern; die „Lamprechtszeche" brachte so viel Geld auf, daß auch der Bau einer Kapelle finanziert werden konnte

Glawatschweg, 13., seit 1954, Franz Glawatsch (1871–1928), Operettensänger, Komiker, Schauspieler, 1910–1913 Armenrat im 5. Bezirk

Gleichentheilgasse, 23., Benennungsdatum unbekannt, Ignaz Gleichentheil (1861 bis 1917), Fabriks- und Realitätenbesitzer

Gleichgasse, 22., seit 1960, Josef Alois Gleich (1772–1841), Direktor des Theaters in der Josefstadt und in der Leopoldstadt, Schwiegervater von Ferdinand Raimund, Autor von ca. 100 Schauerromanen, 200 Zauberstücken und Possen

Gleichsaustraße, 21., Benennungsdatum unbekannt, Flurname

Glockenblumengasse, 22., seit 1955, nach der Blume

Glockengasse, 2., Benennungsdatum unbekannt, nach einer Glockengießerei, die sich ca. 1724–1850 im Haus Nr. 10 befand

Gloriettegasse, 13., Benennungsdatum unbekannt, nach der Gloriette, 1772–1775 erbaut

Glossystraße, 14., seit 1952 (vorher: Teichstraße), Dr. Karl Glossy (1848–1937), ursprünglich Schauspieler, dann Jurist, ab 1889 Leiter der Bibliothek und des Museums der Stadt Wien, gestaltete zahlreiche Ausstellungen, nach seiner Pensionierung 1904 umfangreiche wissenschaftliche Tätigkeit

Gluckgasse, 1., seit 1894 (vorher: Klostergasse), Johann Christoph von Gluck (1714 bis 1787), Komponist

Gmarchhaufenstraße, 22., seit 1959 (vorher: Kolonistenstraße), Flurname

Gmündstraße, 21., seit 1964, nach der niederösterreichischen Stadt

Gnedgasse, 13., seit 1955 (vorher: Billrothgasse), Nina Gned (1811–1877), Schauspielerin, Soubrette

Gobergasse, 13., seit 1895, Franz Gober (1822 bis 1883), Bürgermeister von Lainz (ab 1873)

Godlewskigasse, 22., seit 1955 (vorher: Edmund-Fischer-Gasse), Karl Godlewski (1862–1949), Ballettmeister der Wiener Staatsoper (1918/19), Solotänzer

Godowskygasse, 23., seit 1955 (vorher: Windmühlgasse), Leopold Godowsky (1870 bis 1938), Pianist

Göllnergasse, 3., seit 1874, Michael Leopold Göllner (1760–1834), vermögender Bewohner, der der Gemeinde Erdberg sein Haus für die Errichtung eines Armenhauses vermachte

Gölsdorfgasse, 1., seit 1919 (vorher: Augustengasse), Dr. Karl Gölsdorf (1861–1916), Eisenbahntechniker, Lokomotivbauer

Göpfritzgasse, 21., seit 1964, nach dem Ort in Niederösterreich

Görgengasse, 19., seit 1917, Dr. Bruno Görgen (1777–1842), Neurologe, urspr. Primararzt an der Irrenanstalt des AKH, ab 1820 Privatklinik in Gumpendorf, ab 1830 in Oberdöbling, übte eine von Zwangsmaßnahmen freie Behandlung der Patienten aus

Göschenweg, 22., seit 1933, Georg Joachim Göschen (1752–1828), Verlagsgründer, Buchhändler (verlegte Goethe, Schiller, Klopstock und Wieland)

Göschlgasse, 3., seit 1899, Karl Göschl (1807 bis 1883) und Therese Göschl (1813 bis 1887) hinterließen ihr Vermögen den Armen des 3. Bezirks und errichteten eine Stiftung für verarmte Geschäftsleute, die mindestens 10 Jahre im Bezirk lebten

Göteborggasse, 10., seit 1951, schwedische Hafenstadt

Goethegasse, 1., seit 1919, Johann Wolfgang von Goethe (1749–1832), Dichter („Faust")

Göttweihergasse, 1., seit 1862 (vorher: Kochgasse), nach dem Göttweiger Hof

Götzgasse, 10., seit 1862, Stephan Götz (1772 bis 1844), Hausbesitzer, Bandfabrikant, Mitglied des Äußeren Rates, beliebt wegen seines Engagements für Arme

Gogolgasse, 13., seit 1932, Nikolai Wassiljewitsch Gogol (1809–1852), russischer Dichter

Goldammerweg, 22., Benennungsdatum unbekannt, nach dem Vogel

Goldeggasse, 4., seit 1862 (vorher: Annagasse), Flurname (bereits 1381 erwähnt)

Goldemundweg, 22., seit 1958, Dr. Heinrich Goldemund (1863–1947), Wiener Stadtbaudirektor, Stadtplaner (setzte sich für die Wahrung des Stadtbildes und für die Erhaltung des Wald- und Wiesengürtels ein)

Goldhammergasse, 23., seit 1947, Alfred Goldhammer (1907–1942), Lederarbeiter, Widerstandskämpfer, am 10. 11. 1942 von den Nationalsozialisten hingerichtet

Goldlackgasse, 22., seit 1955, nach der Pflanze

Goldmarkplatz, 13., seit 1925 (1938–1945: Walter-Flex-Platz), Karl Goldmark (1830 bis 1915), Komponist, verfaßte u. a. die Oper „Königin von Saba"

Goldregengasse, 22., seit 1944, nach dem Strauch

Goldrosenweg, 10., nichtamtliche Bezeichnung (nach dem gleichnamigen Zierstrauch)

Goldscheidgasse, 17., seit 1932 (1938–1945: Bergmeistergasse), Rudolf Goldscheid (1870–1931), Soziologe, Philosoph, Schriftsteller, Pazifist („Friedenswarte" ab 1922), 1909 Begründer der deutschen Gesellschaft für Soziologie

Goldschlagstraße, 14. und 15., seit 1899, nach der bereits 1375 urkundlich erwähnten Weinried „Goldschlagen"

Goldschmiedgasse, 1., seit ca. 1305, amtlich 1862, früherer Sitz und Verkaufsplatz der Goldschmiede

Goldsterngasse, 14., seit 1953, nach dem Goldstern (Zwiebelgewächs)

Goltzgasse, 19., seit 1908, Joachim Rüdiger Freiherr von der Goltz (1623–1683), Befehlshaber der sächsischen Truppen in der Entsatzschlacht bei der Türkenbelagerung 1683

Gomperzgasse, 16., seit 1927 (1938–1945: Stallergasse), Dr. Theodor Gomperz (1832 bis 1912), Sprachwissenschafter, 1873 bis 1900 o. Professor für klassische Philologie an der Universität Wien, Hauptwerk: „Griechische Denker"

Gonzagagasse, 1., seit 1861, Hannibal Franz Maria Fürst von Gonzaga (1602–1668), General, Erbauer der Gonzagabastei

Gorkistraße, 10., Maxim Gorki (1868–1936), russischer Schriftsteller („Nachtasyl"), geriet nach der Oktoberrevolution in Gegensatz zur sowjetischen Politik, da er den stalinistischen Terror ablehnte; um seinen Tod entstanden daher Gerüchte

Gorskistraße, 23., seit 1980, Johann Gorski (1885–1967), Volksbildner, leitete die Aktion „American Friends für Austrian Children"

Gotenweg, 22., seit 1966, nach dem germanischen Volksstamm

Gotramgasse, 22., seit 1909, Gotram, 789 bis 802 Grenzgraf der Ostmark

Gottfried-Alber-Gasse, 14., seit 1914 (vorher: Spallartgasse), Gottfried Alber (1851 bis 1901), Baumeister, Bezirksrat

Gottfried-Keller-Gasse, 3., seit 1919 (vorher: Luitpoldgasse), Gottfried Keller (1819 bis 1890), Schweizer Dichter („Der grüne Heinrich", „Die Leute von Seldwyla")

Gottfried-Sennholzer-Gasse, 14., Benennungsdatum unklar, falsche Schreibweise für Gottfried Sonnholz, einem der bedeutendsten Orgelbauer der Barockzeit

Gotthelfgasse, 22., seit 1954, Jeremias Gotthelf (eigentlich Albert Bitzius, 1797–1854), Schweizer Volksschriftsteller

Gottschalkstraße, 11., seit 1894 (vorher: Mautnergasse), Gottschalk, um 1028 Besitzer der Herrschaft Simmering

Gottslebengasse, 12., seit 1930, Ludwig Gottsleben (1836–1911), Volksschauspieler (Hanswurstkomiker auf Wiener Vorstadtbühnen), Schriftsteller

Graben, 1., 1294 urkundlich als Verkehrsfläche erstmals erwähnt, 1300 als Marktplatz; nach dem ehemaligen Graben des römischen Militärlagers Vindobona

Grabengasse, 17., nichtamtliche Bezeichnung

Grabmayrgasse, 21., seit 1956, Dr. Karl Grabmayr von Angerheim (1848–1923), Präsident des Verwaltungsgerichtshofes

Grabnergasse, 6., seit 1894, Johann Nepomuk Grabner (1825–1893), Bezirksvorsteher (1891–1893), Obmann des Ortsschulrates, Lehrer

Gradingergasse, 21., seit 1967, Matthias Gradinger, um 1750 erster Lehrer von Leopoldau

Graednergasse, 21., seit 1960, Hermann Theodor Grädener (1844–1929), Komponist, Violinist

Gräffergasse, 17., seit 1913, Franz Gräffer (1785–1852), Schriftsteller, Buchhändler, Bibliothekar, Redakteur

Gräfin-Zichy-Straße, 23., Benennungsdatum unbekannt, Gabriele Gräfin Zichy (1842 bis 1926), stiftete den Grund zur Eröffnung der Straße

Gräfweg, 19., seit 1988, nach den Gründern der Firma Gräf & Stift, dem Elektriker und Mechaniker Heinrich Gräf (1877–1943), dem Kunstschlosser Karl Gräf (1871 bis 1939) und dem Wagenbauer Franz Gräf, die 1897 ihr erstes Automobil bauten; die Firma Gräf & Stift fusionierte 1971 mit der „Österreichischen Automobilfabriks AG“ (1907 gegründet); heute Stammsitz in Liesing

Gräßlplatz, 10. und 11., seit 1897, Andreas Gräßl (1830–1896), Fleischhauer, stiftete den Grund zu diesem Platz

Graffgasse, 10., seit 1913, Johann Freiherr von Graff (1741–1807), Generalmajor; Verdienste im Kampf gegen die napoleonischen Truppen (1794/95)

Graf-Seilern-Gasse, 12., seit 1905, Christian August Graf von Seilern (1717–1801), kaufte die Herrschaft Hetzendorf und errichtete dort 1783 die erste Schule

Graf-Starhemberg-Gasse, 4., seit 1938 (urspr. Karolygasse, später Starhemberggasse), Ernst Rüdiger Graf Starhemberg (1638–1701), Feldmarschall; zeichnete sich 1664 in der Schlacht bei St. Gotthard gegen die Türken aus; 1680 Wiener Stadtkommandant, 1682 Feldzeugmeister, leitete die Verteidigung Wiens 1683, nach ihm ist auch die *Rüdigergasse* benannt

Grailichgasse, 3., seit 1910, Dr. Wilhelm Josef Grailich (1829–1859), Kristallograph, a. o. Professor der höheren Physik 1855, Kustos im Hofmineralienkabinett

Granergasse, 23., seit 1961, Ernst Graner (1865–1943), Maler, Lithograph (Wr. Veduten, Aquarelle)

Grangasse, 15., seit 1894 (urspr. Schmiedgasse, ab 1867 Glückgasse), Daniel Gran (1694–1757), Maler (u. a. Fresken im Palais Schwarzenberg, Kuppelgemälde in der Nationalbibliothek, Seitenaltarbilder in der Karlskirche)

Granichstaedtengasse, 13., seit 1955 (vorher: Resselgasse), Bruno Granichstaedten (1879–1944), Komponist (Operetten, Filmmusik)

Grasbergergasse, 3., seit 1901 (vorher: Marx-Meidlinger-Straße, Arsenalweg), Hans Grasberger (Pseudonym Hans Birkenbühel, 1836–1898), Journalist, Lyriker

Grashofgasse, 1., seit 1832, nach dem bereits 1337 nachweisbaren Grashof (Teil des Heiligenkreuzer Hofes)

Grasmückenweg, 14., seit 1953, nach dem Singvogel

Grassigasse, 14., seit 1894 (vorher: Dreyhausengasse), Anton Grassi (1755–1807), Bildhauer, 1778 Modelleur der Porzellanmanufaktur, 1784 Modellmeister

Gratian-Marx-Straße, 11., seit 1905, Gratian Marx (1721–1808), Pfarrer an der Kirche Maria Treu, Dompropst zu Leoben; Reformator des Mittelschullehrplans

Grauertgasse, 23., seit 1961, Dr. Wilhelm Heinrich Grauert (1804–1852), Historiker, Altphilologe, 1850 Professor für allgemeine Geschichte an der Universität Wien (schuf das erste historische Seminar Österreichs)

Graumanngasse, 15., seit 1894 (vorher: Wienflußgasse), Friedrich Graumann (1782 bis 1856), Baumwollstofferzeuger, errichtete hier 1838 eine Fabrik

Grawatschgasse, 23., Benennungsdatum unbekannt, Karl Grawatsch (1837–1917), Fabriks- und Realitätenbesitzer

Gredlerstraße, 2., seit 1897, Andreas Freiherr von Gredler (1802–1870), Rechtsanwalt, organisierte 1866 patriotische Aktionen, Kundgebungen und Sammlungen (preuß.-österr. Krieg)

Gregor-Mendel-Straße, 18. und 19., seit 1934 (vorher: Hochschulstraße), Gregor Mendel (1822–1884), Augustinermönch, Entdecker der Vererbungsgesetze

Gregor-Ulbrich-Gasse, 21., seit 1961, Gregor Ulbrich (1877–1926), Bürgermeister von Stammersdorf (1922–1926), Verdienste um die Anlage von Straßen

Gregorygasse, 23., seit 1954 (vorher: Schloßallee), Leopold Gregory (1840–1903), Bürgermeister von Erlaa (1885–1903)

Greifgasse, 11., seit 1894 (vorher: Plenergasse), die Greife, ein altes Wiener Edelbürgergeschlecht, das zahlreiche Lehen besaß und des öfteren das Stadtrichteramt innehatte, im 13./14. Jhd. urkundlich erwähnt

Greilweg, 14., seit 1929, Alois Greil (1841 bis 1902), Maler, Illustrator (Aquarelle, Genrebilder)

Greinergasse, 19., seit 1894 (vorher: Herrengasse und Kirchengasse), Ferdinand Greiner (1798–1889), letzter Ortsrichter (1845–1848) und erster Bürgermeister von Nußdorf (1850–1861); dann noch Bürgermeister 1864–1867 und 1885–1889

Greinzgasse, 22., seit 1955 (vorher: Hagengasse), Rudolf Greinz (1866–1942), Schriftsteller (Erzählungen)

Greiseneckergasse, 20., seit 1900, Hans von Greisenecker, Hauptmann während der ersten Türkenbelagerung (1529)

Grenadierweg, 22., amtlich seit 1966, nach den Fußtruppen in den napoleonischen Kriegen (1809)

Grenzackerstraße, 10., seit 1971 (bis 1894 Grenzgasse, dann Grenzackergasse), Flurname, bis 1874 führte hier ein Grenzweg zwischen Wieden und Inzersdorf

Grenzgasse, 13., Benennungsdatum unbekannt, frühere Grenze zwischen Wien und Mauer

Grenzgasse, 15., seit 1876, einstige Gemeindegrenze zwischen Rustendorf und Fünfhaus

Grenzstraße, 10., nichtamtliche Bezeichnung, Grenze zwischen 10. und 11. Bezirk

Grenzweg, 12. und 23., nichtamtliche Bezeichnungen

Grenzweg, 14., amtliche Benennung 1982, vorher ebenso nichtamtlich, Grenze der Siedlung Wolfersberg

Grenzweg, 21., Benennungsdatum unbekannt, nach der ehemaligen Grenze zwischen Stammersdorf, Leopoldau und Gerasdorf

Gretlgasse, 21., seit 1971 (vorher: Gretlweg), nach dem Märchen „Hänsel und Gretel", s. *Hanslgasse*

Greutberggasse, 14., seit 1964, nach dem Greutberg (449 m hoch)

Greyledergasse, 23., seit 1957 (vorher: Raimundgasse), nach einer alteinsässigen Weinhauerfamilie

Griechengasse, 1., seit 1862, nach den in der Gegend seßhaft gewesenen griechischen (levantinischen) Kaufleuten

Griegstraße, 20., seit 1956, Edvard Grieg (1843–1907), norwegischer Komponist, befand sich 1896/97 in Wien und gab Konzerte

Griepenkerlgasse, 13., seit 1924, Christian Griepenkerl (1839–1916), Historien- und Porträtmaler

Grieshofgasse, 12., seit 1894 (vorher: Leopoldigasse), nach dem ehemaligen Gutshof Grieshof, der hier um 1300 stand

Griesingergasse, 14., seit 1920, Dr. Wilhelm Griesinger (1817–1868), Neurologe

Grießergasse, 12., seit 1905, Erhart Grießer (gest. 1445), herzoglicher Kammer- und Kellerschreiber, besaß den Oswaldhof in Altmannsdorf, den er testamentarisch den Beschuhten Augustinern hinterließ

Grillgasse, 11., seit 1894 (vorher: Feldgasse), Gregor Grill (1834–1894), Kaufmann, Bürgermeister von Simmering (1886–1889), Bezirksvorsteher (1892/93)

Grillparzerstraße, 1., seit 1873, Franz Grillparzer (1791–1872), Dichter („Weh dem, der lügt", „Ein Bruderzwist in Habsburg", „Sappho", „Medea" usw.), wohnte auf 14 verschiedenen Adressen in Wien, bevor er 1849 in das Haus Spiegelgasse 21 zog; seine Wohnung ist heute im Museum der Stadt Wien nachgebaut

Grimmelshausengasse, 3., seit 1919 (vorher: Adelgundegasse), Hans Jakob Grimmelshausen (1622–1676), Schriftsteller („Simplicissimus")

Grimmgasse, 15., seit 1894 (vorher: Fischergasse), Brüder Jakob L. (1785–1863) und Wilhelm K. Grimm (1786–1859), Sprachforscher, Sammler von deutschen Hausmärchen

Grinzinger Allee, 19., seit 1894 (vorher: Wiener Straße und Grinzinger Straße), s. *Grinzinger Straße*

Grinzinger Steig, 19., seit 1911, s. *Grinzinger Straße*

Grinzinger Straße, 19., seit 1894 (vorher tw. Heiligenstädter Straße), zur Erinnerung an den ehemaligen Vorortnamen; Grinzing, bereits 1114 urkundlich erwähnt, wurde 1890–1892 dem 19. Bezirk angeschlossen, es hatte 1890 1.428 Einwohner

Grobeckergasse, 13., seit 1955 (vorher: Theodor-Körner-Gasse), Anna Grobecker (1829 bis 1908), Operettensängerin; von Nestroy ans Carltheater engagiert

Gröretgasse, 11., seit 1894 (vorher: Gröret), Flurname

Gröretgraben, 11., seit ca. 1902, Flurname

Grohgasse, 5., seit 1843, Georg Groh (1787 bis 1879), Mitglied des Bezirksausschusses, Gastwirt, Haus- und Grundbesitzer; stellte das Areal für die Gasse unter der Bedingung kostenlos zur Verfügung, daß die Gasse seinen Namen erhält

Grohmannstraße, 22., seit 1984, Paul Grohmann (1838–1908), Alpinist, begründete den „Österreichischen Alpenverein" mit, Publizist

Grohnergasse, 10., seit 1993, Franz Grohner (eig. Zamastil, 1911–1986), Komponist, Pianist, Textautor

Groligweg, 21., seit 1954, Dr. Moritz Grolig (1873–1949), Bibliograph, Hofrat

Großbauerstraße, 21., seit 1937, Franz Großbauer Edler von Waldstätt (1813–1887), Professor an der Forstakademie zu Maria Brunn, Agrar- und Forstfachmann

Große-Bucht-Straße, 22., amtlich seit 1963, nach einer Bucht der Alten Donau

Große Mohrengasse, 2., seit 1862 (vorher: Große Hafnergasse und Mohrengasse), nach einem Hausschild „Zum großen Mohren"

Große Neugasse, 4., seit ca. 1830, neu (um 1745) angelegtes Häuserviertel; urspr. „Neue Gaße auf der Neuen Wieden"

Groß-Enzersdorfer Allee, 2., seit 1891, wegen ihrer Ausrichtung auf Groß-Enzersdorf so benannt

Groß-Enzersdorfer Straße, 22., seit 1909 (vorher: Esslingerstraße, sic!), nach der Stadt in Niederösterreich

Große Pfarrgasse, 2., seit 1770, nach der ältesten Pfarrkirche der Leopoldstadt benannt (1625–1670 Obere Gasse, dann kurze Zeit Obere Kirchengasse)

Großer Ring, 13., seit 1921, nach der ringförmigen Anlage

Grosserweg, 22., seit 1955, Dr. Otto Grosser (1873–1951), Anatom, Univ.-Prof.

Große Schiffgasse, 2., Benennungsdatum unbekannt, nach dem Hausschild „Zum großen goldenen Schiff"; die Beifügung „Große" blieb, obwohl die „Kleine Schiffgasse" umbenannt wurde, s. *Franz-Hochedlinger-Straße*

Große Sperlgasse, 2., seit 1862 (vorher: Herrengasse; 1625–1670 Hauptgasse, dann Große Gasse), Johann Georg Sperlbauer, Besitzer einer „Zum Sperl" genannten Vergnügungsstätte, 1807 eröffnet, war lange Zeit vornehmes Tanzlokal; Johann Strauß Vater widmete dem Lokal 1830 den „Sperlwalzer" und 1839 die „Sperlpolka"

Große Stadtgutgasse, 2., seit 1885, nach einem Gut im Besitz der Gemeinde Wien; danach wurde die ganze Gegend so bezeichnet

Großfeldstraße, 21., seit 1967, Flurname („Das große oder lange Feld")

Grossmannstraße, 22., seit 1982, Ferdinand Grossmann (1887–1970), Komponist, Dirigent, Chorleiter, Prof. an der Wr. Musikakademie

Großmarktstraße, 23., seit 1973, nach dem Obst- und Gemüsegroßmarkt Inzersdorf

Großschopfplatz, 21., seit 1963, Josef Großschopf (1884–1956), Kämpfer für die Kleingarten- und Siedlerbewegung

Grubergasse, 16., seit 1900, nach dem Schuldirektor und späteren Professor der Philosophie an der Universität Salzburg, Johann L. Gruber (gest. 1810); lt. *Rossa* hingegen nach dem Lehrer und Organisten Franz Gruber (1787–1836; mit Josef Mohr Schöpfer des Liedes „Stille Nacht, heilige Nacht")

Grüllemeiergasse, 16., seit 1856, Josef Grüllemeier (1812–1871), Gemeinderat (1849 bis 1870), Hauptmann der Bürgergarde (1848)

Grünangergasse, 1., benannt nach einer im 12. Jhd. genannten Gemeinschaftswiese („Anger"), 1786 benannt

Grünbaumgasse, 22., seit 1968, Fritz Grünbaum (1880–1940), Kabarettist, Schriftsteller, im KZ Dachau ermordet

Grünbeckweg, 17., seit 1912, Sebastian Grünbeck (1819–1884), Gemeinderat von Hernals, Gastwirt; sein Sohn war Stadtrat (gest. 1936)

Grünbergstraße, 12. und 13., seit 1908 (vorher: Zenogasse), Josef Freiherr von Hagenmüller zu Grünberg erbaute 1790 auf diesem Hügel mehrere Häuser, die Bewohner benannten die Ansiedlung „Grünberg"

Gründorfgasse, 14., seit 1906 (amtlich eigentlich: Gründorfstraße!), Karl Gründorf (1830–1906), Schauspieler, Regisseur, Bühnenautor (Schwänke, Volksstücke, Operntexte)

Gründungsweg, 22., seit 1966, zur Erinnerung an die Gründung der Siedlung

Grünentorgasse, 9., seit 1862 (1827–1862 Kirchengasse), nach einem Gasthausschild „Zum grünen Tor", bereits 1793 erwähnt

Grüne Stube, 14., seit 1957, alter Flurname

Grüngasse, 4. und 5., seit 1862, Vinzenz Grün (1812–1871), Grundbesitzer, eröffnete 1850 die Gasse mit vier Neubauten

Grünhaufen, 2., seit ca. 1880, Flurname

Grünlandweg, 14., seit 1967, führt ins Erholungsgebiet (Grünland)

Grünwaldgasse, 5., seit 1908, Josef Grünwald (1846–1903), Pfarrer von Matzleinsdorf, engagierter Seelsorger

Grundäckergasse, 10., seit 1956 (vorher: Dorfgasse), alter Riedname

Grundemanngasse, 22., Benennungsdatum und Herkunft unbekannt

Grundlgasse, 9., seit 1905, Anton Grundl (1825–1896), Pfarrer von Lichtental, ließ 1888 die Pfarrkirche renovieren, Mitbegründer des katholischen Gesellenvereins Alsergrund (Kolpinghaus)

Grundsteingasse, 16., seit 1883 (urspr.: Untere Gasse, Untere Hauptstraße, ab 1867: Gärtnergasse), 1704 wurde nach der Erbauung des Linienwalles und des ersten Hauses (Nr. 6) der Grundstein zur späteren Ortschaft Neulerchenfeld gelegt

Gruntzelstraße, 22., seit 1955 (vorher: Siegfriedstraße), Josef Gruntzel (1886–1934), Nationalökonom, 1908 Prof. für Volkswirtschaftslehre, Sekretär im Zentralverband der Industriellen

Gruschaplatz, 14., seit 1912, Dr. Josef Gruscha (1820–1911), Moraltheologe, 1890 Erzbischof von Wien, 1891 Kardinal, Engagement für die soziale Frage

Gschwandnergasse, 17., seit ca. 1864, Johann Gschwandner (1802–1862), Gastwirt, errichtete 1839 eine Vergnügungsstätte, die 1846 auf 500 Plätze erweitert wurde; sein Sohn Georg baute 1877 einen noch größeren Saal; „Der Gschwandner" wurde zum beliebten Ball-, Konzert- und Volkssängerlokal; Bruder Johann Gschwandner war Baumeister

Gschweidlgasse, 21., seit 1993, Fritz Gschweidl (1901–1970), Fußballer

Gsellhofergasse, 23., seit 1959, Carl Gsellhofer (1779–1858), Maler, Radierer

Gspöttgraben, 19., Benennungsdatum unbekannt, Flurname

Gudrunstraße, 3. und 10., seit 1900 (vorher: Geißelberger Weg, Simmeringer Straße, Berthagasse, Croatengasse), nach dem mittelhochdeutschen Epos „Gudrun" (13. Jahrhundert)

Günselgasse, 14., seit 1953, nach der Pflanze

Günthergasse, 9., seit 1875, Dr. Anton Günther (1783–1863), Philosoph, Priester, Begründer einer romantischen Theologie; seine Schüler gründeten den Altkatholizismus

Güpferlingstraße, 17., seit 1894 (vorher: Ottakringer Straße), Flurname, 1375 erwähnt, rundliche Bodenerhebung („Gupf")

Gürtelbrücke, 19., seit 1964, erbaut 1962 bis 1964

Gütenbachstraße, 13. und 23., Benennungsdatum unbekannt, nach dem Gütenbach, dem größten Nebenfluß der Liesing

Gugitzgasse, 19., seit 1966, Gustav Gugitz (1874–1964), Kulturhistoriker, Schriftsteller, Viennensia-Forscher, verkaufte eine 6.000 Bände umfassende Viennensia-Bibliothek an die Stadt Wien, umfangreiche publizistische Tätigkeit

Guglgasse, 3., seit 1895 gebräuchlich, 1959 offiziell benannt, nach der altansässigen Familie Gugl, die eine Gärtnerei betrieb

Gugliagasse, 22., seit 1959, Eugen Guglia (1857–1919), Chefredakteur der „Wiener Zeitung", Historiker, Publizist („Geschichte der Stadt Wien", 1892)

Guido-Lammer-Gasse, 22., seit 1962, Guido Lammer (1863–1945), Pionier des Alpinismus

Guldenbrücke, 13. und 14., 1896 erbaut, s. *Guldengasse*

Guldengasse, 14., seit 1894 (vorher: Wiengasse), Karl Gulden (1828–1902), Bürgermeister von Baumgarten (1865–1876)

Gumpendorfer Gürtel, 6., seit 1965 (vorher: Mollardgasse), s. *Gumpendorfer Straße*

Gumpendorfer Straße, 6., seit 1862 (urspr.: Im Saugraben, dann Kothgasse, Bräuhausgasse, Gumpendorfer Hauptstraße), zur Erinnerung an den alten Vorstadtnamen; Gumpendorf, 1130/40 urk. erwähnt, wurde 1850 Teil des damaligen 5. Bezirkes, 1861 des 6. Bezirkes

Gumplowiczstraße, 22., seit 1959, Dr. Ludwig Gumplowicz (1838–1909), Jurist, Soziologe, Univ.-Prof.

Gundackergasse, 22., seit 1972, Dipl.-Ing. Johann Gundacker (1887–1962), Oberstadtbaurat

Gunertweg, 22., seit 1984, Prof. Dr. Johann Gunert (1903–1982), Bibliothekar, Lyriker, Präsident der Grillparzer-Gesellschaft

Guneschgasse, 19., seit 1894 (vorher: Antoniengasse), Andreas Ritter von Gunesch (1799–1875), Superintendent der evangelischen Gemeinde H. B.

Gunoldstraße, 19., seit ca. 1874, Franz Michael Gunold (1797–1879), Holzhändler, Ortsrichter von Nußdorf (1837–1845), schenkte der Gemeinde den Grund für die Straße

Guntherstraße, 15., seit 1912, der Burgunderkönig Gunther, Gestalt aus der Nibelungensage

Guntherstraße, 22., Benennungsdatum unbekannt, s. vorher

Gurkgasse, 14., seit 1859 (vorher: Sackgasse), Eduard Gurk (1801 bis 1842), Maler, Kupferstecher

Guschelbauergasse, 21., seit 1952, Edmund Guschelbauer (1839–1912), Wiener Volksliedsänger, Coupletdichter („Der alte Drahrer")

Gusengasse, 21., seit 1953, Nebenfluß der Donau bei Linz

Gusenleithnergasse, 14., seit 1907, Georg Gusenleithner (1836–1907), Bürgermeister von Penzing (1879–1892), Bezirksvorsteher des 13. Bezirks (1897–1907)

Gusindegasse, 13., seit 1975, Dr. Martin Gusinde (1886–1969), Ethnologe, Univ.-Prof.

Gussenbauergasse, 9., seit 1910, Dr. Carl Gussenbauer (1842–1903), Chirurg, 1894 als Nachfolger seines Lehrers Billroth Leiter der II. Chir. Universitätsklinik in Wien, befaßte sich mit Operationstechniken und der Infektion

Gußhausstraße, 4., seit 1873, nach einer 1750 errichteten Kanonengießerei („Gußhaus"), später in eine Kunsterzgießerei umgewandelt

Gußriegelstraße, 10., seit 1904, Flurname (1787 als „In Grußriefeln" [sic!] erwähnt)

Gustav-Brünner-Straße, 13., seit 1933, Gustav Brünner (1824–1905), Bürgermeister von Mauer (1879–1882), Gemeinderat (1872 bis 1875), Begründer einer Lampenfabrik

Gustav-Pick-Gasse, 19., seit 1966, Gustav Pick (1832–1921), Wienerlieder-Komponist („Fiakerlied")

Gustav-Seidl-Gasse, 13., seit 1906, Gustav Seidl (1816–1887), Bürgermeister von Hacking (1878–1886)

Gustav-Tschermak-Gasse, 18. und 19., seit 1935 (vorher: Dittesgasse), Dr. Gustav Tschermak, Edler von Seysenegg (1836 bis 1927), Mineraloge, Universitätsprofessor

Gusterergasse, 14., seit 1948 (1929 irrtümlich Gustrogasse benannt, 1948 richtiggestellt), Josef Gusterer (1819–1848), Taglöhner, fiel in der Märzrevolution 1848, s. *Achtundvierzigerplatz*, s. *Märzstraße*

Gutenberggasse, 7., seit 1862 (vorher: Johannesgasse), Johann Gutenberg (eig. Johannes Gensfleisch, um 1400 bis 1468), Erfinder des Buchdrucks („Gutenbergfibel", um 1455)

Gutheil-Schoder-Gasse, 23., seit 1961, Maria Gutheil-Schoder (1874–1935), Opernsängerin (gefeierte Mozartsängerin)

Gutraterplatz, 16., seit 1901, Gabriel Gutrater (gest. 1529), Bürgermeister von Wien, Stadtschreiber

Gutzkowplatz, 13., seit 1932, Karl Gutzkow (1811–1878), deutscher Dichter, Repräsentant des „Jungen Deutschland"

Gymnasiumstraße, 18. und 19., seit 1894 (im 18. Bezirk vorher Feldgasse, im 19. Bezirk Währinger Straße), nach dem 1887 erbauten Döblinger Gymnasium

Gyrowetzgasse, 14., seit 1894 (vorher: Mayrgasse), Adalbert Gyrowetz (1763–1850), Komponist, Hofkapellmeister, gehörte zu den meistgespielten Komponisten seiner Zeit (30 Opern, 40 Ballette, 40 Symphonien, 43 Streichquartette usw.)

H

Haarhof, 1., urk. erstmals 1444 als Handelsplatz der Flachshändler erwähnt (Flachs-„haar"!)

Haasgasse, 2., seit 1885, Simon Anton Haas (1810–1879), Bezirksvorsteher (1874 bis 1878), Gemeinderat (1872–1879), Direktor der Ersten österr. Spar-Casse

Haberditzlgasse, 21., seit 1954, Franz Haberditzl (1882–1944), Kunsthistoriker, beschäftigte sich mit der flämischen Kunst des 17. Jhds.

Haberlandtgasse, 22., seit 1955 (vorher: Reitergasse), Dr. Michael Haberlandt (1860 bis 1940), Ethnologe, Gründer des Völkerkundemuseums (1895)

Haberlgasse, 16., seit 1867 (vorher: Reinhartgasse; endgültige Benennung erst 1959), Johann Haberl (1812–1883), Kaufmann und Bürgermeister von Neulerchenfeld (1864 bis 1882)

Habichergasse, 16., seit 1883, Konstantin Habicher (1830–1897), Bezirkshauptmann von Hernals

Haböckgasse, 23., seit 1973 (vorher: Haböckweg), Franz Haböck (1868–1921), Musikpädagoge, 1905 Professor

Habsburgergasse, 1., seit 1862 (vorher: Obere Bräunerstraße), nach der seit 1278 herrschenden Dynastie der Habsburger; im 14. Jhd. Preidenstraße, im 17. Jhd. Preinerstraße

Hackenberggasse, 19., seit 1876, führt auf den 360 m hohen, schon 1355 urkundlich genannten Hackenberg; Hacken war ein altes Wiesenmaß

Hackenbergweg, 19., seit 1992 amtlich, s. *Hackenberggasse*

Hackengasse, 15., seit ca. 1864, nach dem Gasthausschild „Zu den drei Hacken"

Hackhofergasse, 19., seit 1894 (bis 1875 Berggasse, 1875–1894 Färbergasse), Ignaz Hackhofer (1785–1854), Hausbesitzer, Gründer einer Färberei in Nußdorf

Hackinger Hof, 13., seit 1908, zur Erinnerung an den historischen Gebäudenamen, s. *Hackinger Straße*

Hackinger Kai, 13., Benennungsdatum unbekannt, nach seiner Lage, s. *Hackinger Straße*

Hackinger Steg, 13. und 14., 1898 errichtet, 1966 und 1993/94 erneuert

Hackinger Straße, 13. und 14., seit 1908 (vorher teilweise Hackinger Kai, bis 1894 Alleegasse in Hacking, An der Wien in Baumgarten), zur Erinnerung an das alte Bauerndorf, vor der Eingemeindung zählte es 1.264 Einwohner, Hacking kam 1892 zum 13. Bezirk, 1938 zum 14. Bezirk

Hadatschgasse, 11., seit 1894 (vorher 2. Landengasse), Franz Josef Hadatsch (1798 bis 1849), Schriftsteller (Romane, Gedichte)

Hadersbergensteig, 23., seit 1965, Riedname

Hadikgasse, 14., seit 1894 (vorher: Parkgasse), Andreas Graf Hadik von Futak (1711 bis 1790), Feldmarschall-Leutnant im Siebenjährigen Krieg (1756–1763), später Generalfeldmarschall, besaß Besitz in Baumgarten

Hadlaubgasse, 22., seit 1954, Johann Hadlaub (1302–1340), Schweizer Minnesänger

Hadrawagasse, 22., seit 1955 (vorher: Johann-Strauß-Gasse), Josef Johann Hadrawa (1869–1950), Schriftsteller (Volksstücke, Wienerlieder)

Haebergasse, 12., seit 1894 (vorher: Sackgasse), Dr. Franz Haeber (1788–1880), Armenarzt in Gaudenzdorf

Haeckelstraße, 23., seit 1947 (1938–1947 Holzweberstraße), Ernst Haeckel (1834 bis 1919), Zoologe, 1862–1919 Prof. in Jena, prägte um 1866 den Begriff Ökologie

Hägelingasse, 14., seit 1894 (vorher: Schulgasse), Franz Karl Hägelin (1735–1809), Schöpfer der Normal- und Realschule unter Maria Theresia, Mitglied der obersten Zensurbehörde

Hämmerlegasse, 10., seit 1956, Theodor Hämmerle (1859–1930), Mitgründer des Wiener Konzertvereins, Mäzen, Textilindustrieller

Händelgasse, 17. und 18., seit 1927, Georg Friedrich Händel (1685–1759), Komponist (Opern, Oratorien, Orgel- und Klavierkompositionen)

Hänflingweg, 14., seit 1953, nach dem Vogel (Finkenart)

Haengasse, 22., seit 1972, Dr. Anton de Haen (1704–1776), Arzt, begründete die 1. medizinische Klinik der Uni Wien, beschäftigte sich mit Fieberkrankheiten

Hänischgasse, 22., seit 1975, Alois Hänisch (1866–1937), Maler (Stilleben)

Haeussermannweg, 3., seit 1977, Reinhold Haeussermann (1884–1947), Burgschauspieler, Vater von Ernst Haeussermann (1916–1984), Burgtheaterdirektor 1959 bis 1968, 1970 Direktor des Theaters in der Josefstadt; 1987 wurde der HW. auch auf Ernst H. ausgedehnt

Häußlergasse, 22., seit 1965, Dr. Franz Häußler (1899–1958), Pädagoge, Psychologe

Hafenbrücke, 2. und 11., verbindet den Praterspitz mit Albern

Hafengasse, 3., seit 1862 (vorher: Klimschgasse, Kanalgasse), hier befand sich der Hafen des Wiener Neustädter Kanals, der 1879 aufgelassen wurde

Hafenzufahrtstraße, 2., seit 1912, nach dem Freudenauer Winterhafen

Haffnergasse, 22., seit 1955 (vorher: Haydngasse), Carl Haffner (1804–1876), Schriftsteller, Schauspieler (Textbuch zur „Fledermaus")

Hafnergasse, 2., seit 1862 (vorher: Kleine Hafnergasse), ehemaliger Sitz von Töpfern und Hafnern

Hafnersteig, 1., seit 1786 geläufig für den ganzen Straßenzug; bis ca. 1547 „Unter den Hafnern", 1710 Hafnergässl; nach den Betriebs- und Verkaufsstätten der ansässigen Hafner

Hagebuttenweg, 22., seit 1955, nach der gleichnamigen Frucht der Heckenrose

Hagedornweg, 22., seit 1944, nach der Hecke

Hagenberggasse, 13., seit 1907, nach dem gleichnamigen Berg (411 m hoch)

Hagenbrunner Straße, 21., Benennungsdatum unbekannt, führt nach Hagenbrunn in Niederösterreich

Hagengasse, 15., seit 1912, nach dem Burgunder Hagen von Tronje aus der Nibelungensage

Hagenmüllergasse, 3., seit 1874, Franz Josef Freiherr von Haggenmüller zu Grienberg (sic!, 1746–1824), Besitzer der Herrschaft Erdberg, Wohltäter

Hagenpromenade, 21., seit 1994, Flurname

Hahnemanngasse, 21., seit 1993, Wilhelm Hahnemann (1914–1991), Fußballer

Hahngasse, 9., seit 1862 (1853 Weiße Hahngasse, 1938–1945 Sennhofergasse), nach dem Gasthaus „Zum weißen Hahn"

Haidackergasse, 12., seit 1902 (vorher: Friedhofstraße), alter Flurname

Haidengasse, 23., Benennungsdatum unbekannt, nach den dortigen Haide(Heide)-flächen

Haidequerstraße, 11., seit 1884, Verkehrswege quer über die Simmeringer Haide: urspr. 1.–9. Haidequerstraße (3., 4. und 6. aus dem amtlichen Verkehrsflächenverzeichnis gestrichen), s. Einleitung

Haidersberggasse, 14., seit 1956, alter Flurname

Haidestraße, 11., seit 1884, führt über die Simmeringer Haide

Haidgasse, 2., seit 1862 (vorher: Badgasse; um 1625 Mittlere Gasse), nach einer hier befindlichen Heide (früher war die Schreibweise Haide üblich)

Haidingergasse, 3., seit 1874, Wilhelm Ritter von Haidinger (1795–1871), Mineraloge, Geologe, Gründer und erster Direktor der Geologischen Reichsanstalt (1849 bis 1866; heute Geol. Bundesanstalt)

Haidmannsgasse, 15., seit 1876, Johann Anton Haidmanns, Besitzer des Haidmannsfeldes, auf dem später die Kirche Maria vom Siege erbaut wurde

Haidschüttgasse, 21., seit 1901, nach der ehemaligen Insel im alten Donaugebiet

Hainbachgasse, 14., seit 1970, nach dem in der Nähe entspringenden Hainbach

Hainburger Straße, 3., seit 1883 (früher: Lustgasse, Wällischgasse, Paulushöhe), nach der Stadt Hainburg/Donau

Hainburger Weg, 3., seit 1991, s. *Hainburger Straße*

Haindlgasse, 11., seit 1904, Johann Haindl (1834–1896), Landwirt, letzter Bürgermeister von Kaiserebersdorf (1873–1891)

Haizingergasse, 18., seit 1894 (vorher: Ferstelgasse), Amalie Haizinger (1800 bis 1884), Schauspielerin, 1846–1875 am Burgtheater engagiert

Hakelgasse, 11., seit 1901, Jakob Hakel (1772–1832), Besitzer der Herrschaft Simmering (1816–1832), Großfuhrwerksbesitzer

Halauskagasse, 23., seit 1957, Ludwig Halauska (1827–1882), Maler, Graphiker (Landschaften)

Halban-Kurz-Straße, 23., seit 1983, Selma Halban-Kurz (1874–1933), Opernsängerin

Halbgasse, 7., so benannt, weil sie nur halb so lang wie die Parallelgassen war, bis 1770 Lange Gasse, 1800 Herrengasse

Halblehenweg, 22., seit 1944, Flurname

Halbrittergasse, 23., Benennungsdatum unbekannt, Gottfried Halbritter (1835–1905), Finanzreferent der Gemeinde Rodaun

Halirschgasse, 17., seit 1904 (vorher: Pezzlgasse), Friedrich Ludwig Halirsch (1802 bis 1852), Dichter (Dramen, Novellen, Balladen), Burgtheaterkritiker

Hallensteingasse, 12., seit 1959, Konrad Adolf Hallenstein (1835–1892), Burgschauspieler

Hallergasse, 11., seit 1894 (vorher: Gärtnergasse), Albrecht von Haller (1708–1777), Arzt, Anatom, Botaniker, Dichter, Maler

Halmgasse, 2., seit 1876, Friedrich Halm (eigentlich Eligius Freiherr von Münch-Bellinghausen, 1806–1871), Dichter (Dramatik, Lyrik), gehörte zu den beliebtesten Theaterautoren seiner Zeit

Halteraugasse, 19., seit 1875, frühere Donauau, in der die Halter (Hirten) ihr Vieh weiden ließen

Halterlacken, 11., seit 1894, Flurname (zur Erinnerung an einen vor der Donauregulierung bestandenen Teich, zu dem die Halter = Viehhirten ihr Vieh zur Tränke führten), uspr. Haltergasse

Hamburgerstraße, 5., seit 1911, Karl Hamburger (1848–1891), Gemeinderat (1887 bis 1891), Klavierfabrikant

Hameaustraße, 19., seit 1894 (vorher: Marienstraße), französische Bezeichnung für Weiler, Dörfchen; Graf Lascy ließ dort einen Lust- und Landschaftsgarten gestalten, s. *Lascystraße*

Hameauweg, 17., s. *Hameaustraße*, s. *Lascystraße*

Hamerlinggasse, 14., Benennungsdatum unbekannt, Robert Hammerling (1830 bis 1889), Lehrer, Schriftsteller (Lyrik, Novellen, Dramen, Epen, Autobiographie „Stationen meiner Lebenspilgerschaft")

Hamerlingplatz, 8., seit 1904, s. *Hamerlinggasse*

Hamerlingweg, 11., nichtamtlich, s. vorher

Hamiltongasse, 14., seit 1894 (vorher: Feldgasse), Johann Andreas Graf Hamilton-Aberçou (1679–1778), Offizier unter Prinz Eugen, Ordonnanz bei der Erstürmung Belgrads 1717, Nachfolger Eugens als Präsident des Hofkriegsrates

Hammerfestweg, 22., seit 1994, s. *Trondheimgasse*, s. Einleitung

Hammer-Purgstall-Gasse, 2., seit 1894 (vorher: Antonsgasse), Josef Freiherr von Hammer-Purgstall (1774–1856), Dichter, Orientalist, Übersetzer („Tausend und eine Nacht"), Geograph

Hammerschmidtgasse, 19., seit 1894 (vorher: Heiligenstädter Straße), Karl Hammerschmidt (1804–1868), Pfarrer von Nußdorf (1852–1868)

Hammerschmiedgraben, 19., seit 1982, zur Erinnerung an eine einst am Anfang des Weges bestandene Hammerschmiede

Hanakgasse, 14., seit 1952, Anton Hanak (1875–1934), Bildhauer (Plastiken, Denkmäler), Mitglied der Secession, z. B. Denkmal der Gefallenen des Ersten Weltkrieges und die Opfer des 15. Juli 1927 am Zentralfriedhof, Victor-Adler-Büste des Republikdenkmals neben dem Parlament

Hanauskagasse, 12., seit 1904, Leopold Hanauska (1815–1899), Pfarrer von Meidling

Handel-Mazetti-Gasse, 22., seit 1981, Enrica von Handel-Mazetti (1871–1955), Schriftstellerin (Romane, Novellen, Lyrik)

Handelskai, 2. und 20., seit 1884, nach den Lagerhäusern, Schiffsanlegeplätzen, Kaianlagen

Handlirschgasse, 17., seit 1966, Dr. Anton Handlirsch (1865–1935), Hofrat im Naturhistorischen Museum, Insektologe

Hanfgasse, 22., seit 1993, nach dem gleichnamigen Gewächs

Hanglüßgasse, 15., seit ca. 1864, Riedname, schon 1335 („In den hangenden Lüssen", hangend = Abhang, Lüssen = Grundstücke)

Hannbaumstraße, 14., Benennungsdatum unbekannt, alter Flurname

Hannovergasse, 20., seit 1869, nach der Königsfamilie von Hannover, die mit dem Heer nach der Niederlage von 1866 nach Wien flüchtete; Hannover war im preußisch-österr. Krieg 1866 auf Seite Österreichs gestanden

Hannplatz, 19., seit 1924, Julius von Hann (1839–1921), Meteorologe, 1878–1897 Direktor der Zentralanstalt für Meteorologie und Geodynamik, Lehrtätigkeit, wissenschaftliche Publikationen

Hansalgasse, 3., seit 1886; Martin Ludwig Hansal (1825–1885), Afrikaforscher, österr. Vizekonsul in Khartum, während des Mahdiaufstandes ermordet

Hanschweg, 13., seit 1930, Anton Hansch (1813–1876), Landschaftsmaler (Alpen)

Hanselmayergasse, 13., seit 1910, Franz Hanselmayer (1815–1906), letzter Bürgermeister von Hietzing und erster Bezirksvorsteher (1892–1897)

Hansenstraße, 1., seit 1894 (vorher: Amaliengasse, Amalienstraße), Theophil Eduard Freiherr von Hansen (1813–1891), Däne, produktivster aller Ringstraßenarchitekten (Parlament, Börse, Heinrichshof)

Hansi-Niese-Gasse, 19., seit 1935, Hansi Niese (1875–1934), Volksschauspielerin

Hansi-Niese-Weg, 13., seit 1926 (vorher: Serpentinenweg), s. vorher

Hans-Leinkauf-Platz, 17., seit 1994, Hans Leinkauf (1910–1974), Bezirksparteiobmann der ÖVP Hernals, Gemeinderat 1954–1974, Gründungsmitglied der Kameradschaft der politisch Verfolgten

Hanslgasse, 21., seit 1971 (vorher: Hanslweg), Märchenfigur, eigentlich Hänsel (und Gretel), s. *Gretlgasse*

Hans-Muhr-Promenade, 14., Benennungsdatum unbekannt, Hans Muhr (1878 bis 1932), Kleingartenfunktionär der Siedlung „Am Bierhäuselberg"

Hans-Richter-Gasse, 19., seit 1919, Dr. Hans Richter (1843–1916), Hofkapellmeister

Hans-Sachs-Gasse, 18., seit 1894 (vorher: Wildemanngasse), Hans Sachs (1494 bis 1576), Dichter, Meistersinger (4.000 Meisterlieder, Fastnachtspiele), Schriften für die Reformation, durch Richard Wagners Oper berühmt geworden

Hans-Spitzy-Gasse, 21., seit 1959, Dr. Hans Spitzy (1872–1956), Orthopäde

Hans-Steger-Gasse, 22., seit 1910, Hans Steger (ca. 1398–ca. 1459/60), Bürgermeister von Wien (1434–1439, 1443, 1447–1449), Besitzer der Herrschaft Hirschstetten

Hans-Temple-Gasse, 23., seit 1959, Hans Temple (1857–1931), Maler

Hantzenbergergasse, 10., seit 1911, Jakob Hantzenberger (1718–1799), Priester, Wohltäter (stiftete 50.000 Gulden für Waisenhäuser)

Hanuschgasse, 1., seit 1924 (vorher ab 1865 Hofgartengasse), Ferdinand Hanusch (1866 bis 1923), Sozialpolitiker, Sozialdemokrat, 1918 Staatssekretär für soziale Fürsorge (Neugestaltung des Angestelltengesetzes)

Hardeggasse, 22., Benennungsdatum unbekannt, nach Johann Anton Hardegg (1773 bis 1825), Feldmarschall-Leutnant; Johann Ignaz (1772–1848), Kavallerie-General; Johann Heinrich (1778–1854), Kavallerie-General; alle Verdienste in der Schlacht von Aspern (1809) gegen Napoleon

Hardtgasse, 19., seit 1894 (vorher: Neugasse), Flurname, urkundlich 1292 erwähnt (von hart = fester, sandiger Boden), wie *Hartäckerstraße*

Hardtmuthgasse, 10., seit 1894 (vorher: Franz-Josefs-Gasse und Rudolfsgasse), Joseph Hardtmuth (1752–1816), Bleistifterzeuger, kam 1786 nach Wien und brachte es vom Maurerlehrling zum Baudirektor, 1802 erfand er die keramische Bleistiftmine; 1829 stellte seine Fabrik 200.000 Dutzend Bleistifte her, das Verwaltungszentrum befand sich seit 1906 im 9. Bezirk, 1992 Übersiedlung ins Burgenland

Harkortstraße, 2., seit 1898, Kaspar Johann Harkort (1785–1877), Inhaber einer Duisburger Baufirma, die die Rotunde und die Ostbahnbrücke errichtete

Harlacherweg, 22., seit 1957, August R. Harlacher (1842–1890), Begründer der Wassermeßkunde (Hydrometrie)

Harmoniegasse, 9., seit 1865, nach dem ehemaligen „Harmonietheater“, 1864/65 erbaut, später „Orpheum“, dann „Neue Wiener Bühne“; 1928 geschlossen

Harrachgasse, 22., seit 1873, Graf Karl Harrach (1761–1829), Arzt, Humanist, kümmerte sich um die Armen und um entlassene Sträflinge

Hartäckerstraße, 19., seit 1894 (vorher: Pötzleinsdorfer Straße), Flurname (von hart = fester, sandiger Boden), wie *Hardtgasse*

Harthausergasse, 12., seit 1894 (vorher: Wiengasse), Lukas Harthauser (1817 bis 1889), Färber, Gemeinderat von Gaudenzdorf

Hartlebengasse, 22., seit 1933, Otto Erich Hartleben (1864–1905), deutscher Dichter („Rosenmontag“, 1900)

Hartlgasse, 20., seit 1956, Dr. Karl Hartl (1878 bis 1941), Autor der Wiener Stadtverfassung von 1931, Jurist, Magistratsdirektor; 1934 politisch bedingt seines Dienstes enthoben

Hartmanngasse, 5., seit 1826 (urspr. Tempelgasse), Johann Georg Hartmann (1772 bis 1850), Wohltäter, Seidenwarenfabrikant, Mitglied des Äußeren Stadtrats

Hartriegelgasse, 22., seit 1954, nach dem Strauch

Hartwig-Balzen-Gasse, 21., seit 1994, Hartwig Balzen (1909–1982), Pfarrer, Arbeiterseelsorger

Haschgasse, 11., seit 1961, Dr. Alexander Hasch (1778–1855), Fachmann des Materialprüfwesens für Baustoffe, Oberstadtbaurat

Haschkagasse, 12., seit 1894 (vorher: Gymnasiumstraße), Lorenz Leopold Haschka (1749–1827), Lehrer, Lyriker (dichtete patriotische Oden, von ihm stammt die Kaiserhymne „Gott erhalte Franz, den Kaiser“)

Haselbrunnerstraße, 23., Benennungsdatum unbekannt, Josef Haselbrunner (1851 bis 1913), Bürgermeister von Kalksburg (1882–1904), Schlossermeister

Haselnußweg, 22., seit 1978, nach der Frucht

Hasenauerstraße, 18. und 19., seit 1894 (vorher: Parkstraße), Karl Freiherr von Hasenauer (1833–1894), Architekt (erbaute mit Gottfried Semper das Burgtheater)

Hasengasse, 10., seit 1862, hier wurden noch um 1850 Hasenjagden abgehalten

Hasenhutgasse, 12., seit 1930, Anton Hasenhut (1760–1841), Schauspieler, Schöpfer der volkstümlichen Figur des „Thaddädl“

Hasenleitengasse, 11., seit 1894 (vorher: Laaer Weg), Flurname

Hasenöhrlstraße, 10., seit 1956, Dr. Friedrich Hasenöhrl (1874–1915), Physiker, Prof. an der Universität Wien

Hasensteig, 14., Benennungsdatum unbekannt, nach dem Tier

Hasenwartgasse, 23., seit 1954 (vorher: Johann-Strauß-Gasse), Riedname

Hasibederstraße, 22., seit 1983, Ferdinand Hasibeder (1920–1982), Philanthrop

Haslingergasse, 16. und 17., seit 1894 (urspr. Große Sackgasse, dann Kleine Sackgasse, schließlich Sterngasse), Tobias Haslinger (1787–1842), Musikverleger, Kunsthändler

Hasnergasse, 22., Benennungsdatum und Herkunft unbekannt

Hasnerstraße, 16., seit 1883 (vorher: Bernard- und Gablenzgasse), Leopold Hasner Ritter von Artha (1818–1891), Professor der politischen Ökonomie an der Universität Wien, 1867 ins Herrenhaus berufen, Sprecher der Verfassungspartei, 1867–1870 Minister für Cultus und Unterricht, 1869 Reichsvolksschulgesetz (8jährige Schulpflicht, weltliche Schulaufsicht)

Haspelmeistergasse, 14., seit 1958, nach dem Haspelmeister, dem das Haspelamt vorstand; der Haspelmeister beaufsichtigte im 15./16. Jhd. die kaiserlichen Hasengehege

Haspingergasse, 8., Benennungsdatum unbekannt; s. *Haspingerplatz*

Haspingerplatz, 21., seit 1898, Johann Haspinger (1776–1858), Pfarrer, Tiroler Freiheitskämpfer (enger Mitarbeiter von Andreas Hofer), mußte Tirol verlassen und lebte dann in Wien

Hassingergasse, 21., seit 1954, Dr. Hugo Hassinger (1877–1952), Geograph, zahlreiche wissenschaftliche Publikationen

Haßlwanderweg, 22., seit 1928, Josef Haßlwander (1812–1873) und sein Sohn Friedrich (1840–1914), beide Historienmaler

Haßreitersteig, 23., seit 1935 (vorher ab 1886: Gartengasse), Josef Haßreiter (1845 bis 1940), Ballettmeister, Tänzer, Regisseur; 20 Jahre Solotänzer an der Staatsoper

Hasswellgasse, 21., seit 1936, John Hasswell (1812–1897), Gründer des österreichischen Lokomotivbaues

Hatschekgasse, 22., seit 1953, Ludwig Hatschek (1856–1914), Erfinder des „Eternit“ (Asbestzement), Industrieller

Haubenbiglstraße, 19., seit 1903 (vorher: Teil der Hungerbergstraße), Flurname (abgeleitet von hügelförmigen Bodenerhebungen)

Hauerweg, 19., seit 1912, ein von Weinhauern benutzter Weg

Hauffgasse, 11., seit 1894 (vorher: Hirschengasse), Wilhelm Hauff (1802–1827), Dichter (Märchen, Novellen), z. B. „Das Wirtshaus im Spessart“

Haugerstraße, 11., seit 1940, Georg Hauger (1792–1858), Tiroler Freiheitskämpfer (1809), exhumierte 1823 die Gebeine von Andreas Hofer

Haulerstraße, 9., seit 1934 (vorher ab 1925: Paul-Hock-Straße), Johann Hauler (1829 bis 1888), Altphilologe; schrieb Unterrichtsbücher für Mittelschulen, Verdienste um den Verein „Mittelschule“

Haunzahndgasse, 12., seit 1922, nach einem „lebenden“ Gartenzaun (aus Sträuchern, meistens Hagedornbüsche)

Hauptallee, 2., 1537/38, die erste Straßenanlage in den Donauauen, die heutige Straße seit 1837

Hauptstraße, 14., Benennungsdatum unklar, trug diesen Namen bereits in der damals selbständigen Gemeinde Hadersdorf

Hauptweg, 17., nichtamtliche Bezeichnung

Hausergasse, 10., seit 1875, Georg Hauser, Baumeister zu St. Stephan (arbeitete im 15./16. Jhd. am Nordturm der Stephanskirche)

Hausfeldstraße, 22., seit 1910 (vorher: Breitenleer Straße), Flurname

Hausgrabengasse, 23., seit 1967, der Grund, auf dem das Schloß Liesing stand, wurde so bezeichnet (heute Altersheim Liesing)

Hausgrundweg, 22., seit 1920 (vorher: Kaiserweg), Flurname

Hauslabgasse, 4. und 5., seit 1891, Franz Ritter von Hauslab (1798–1833), General, Maler, Kartograph

Haussteinstraße, 2., seit 1899, benannt nach einer Donauinsel bei Grein, die 1856–1858 gesprengt wurde

Hauswurzgasse, 22., seit 1954, nach der Pflanze

Havannaweg, 22., amtlich seit 1984, nach der kubanischen Hauptstadt, vorher ebenso nicht amtlich

Hawelgasse, 18., seit 1925, Rudolf Hawel (1860–1923), Volksschullehrer, Schriftsteller (sozialkritische Volksstücke)

Hawlicekgasse, 21., seit 1937, Vinzenz Havlíček (sic!, 1864–1915), Wiener Aquarellmaler

Haydlergasse, 16., seit 1897, Matthias Haydler (gest. 1676), Ortsrichter von Ottakring

Haydngasse, 6., seit 1862 (vorher: Kleine Steingasse), Joseph Haydn (1732–1809), Komponist (Oratorien, Messen, Symphonien, Opern)

Hayekgasse, 21., seit 1994, Univ.-Prof. Dr. Friedrich August Hayek (1899–1992), Nationalökonom, 1974 Nobelpreis für Wirtschaftswissenschaften, trat durch wettbewerbs- und konjunkturtheoretische Arbeiten hervor

Haymerlegasse, 16., seit 1894 (vorher: Engerthgasse, 1938–1945 Adalbert-Schwarz-Gasse), Heinrich Freiherr von Haymerle (1828–1881), Diplomat, bereitete als Außenminister den Abschluß des Dreibundvertrages vor

Haymogasse, 23., seit 1928, nach Haymo von Neuburg, Angehöriger eines alten Rittergeschlechtes (13. Jhd.)

Hebbelgasse, 10., seit 1869 (vorher: Berlagasse), Friedrich Hebbel (1813–1863), Dichter („Judith", 1840, „Genoveva", 1841, „Nibelungentrilogie", 1860 abgeschlossen)

Hebbelplatz, 10., seit 1913, s. *Hebbelgasse*

Hebragasse, 9., seit 1886 (1938–1945: Albertgasse), Ferdinand Ritter von Hebra (1816 bis 1880), Dermatologe, Arzt; fand wirksame Behandlung gegen die Hautkrätze, machte Wien zum Mittelpunkt der dermatologischen Forschung und Lehre

Hechtweg, 22., Benennungsdatum unbekannt, nach dem Fisch

Heckenweg, 22., seit 1924, Flurname

Hederichgasse, 10., seit 1957, nach der gleichnamigen Pflanze

Hedwiggasse, 2., seit 1865; Benennung nicht ganz klar, vermutlich nach der Gattin des Schriftstellers Adolf Bäuerle, s. *Bäuerlegasse*

Hedy-Urach-Gasse, 13., seit 1949 (vorher: Tolstojgasse), Hedy Urach (1910–1943), führende Funktionärin der KPÖ, 1941 verhaftet und nach zweijähriger Folterhaft 1943 hingerichtet

Heeresmuseumstraße, 3., seit 1958, nach dem im Arsenal befindlichen Heeresgeschichtlichen Museum

Hegelgasse, 1., seit 1865, Wilhelm Hegel (1770–1831), Philosoph

Hegergasse, 3., seit 1894, Ignaz Jakob Heger (1808–1854), Förderer der Gabelsberger Stenographie

Heidelgasse, 11., seit 1964, Flurname

Heidenreichsteinweg, 21., seit 1954, nach der Stadt im Waldviertel (NÖ)

Heidenschuß, 1., 1274 erstmals urk. erwähnt; nach dem Hausschild, dessen Herkunft unklar ist (die alte Sage vom Bäckergesellen, der 1529 Minen der Türken entdeckte, ist widerlegt)

Heiderichstraße, 16., seit 1936 (vorher: Roterdstraße), Dr. Franz Heiderich (1863 bis 1926), Geograph, Verfasser von Schullehrbüchern

Heidestraße, 14., Benennungsdatum unbekannt, nach den Heideflächen, die vor Errichtung der Kleingartenanlage bestanden

Heideweg, 14., nichtamtliche Bezeichnung, s. *Heidestraße*

Heigerleinstraße, 16. und 17., seit 1897, Johann Heigerlein von Leutkirch, eigentlich Fabri (1478–1541), Bischof von Wien, Humanist, Diplomat, stiftete das Konvikt St. Niklas in der Singerstraße, um den Priesternachwuchs zu fördern; weihte 1531 die wiederaufgebauten Kirchen in Ottakring nach den Türkenkriegen

Heiligenstädter Brücke, 19. und 20., seit 1919, 1883/84 als Kaiser-Franz-Josephs-Brücke errichtet, s. *Heiligenstädter Straße*

Heiligenstädter Lände, 9. und 19., Benennungsdatum unbekannt (um 1800 Hufsteig), s. *Heiligenstädter Straße*

Heiligenstädter Straße, 19., seit 1894 (um 1706 Nußdorfer Weg, 1721–1894 Nußdorfer Straße, 1938–1945 teilweise Berliner Straße), zur Erinnerung an den alten Vorortnamen; Heiligenstadt, 1120 als St. Michael, um 1200 mit dem jetzigen Namen erwähnt, wurde 1890/92 dem 19. Bezirk angeschlossen, 1890 hatte Heiligenstadt 5.580 Einwohner

Heimgasse, 23., nach der Baugenossenschaft „Mein Heim"

Heimkehrergasse, 10., seit 1957 (vorher: Vereinsgasse), nach der Siedlung „Heimkehrer"

Heimschollegasse, 13., seit 1932, nach der gleichnamigen Siedlungsgenossenschaft

Heimstättenstraße, 14., Benennungsdatum unbekannt, zur Würdigung der neuen „Heimstätten" der Siedler

Heindlgasse, 16., seit 1888, Johann Baptist Heindl (1821–1885), Gemeinderat, Apotheker, Ehrenbürger von Ottakring

Heinestraße, 2., seit 1919 (urspr. Augarten-Allee, später Schavel-Allee, Augarten-Alleestraße, bis 1919 Kaiser-Joseph-Straße, 1938–1945 Schönererstraße), Heinrich Heine (1797–1856), bedeutendster deutscher Lyriker zwischen Romantik und Realismus („Deutschland, ein Wintermärchen", „Atta Troll")

Heingasse, 21., seit 1903, Dr. Wilhelm Hein (1861–1903), Schriftsteller, Orientalist, Museumsethnograph

Heinickegasse, 15., seit 1894 (vorher: Braunhirschengasse), Samuel Heinicke (1729 bis 1790), Begründer des Taubstummenunterrichts

Heinrich-Collin-Straße, 14., seit 1901, Heinrich Joseph von Collin (1771–1811), Dichter (Lyrik, Balladen, Dramen), für das Drama „Coriolan" schrieb Beethoven eine Ouvertüre

Heinrich-Kneissl-Gasse, 14., seit 1956, Heinrich Wolf Kneissl von Häkingen, im 16. Jhd. als kaiserlicher Waldmeister (Forstmeister) genannt (Häkingen bedeutet vermutlich Hacking)

Heinrich-Lefler-Gasse, 22., seit 1932, Heinrich Lefler (1863–1919), Maler, Graphiker

Heinrich-Maxa-Gasse, 2., seit 1993, Heinrich Maxa (1907–1992), Bezirksvorsteher-Stellvertreter der Leopoldstadt (1969–1973), Landesobmannstellvertreter des Wr. Seniorenbundes

Heinrich-Mitteis-Gasse, 21., seit 1954, Dr. Heinrich Mitteis (1889–1952), Rechtshistoriker, Univ.-Prof.

Heinrich-von-Buol-Gasse, 21., seit 1976, Dr. Dr. h. c. Heinrich von Buol, (1880–1945), Direktor der Siemens-Halske AG

Heinrichsgasse, 1., seit 1862, Erzherzog Heinrich Anton Maria Rainer (1828–1891), Feldmarschall-Leutnant

Heinzelmanngasse, 20., seit 1885, Johann Heinzelmann (1810–1885), Bezirksvorsteher der Leopoldstadt (1878–1885)

Heinz-Nittel-Weg, 13., seit 1991, Heinz Nittel (1930–1981), Präsident der österr.-israelischen Gesellschaft, Stadtrat für Straße, Verkehr und Energie (SPÖ), ermordet am 1. Mai 1981

Heißgasse, 23., seit 1957 (vorher: Eichengasse), Johann Heiß (1874–1952), Gemeinderat von Mauer

Heistergasse, 20., seit 1876, Siegbert Graf Heister (1646–1718), Feldherr; Verdienste bei der Verteidigung Wiens 1683, auch an den Türkenkriegen 1664 und 1717 beteiligt

Heizwerkstraße, 23., seit 1973, nach dem städtischen Heizwerk

Helblinggasse, 17., seit 1889, Franz Helbling (1831–1904), letzter Bürgermeister und erster Bezirksvorsteher von Hernals

Heldenplatz, 1., als die französischen Besatzungstruppen 1809 Wien verließen, sprengten sie einen Teil der Burgbastei; die Bastei wurde nicht mehr wiederhergestellt, sondern sukzessive der Heldenplatz angelegt; benannt nach den „Helden" der Schlacht von Aspern (1809) gegen Napoleon

Helenengasse, 2., seit 1865, nach einer Verwandten von Konrad Ley (1801–1881), Bezirksvorsteher der Leopoldstadt (1862 bis 1874), s. *Leystraße*

Helferstorferstraße, 1., seit 1880 (vorher: Schottensteig), Otmar Helferstorfer (1810 bis 1880), Abt des Stiftes Schotten, Stiftsbibliothekar, Hofprediger, 1869–1874 Reichsratsabgeordneter

Helfertgasse, 12., seit 1922, Alexander Freiherr von Helfert (1820–1910), Historiker („Geschichte Österreichs seit 1848"), 1860/1961 Minister für Kultus und Unterricht, gründete 1854 das „Institut für österr. Geschichtsforschung"

Helgolandgasse, 20., seit 1914, zur Erinnerung an den Sieg Admiral Tegetthoffs bei der Insel Helgoland (1864) im deutsch-dänischen Krieg

Hellaweg, 11., nichtamtliche Bezeichnung

Hellgasse, 16., seit 1894 (vorher: Annagasse), Maximilian Hell (1720–1792), Jesuitenpater, bedeutendster österr. Astronom des 18. Jhds.

Hellingstraße, 2., seit 1904, altes Wort für eine Schiffswerft

Hellmesbergergasse, 14., seit 1894, Josef Hellmesberger (1828–1893), Musiker, Hofkapellmeister, Pionier der Kammermusik, der Streicherklang der Wiener Philharmoniker wird auf ihn zurückgeführt

Hellwagstraße, 20., seit 1900, Wilhelm Hellwag (1827–1882), Erbauer der Nordwestbahn und des St.-Gotthard-Tunnels; Eisenbahnbautechniker

Helmergasse, 22., seit 1963, Hermann Helmer (1849–1919), Architekt

Helmgasse, 12., seit 1914, Karl Helm (1808 bis 1868), Nationalökonom, liberaler Gemeinderat (1862–1868), Verdienste um das Fürsorgewesen

Helmholtzgasse, 21., seit 1901, Hermann Ludwig Ferdinand Helmholtz (1821–1894), Erfinder des medizinischen Augenspiegels, Physiker

Henckellgasse, 14., seit 1930, Karl Henckell (1864–1929), wichtiger Vertreter kämpferischer Arbeiterliteratur, populäre Schilderungen von Proletariergestalten

Henneberggasse, 3., seit 1979, Prof. Dr. Ottokar Hans Henneberg (1891–1965), Rektor der Tierärztlichen Hochschule, Verdienste auf dem Gebiet der Fleischuntersuchung

Henriettenplatz, 15., seit ca. 1864 (1938 bis 1945 Braunschweigplatz), Freifrau Henriette von Pereira-Arnstein (1780–1859), spielte durch ihre Soireen eine wichtige Rolle im Kulturleben

Henslerstraße, 3., seit 1905, Karl Friedrich Hensler (1759–1825), Theaterdirektor, erfolgreicher Bühnenautor, schrieb ca. 200 volkstümliche Stücke („Das Donauweibchen", „Die Teufelsmühle am Wienerberg")

Hentschelgasse, 13., seit 1895, Karl Hentschel (1827–1898), Bürgermeister von Ober-St. Veit (1873–1891)

Hentzigasse, 10., seit 1899, Heinrich Hentzi Ritter von Arthurm (1785–1849), Generalmajor; kämpfte gegen die aufständischen Ungarn 1848/49

Herbeckstraße, 17. und 18., seit 1894 (vorher: Neuwaldegger Straße), Johann Herbeck (1831–1877), Hofoperndirektor, Hofkapellmeister, Komponist, zentrale Persönlichkeit des Wiener Musiklebens des 19. Jhds.

Herbert-Boeckl-Weg, 22., seit 1977, Herbert Boeckl (1894–1966), Maler, Prof. an der Akademie der bildenden Künste, Rektor 1945/46 und 1962–1965

Herbortgasse, 11., seit 1900, nach Herword (sic!) von Simoning, Besitzer der Herrschaft Simmering im 12. Jhd.

Herbststraße, 16., seit 1883 (vorher: in Neulerchenfeld Koflergasse, in Ottakring Marc-Aurel-Straße), Dr. Eduard Herbst (1820 bis 1892), profilierter Führer der deutsch-liberalen Bewegung, 1868–1870 Justizminister; Verfasser einschlägiger juristischer Schriften (z. B. Handbuch des allg. österr. Strafrechts, 2 Bde., 1855)

Herchenhahngasse, 21., Johann Christian Herchenhahn (1754–1795), Historiker, Redakteur der „Wiener Realzeitung"

Herderplatz, 11., Johann Gottfried von Herder (1744–1803), Dichter, Humanist („Ideen zur Philosophie der Geschichte der Menschheit")

Heringgasse, 22., Loy Hering (ca. 1484/85 bis ca. 1564), Renaissancebildhauer, schuf wahrscheinlich das Grabmal des Türkenfeldherrn Niclas Graf Salm

Herklotzgasse, 15., seit 1894 (vorher: Schulgasse, Johannesgasse), Heinrich Herklotz (1788–1856), Bürgermeister von Fünfhaus

Hermann-Bahr-Straße, 21., seit 1934 (vorher: Schlingerstraße, bis 1919 Franz-Josef-Straße), Hermann Bahr (1863–1934), Schriftsteller, Essayist, Kritiker, Kulturredakteur

Hermann-Broch-Gasse, 12., seit 1970, Hermann Broch (1886–1951), Schriftsteller, „Die Schlafwandler" (Romantrilogie); 1938 von der Gestapo verhaftet, nach einer Intervention von James Joyce Emigration in die USA, im Exil entstanden „Massenwahntheorie" und „Der Tod des Vergil"

Hermanngasse, 7., seit 1862, Hermann Gaunersdorfer (1791–1844), Schottenpriester, Kanzleidirektor des Stiftes Schotten

Hermann-Gebauer-Straße, 22., seit 1995, Hermann Gebauer (1878–1952), Unternehmer, Gründer der Firma Mewa (Weberei, Wäscherei)

Hermann-Greulich-Platz, 22., seit 1933, Hermann Greulich (1842–1925), Schweizer Sozialpolitiker, 1887–1920 Sekretär des schweizerischen Arbeiterbundes, 1902 bis 1905, 1908–1925 Abgeordneter, Verdienste um das hungernde Wien nach dem Ersten Weltkrieg

Hermann-Pacher-Gasse, 18. und 19., seit 1914, Hermann Pacher (1834–1914), Gemeinderat von Währing (1900–1912)

Hermann-Pacher-Weg, 19., seit 1959, s. *Hermann-Pacher-Gasse*

Hermann-Plackholm-Gasse, 22., seit 1988, Hermann Plackholm (1904–1944), Löschmeister bei der Feuerwehr, leitete eine Widerstandsgruppe, die 1942/43 von der Gestapo zerschlagen wurde; Plackholm wurde vorerst ins KZ Mauthausen eingeliefert und dann im Oktober 1944 von der SS nach Wien gebracht und erschossen (gemeinsam mit Johann Zak; s. *Johann-Zak-Weg*)

Hermann-Schöne-Platz, 10., seit 1959, Hermann Schöne (1836–1902), Burgschauspieler

Hermannsweg, 23., Benennungsdatum unbekannt, Dr. Josef Hermann (1867–1947), Inzersdorfer Gemeinderat, Arzt

Hermelinweg, 22., seit 1966, nach dem Pelztier

Hermesstraße, 13., seit 1894 (vorher: Tiergartenstraße), nach der Hermesvilla im Lainzer Tiergarten (und jene nach einer dort befindlichen Hermes-Bildsäule, griech. Gott des Handels)

Hermine-Cloeter-Gasse, 14., seit 1976, Hermine Cloeter (1879–1970), Schriftstellerin, schrieb 1907–1938 Feuilletons mit lokal- und kulturhistorischen Wiener Themen, beschäftigte sich intensiv mit Goethe und Mozart (Vorstandsmitglied des Wiener Goethe-Vereins und Ehrenmitglied der Mozart-Gemeinde)

Herminengasse, 2., seit 1868, wie *Helenengasse*, s. d.

Hernalser Gürtel, 8., 9. und 17., seit 1894 (vorher: Gürtelstraße), s. *Hernalser Hauptstraße*

Hernalser Hauptstraße, 17., seit 1894 (vorher: Hauptstraße, urspr. Hauptgasse); zur Erinnerung an den alten Vorortnamen Hernals; Hernals wurde 1892 mit Dornbach und Neuwaldegg zum 17. Bezirk vereint; vor der Eingemeindung hatte Hernals 70.933 Einwohner

Herndlgasse, 10., seit 1874, Paul Herndl, Gastwirt, letzter Ortsrichter von Wieden

Hernstorferstraße, 14., seit 1897, Leopold Hernstorfer (1794–1864), letzter Ortsrichter in Baumgarten (1848–1850)

Herogasse, 10., seit 1958, Gestalt aus Franz Grillparzers „Des Meeres und der Liebe Wellen“

Herrengasse, 1., urk. erstmals 1216 als „Hochstraße“ erwähnt, 1547 erstmals Herrengasse; nach den „Ständen“ („Herren“), die hier das Landhaus errichteten

Herrenholzgasse, 21., seit 1956 (vorher: Schwenkgasse), Riedname

Herretweg, 11., seit 1971, Johann Herret (1886–1951), Bürgermeister von Albern (1933–1938), Landwirt

Herschelgasse, 10., seit 1955, Sir Friedrich Wilhelm Herschel (1738–1822), englischer Astronom, entdeckte 1781 den Uranus; baute auch Fernrohre

Herschmannweg, 14., seit 1932 (1938–1947: Frueaufweg), Opfer der Märzrevolution 1848, s. *Achtundvierzigerplatz, Märzstraße*

Herthergasse, 12., seit 1885, Paul Herther (1795–1852), Richter der ehemaligen Gemeinde Hundsturm

Hertlgasse, 16., seit 1897, Michael Hertl (gest. 1856), Ortsrichter von Ottakring

Hervicusgasse, 12., seit 1894 (vorher: Gärtnergasse), Hervicus von Hetzingen, Lehensbesitzer von Hetzendorf um 1190

Herzblumenweg, 22., seit 1954, nach der Pflanze

Herzgasse, 10., seit 1874 (vorher: Gerstlergasse), Dr. Rudolf Herz (1813–1873), Arzt, Wohltäter; Mitglied des Bezirksausschusses des 5. Bezirkes

Herziggasse, 23., seit 1973, Dr. Josef Herzig (1853–1924), Farbenchemiker, Univ.-Prof.

Herzmanovsky-Orlando-Gasse, 21., seit 1970, Fritz Ritter von Herzmanovsky-Orlando (1877 bis 1954), Schriftsteller („Der Gaulschreck im Rosennetz“), Graphiker, Architekt

Herzmanskystraße, 14., Benennungsdatum unbekannt, August Herzmansky (1834 bis 1896), Kaufmann, das Warenhaus auf der Mariahilfer Straße wurde ein Jahr nach seinem Tod eröffnet, stiftete 1888 das „Erste Rekonvalescentenhaus für arme aus den Spitälern Wiens entlassene Kinder“ in Weidlingau-Wurzbachtal

Herzweg, 12., nichtamtliche Bezeichnung

Heschweg, 14. und 16., seit 1955 (vorher ab 1924: Rosenweg), Wilhelm Hesch (1860 bis 1908), Kammersänger an der Wr. Staatsoper

Hessegasse, 22., Benennungsdatum unbekannt, Karl Hesse, Siedlungsgründer

Heßgasse, 1., seit 1870, Heinrich Freiherr von Heß (1788–1870), Feldmarschall, Heeresorganisator

Hetmanekgasse, 23., seit 1977, Alfons Hetmanek (1890–1962), Architekt

Hettenkofergasse, 16., seit 1887, Thomas Hettenkofer (1821–1886), Gemeinderat von Ottakring

Hetzendorfer Straße, 12. und 13., seit 1894 (vorher: Hauptstraße, urspr. Altmannsdorfer und Hetzendorfer Weg), nach der ehemaligen Gemeinde Hetzendorf (als „Hercendorf“ 1156 erstmals urk. erwähnt)

Hetzgasse, 3., Benennungsdatum unklar; nach dem Hetztheater auf der Landstraße, in dem Tiere aufeinander gehetzt wurden

Heubergergasse, 13., seit 1955 (vorher: Adalbert-Stifter-Gasse), Richard Heuberger (1850–1914), Komponist, Dirigent, Kritiker

Heuberggasse, 17., Benennungdatum unklar, führt zum Heuberg (einst Gelände zur Heugewinnung)

Heubergstättenstraße, 10., seit 1955, Riedname

Heudörfelgasse, 23., seit 1866, nach einer ehemaligen (1777–1866) bestandenen Siedlung bei Mauer

Heumühlgasse, 4., Benennungsdatum unbekannt, Mühle am rechten Ufer des Wienflusses, einer der ältesten Mühlen Wiens, bestand bis 1856

Heustadelgasse, 22., seit 1917, Flurname

Hevesigasse, 13., seit 1964, Ludwig Hevesi (1843–1910), Kunstkritiker, Schriftsteller, Journalist („Fremdenblatt"), mutiger Vorkämpfer für moderne Kunst (z. B. Klimt)

Hickelgasse, 14., seit 1893, Josef Hickel (1734–1807), Porträtmaler (u. a. Joseph II.)

Hießgasse, 3., seit 1875, Laurenz Hieß (1736 bis 1819), Fabrikant, Verdienste um die Fürsorge um armes weibliches Dienstpersonal („Hießsches Stiftungshaus")

Hietzinger Hauptstraße, 13., seit 1894 (vorher: Hauptstraße, urspr. St. Veiter-Gasse und Maria-Theresien-Gasse), zur Wahrung des alten Vorortnamens, im 12. Jhd. erstmals erwähnt, 1890/92 eingemeindet

Hietzinger Kai, 13., seit 1894 (vorher: Badgasse, Wiengasse), nach der Lage (Kaistraße entlang des Wienflusses)

Hildebrandgasse, 17. und 18., seit 1894 (vorher: Weinberggasse), nach Lukas von Hildebrandt (1668-1745, sic!, die Gasse ist also falsch geschrieben), Barockarchitekt (Schönbornpalais, Belvedere, Bundeskanzleramt)

Hillerstraße, 2., seit 1896 (urspr. Quergasse, 1864 Czihakgasse), Josef Freiherr von Hiller (1754–1819), führend an den Türken- und Franzosenkriegen beteiligt; war der eigentliche Feldherr in der Schlacht bei Aspern (1809), in der Napoleon durch Erzherzog Karl die erste Niederlage bereitet wurde

Hilschergasse, 12., seit 1949 (1874 Wertheimsteingasse, nach dem Anschluß 1938 umbenannt nach dem Antisemiten Theodor F. Fritsch in Fritschgasse), Karl Hilscher (1873–1936), Heimatforscher, gründete das Meidlinger Heimatmuseum

Himberger Straße, 10., Benennungsdatum unbekannt (verlängert 1964); alter Name der Favoritenstraße im 10. Bezirk; nach der Zielrichtung, der niederösterreichischen Gemeinde Himberg, benannt

Himmelbaurgasse, 13., seit 1930, Dr. Isidor Himmelbaur (1858–1919), Bibliothekar, Volksbildner, Direktor der Universitätsbibliothek

Himmelhofgasse, 13., seit 1907, nach der Meierei und Gaststätte „Am Himmel"

Himmelmutterweg, 17., offiziell seit 1949 (vorher nichtamtliche Bezeichnung), nach einem Gasthausschild „Zur Himmelmutter"

Himmelpfortgasse, 1., 1272 Traibotenstraße (strata Treibotonis), auch als Tragebotenstraße erwähnt, 1373 ein Teil „Auf dem hohen Steig", 1526 erstmals „Bei der Himmelpforte auf dem Steig", seit 1795 endgültig so nach dem 1783 aufgehobenen Himmelpfortkloster

Himmelpfortstiege, 9., errichtet 1733, benannt 1862 (urspr. Gaßl, Die Stiege, An der Steinernen Stiege, Stiegengasse, Bergsteiggasse), zur Erinnerung an die Vorstadt Himmelpfortgrund, die 1825 an die Gemeinde Wien kam, s. *Himmelpfortgasse*

Himmelschlüsselweg, 16., seit 1971, nach der Pflanze benannt

Himmelstraße, 19., seit 1894 (urspr. Winterzeil, dann Kirchengasse), nach der Gastwirtschaft „Am Himmel"

Hinaysgasse, 21., seit 1932, Hans Hinays (1859–1918), Bürgerschuldirektor

Hintere Liesingbachstraße, 10., seit 1957 (vorher: Vösendorfweg und Liesingbachstraße), nach dem Liesingbach

Hintere Südbahnstraße, 10., Benennungsdatum unbekannt, nach der 1841 errichteten Südbahn

Hintere Zollamtsstraße, 3., seit 1862 (vorher: Am Glacis), nach dem Zolloberamtsgebäude, im 2. Weltkrieg zerstört (heute: Bürogebäude für das Bundesrechenamt)

Hintergärtengasse, 19., seit 1965 amtlich, nach der Lage (Flurname)

Hintermayergasse, 3., seit 1913, Franz Hintermayer (1823–1900), Kaufmann, Hausbesitzer, Stadtrat

Hintperggasse, 11., seit 1972, nach dem Stammvater der Ortschaft Ebersdorf, Konrad von Hintperg (= Himberg), gest. ca. 1270

Hintschiggasse, 10., seit 1993, Komm.-Rat. Dkfm. Alfred Hintschig (1919–1989), Gemeinderat (1964–1978), Stadtrat (1968 bis 1973), Bundesrat (1978–1985), Sozialdemokrat; arbeitete für ein Papiergroßhandelsunternehmen

Hintzerstraße, 3., seit 1902, Gottlieb Hintzer (1731–1805), errichtete eine Stiftung für verarmte Bürger der Landstraße

Hippgasse, 16., seit 1873, Johann Hipp (1810 bis 1871), Apotheker, Wohltäter, Gemeindevertreter

Hirnbrechergasse, 19., seit 1895, s. *Hirnbrecherstiege*

Hirnbrecherstiege, 19., seit 1981, in Anlehnung an eine volkstümliche Redewendung (Bezugnahme auf die steile Beschaffenheit)

Hirschengasse, 6., seit 1827, nach dem Gasthausschild „Zum Hirschen"

Hirschensteig, 13., seit 1932, nach den Hirschen im Lainzer Tiergarten

Hirschfeldweg, 13., seit 1930 (1938–1947 Ambergerweg), Dr. Robert Hirschfeld (1857 bis 1914), Gründer der Volkskonzerte; Journalist, Musikpädagoge, Musikkritiker

Hirschstettner Straße, 22., seit 1909 (vorher: Hirschstettner Hauptstraße), zur Erinnerung an die ehemalige selbständige Gemeinde, 1240 erstmals urk. erwähnt („Hertstätten", Stätte diesseits der Donau), 1938 eingemeindet

Hirschvogelgasse, 20., seit 1894, August Hirschvogel (1503–1553), Kartograph, Geometer, verfertigte den ersten brauchbaren Plan von Wien (1547)

Hirseweg, 22., seit 1955, nach der Körnerfrucht

Hlavacekweg, 14., seit 1930, Prof. Anton Hlaváček (1842–1926), Maler (Landschaftsbilder), seine Hauptwerke sind aber das „Panorama von Wien und seinen Umgebungen vom Nußberg bei Nußdorf" (im Steinernen Saal des Rathauses) und „Das alte Donaubett von Wien"

Hochenaistgasse, 14., seit 1956, historische Bezeichnung für den Schottenwald

Hocheneggasse, 19., seit 1960 (vorher ab 1933: Kosselgasse), nach Dr. Julius Hochenegg (1859–1940), Chirurg, Vorstand der II. Chirurgischen Universitätsklinik und dessen Bruder Ing. Carl Hochenegg (1860 bis 1942), Professor an der Technischen Hochschule (1899), beeinflußte die Einführung der elektrischen Straßenbeleuchtung in Wien sowie des elektrischen Straßen- und U-Bahn-Verkehrs in Budapest

Hochfeldstraße, 21., Benennungsdatum unbekannt, Flurname

Hochheimgasse, 13., seit 1909, Sieg der Österreicher gegen Napoleon in der Schlacht bei Hochheim (1813)

Hochmaisgasse, 13., seit 1924, Flurname (= höhergelegener Jungwald)

Hochmuthgasse, 22., seit 1976, Komm.-Rat Ernst Hochmuth (1887–1945), Mitgründer der Wiener Messe AG und deren 1. Präsident

Hochsatzengasse, 14., seit 1894 (vorher: Berggasse), alter Flurname (höhergelegene, neugesetzte Kleingärten)

Hochstettergasse, 2., seit 1884, Ferdinand Hochstetter (1829–1884), Geologe, Forschungsreisender, nahm 1857–1859 an der Weltumsegelung der österr. Fregatte Novarra teil

Hochstraße, 14., Benennungsdatum unbekannt, führt auf den 322 m hohen Wolfersberg

Hochstraße, 23., seit 1954 (vorher: Perchtoldsdorfer Straße), führt über eine Anhöhe von Rodaun nach Perchtoldsdorf

Hochwaldweg, 22., seit 1959, nach Stifters Roman „Der Hochwald"

Hochwassergasse, 23., seit 1955 (vorher: Theresiengasse), zur Erinnerung an die Hochwasserschäden durch die Liesing

Hochweg, 17., nichtamtliche Bezeichnung

Hockegasse, 18., seit 1894 (vorher: Parkgasse), Nikolaus Hocke (auch Hoche, 1628 bis 1691), Stadtschreiber, schrieb eine Geschichte der Türkenbelagerung Wiens von 1683

Höbarthgasse, 21., seit 1954, Prof. Josef Höbarth (1891–1952), Gründer des ur- und frühgeschichtlichen Museums in Eggenburg

Hoechlegasse, 22., seit 1970, Johann Nepomuk Hoechle (1790–1835), Illustrator, Maler, Topograph

Höchsmannweg, 22., seit 1933, Eduard Höchsmann (1871–1921), Bezirksrat von Floridsdorf, Modelltischler

Höchstädtplatz, 20., seit 1899, zur Erinnerung an das Gefecht bei Höchstädt über Franzosen und Bayern unter Prinz Eugen im Spanischen Erbfolgekrieg (1704)

Hödlgasse, 23., Benennungsdatum unbekannt, Karl Hödl (1867–1927), Steinbruchbesitzer

Höfergasse, 9., seit 1794, Wilhelm Höfer (1721–1811), Tischlermeister, ließ das Areal seines Gartens in 12 Baustellen parzellieren und eröffnete durch Hausbau die Gasse

Hoefftgasse, 11., seit 1971, Dr. Franz Hoefft (1882–1954), chemisch-technischer Angestellter, Pionier der Weltraumforschung

Högelmüllergasse, 5., seit 1875, Georg Ritter von Högelmüller (1770–1826), Gründer der Österreichischen Brandschaden-Versicherungs-Gesellschaft, Offizier, Versicherungsfachmann

Höhenstraße, 17., 18. und 19., seit 1935 (Eröffnung des ersten Bauabschnittes), verbindet die Höhen des Kahlengebirges mit Grinzing und Neustift, im Rahmen eines Programms zur Bekämpfung der Arbeitslosigkeit geschaffen

Höhenweg, 17., nichtamtliche Bezeichnung

Höhnegasse, 18., seit 1892, Johann Höhne (1802–1886), Baumeister und Gemeinderat in Währing

Hölzelgasse, 23., Benennungsdatum und Herkunft unklar

Höpflergasse, 23., Benennungsdatum unbekannt, Kaspar Höpfler (1821–1906), Besitzer des alten Höpflerbades (seit 1901 in Betrieb, 1979 neu eröffnet)

Höritzergasse, 14., seit 1912, Pankraz Höritzer (gest. 1511) stiftete das Baumgartner St.-Anna-Kirchlein, Vorläuferin der jetzigen Pfarrkirche

Hörlgasse, 9., seit 1870, Georg Hörl (1722 bis 1806), Bürgermeister von Wien (1773 bis 1804), mit 31 Dienstjahren der am längsten amtierende Bürgermeister, reformierte mit Joseph II. die kommunale Verwaltung

Hörndlwaldgasse, 13., seit 1924, nach dem Hörndlwald, ehemaliger Teil des Lainzer Tiergartens

Hörnesgasse, 3., seit 1875 (vorher: Badgasse), Dr. Moritz Hoernes (1815–1868), Geologe, Paläontologe, Mineraloge, zahlreiche wissenschaftliche Veröffentlichungen

Hörtengasse, 11., seit 1894 (vorher: Hörten), Flurname

Hofbauergasse, 12., seit 1906, Josef Hofbauer (1831–1894), Vizebürgermeister der ehemaligen Gemeinde Gaudenzdorf (1873 bis 1892)

Hofenedergasse, 2., seit 1862, Karl Hofeneder (1814–1885), Fischhändler, Mitbegründer der DDSG, baute das erste Haus in dieser Gasse

Hoferstiege, 23., Benennungsdatum unbekannt, Julius Hofer (1863–1923), Lehrer, Heimatforscher

Hofferplatz, 16., seit 1883 (vorher: Neumayerplatz), Kaspar Hofer (sic!, 1823–1883), Gemeinderat, Baumeister

Hoffingergasse, 12., seit 1892, DDr. Johann Ritter von Hoffinger (1825–1879), Jurist, Publizist, Besitzer von Schloß Altmannsdorf

Hoffmeistergasse, 12., seit 1894 (vorher: Karlsgasse), Karl Hoffmeister (Lebensdaten unklar, 1808–1876?), Fabriksbesitzer, Vizebürgermeister von Unter-Meidling

Hofgasse, 5., seit ca. 1798, nach dem Gutshof und dem Schloß Margareten

Hofherrgasse, 10., seit 1909 (vorher: Reisingergasse), Matthias Hofherr (1829–1909), Industrieller; gründete im 10. Bezirk Fabriksanlagen für landwirtschaftliche Maschinen

Hofherr-Schrantz-Gasse, 21., seit 1971, nach dem gleichnamigen Betrieb

Hofjägerstraße, 13. und 14., Benennungsdatum unbekannt, ehemalige Auffahrtsstraße der Hofjäger zur den im Lainzer Tiergarten abgehaltenen Hofjagden

Hofjagdstraße, 13., seit ca. 1925, nach den Hofjagden im Lainzer Tiergarten

Hofmanngasse, 18., seit 1877, Johann Hofmann (1767–1832), Erbauer der ersten Häuser in der Gasse

Hofmannsthalgasse, 3., seit 1932, Dr. Hugo von Hofmannsthal (1874–1929), baute mit Max Reinhardt die Salzburger Festspiele auf („Jedermann", 1911), schrieb für Richard Strauss („Elektra", „Der Rosenkavalier") und verfaßte Lustspiele („Der Schwierige")

Hofmoklgasse, 15., seit 1938 (vorher ab 1894 Zappertgasse, urspr. Sackgasse), Johann Hofmokl (1840–1900), Chirurg, Primar an der III. Chir. Abt. im AKH

Hofmühlgasse, 6., seit 1862 (1827 Dorotheergasse, 1797 Dorothe Gasse), Karl Hof, letzter Besitzer einer Mühle am Wienfluß, die dort von 1680 bis 1847 bestand („Dorotheermühle")

Hofstädtengasse, 19., seit 1962, nach dem Flurnamen „Hofstätten"

Hofstättenweg, 22., Benennungsdatum unbekannt, Flurname

Hofstattgasse, 18., seit 1892, Flurname (ein zur Errichtung eines Hauses bestimmter Baugrund)

Hofwiesengasse, 13., seit 1912, Flurname

Hofzeile, 19., seit 1894 (um 1721 Bachzeile, später Kirchenzeile, Grinzinger Weg, Grinzinger Gasse, 1828–1894 Herrengasse), zur Erinnerung an die Hofzeile, die älteste Häuserzeile Ober-Döblings, in der ein von Maria-Theresia umgestalteter Gutshof stand („Maria-Theresien-Schlößchen")

Hofzinsergasse, 16., seit 1978, Johann Nepomuk Hofzinser (1806–1875), Begründer der modernen Kartenmagie

Hohenauergasse, 19., seit 1894 (vorher: Gärtnergasse), Paul Hohenauer (1802–1869), Bürgermeister von Unter-Döbling (1850 bis 1867)

Hohenbergstraße, 12., seit 1894 (vorher: Gloriettegasse), Ferdinand Hetzendorf von Hohenberg (1732–1816), Hohenberg regotisierte die Augustinerkirche und Minoritenkirche, errichtete das Pallavicini-Fries-Palais (Josefsplatz 5), plante das Zinshaus Nr. 11 in der Bräunerstraße, gestaltete den Altar in der Lichtentaler Pfarrkirche (Marktgasse) sowie zwei Seitenaltäre in der Margaretener Pfarrkirche (Schönbrunner Straße 71) und plante die Gloriette (1775)

Hohenfeldgasse, 22., seit 1910 (vorher: Radetzkygasse), Ferdinand Graf von Hohenfeld (1612–1675) und sein Sohn Otto Ferdinand (1648–1713), Besitzer der Herrschaft Hirschstetten

Hohenfelsplatz, 12., seit 1930, Stella Hohenfels-Berger (1858–1920), Burgschauspielerin

Hohenstaufengasse, 1., seit 1870, nach der schwäbischen Dynastie (1138–1254)

Hohenwarteweg, 18., seit 1990, Flurname

Hoher Markt, 1., ältester Platz Wiens, urk. erwähnt 1208, bereits 1233 als Hoher Markt bezeichnet

Hohe-Wand-Gasse, 14., seit 1964, nach der nahegelegenen Hohen-Wand-Wiese

Hohe Warte, 19., seit 1894 (vorher: Wiener Straße und Wollerstraße); schon 1135 urkundlich erwähnt, 1349 als Weingartenried

Hohlweggasse, 3., Benennungsdatum unklar (ein Teil früher Gerlgasse), nach einem Hohlweg, der von der Wieden auf die Landstraße führte

Holbeingasse, 10., seit 1898, Franz Ignaz Holbein, Edler von Holbeinsberg (1779 bis 1855), Burgtheaterdirektor (1841–1849), Direktor des Kärntnertortheaters (1848 bis 1853), Textdichter

Holetschekgasse, 21., seit 1936, Dr. Johann Holetschek (1846–1923), Astronom

Holeyplatz, 10., seit 1965, Karl Holey (1879 bis 1955), Dombaumeister, Architekt; 1932 bis 1938 Vorstand des Instituts für Geschichte der Technik, 1937/38 Rektor; 1938 als Christlichsozialer von den Nationalsozialisten suspendiert; 1946 neuerlich Rektor; leitete ab 1945 den Wiederaufbau des Stephansdomes

Hollandstraße, 2., seit 1919 (vorher ab 1883: Stephaniestraße), zur Erinnerung an die Hilfe Hollands für das notleidende Wien nach dem Ersten Weltkrieg

Hollergasse, 15., seit ca. 1863, ehemals flieder(holler)reiche Gegend

Hollerweg, 11., nichtamtliche Bezeichnung

Hollgasse, 5., seit 1912, Maria Holl (1821 bis 1900), Wohltäterin (errichtete eine Stiftung für Waisenkinder)

Hollitzergasse, 10., seit 1956, Carl Leopold Hollitzer (1874–1942), Maler, Karikaturist

Holochergasse, 15., seit 1863, Friedrich Holocher (1831–1900), letzter Bürgermeister (1886–1891) und erster Bezirksvorsteher von Rudolfsheim (1892–1897)

Holteigasse, 21., seit 1936, Karl Holtei (1798 bis 1880), Theaterdirektor, Schriftsteller, Schauspieler

Holubstraße, 2., seit 1902, Dr. Emil Holub (1847–1902), Arzt, Ethnologe (Afrikaexpeditionen), hinterließ umfangreiche Sammlungen

Holunderweg, 22., seit 1955, nach der Staude

Holzgasse, 19., seit 1895 (vorher: Quergasse), nach den Holzlagerplätzen am Donaukanal

Holzhausergasse, 2., seit 1872, Ignaz Holzhauser (1758–1810), Ortsrichter der Leopoldstadt (1786–1810), Verdienste während der französischen Besatzung (1805, 1809)

Holzknechtstraße, 10., seit 1932, Dr. Guido Holzknecht (1872–1931), Radiologe, bahnbrechende wissenschaftliche Publikationen, starb an Strahlenschädigungen

Holzmanngasse, 21., seit 1971, Rudolf Holzmann (1883–1964), Unternehmer (Farb- und Kitterzeugung)

Holzmeistergasse, 21., seit 1900 (vorher: Mühlfeldgasse), Augustin Holzmeister setzte sich für die Abschaffung der Leibeigenschaft und Robot in NÖ ein

Hopfengasse, 21., seit 1892, in der Nähe war das Jedleseer Brauhaus

Hopfnerweg, 11., seit 1971, Dr. Friedrich Hopfner (1881–1949), Geodät, Geophysiker, 1936 Prof. an der Techn. Hochschule

Hopsagasse, 20., seit 1982, Leopold Hopsa (1906–1969), WAT-Funktionär, Ehrenobmann des ASKÖ-Brigittenau

Horeischygasse, 13., seit 1951, Dr. Kurt Horeischy (1913–1945), Chemiker, Physiker, Leiter einer Widerstandsgruppe, versuchte, ein Elektronenmikroskop vor sinnloser Zerstörung durch die Nationalsozialisten zu retten, und wurde deswegen am 5. 4. 1945 erschossen

Hormayrgasse, 17., seit 1894 (vorher: Weinhauser Straße), Joseph Freiherr von Hormayr zu Hortenburg (1781–1848), Historiker; 1809 mit der Vorbereitung des Tiroler Aufstandes betraut, spielte danach allerdings die Rolle von Andreas Hofer herunter, Direktor des Staatsarchivs, später in bayr. Diensten, schrieb „Wiens Geschichten und seine Denkwürdigkeiten" (9 Bände)

Hornbostelgasse, 6., seit 1855 (vorher: Große Schloßgasse), Theodor Ritter von Hornbostel (1815–1888), Handelsminister (1848), Präsident der Wr. Handelskammer (1850–1852), Großindustrieller

Horneckgasse, 17., seit 1894 (vorher: Grillparzergasse), Ottokar von Horneck (1260 bis 1309), Verfasser einer Reimchronik, dem Grillparzer in „König Ottokars Glück und Ende" ein Denkmal setzte

Hornigweg, 19., seit 1937, Josef Hornig (1861 bis 1911), bekannter Wienerlieder-Komponist („Vogerl, fliagst in d' Welt hinaus), Lyriker, Sänger

Hornspergsteig, 19., Benennungsdatum und Herkunft unbekannt

Hortengasse, 22., seit 1994, s. *Trondheimgasse*, s. Einleitung

Hortensienweg, 22., seit 1952, nach dem Zierstrauch

Horvathgasse, 16., seit 1959, Ödön von Horvath (1901–1938), Dichter, schrieb Volksstücke, Dramen, Komödien, Romane („G'schichten aus dem Wienerwald", „Kasimir und Karoline", „Ein Kind unserer Zeit"), 1933 Emigration nach Wien, 1938 Flucht in die Schweiz, 1938 in Paris auf den Champs Elysées von einem Baum erschlagen

Hosnedlgasse, 22., seit 1978, Dipl.-Ing. Ferdinand Hosnedl (1900-1957), Stadtbaudirektor (1945–1954)

Hoßplatz, 21., seit 1949 (vorher: Bismarckplatz), Franz Hoß (1866–1947), Christlichsozialer, Verdienste um die Eingemeindung Floridsdorfs, Vizebürgermeister von Wien (1910), bis 1919 Stadtrat für Finanzen

Hovenweg, 22., seit 1959 (vorher: Müllerweg), zur Erinnerung an eine an der Donau gelegene Ansiedlung, die weggeschwemmt wurde

Hoyosgasse, 4., seit 1900, Johann Ernst Graf Hoyos zu Sprinzenstein (1779–1849), Befehlshaber der Nationalgarde (1848), Förderer der Forstwirtschaft; Ferdinand Albrecht von Hoyos (1553–1609) projektierte den heutigen Donaukanal

Hubergasse, 16., seit 1856, Anton Huber (1818–1874), Baumeister, Wiener Gemeinderat; erbaute hier die ersten Häuser und öffnete so die Gasse

Hubermanngasse, 23., seit 1955 (vorher: Jägergasse), Bronislav Hubermann (1882 bis 1947), Violinvirtuose

Hubert-Gsur-Gasse, 10., seit 1969, Hubert Gsur (1912–1944), Lyriker, Widerstandskämpfer, im Landesgericht hingerichtet, gehörte der illegalen KPÖ an

Hubertusdamm, 21. und 22., seit 1966, urspr. Am Hubertusdamm, errichtet von Cameral-Ing. Hubert

Hubertusgasse, 21., seit 1892, s. *Am Hubertusdamm*

Hubertusweg, 17., Schutzpatron der Jäger, nichtamtliche Bezeichnung

Hügelgasse, 13., seit 1903 (vorher: Wienflußgasse), Carl Alexander Anselm Freiherr von Hügel (1796–1870), Naturforscher, Reiseschriftsteller, Diplomat

Hühnersteig, 21., seit 1942, s. *Hühnersteigstraße*

Hühnersteigstraße, 14., Benennungsdatum unklar; die Siedler und Kleingärtner hielten früher Hühner und bauten für sie Steige

Hüttelbergstraße, 14., seit 1894 (vorher: Dornbacher Straße), führt auf den 354 m hoch gelegenen Hüttelberg

Hütteldorfer Straße, 14. und 15., seit 1898 (in Rudolfsheim seit 1878, seit 1881 in Penzing, 1892 in Fünfhaus, ab 1898 offiziell; vorher im 15. Bezirk Friedhof- und Schmelzer Friedhofstraße, dann Aufmarschstraße; 1929 wurde die Karl-Marx-Straße einbezogen); zur Erinnerung an den alten Vorortnamen (1260 wird ein Ulrich de Hittendorf erwähnt, seine Nachkommen schreiben sich Hüttendorf, 1478 bis 1660 existiert ein Geschlecht der Hüttendorfer zum Freyenthurm, 1688 bis 1742 wird eine Familie der Hütteldorfer genannt), s. auch *Freyenthurmgasse*

Hüttenbrennergasse, 3. und 11., seit 1907, Anselm Hüttenbrenner (1794–1868), Dichter, Komponist (Freund von Beethoven und Schubert)

Hüttergasse, 14., seit 1954, Emil Hütter (1835 bis 1886), Maler (sammelte Material zur Geschichte Wiens und schuf eine Unzahl von Zeichnungen und Aquarellen des Stadtbilds)

Hufelandgasse, 12., seit 1884, Christoph Wilhelm von Hufeland (1762–1836), Professor der Medizin, schrieb zahlreiche wissenschaftliche Bücher

Hufgasse, 21., seit 1971, nach dem Bauunternehmer Huf, Grundbesitzer in dieser Gegend, nähere Daten nicht bekannt

Huflattichweg, 22., seit 1956, nach der Pflanze

Huglgasse, 15., seit 1886, Julius Hugl (1813 bis 1888), Bürgermeister von Rudolfsheim (1880–1886)

Hugogasse, 11., seit 1875, Hugo Zipperling (gest. 1907), Grundbesitzer um 1870, Gründer der freiwilligen Betriebsfeuerwehr der Waggonfabrik

Hugo-Kirsch-Gasse, 23., seit 1970, Prof. Hugo Kirsch (1873–1961), Bildhauer

Hugo-Meisl-Weg, 10., seit 1989, Hugo Meisl (1881–1937), Schöpfer des Fußballwunderteams der 30er Jahre

Hugo-Wolf-Gasse, 6., seit 1903, Hugo Wolf (1860–1903), Komponist

Huleschgasse, 19., seit 1910, Dr. Wilhelm Hulesch (1817–1906), Pfarrer von Döbling

Humboldtgasse, 10., seit 1874, s. *Humboldtplatz*

Humboldtplatz, 10., seit 1874, Alexander von Humboldt (1769–1859), Naturforscher (Astronom, Zoologe, Mineraloge, Physiker, Chemiker, Botaniker)

Hummelgasse, 13., seit 1898, Johann Nepomuk Hummel (1778–1837), Komponist (Klavierkonzerte, Lieder), Schüler Mozarts

Hungerbergstraße, 19., seit 1894 (vorher: Hohe-Warte-Gasse, urspr. Heinikelgasse), führt auf den 240 m hohen Hungerberg

Hungereckstraße, 23., seit 1964, Flurname

Huppgasse, 10., seit 1906, Anton Hupp (1827 bis 1906), Wohltäter, Hausbesitzer; vermachte sein ganzes Vermögen dem 10. Bezirk für wohltätige Zwecke

Husarenweg, 22., seit 1966 (vorher: Schönbergerweg), nach den in den napoleonischen Kriegen eingesetzten Reitern (1809)

Huschkagasse, 19., Benennungsdatum unbekannt, Franz Edler von Huschka (1751 bis 1830), Leinenhändler, Besitzer des Grinzinger Freihofes um 1810

Hustergasse, 14., seit 1892, Wilhelm Huster, 1847–1850 letzter Ortsrichter und 1850 bis 1860 erster Bürgermeister von Rustendorf

Huttengasse, 14. und 16., seit 1875 (im 14. Bezirk seit 1901), Ulrich Ritter von Hutten (1488–1523), Humanist, Dichter, Schriftsteller, Wortführer der Reformation

Hutterergasse, 11., amtlich seit 1994, vorher ebenso nichtamtlich, abgeleitet von Hütern

Hutweidengasse, 19., seit 1874, Flurname (Wiese für den Viehauftrieb)

Hyazinthengasse, 22., seit 1944, nach der Pflanze

Hyegasse, 3., seit 1910, Dr. Anton Freiherr von Hye-Glunek (1807–1894), Jurist, Universitätsprofessor, ab 1848 im Justizministerium tätig, 1867 Justizminister

Hyrtlgasse, 16., seit 1885, Prof. Josef Hyrtl (1810–1894), Arzt, Anatom, verfaßte zahlreiche Lehrbücher und wissenschaftliche Werke; Sammlungen auf dem Gebiet der vergleichenden Anatomie bedeuteten den Beginn der Forschungstätigkeit auf diesem Gebiet

I

Ibachstraße, 22., seit 1955 (vorher: Schubertstraße), Albert Ibach (1902–1947), Direktor des Josefstädter Theaters, Schauspieler, Verleger

Iberisweg, 22., nichtamtlich, nach dem gleichnamigen Strauch

Ibsenstraße, 15. und 16., seit 1912, Henrik Ibsen (1828–1906), norwegischer Dramatiker, Bahnbrecher des Naturalismus („Wildente", „Peer Gynt", „Gespenster" etc.)

Ichagasse, 21., seit 1971, Oskar Icha (1886 bis 1945), Bildhauer (Kriegerdenkmäler, Skulpturen in Aufbahrungshallen)

Ichmanngasse, 2., seit 1975, Franz Ichmann (1898–1965), Schriftsteller, Förderer des Wienerliedes

Igelsteig, 21., seit 1942 (vorher: Lindenheimweg)

Iglaseegasse, 19., seit 1894 (vorher: Peregringasse), nach dem Egelsee (tümpelreiche Gegend mit Egelvorkommen), 1836 verbaut

Ignaz-Born-Weg, 13., seit 1975, Ignaz Edler von Born (1742–1791), Freimaurer, Vorbild für den Sarastro in Mozarts Zauberflöte; Mineraloge, Paläontologe

Ignaz-Köck-Straße, 21., seit 1987, Ignaz Köck (1906–1957), Generaldirektor der ÖMV, Obmann des ÖAAB Wien

Ignaz-Pleyel-Gasse, 10., seit 1959, Ignaz Pleyel (1757–1831), Komponist, Schüler von Joseph Haydn

Ignaz-Schreiner-Weg, 18., seit 1988, Ignaz Schreiner (1842–1921), Erschließer des Schafbergs und Wohltäter

Ignaz-Weigl-Gasse, 11., seit 1912, Ignaz Weigl (1849–1911), Bezirksvorsteher-Stellvertreter von Simmering (1902–1911), Gastwirt

Ignazgasse, 12., seit 1864, Ignaz Zelebor (1816–1890), Bürgermeister von Unter-Meidling (1871–1886)

Ilgplatz, 2., seit 1899, Dr. Albert Ilg (1847 bis 1896), Kunsthistoriker, kam 1876 an die kaiserlichen Sammlungen, 1884 Direktor; zahlreiche wissenschaftliche Arbeiten, insbesondere über die Kunst des Barock

Illekgasse, 15., seit 1888, Franz Illek (1793 bis 1861), erster Bürgermeister des Braunhirschengrunds (1848–1852) bzw. letzter Ortsrichter (1839–1848)

Illgasse, 21., seit 1953, nach dem gleichnamigen Fluß in Vorarlberg

Illnerstraße, 22., Benennungsdatum unbekannt, Karl Illner (1877–1935), Flugpionier, s. *Flugfeldstraße*

Im Erdberger Mais, 3., seit 1905, Flurname (erstmals 1445 urk. erwähnt)

Im Gereute, 23., seit 1914, Flurname

Im Gestockert, 22., Benennungsdatum unbekannt, Flurname

Im Haag, 22., nichtamtliche Bezeichnung (Flurname)

Im Kaiserzipf, 13., Benennungsdatum unbekannt, Flurname

Im Kenzelbrunn, 14., seit 1944 (vorher: Dr.-Ludwig-Stein-Gasse), Flurname

Immengasse, 21., seit 1890, nach der Bienenzucht von Bäckermeister Schöfmann in Floridsdorf (Immen = Bienen)

Immergrüngasse, 22., seit 1955, nach der Pflanze

Im Werd, 2., seit 1894, zur Erinnerung an die einstige Bezeichnung für den 2. und 20. Bezirk (Werd = Insel); im Unteren Werd befand sich bis 1670 ein jüdisches Ghetto, Zentrum der Gelehrsamkeit; 1670 wurden die Juden vertrieben, Fürst Esterházy nahm einen Teil im Burgenland auf; dieser wurde dann durch die Nationalsozialisten ausgerottet

In den Gabrissen, 21., seit 1979, Flurname

In den Kräutern, 17., historische Riedbezeichnung, nichtamtlich

In der Burg, 1., seit 1919 (1547–1819 Burgplatz, dann Innerer Burgplatz, 1846 Franzensplatz), Platz in der Hofburg (Innerer Burgplatz)

In der goldenen Erden, 21., Benennungsdatum unbekannt, Flurname

In der Hagenau, 13., seit 1947 (vorher: Lainzer Cottage), Flurname (Hage = Hecke)

In der Klausen, 23., seit 1988, topographisch-historische Bezeichnung (Klause = schwer zugängliche, entlegene Örtlichkeit)

In der Krim, 19., seit 1905, Flurname (Herkunft unklar; entweder nach einem Gasthaus, das Johann Grimmer gehörte, oder zur Erinnerung an den Krimkrieg 1853 bis 1856)

In der Schwarzlackenau, 21., seit 1986, Flurname (Schwarze Lackenau)

In der Wiesen, 23., Benennungsdatum unbekannt, Flurname

Indigoweg, 10., seit 1953, nach der Operette „Indigo und die 40 Räuber" von Johann Strauß Sohn

Industriegasse, 23., seit 1955 (vorher: Beethovengasse), nach den Industrieansiedlungen in der Gegend

Industriestraße, 22., seit 1909 (1945–1956 „Straße der Roten Armee"), zur Würdigung der Industrie in der Umgebung bzw. zur Erinnerung an den Wirtschaftsaufschwung in Floridsdorf um 1900

Ingen-Housz-Gasse, 9., seit 1910 (vorher: Versorgungshausgasse), Dr. Johann Ingen-Housz (1730–1799), Chemiker, Arzt; führte erfolgreich Pockenschutzimpfungen durch, 1760 kais. Leibarzt, bleibende Verdienste als Pflanzenphysiologe (Entdeckung der Vorgänge der Assimilation und Atmung der Pflanzen); konstruierte auch einen Heißluftballon, den er 1784 im Prater steigen ließ

Ing.-Körner-Gasse, 17., nichtamtliche Bezeichnung, nach dem späteren Bürgermeister Theodor Körner

Ing.-Sarek-Weg, 22., Benennungsdatum und Herkunft unklar

Innocentiagasse, 13., seit 1907, Innocentia Pögel (1824–1907), Ordensschwester, 40 Jahre Oberin im Elisabethinum in Ober-St. Veit

Innocenz-Lang-Gasse, 18., seit 1907, Franz Innocenz Lang (1752–1835), Piaristenpriester, Rektor der Wiener Universität, Schulreformator

Innstraße, 2. und 20., seit 1890, nach dem gleichnamigen Fluß

Invalidenstraße, 3., seit 1883, nach dem Invalidenhaus, 1727 gegründet, 1909 aufgelassen und nach Lainz/Speising verlegt

Inwaldweg, 21., Benennungsdatum unbekannt, Josef Inwald (1837–1906), errichtete eine Glasfabrik und führte die zu dieser Zeit darniederliegende Glasindustrie zu neuer Blüte

Inzersdorfer Straße, 10., seit 1875 (vorher: Kühberggasse), zur Wahrung des Ortsnamens; Inzersdorf wurde um 1120 erstmals urk. erwähnt; der nördliche Teil der Gemeinde Inzersdorf kam 1890 zu Wien; bis dahin war die Inzersdorfer Straße teilweise Grenze zwischen Wien und Inzersdorf; 1954 kam Inzersdorf zum 23. Bezirk

Inzersdorfer Kirchenplatz, 23., seit 1947 (1938 Adolf-Hitler-Platz), nach der St. Nikolaus-Kirche

Irenäusgasse, 21., seit 1936, Irenäus Friedl (1840–1901), Schulbruder, Gründer des Pensionates St. Josef in Strebersdorf

Irisgasse, 1., ca. 1600–1779 Hundsfottgassel, 1786–1862 Glockengasse; nach einem Ladenschild „Zur Irisblume"

Isbarygasse, 14., seit 1894 (vorher: Promenadegasse), Rudolf Isbary (1827–1892), Industrieller (Shawlfabrik), ab 1883 Präsident der NÖ. Handels- und Gewerbekammer, Reichsratsabgeordneter (1873 bis 1880), Mitglied des Herrenhauses (1889 bis 1892), 1873 kaiserlicher Rat, 1880 Kurator des österr. Museums für Kunst und Industrie

Iselgasse, 21., seit 1953, nach dem Fluß in Osttirol

Isoppgasse, 23., seit 1957 (vorher: Grillparzergasse, Roseggergasse), Bartholomäus Isopp (1878–1951), Arbeitervertreter

Ispergasse, 21., seit 1953, Nebenfluß der Donau in Niederösterreich

J

Jacobsenweg, 12., seit 1953, Dr. Sigurd Jacobsen (1882–1948), dänischer Jurist und Philanthrop, organisierte nach dem Ersten Weltkrieg Hilfsaktionen für Wien

Jacobsgasse, 14., seit 1972 (vorher ab 1969 Zimbagasse), Johann Jacobs (1869 bis 1958), Pionier der Kaffeeherstellung

Jacquingasse, 3., seit 1875 (vorher: Magazingasse), Nikolaus Josef Freiherr von Jacquin (1727–1817), Arzt, Wegbereiter der Botanik in Österreich, Direktor des Botanischen Gartens

Jadengasse, 15., seit 1878, Karl Krticzka Ritter von Jaden (1824–1885), Polizeipräsident von Wien (1881–1885), Bezirkshauptmann in Rudolfsheim

Jägergrabengasse, 21., nichtamtliche Bezeichnung

Jägerhausgasse, 12., seit 1894 (vorher: Gemeindegasse), nach einem ehemals hier bestandenen Jägerhaus

Jägermaisbogen, 22., seit 1966, nach dem Verlauf bzw. der Siedlung

Jägermaiszufahrt, 22., seit 1966, führt zur gleichnamigen Siedlung

Jägerstätterstraße, 14., seit 1993 (vorher: Ottokar-Kernstock-Straße), Franz Jägerstätter (1907–1943), Bauer, Mesner, verweigerte aus christlicher Überzeugung den Dienst in der deutschen Wehrmacht, wurde deshalb zum Tode verurteilt und in Berlin hingerichtet

Jägerstraße, 20., seit 1858, nach dem Jägerhaus, 1645 zum Schutz der Brigittakapelle erbaut

Jägerweggasse, 23., Benennungsdatum unbekannt, führt zum „Jägerhaus"

Jagdgasse, 10., seit 1862, hier fanden bis etwa 1860 noch Hasenjagden statt

Jagdschloßgasse, 13., seit 1894 (vorher: Einsiedeleigasse), nach dem kais. Jagdschloß in Lainz

Jagičgasse, 13., seit 1936, Dr. Vratoslav Jagič (1838–1923), Slawist; Herausgeber des „Archivs für slawische Philologie", 1886 bis 1908 Prof. für Slawistik an der Universität Wien

Jahngasse, 5., seit 1877 (vorher: Mohngasse), Ludwig Jahn (1778–1852), Förderer des Turnwesens (Turnvater Jahn)

Jakob-Bindel-Platz, 22., seit 1993, Komm.-Rat Jakob Bindel (1901–1992), Sekretär der Wr. Kinderfreunde, Direktor des Verlages Jugend & Volk

Jakobergasse, 1., seit 1862, nach dem 1783 aufgelassenen Nonnenkloster „St. Jakob auf der Hülben"

Jakob-Gremdlinger-Straße, 14., Benennungsdatum unbekannt, Jakob Gremdlinger (richtig Gremblinger), 1600–1614 Pfarrer von Weidlingau

Jakob-Lamm-Gasse, 13., seit 1911, Msgr. Jakob Lamm (1833–1908), Pfarrer in Mauer (1870–1901)

Jakob-Puggl-Weg, 14., seit 1956, Jakob Puggl, um 1560 Waldmeister in Hadersdorf

Jakob-Sommerbauer-Straße, 23., Benennungsdatum unbekannt, Jakob Sommerbauer, Ortsrichter von Mauer, von französischen Soldaten in den napoleonischen Kriegen 1809 erschossen; auch Bürgermeister von Kalksburg

Jakob-Stainer-Gasse, 13., seit 1942, Jakob Stainer (1621–1683), Tiroler Geigenbauer

Jakschgasse, 14., seit 1940, Josef Jaksch (1861–1937), Bürgerschuldirektor, 1886 bis 1937 auf dem Gebiet des Chorgesanges führend tätig, Ehrenmitglied von rund 130 Sängervereinigungen

Jandagasse, 21., seit 1993, Anton Janda (1904–1986), Fußballer

Jan-Kiepura-Gasse, 14., seit 1975, Jan Kiepura (1902–1966), Tenor, Mitglied der Staatsoper, Gastspiele quer durch Europa und durch die USA, lebte nach der Emigration 1938 ab 1944 in den USA, Popularität auch durch Auftritte in Operetten und Musikfilmen

Janneckgasse, 13., seit 1932, Franz Christoph Janneck (1703–1761), Barockmaler (religiöse Darstellungen, Landschaften, Porträts)

Jantschweg, 2., seit 1963, Heinrich Jantsch (1845–1899), Theaterdirektor, Schauspieler, Schriftsteller (leitete ab 1892 das Fürsttheater im Prater)

Jara-Benes-Gasse, 21., seit 1964, Jara Benes (1897–1949), Komponist (Operetten)

Jarlweg, 10., seit 1959, Otto Jarl (1856–1920), Bildhauer (Tierbilder)

Jaschkagasse, 23., seit 1897, Heinrich Jaschka (1849–1897), setzte sich für die Gemeinde Mauer ein, Fabriksbesitzer

Jasmingasse, 22., seit 1944, nach dem Strauch

Jasomirgottstraße, 1., seit 1876, Herzog Heinrich II. Jasomirgott (1114–1177), Markgraf von Österreich (1141–1156), Herzog von Österreich (1156–1177), Gründer der Burg am Hof, der Stephanskirche, des Schottenklosters usw.

Jaunerstraße, 13., seit 1955 (vorher: Maria-Theresien-Straße), Franz Jauner (1832 bis 1900), Theaterdirektor (Ringtheater), Schauspieler, Regisseur

Jaurésgasse, 3., seit 1919 (ab 1934: Lustig-Prean-Gasse, 1938: Richthofengasse, 1945: Lustig-Prean-Gasse, ab 1947 wieder Jaurésgasse; vor 1919: Richardgasse), Jean Jaurés (1859–1914), Führer der französischen Sozialdemokraten, kämpfte gegen Antisemitismus, Nationalismus und für Völkerverständigung, am Vorabend des Ersten Weltkrieges erschossen

Jedlersdorfer Straße, 21., seit 1901 (vorher: Scheunenstraße, Luthersteig), zur Wahrung des Ortsnamens Jedlersdorf, 1150 erstmals urk. erwähnt, 1894 zum Teil eingemeindet, der Rest 1905

Jedleseer Brücke, 21., seit 1985, s. *Jedleseer Straße*

Jedleseer Straße, 21., seit 1901, zur Erinnerung an die ehemalige Gemeinde Jedlesee, 1014 erstmals urkundlich erwähnt, 1904 eingemeindet

Jedletzbergerstraße, 11., seit 1994, Josef Jedletzberger (1927–1993), Präsident der Wr. Landwirtschaftskammer (1966–1993), Gemeinderat (1964–1987), ÖVP

Jenbachgasse, 13., seit 1955 (vorher: Berggasse), Bela Jenbach (1871–1943), Schauspieler, Operettenlibrettist

Jeneweingasse, 21., seit 1901, Josef Jenewein (sic!, 1830–1899), Bürgermeister und Ortsrichter von Jedlesee, Wirtschaftsbesitzer

Jennerplatz, 13., seit 1931, Dr. Eduard Jenner (1749–1823), Arzt, erfand 1796 die Kuhpockenimpfung (Immunisierung gegen die Pocken durch künstlich herbeigeführte Infektion mit den normalerweise harmlosen Kuhpocken)

Jenny-Lind-Gasse, 10., seit 1951, Jenny Lind (1820–1887), schwedische Opern- und Konzertsängerin

Jenschikweg, 17., seit 1983, Anton Jenschik (1884–1969), Verlagsdirektor, 1927 an der Gründung des „Kleinen Blattes" beteiligt, 1919–1934 sozialdemokratischer Gemeinderat, bei der Pensionierung Direktor des „Vorwärts"-Verlages

Jenullgasse, 14., seit 1896, Sebastian Jenull (1777–1848), Jurist, seit 1810 Professor für Natur- und österr. Kriminalrecht

Jerusalemgasse, 21., seit 1954, Dr. Wilhelm Jerusalem (1854–1923), Philosoph, Pädagoge

Jessengasse, 19., seit 1930, Christian Jessen (1835–1924), Pädagoge, Vorkämpfer der österreichischen Schulreform (Bücher über Schulpraxis, Schullesebücher)

Jesuitengasse, 1., seit 1862 (vorher ab 1827 Kirchengasse), nach dem Jesuitenorden bzw. der Jesuitenkirche (= alte Universitätskirche)

Jesuitensteig, 23., seit 1866, zur Erinnerung daran, daß die Jesuiten 1609–1773 die Herrschaft über Mauer ausübten

Jettmargasse, 23., seit 1954 (vorher: Hörbigergasse), Rudolf Jettmar (1869–1939), Maler, Graphiker

Jheringgasse, 15., seit 1894 (vorher: Rochusgasse), Rudolf von Jhering (1818–1892), Rechtshistoriker, 1868–1872 Prof. für römisches Recht an der Universität Wien

Jirecekgasse, 21., seit 1954, Dr. Konstantin Jireček (1854–1918), Slawist, Historiker, 1893 Univ.-Prof. in Wien

Joachim-Schettl-Gasse, 14., seit 1956, Joachim Schettl (eigentlich Schöttl), Waldmeister in Hadersdorf im 16. Jahrhundert

Joachimsthalerplatz, 16., seit 1928, Franz Joachimsthaler (1892–1911), Schlossergehilfe, Opfer der Teuerungsdemonstration vom 17. September 1911; die Sozialdemokraten hatten zu einer Kundgebung vor dem Rathaus aufgerufen; aus ungeklärten Umständen fiel plötzlich ein Schuß, als die Demonstration schon zu Ende war und die Kundgebungsteilnehmer in die Vorstädte zogen; Polizei und Militär verfolgten die Arbeiter, es gab 3 Tote, 90 Verletzte, 200 Verhaftungen; auf dem Ottakringer Friedhof befindet sich ein Grabmal für die Opfer der Teuerungsdemonstration

Joanelligasse, 6., seit 1902, Don Cölestin Joanelli (gest. 1673), Barnabitenpriester, Gründer einer Kapelle mit Marienbild, von den Türken 1683 zerstört; das Marienbild hat sich jedoch erhalten

Jochbergengasse, 21., seit 1913, Flurname

Jochen-Rindt-Straße, 23., seit 1982, Jochen Rindt (1942–1970), Autorennfahrer; 1970 posthum Formel-1-Weltmeister

Jodlgasse, 13., seit 1919 (vorher: Stephaniebadgasse, bis 1894 Badgasse), Friedrich Jodl (1849–1914), Philosoph

Jodok-Fink-Platz, 8., seit 1929 (vorher: Piaristengasse), Jodok Fink (1853–1929), christlichsozialer Politiker aus Vorarlberg, 1919/20 Vizekanzler, 1922–1929 Obmann des christlichsozialen Klubs im Nationalrat

Jörgerbadgasse, 17., seit 1924, nach dem 1914 eröffneten Jörgerbad

Jörgerstraße, 17. und 18., seit 1894 (vorher: Alsbachstraße; urspr. Untere Bachgasse, dann Mühlgasse), Johann Quintin Graf Jörger (1624–1705), führte 1688 in Wien die Straßenbeleuchtung ein

Jörg-Mauthe-Platz, 9., seit 1991, nach Jörg Mauthe (1924–1986); Schriftsteller, Journalist („Watschenmann"), Kunstkritiker in der „Furche", Kulturredakteur in der „Presse"; gründete die liberalkonservative Monatsschrift „Wiener Journal", Gemeinderat, Stadtrat (ÖVP)

Jörsgasse, 13., seit 1936, Dr. Paul Jörs (1856 bis 1925), Jurist, Rechtshistoriker

Johannagasse, 5., Benennungsdatum unbekannt, Johanna Gorischek (1792–1858), Wohltäterin, Buchdruckerin

Johann-Blobner-Gasse, 12., seit 1933; Johann Baptist Blobner (1850–1931), Komponist

Johann-Dunkl-Gasse, 23., seit 1958, Johann Dunkl (1891–1954), Inzersdorfer Gemeinderat (1927–1934)

Johannesgasse, 1. und 3., nach der Kirche des Johannesordens „Zum hl. Johannes der Täufer"; früher auch Johannesstraße und St. Johannesstraße

Johann-Friedl-Gasse, 10., seit ca. 1874, Johann Friedl (1822–1892), Oberlehrer in Oberlaa

Johann-Gottek-Gasse, 23., seit 1966 (vorher: Burgenlandgasse), Johann Gottek (1891 bis 1963), Bezirksrat (1950–1963), SPÖ

Johann-Hörbiger-Gasse, 23., seit 1925, Ing. Johann Hörbiger (1860–1931), Techniker, Maschinenkonstrukteur („Hörbigerventil"), Schöpfer der Welteislehre

Johann-Hoffmann-Platz, 12., seit 1905, Johann Hoffmann (1786–1856 bzw. lt. *Czeike* 1802–1865), Erbauer der Altmannsdorfer Kirche

Johannitergasse, 10., seit ca. 1882, diese Gegend war einst im Besitz des Johanniterordens (Malteser)

Johann-Josef-Krätzer-Gasse, 23., seit 1968, Johann Josef Krätzer (1869–1950), Gemeinderat von Atzgersdorf, Fabrikant

Johann-Knoll-Gasse, 21., seit 1933, Johann Knoll (1856–1924), christlichsozialer Kommunalpolitiker, Selchermeister, Verdienste um die allgemeine Wohlfahrt

Johann-Kutschera-Gasse, 22., seit 1988, Johann Kutschera (1907–1979), Sozialversicherungsangestellter, Gemeinderat (1949–1954), Landesrettungskommandant des Wr. Roten Kreuzes

Johann-Laufner-Gasse, 21., seit 1909, Johann Laufner (1786–1848), Ortsrichter von Großjedlersdorf (1821–1828, 1831–1848)

Johann-Nepomuk-Berger-Platz, 16. und 17., seit 1894 (vorher: Marktplatz; 1942 bis 1945: Lerchenfeldplatz), Dr. Johann Nepomuk Berger (1816–1870), Rechtsanwalt, 1848 Mitglied der demokratischen Linken, 1861 Gemeinderat, 1863 deutsch-liberaler Reichsratsabgeordneter, 1867–1870 Minister ohne Portefeuille

Johann-Nepomuk-Vogl-Platz, 18., seit 1894 (vorher: Marktplatz), Johann Nepomuk Vogl (1802–1866), Balladendichter („Herr Heinrich sitzt am Vogelherd")

Johann-Pölzer-Gasse, 10., seit 1968, Johann Pölzer (1903–1964), Gewerkschafter, Gemeinderat (SPÖ), Obmann der SPÖ-Favoriten

Johann-Schorsch-Gasse, 14., seit 1969, Johann Schorsch (1874–1952), Sozialdemokrat, Gewerkschaftsfunktionär, 1919–1926 Gemeinderat, bis 1931 Bundesrat, bis 1934 Nationalrat, 1934 Emigration, arbeitete im „Auslandsbüro der Freien Gewerkschaften Österreichs", Rückkehr 1939, mehrmals von der Gestapo verhaftet, 1945–1948 Obmann der Wiener Gebietskrankenkasse

Johann-Staud-Straße, 16., seit 1949 (vorher: Steinhofstraße), Johann Staud (1882 bis 1939), christlichsozialer Gewerkschaftsführer, nach dem Bürgerkrieg 1934 unter dem autoritären Regime ernannter Präsident der Wiener Arbeiterkammer und des Einheitsgewerkschaftsbundes, 1938 von den Nationalsozialisten verhaftet und ins KZ Dachau eingeliefert, starb nach den erlittenen Mißhandlungen an Herzversagen

Johann-Steinmetz-Stiege, 17., seit 1995, Johann Steinmetz (1849–1910), Baumeister in Dornbach

Johann-Strauß-Gasse, 4., seit 1899 (vorher: Igelgasse), Johann Strauß Sohn (1825 bis 1899), Musiker, Komponist

Johann-Teufel-Gasse, 23., seit 1956, Johann Teufel (1896–1943), Opfer des Faschismus, Widerstandskämpfer, 1943 hingerichtet

Johann-Treixler-Gasse, 21., seit 1933, Johann Nepomuk Treixler (1842–1898), Verdienste um das Schulwesen und Schuldirektor von Großjedlersdorf

Johann-Weber-Straße, 21., Benennungsdatum unbekannt, Johann Weber (1839 bis 1909), Gemeinderat von Stammersdorf, Verdienste um die Gemeindefinanzen

Johann-Zak-Weg, 22., seit 1988, Johann Zak (1903–1944), Feuerwehrmann, Widerstandskämpfer, Opfer des Faschismus, wie *Hermann-Plackholm-Gasse*

Johannes-Krawarik-Gasse, 16., seit 1988 (urspr. Schulgassel, bis 1894 Kirchengasse, dann Adtlgasse; nach Wolfgang Adtl, einem langjährigen Pfarrer von Ottakring); Johannes Krawarik (1903–1938)

war Pfarrer in Ottakring; er wurde im Zuge der Erstürmung des erzbischöflichen Palais durch nationalsozialistische Jugendliche im Oktober 1938 aus dem Fenster geworfen

Johnstraße, 14. und 15., seit 1894 (vorher: Rudolfstraße, im 15. Bezirk ab 1912 so benannt), Franz Xaver Freiherr von John (1815 bis 1876), 1866 Verdienste bei Custozza, Kriegsminister, Chef des österr. Generalstabs

Jordangasse, 1., seit 1786 in der heutigen Form nachweisbar, nach einem Hausschild „Zum großen Jordan", schon 1421 erwähnt

Josef-Baumann-Gasse, 21. und 22., seit 1909, Josef Baumann (1838–1920), Bürgermeister von Leopoldau ab 1876, Wirtschaftsbesitzer

Josef-Benc-Gasse, 23., seit 1931, Josef Benc (1856–1931), Gemeinderat und Ehrenbürger von Erlaa

Josef-Bindtner-Gasse, 18., seit 1969, Dr. Josef Bindtner (1866–1939), Heimatforscher, Schriftsteller (Biographien von Stifter, Bauernfeld, Bäuerle, Castelli)

Josef-Brazdovics-Straße, 21., seit 1995, Josef Brazdovics (1904–1969), Sozialdemokrat, Februarkämpfer des Jahres 1934

Josef-Bühl-Gasse, 23., seit 1954 (vorher: Schubertgasse), Josef Bühl (1852–1906), Bürgerschulgründer und -direktor in Liesing

Josef-Endlweber-Gasse, 23., Benennungsdatum unbekannt, Josef Endlweber (1822 bis 1887), Bürgermeister von Siebenhirten (1861–1864), Fleischermeister

Josef-Enslein-Platz, 10., seit 1953, Josef Enslein (1870–1952), Schulreformer (Mitarbeiter von Otto Glöckel in der Ersten Republik), 1945 Unterstaatssekretär in der Regierung Renner

Josef-Flandorfer-Straße, 21., Benennungsdatum unbekannt, Josef Flandorfer (1844 bis 1920), Bürgermeister von Stammersdorf, Wirtschaftsbesitzer

Josef-Frank-Gasse, 22., seit 1991, Josef Frank (1885–1967), Architekt (Werkbundsiedlung), großer österr. Staatspreis für Architektur

Josef-Gall-Gasse, 2., seit 1908, Josef Gall (1820–1898), Journalist, gründete die „Korrespondenz Gall", Vorläufer der heutigen „Rathauskorrespondenz", und schuf eine umfangreiche Kommunalberichterstattung in der Tagespresse

Josef-Gangl-Gasse, 13., seit 1932, Josef Gangl (1868–1916), sudetendeutscher Schauspieler und Schriftsteller

Josef-Harrer-Brücke, 14., errichtet 1899 über den Mauerbach, 1988 umgebaut

Josef-Heinzl-Gasse, 13., seit 1928, Josef Heinzl (1869–1923), Gewerkschaftsvertreter der Metallarbeiter, ab 1919 niederösterr. Landtagsabgeordneter

Josefinengasse, 2., seit 1862 (vorher: Mariengasse), Josefa Ley (1816–1901), Gattin des Bezirksvorstehers Konrad Ley, s. *Leystraße*

Josefine-Wessely-Weg, 12., seit 1931, Josefine Wessely (1860–1887), Burgschauspielerin

Josef-Kainzmayer-Gasse, 22., Benennungsdatum unbekannt, Josef Kainzmayer (1848 bis 1895), Bürgermeister von Eßling (1885 bis 1893), Wirtschaftsbesitzer

Josef-Kraft-Weg, 13., seit 1987, Hofrat Dr. Josef Kraft (1879–1945), Heimatforscher, Archivar

Josef-Kutscha-Gasse, 23., seit 1954 (vorher: Parkgasse), Josef Kutscha (1863–1928), Gemeinderat, Bürgerschuldirektor

Josef-Kyrle-Gasse, 13., seit 1932, Dr. Josef Kyrle (1880–1926), Hautarzt, Univ.-Prof.

Josef-Matthias-Hauer-Platz, 8., seit 1988, Josef Matthias Hauer (1883–1959), Komponist, Musiktheoretiker; entdeckte 1919 das Zwölftongesetz, Hauer lehnte die traditionelle Musik ab und wollte neue Wege beschreiten

Josef-Meder-Gasse, 23., seit 1960, Dr. Josef Meder (1856–1934), Direktor der Albertina

Josef-Melichar-Gasse, 21., seit 1959 (vorher: Siedlergasse), Josef Melichar (1863 bis 1955), Siedlungsgründer (Bruckhaufen), Postbeamter

Josef-Moser-Gasse, 17., seit 1934 (vorher: Beringgasse), Josef Moser (1866–1931), Pädagoge, Gründer des Canisiuswerkes (Kinderhilfswerk)

Josef-Österreicher-Gasse, 23., Benennungsdatum unbekannt, Josef Österreicher (1849 bis 1919), Färbereibesitzer

Josef-Palme-Platz, 14., seit 1966 (1938 bis 1945: Adolf-Hitler-Platz, 1945–1966 nichtamtlich Karl-Seitz-Platz), Josef Palme (1859 bis 1935), 1919–1934 sozialdemokratischer Bürgermeister von Hadersdorf-Weidlingau, Landtagsabgeordneter, Bundesrat

Josef-Pommer-Gasse, 13., seit 1934, Josef Pommer (1845–1918), Lehrer, Begründer der Volksliedforschung

Josef-Prokop-Straße, 14., Benennungsdatum unklar, Josef Prokop (1839–1904), Architekt, Stadtbaumeister, Verdienste als Wohltäter für die Gemeinden Hadersdorf und Weidlingau

Josef-Redl-Gasse, 17., seit 1951, Josef Redl (1876–1937), christlichsozialer Bezirksvorsteher von Hernals (1934–1937), Lehrer

Josef-Reichl-Gasse, 12., seit 1969, Josef Reichl (1860–1924), Hutmacher, Mundartdichter

Josef-Reißberger-Weg, 17., nichtamtliche Benennung

Josef-Ressel-Straße, 14., Benennungsdatum unbekannt, Rosef Ressel (1793 bis 1857), Erfinder der Schiffsschraube

Josef-von-Schemmerl-Brücke, 19. und 20., s. *Schemmerlbrücke*

Josef-Ruston-Gasse, 21., seit 1909 (vorher: Rustengasse), Josef Ruston (1809–1895), Schiffsbautechniker, Begründer einer Schiffswerft

Josef-Schlesinger-Straße, 14., seit 1901, Dr. Josef Schlesinger (1834–1901), s. *Schlesingerplatz*

Josef-Schlima-Gasse, 23., seit 1957 (vorher: Josef-Huber-Gasse), Josef Schlima (1883 bis 1942), Gemeinderat von Liesing

Josef-Schuster-Gasse, 13., seit 1932, Josef Schuster (1812–1890), Blumenmaler

Josef-Schwarz-Gasse, 5., seit 1912, Josef Schwarz (1834–1912), christlichsozialer Bezirksvorsteher von Margareten (1897 bis 1910), Likörfabrikant, Kaffeehausbesitzer

Josefsgasse, 8., Benennungsdatum unbekannt (urspr. Mittere Gasse), s. *Josefstädter Straße*, nach Kaiser Joseph I. (1678 bis 1711), Kaiser ab 1705

Josef-Sickinger-Gasse, 22., seit 1930, Dr. Josef Sickinger (1858–1930), Pädagoge, Schulexperte (Begründer von Förderklassen)

Josefsplatz, 1., 1750 Ballplatz, dann bis 1780 Bibliotheksplatz, Kaiser Joseph II. (1741 bis 1790), röm.-dt. Kaiser (1765–1790)

Josefstädter Straße, 8., seit 1862 (1690 bis 1778: Burggasse und Burgtorstraße, Obere Burgtorgasse; 1778–1862 Kaisergasse); zur Erinnerung an den alten Vorstadtnamen (nach Joseph II. urspr. Josephstadt, ab dem 19. Jhd. Josefstadt); die Josefstadt wurde 1850 zum 7. Bezirk vereinigt, ab 1861 8. Bezirk; 1857 zählte die Josefstadt 13.600 Einwohner; kleinster Wr. Gemeindebezirk

Josef-Türk-Gasse, 21., seit 1925, Josef Türk (1856–1923), Vorstand des Floridsdorfer Fürsorgeinstituts

Josef-Uridil-Gasse, 14., seit 1991, Josef Uridil (1895–1962), populärer Fußballer der 20er Jahre, später Trainer, u. a. Rapid (Meister 1953/54)

Josef-Wakovsky-Gasse, 21., seit 1960, Josef Wakovsky (1900–1959), Schrammelmusiker, Komponist

Josef-Weinheber-Platz, 14. und 16., Josef Weinheber (1892–1945), Postbeamter, ab 1932 freier Schriftsteller; in seinen Dialektgedichten versuchte er das Wesen Wiens und seiner Menschen zu erfassen („Wien wörtlich"), an der politischen Bindung mit den Nationalsozialisten, die ihn mit Ehrungen für sich zu gewinnen verstanden, zerbrach der gefeierte Lyriker, er verübte am 8. 4. 1945 Selbstmord

Josef-Zapf-Gasse, 21., seit 1929, Josef Zapf (1847–1902), Graveur, komponierte „Das Lied der Arbeit"

Joseph-Haydn-Straße, 14., Benennungsdatum unklar, s. *Haydngasse*

Joseph-Kainz-Platz, 18., seit 1931 (vorher: Meridianplatz), Joseph Kainz (1858 bis 1910), Schauspieler; Deutsches Theater in Berlin (1883 bis 1888), Burgtheater ab 1899, berühmtester Charakterdarsteller des deutschsprachigen Theaters, Vorbild nachfolgender Schauspielergenerationen

Joseph-Lister-Gasse, 13., seit 1931, Lord Joseph Lister (1827–1912), englischer Chirurg, Erfinder des antiseptischen Verfahrens

Joseph-Schmidt-Platz, 3., seit 1995, Joseph Schmidt (1904–1942), Sänger

Juchgasse, 3., seit 1919 (vorher: Rudolfsgasse, bis 1862: Haltergasse), Ernst Juch (1838–1909), Zeichner (politische Satiren, Karikaturen), Maler, Illustrator

Judengasse, 1., im 15. Jhd. „am hohenmarkht am silberpuhel", seit 1863 endgültig so benannt

Judenplatz, 1., erstmals erwähnt 1294, bildete bis 1421 den Mittelpunkt der damaligen Judenstadt, 1934–1938 Lessingplatz

Jüptnergasse, 22., seit 1963, Hans Jüptner von Jonstorff (1853–1941), Chemiker, Eisenhüttenfachmann

Julia-Hanusch-Weg, 17., nichtamtliche Bezeichnung nach der Frau des Namenspatrons der Siedlung, Ferdinand Hanusch

Julius-Berger-Gasse, 17., Benennungsdatum unklar, Julius Berger (1878–1964), Regierungsrat des Vermessungswesens, Siedlerfunktionär

Julius-Ficker-Straße, 21., seit 1954, Prof. Julius von Ficker (1826–1902), Historiker

Julius-Meinl-Gasse, 16. und 17., seit 1954 (vorher: Nauseagasse), Julius Meinl (1869 bis 1944), Großkaufmann; baute das väterliche Geschäft zum Großkonzern aus

Julius-Payer-Gasse, 22., nichtamtliche Bezeichnung, Julius Ritter von Payer (1841 bis 1915), Maler

Julius-Raab-Platz, 1., seit 1976 (vorher ab 1903: Aspernplatz), Julius Raab (1891 bis 1964); Bundeskanzler (1953–1961); in der Ersten Republik NÖ-Heimwehrführer, 1927–1934 christlichsozialer Abgeordneter zum Nationalrat, Begründer des Österreichischen Gewerbebundes 1934, 1938 Bundesminister für Handel und Verkehr; nach 1945 Präsident der Bundeskammer der gewerblichen Wirtschaft, Präsident des Wirtschaftsbundes (ÖVP); Baumeister der Zweiten Republik

Julius-Schlegel-Gasse, 21., seit 1977, Julius Schlegel (1895–1958), Retter der Kunstschätze von Monte Cassino, Papierhändler, Gemeinderat (1954–1958, ÖVP)

Julius-Tandler-Platz, 9., seit 1949 (urspr. Hauptplatz, 1873–1938: Althanplatz, 1938 bis 1945 Platz der Sudetendeutschen, 1945–1949 wieder Althanplatz), Dr. Julius Tandler (1869–1936), Anatom, Sozialpolitiker; 1910 Lehrstuhl für Anatomie, nach dem Ersten Weltkrieg Engagement in der Sozialdemokratie; Reform des Krankenanstaltengesetzes als Unterstaatssekretär im Volksgesundheitsamt, Reform des Gesundheitswesens und der Fürsorge als Stadtrat in Wien, 1933 medizinischer Berater in China und der Sowjetunion

Jungferngasse, 1., 1414 urkundlich „daz lückelin“ und „das Luckel“ genannt, seit 1862 amtlich, ab 1701 nichtamtlich (nach einer Sage von einem Stelldichein mit tödlichem Ausgang für den Galan)

Jungbauerweg, 10., seit 1989, Raimund Jungbauer (1876–1942), Seelsorger, Priester, Verdienste um die Ausgestaltung der Kirche St. Johannes auf dem Keplerplatz, Mitglied des Stadtschulrates

Jungherrnsteig, 19., seit 1895, schon 1393 urkundlich erwähntes Weingartenried des Stiftes Klosterneuburg

Jungmaisstraße, 22., seit 1873, Jungmais = Jungwald

Jungnickelweg, 12., seit 1973, Prof. Ludwig Heinrich Jungnickel (1881–1965), Tier- und Landschaftsmaler, Graphiker, Professor an der Akademie der bildenden Künste, 1939 Emigration nach Jugoslawien, Rückkehr 1952

Jungpointgasse, 12., seit 1922, alter Flurname (Point = eingezäunte Viehweide)

Jungstraße, 2., seit 1905, Karl Jung (1848 bis 1905), Gemeinderat der Leopoldstadt (1902–1905), Backofenerzeuger

Junkgasse, 22., seit 1955 (vorher: Maderspergergasse), Dr. Viktor Junk (1875–1948), Kunsthistoriker, Komponist, Erforscher von Volkstänzen

Jupiterweg, 14., seit 1923, nach dem Planet

Jura-Soyfer-Gasse, 10., seit 1968, Jura Soyfer (1912–1939), Kabarettdichter, Lyriker, Journalist; Mitarbeiter der „Arbeiter-Zeitung“, nach 1934 Zuwendung zur illegalen KPÖ und Abrechnung mit der Sozialdemokratie („So starb eine Partei“), warnte vor dem Nationalsozialismus und vor Arbeitslosigkeit, 1938 ins KZ Dachau eingeliefert und dann ins KZ Buchenwald überstellt, starb dort an Typhus

Jurekgasse, 15., seit 1938 (vorher: Pereiragasse), Wilhelm August Jurek (1870 bis 1934), Schöpfer des Deutschmeistermarsches (1893), Komponist, Beamter

Justgasse, 21., seit 1914, Ferdinand Just (1843–1912), Pfarrer von Großjedlersdorf

Jutegasse, 22., seit 1993, nach der Pflanze

K

Kaasgrabengasse, 19., seit 1892 (in Untersievering schon seit 1876), Flurname (1331 als Cheswassergraben urkundlich erwähnt, vermutlich ein Zusammenhang mit bestandenen Mineralquellen: Käswassser = trübes Wasser mit Schwefelgehalt)

Kabastagasse, 23., seit 1959, Oswald Kabasta (1896–1946), Musiker, Dirigent, reorganisierte 1933 die Wr. Philharmoniker

Kärchergasse, 3., seit 1897; nach Karl Kärcher (1820–1874), der sein Haus verarmten Geschäftsleuten stiftete

Kärntner Durchgang, 1., seit 1897, s. *Kärntner Straße*

Kärntner Ring, 1., seit 1861, geht auf das gleichnamige mittelalterliche Stadtviertel zurück; Benennung wurde angepaßt an die *Kärntner Straße*, 1917–1919 Kaiserin-Zita-Ring

Kärntner Straße, 1., 1257 als „strata Carinthianorum" erstmals urk. erwähnt, 1776 erstmals Kärnthnerstraße; im Mittelalter als Fernstraße über Steiermark, Kärnten bis nach Triest und Venedig geplant; 1861 neu benannt bzw. verlängert

Kärntnertorpassage, 1., seit 1978, s. *Kärntner Ring*

Käsmayergasse, 22., seit 1974 (vorher: Ferngorngasse), Johann Käsmayer (1884 bis 1951), letzter Bürgermeister von Eßling

Kästenbaumgasse, 10., seit 1956 (vorher: Bahnstraße), Riedname

Käthe-Dorsch-Gasse, 14., seit 1962, Käthe Dorsch (1890–1957), Burgschauspielerin, 1953 Kunstpreis der Stadt Wien, Filmrollen

Käthe-Leichter-Gasse, 13., seit 1949 (vorher ab 1943: Horngasse), Dr. Käthe Leichter (1895–1942), Sozialdemokratin, Pazifistin, Sekretärin von Otto Bauer, Leiterin des Frauenreferates in der Arbeiterkammer Wien, 1942 im KZ ermordet

Kafkasteg, 2., seit 1984, Verlängerung der Kafkastraße, s. *Kafkastraße*

Kafkastraße, 2., seit 1956 (vorher: Josef-Christ-Gasse), Franz Kafka (1883–1924), Angestellter einer Versicherung, Dr. jur. 1906; Schriftsteller („Der Prozeß", „Das Schloß", „Die Verwandlung")

Kaftangasse, 21., seit 1972, Rudolf Kaftan (1870–1961), Gründer des Uhrenmuseums, Mittelschullehrer

Kagraner Anger, 22., seit 1922, s. *Kagraner Platz*

Kagraner Platz, 22., seit 1909 (vorher: Kagraner Hauptstraße), zur Erinnerung an die ehemalige, schon 1200 als „de Chagaron" selbständige Gemeinde, 1904 eingemeindet; da die Gemeinde damals ziemlich verschuldet war, kam die Eingemeindung zu Floridsdorf recht; 1954 kam Kagran zur Donaustadt

Kahlenberger Straße, 19., seit 1873/75 (in Nußdorf bis 1873 Lange Gasse, in Heiligenstadt bis 1875 Kahlenberger Weg), nach dem 483 m hohen Kahlenberg (früher: Schweinsberg und Sauberg)

Kahlergasse, 22., seit 1954, Prof. Dr. Otto Kahler (1849–1893), Arzt, Vorstand der II. Med. Univ.-Klinik im AKH

Kahlgasse, 21., seit 1894, Josef Kahl, Tischlermeister, letzter Ortsrichter (1846–1849) und erster Bürgermeister von Floridsdorf (1849–1861)

Kainachgasse, 21., seit 1953, nach dem gleichnamigen Nebenfluß der Mur südlich von Graz

Kaingasse, 21., seit 1912 (vorher: Haidgraben), Johann Kain (gest. 1864), Wirtschaftsbesitzer, hinterließ beträchtliches Vermögen der Gemeinde Strebersdorf

Kainzgasse, 17., seit 1885, Josef Kainz (1810 bis 1892), Gemeinderat von Hernals

Kaiserallee, 2., seit 1884, nach Kaiser Franz Joseph I. (1830–1916)

Kaiser-Ebersdorfer-Straße, 11., seit 1894 (vorher: Ebersdorfer Hauptstraße), zur Wahrung des Ortsnamens; Simmering und Kaiserebersdorf wurden 1892 eingemeindet (Kaiserebersdorf hieß bis ins 15. Jahrhundert Ebersdorf)

Kaiser-Franz-Josef-Straße, 23., seit ca. 1848, nach Kaiser Franz Joseph I. (1830 bis 1916)

Kaisergartengasse, 3., seit 1897 (vorher: Hühnergasse, Hahnlgasse), hier bestand ein kaiserlicher Lustgarten, 1845 aufgelöst und verbaut

Kaisermühlenbrücke, 22., seit 1993 (Sekundarbrücke), s. *Kaisermühlenstraße*

Kaisermühlenstraße, 22., Benennungsdatum unbekannt, zur Erinnerung an die seit 1674 nachgewiesene Gemeinde, seit 1938 zum 22. Bezirk gehörend, ursprünglich 2. Bezirk; s. auch *Schiffmühlenstraße*

Kaisersteiggasse, 23., seit 1886, Flurname

Kaiserstraße, 7., genaues Benennungsdatum unklar, jedenfalls im 18. Jhd. benannt; 1760 Kaiserweg, nach Kaiser Joseph II. (1741–1790), 1765–1790 röm.-dt. Kaiser

Kaistraße, 10., Benennungsdatum unbekannt, Promenade entlang der Liesing

Kalbeckgasse, 18., seit 1925, Max Kalbeck (1850–1921), Musikschriftsteller, Theaterdichter und -kritiker

Kalksburg-Kirchenplatz, 23., seit 1947 (1938 bis 1945 Adolf-Hitler-Platz), s. *Kalksburger Straße*

Kalksburger Straße, 23., seit 1866 (vorher teilweise Brunnergasse), nach der bereits im 14. Jahrhundert erwähnten selbständigen Gemeinde, 1938 eingemeindet; Flurname (von Kalb und Berg = Berggelände, auf dem Kälber weiden)

Kallbrunnergasse, 21., seit 1954, Dr. Josef Kallbrunner (1883–1951), Direktor des Hofkammerarchives, Archivar

Kallinagasse, 16., seit 1960, Anna Kallina (1874–1948), Burgschauspielerin (fast 50jährige Zugehörigkeit zum Burgtheater, spielte in fast allen großen Produktionen des Hauses)

Kalmanstraße, 13., seit 1955 (vorher: Burgenlandstraße), Emmerich Kálmán (1882 bis 1953), Komponist (Operette „Die Csárdásfürstin", „Gräfin Mariza"), 1938 Emigration, erfolgreiche Tourneen durch die USA

Kalmusweg, 22., seit 1953, nach der Pflanze

Kalsergasse, 21., seit 1971, nach der Bäckerfamilie, Josef Kalser (1878–1937), Josef Kalser jun. (1908–1960)

Kaltenbäckgasse, 14., seit 1907, Johann Paul Kaltenbäck (1804–1861), Archivar, Historiker

Kaltenleutgebner Straße, 23., Benennungsdatum unbekannt, führt nach der Ortschaft Kaltenleutgeben in NÖ

Kalvarienberggasse, 17., seit 1894 (vorher: Allandgasse und Kirchengasse), nach der 1639 errichteten Kreuzwegstation (Hernalser Kreuzweg, Kalvarienberg)

Kamelienweg, 22., seit 1953, nach der Zierpflanze

Kamillenweg, 22., seit 1978, nach der Heilpflanze

Kammelweg, 21., seit 1956 (vorher: Enzersdorfer Weg), Dr. Willibald Kammel (1879 bis 1953), Jugendpädagoge, Psychologe, Publizist

Kammerergasse, 19., seit 1930 (1942–1947: Frobergergasse), Dr. Paul Kammerer (1880 bis 1926), Biologe, experimentelle Versuche, die Vererbbarkeit von erworbenen Eigenschaften nachzuweisen

Kampfstraße, 14., Benennungsdatum unklar, im April 1945 unternahmen an dieser Stelle deutsche Soldaten den sinnlosen Versuch, die vordringende Sowjetarmee aufzuhalten, die Zahl der Opfer war hoch

Kampstraße, 20., seit 1893, nach dem gleichnamigen niederösterr. Fluß

Kanalstraße, 22., seit 1966, nach einem zum Pumpwerk führenden Kanal

Kandlgasse, 7., Benennungsdatum unbekannt, nach einem Hausschild „Zur goldenen Kanne"

Kaniakgasse, 11., Benennungsdatum unbekannt, Karl Kaniak (1872–1931), Arbeiterdichter, Roman „Die Geiselberger"

Kanitzgasse, 23., seit 1966 (vorher: Freisingergasse), Dr. Otto Kanitz (1894–1940), Pädagoge, gab 1921 bis 1934 „Die sozialistische Erziehung" heraus, im KZ ermordet

Kannegasse, 15., seit 1912, Friedrich August Kanne (1778–1833), Musikkritiker, Komponist, Schriftsteller (Opern „Orpheus" und „Mirandola")

Kantgasse, 1., seit 1865, Immanuel Kant (1724–1804), Philosoph

Kantnergasse, 21., seit 1904, Simon Kantner (1809–1867), Lehrer in Großjedlersdorf, ab 1850 Gemeinderat in Floridsdorf

Kanzelgarten, 11., Benennungsdatum unbekannt, Flurname

Kapaunplatz, 20., seit 1934, Dr. Franz Kapaun (1851–1929), Bauleiter und Betriebsdirektor der städtischen Gaswerke; löste das Problem der Gasbeleuchtung

Kapellenweg, 22., seit 1934, bei der Kapelle wurde 1809 ein siegreiches Gefecht gegen die Franzosen ausgetragen (napoleonische Kriege)

Kapellergasse, 22., seit 1983, Josef Kapeller (1879–1948), Obmann der Stadtrandsiedlung Breitenlee

Kapitelgasse, 17., seit 1875, nach dem Wiener Domkapitel, dem 1625 die Herrschaft Hernals übergeben wurde

Kapleigasse, 11., seit 1895, Flur- und Wiesenname

Kaposigasse, 22., Benennungsdatum unbekannt, verlängert 1994, Prof. Dr. Moriz Kaposi (1837–1902), Arzt (Dermatologe)

Kappgasse, 3., seit 1975, Ing. Gisbert Kapp (1852–1922), Maschinenbautechniker (Dynamo und Transformatoren)

Karajangasse, 20., seit 1889, Theodor von Karajan (1810–1873), Historiker, Sprachforscher; Verdienste auf dem Gebiet der Wiener Stadtgeschichtsforschung

Karczaggasse, 22., seit 1955 (vorher: Schustergasse), Wilhelm Karczag (1857–1923), Direktor des Theaters an der Wien, Schriftsteller

Kardinal-Innitzer-Platz, 19., seit 1985, Kardinal Theodor Innitzer (1875–1955), Erzbischof von Wien (1932–1955), zuerst wissenschaftliche Laufbahn (1911–1932 o. Univ.-Prof.), 1918/19 und 1931/32 Dekan der theologischen Fakultät, 1928/29 Rektor der Universität Wien; 1929/30 Sozialminister, unterschrieb 1938 unter Druck einen Aufruf der Nationalsozialisten, bei der Volksabstimmung mit „Ja für Hitler" zu stimmen; 1940 errichtete er eine „Hilfsstelle für nichtarische Katholiken"

Kardinal-Nagl-Platz, 3., seit 1914 (vorher: Thomasplatz; mit dem Thomasplatz verschwanden 1898 die bis dahin bestandene Schul- und Thomasgasse), Dr. Franz Nagl (1855–1913), Erzbischof von Wien (1911–1913)

Kardinal-Piffl-Gasse, 13., seit 1946 (vorher: Georg-Ritter-v.-Schönerer-Gasse), Kardinal Friedrich Gustav Piffl (1864–1932), Erzbischof von Wien (1919–1932)

Kardinal-Rauscher-Platz, 15., seit 1891, s. *Rauscherstraße*

Kargergasse, 23., seit 1956, Karl Karger (1848–1913), Genre- und Historienmaler

Karl-Aschenbrenner-Gasse, 21., seit 1959, Karl Aschenbrenner (1865–1955), Schuldirektor, Illustrator

Karl-Bekehrty-Straße, 14., Benennungsdatum unbekannt, Karl Bekehrty (1822 bis 1886), Haus- und Grundbesitzer, förderte die sozialen Einrichtungen von Hadersdorf

Karl-Benz-Weg, 21., seit 1932, Karl Benz (1844 bis 1929), Autokonstrukteur, Industrieller

Karl-Biedermann-Gasse, 21., seit 1995, Karl Biedermann (1890–1945), Major, Widerstandskämpfer; in der Ersten Republik war der Karl-Marx-Hof in Biedermann-Hof umbenannt worden, weil Biedermann im Bürgerkrieg 1934 ein Schutzkorps gegen den aufständischen Schutzbund geführt hatte; in der NS-Zeit Mitglied einer militärischen Widerstandsgruppe um Major Carl Szokoll, am 8. 4. 1945 am Floridsdorfer Spitz öffentlich gehenkt; s. auch *Rudolf-Raschke-Gasse*

Karl-Borromäus-Platz, 3., seit 1908 (vorher: Gemeindeplatz), Karl Borromäus (1538 bis 1584), Bischof (1610 heiliggesprochen, Pestpatron)

Karl-Czerny-Gasse, 20., seit 1907, Karl Czerny (1791–1857), Komponist, Klavierpädagoge, Musiklehrer (unterrichtete u. a. Franz Liszt)

Karl-Diener-Gasse, 10., seit 1932, Prof. Karl Diener (1862–1928), Paläontologe, Geologe, Alpinist, 1906 Prof. für Paläontologie an der Universität Wien, 1919 Dekan, 1922/23 Rektor

Karl-Drescher-Gasse, 11., seit 1938, Karl Wilhelm Drescher (1850–1925), Komponist

Karl-Geiß-Gasse, 23., seit 1957 (vorher: Gutenberggasse), Karl Geiß (1905–1953), Direktor der Glockengießerei in St. Florian (Schöpfer der Neuen Pummerin)

Karl-Gramm-Gasse, 21., seit 1929, Karl Gramm (1855–1927), Komponist („Sozialistenmarsch")

Karl-Grübl-Weg, 22., seit 1933, Karl Grübl (1869–1925), gründete einen Arbeiterverband

Karl-Gunsam-Straße, 12., seit 1987, Prof. Karl Gunsam (1900–1972), Maler, Fußballer

Karl-Heinz-Straße, 23., Benennungsdatum unbekannt, Karl Heinz (1875–1928), Vizebürgermeister von Atzgersdorf, Gürtler

Karlikgasse, 23., seit 1957, Dr. Karl Karlik (1867–1951), Direktor der NÖ Landeshypothekenanstalt

Karlingergasse, 14., seit 1930, Leopold Karlinger (1846–1928), christlichsozialer Bezirksvorsteher des 13. Bezirkes (1906 bis 1913)

Karl-Kraus-Gasse, 12., seit 1970, Karl Kraus (1874–1936), Schriftsteller, Publizist: „Die letzten Tage der Menschheit", Herausgeber der „Fackel" (seit 1899)

Karl-Krestan-Gasse, 23., seit 1958 (vorher: Mühlgasse), Karl Krestan (1883–1957), Bezirkspolitiker in Inzersdorf (1919–1924 Vizebürgermeister, 1924–1934 Bürgermeister, 1946–1954 Bezirksrat)

Karl-Leeder-Gasse, 14., seit 1960, Karl Leeder (1879–1949), Obmann des Kleingartenvereines „Bierhäuselberg"

Karl-Löwe-Gasse, 12., seit 1938 (bis 1894: Michaelowitzgasse, dann Neuwallgasse), Karl Löwe (1796–1869), Balladendichter

Karl-Lothringer-Straße, 21., Benennungsdatum unbekannt, Herzog Karl von Lothringen (1643–1690), Führer des Entsatzheeres bei der Türkenbelagerung von 1683

Karl-Mader-Weg, 19., seit 1979, Karl Mader (1892–1962), Bezirksrat (SPÖ, 1946 bis 1962), Fürsorgeamtsvorstand

Karl-Meißl-Straße, 20., seit 1894, Karl Meißl (1830–1894), Gemeinderat (1876–1894), Stadtrat (1891–1894)

Karl-Metschl-Gasse, 16., seit 1927, Karl Metschl (1864–1924), Pionier der Gewerkschaftsbewegung, Vorkämpfer für Berufsberatung und Lehrlingsschutz

Karl-Sarg-Gasse, 23., Benennungsdatum unbekannt, Karl Sarg (1832–1895), Fabrikant; produzierte 1887 die erste Zahnpasta in Tuben („Kalodont") und das erste künstliche Speisefett („Ceres"); sein Sohn führte das Unternehmen bis 1939, dann wurde der Betrieb an die „Schicht AG" (heute Unilever) verkauft; 1959/60 entstanden auf den ehemaligen „Sarg-Gründen" Wohnungen

Karl-Schäfer-Straße, 21., seit 1987, Karl Schäfer (1909–1976), Eiskunstläufer, sechsfacher Weltmeister, zweifacher Olympiasieger

Karl-Schallhas-Gasse, 13., seit 1934, Karl Schallhas (gest. 1797), Maler, Kupferstecher; Prof. für Landschaftszeichnung an der Akademie für bildende Künste

Karl-Scheiber-Gasse, 23., seit 1959, Karl Scheiber (1870–1937), Vizebürgermeister von Erlaa, Vorstand der Erlaaer Gärtnervereinigung

Karl-Schwed-Gasse, 23., seit 1957 (1938 Holzwebergasse, 1947 Mariengasse), Karl Schwed (1878–1952), Vorkämpfer der Arbeiterbewegung

Karl-Schweighofer-Gasse, 7., seit 1905 (1839 Neue Gasse, dann bis 1862 Gardegasse, dann Breite Gasse), Karl Schweighofer (1839–1905), Klaviererzeuger

Karlsgasse, 4., seit 1807, nach der Karlskirche

Karlsplatz, 1. und 4., seit 1899; Kaiser Karl IV. legte während der Pestepidemie 1713 ein Gelübde ab, eine Kirche zu bauen

Karl-Toldt-Weg, 14., seit 1932, Dr. Karl Toldt (1840–1920), Anatom, Universitätsprofessor

Karl-Tornay-Gasse, Benennungsdatum unbekannt, Karl Tornay (1839–1893), Bürgermeister von Siebenhirten (1885–1888), Kaufmann

Karl-von-Böhmerle-Gasse, 14., Benennungsdatum unbekannt, Karl von Böhmerle (1851–1917), Ehrenbürger von Hadersdorf-Weidlingau, Forstdirektor

Karl-Walther-Gasse, 15., seit 1894 (vorher: Endgasse, Walthergasse), Karl Walther (1838–1897), Bürgermeister von Sechshaus, Färber

Karlweisgasse, 18., seit 1919 (1938–1945: Hans-Thoma-Gasse), C. Karlweis (Pseudonym für Karl Weis, 1850–1901), Schriftsteller (Romane, Novellen, Volksstücke)

Karl-Wilhelm-Diefenbach-Gasse, 13., seit 1927, Karl Wilhelm Diefenbach (1851 bis 1913), Maler, Naturapostel

Karmarschgasse, 10., seit 1894 (vorher: Altmüttergasse), Karl Karmarsch (1803 bis 1879), Technologe, Chemiker; technisch-literarische Publikationen

Karmelitergasse, 2., seit 1905 (vorher: Josefsgasse), nach Kloster und Kirche der Karmeliter

Karmeliterhofgasse, 15., Benennungsdatum unbekannt, nach einem ehemaligen Gutshof der Karmeliter

Karmeliterplatz, 2., seit 1905, s. *Karmelitergasse*

Karolinengasse, 4., seit 1844, Kaiserin Karoline Auguste (1792–1873), Gemahlin von Kaiser Franz I.

Karplusgasse, 10. und 12., seit 1956, Dr. Paul Karplus (1866–1936), Arzt, Psychiater (Arbeiten über das Zentralnervensystem)

Karthäuserstraße, 19., seit 1896; die Schreibweise mit „th" ist falsch; nach dem Kartäuserstift in Gaming (NÖ), welches im 18. Jahrhundert die Herrschaft Untersievering besaß

Kartouschgasse, 22., seit 1970, Louise Kartousch (1886–1964), Schauspielerin, Soubrette

Kaschauerplatz, 22., seit 1953, Jakob Kaschauer (gest. 1463), Bildhauer (Leiter einer Maler-, Bildschnitzer- und Glasgemäldewerkstatt)

Kaschlgasse, 20., seit 1913, Franz Kaschl (1829–1906), Schuldirektor, Ortsschulratsobmann, Patronatskommissär der Brigittakirche

Kaserngasse, 23., seit 1886, nach früheren Kasernen in Mauer

Kasparekgasse, 22., seit 1968, Fritz Kasparek (1910–1954), Alpinist, Schlossergeselle (in den 30er und 40er Jahren populärer Felskletterer)

Kaspargasse, 22., seit 1972, Dr. Fritz Kaspar (1885–1943), Arzt (Chirurg)

Kastanienallee, 12., seit 1929 (vorher: Asylgasse), weil die Allee mit Kastanienbäumen bepflanzt ist

Kastnergasse, 17., seit 1875, Dr. Johann Kastner (1819–1873), Politiker, Notar

Katharinengasse, 10., seit 1862; Herkunft nicht geklärt, vermutlich nach einer Besitzerin, die Gründe in der Gegend besaß und möglicherweise einige der Gemeinde überließ

Kathleingasse, 23., seit 1959, Ing. Franz Kathlein (1888–1957), Baumeister; Förderer und Gönner der Maurer Pfarrkirche

Katzensteig, 1., Benennungsdatum unbekannt (hinter der Ruprechtskirche), führte zum Katzensteigtor, ältestes Tor in der Festung Wien

Katzlergasse, 11., seit 1956, Vinzenz Katzler (1823–1882), Maler, Lithograph; zahlreiche Skizzen zum Wiener Volksleben

Kaudersstraße, 22., seit 1955 (vorher: Schanzstraße), Dr. Otto Kauders (1893–1949), Neurologe, Psychiater

Kauergasse, 15., seit 1894 (vorher: Feldgasse), Ferdinand Kauer (1751–1831), Singspielkomponist, Kapellmeister

Kauffungenweg, 23., seit 1955 (vorher: Stelzhammerweg), Richard Kauffungen (1854 bis 1942), Bildhauer

Kaulbachstraße, 12., seit 1920 (vorher: Valeriecottage), Wilhelm von Kaulbach (1804 bis 1874), deutscher Historienmaler

Kaunitzgasse, 6., seit 1862, Wenzel Anton Fürst von Kaunitz (1711–1794), Staatskanzler ab 1753; leitete die Politik von Maria Theresia, Joseph II. und Leopold II.

Kautskygasse, 21., seit 1994, Karl Kautsky (1854–1938), sozialdemokratischer Theoretiker, Publizist; Privatsekretär von Friedrich Engels, enger Kontakt mit Karl Marx; verfaßte 1891 den theoretischen Teil des „Erfurter Programmes" der deutschen Sozialdemokratie, kämpfte nach dem Ersten Weltkrieg gegen den Kommunismus, lebte 1924–1933 in Wien, 1938 Emigration nach Amsterdam

Kefedergrundgasse, 21., seit 1993, nach der gleichnamigen Kleingartenanlage

Kefergasse, 14., seit 1894 (vorher: Pfarrhofgasse), Josef Kefer (1780–1827), Domherr, Pfarrer von Baumgarten

Kegelgasse, 3., seit 1862 (vorher: Brunn-, Koller-, Zoll-, Feld- und Gestettengasse), nach dem Hausschild „Zum goldenen Kegel"

Keilgasse, 3., seit 1909, nach dem einst keilförmigen Gassenverlauf

Keilstraße, 14., Benennungsdatum unbekannt, Heinrich Keil (richtig Kail), 1895 bis 1901 Pfarrer von Weidlingau

Keimweg, 22., seit 1933, Franz Keim (1840 bis 1918), Dichter, Dramatiker

Keinergasse, 3., seit 1832 (um 1797 Michaelergasse, 1862 die Feldgasse in die bestehende Keinergasse einbezogen), Bernhard Keiner (1726–1785), Gärtner

Keißlergasse, 14., seit 1894 (vorher: Alleegasse), Karl Ritter von Keißler (1808 bis 1879), Betriebsdirektor der Westbahn

Keldorfergasse, 10., seit 1959, Prof. Viktor Keldorfer (1873–1959), Chorleiter des Wiener Schubertbundes, Komponist, Dirigent; komponierte Chor- und Kirchenmusik, Arbeitsverbot 1938 bis 1945 wegen Opposition zum Nationalsozialismus

Kellerberggasse, 23., seit 1957 (vorher: Ziegelofengasse), nach den Kellern des ehemaligen Brauhauses

Kellermanngasse, 7., seit 1910, Georg Kellermann (1820–1895), Wohltäter, Lederhändler, stiftete einen hohen Geldbetrag zur Errichtung eines Kinderspitals (Kinderabteilung des Wilhelminenspitals)

Kellinggasse, 15., seit 1894 (vorher: Meidlinger Gasse), Dionysos Kelli (1746–1806), errichtete eine Lederfabrik in Sechshaus

Kelsenstraße, 3., seit 1981 (vorher: im 3. Bezirk Marx-Meidlinger-Straße), Dr. Hans Kelsen (1881–1973), Jurist, Staatsrechtler, Mitgestalter der Bundesverfassung 1920, Begründer der Wiener rechtstheoretischen Schule („Reine Rechtslehre")

Keltengasse, 23., seit 1967, auf Grund der Funde in der Gegend, die auf Keltensiedlungen hinweisen

Kempelengasse, 23., seit 1935, Wolfgang Richard von Kempelen (1734–1804), Dramatiker, Lyriker, Erfinder (z. B. Schachmaschine, Sprechmaschine, Druckereimaschine für den Blindenunterricht)

Kempfengerngasse, 16., seit 1902, Flurname, 1364 urkundlich erwähnt als „Kämphl" und „Kemphengern"; wahrscheinlich wurde um dieses Stück Feld gekämpft; „gern" ist ein keilförmiges Feldstück

Kendegasse, 21., seit 1972, Dr. Oskar Kende (1881–1945), Mittelschullehrer, verfaßte zahlreiche Schulbücher (u. a. Mittelschulatlas)

Kendlerstraße, 14. und 16., Benennungsdatum unklar, Karl Edler von Kendler (1777–1859), Schloßbesitzer in Breitensee

Kennedybrücke, 13. und 14., seit 1963 (vorher: Kaiser-Franz-Josephs-Brücke, ab 1919 Hietzinger Brücke), John F. Kennedy (1917–1963), 35. Präsident der USA

Kennergasse, 10., seit 1925, Dr. Friedrich Kenner (1834–1922), Altertumsforscher (Erforscher des römischen Wien)

Kenyongasse, 7., seit 1892, Eugenie Louise Kenyon-Turovsky (1806–1877), stiftete den Großteil ihres Vermögens für das Sophienspital

Keplergasse, 10., seit 1862, s. *Keplerplatz*

Keplerplatz, 10., seit 1871, Johannes Kepler (1571–1630), Astronom, Mathematiker; ihm verdanken wir u. a. das Fernrohr, s. auch *Planetengasse*

Keplingergasse, 13., seit 1955 (vorher: Franz-Schubert-Gasse), Dora Keplinger-Eibenschütz (1876–1949), Soubrette

Kerbelgasse, 14., seit 1953, nach der gleichnamigen Pflanze

Kermaunerweg, 22., seit 1978, Prof. Dr. Fritz Kermauner (1872–1931), Gynäkologe (II. Univ.-Frauenklinik AKH)

Kerngasse, 23., Benennungsdatum unbekannt, Alexander Kern (1843–1898), Bürgermeister von Rodaun, Weinhändler

Kernhausgasse, 13., Benennungsdatum unbekannt, nach dem gleichnamigen Begriff (etappenweise Bauart zum späteren Ausbau eines Wohnobjekts)

Kernstraße, 12., Anton Kern (1842–1915), letzter Bürgermeister von Hetzendorf, dann Wiener Gemeinderat (1910–1913)

Kerpengasse, 21., seit 1914, Wilhelm Freiherr von Kerpen (1741–1823), Generalfeldzeugmeister, siegte hier in einer Schlacht über Napoleon (1809)

Kerschensteinergasse, 12., seit 1956, Dr. Georg Kerschensteiner (1854–1932), deutscher Pädagoge, Begründer der Fortbildungs- und Gewerbeschulen

Kestnerweg, 16., seit 1970, Georg Kestner, um 1670 Pfarrer in Ottakring

Kettenbrückengasse, 4. und 5., seit 1828 (vorher: Lumpertgasse), nach der 1818 über den Wienfluß erbauten Kettenbrücke

Ketzergasse, 23., seit 1954 (1938: Adolf-Hitler-Straße, 1947: Siebenhirtener Hauptstraße), Josef Ketzer (1869–1944), Bürgermeister von Siebenhirten (1918–1928)

Keylwerthgasse, 18. und 19., seit 1894 (vorher: Karolinengasse), Ignaz Keylwerth (1811–1885), Ehrenbürger und Wohltäter von Salmannsdorf

Keynesgasse, 21., seit 1994, John Maynard Keynes (1883–1946), britischer Volkswirtschaftler, Publizist, Finanzfachmann, Wirtschaftspolitiker; bis in die 70er Jahre führender Theoretiker der modernen Volkswirtschaftslehre, die er auf eine moderne Grundlage stellte („Die allgemeine Theorie der Beschäftigung, des Zinses und des Geldes", 1936)

Khekgasse, 23., seit 1957 (vorher: Lange Gasse und Roseggergasse), Friedrich Khek (1874 bis 1950), Bürgermeister von Liesing

Khemetergasse, 23., seit 1967, Matthias Khemeter, um 1580 erster Schulmeister in Atzgersdorf

Khevenhüllerstraße, 18. und 19., seit 1894 (ursprünglich Pötzleinsdorfer Hohlweg, dann Bergsteiggasse), Johann Josef Graf Khevenhüller (1706–1776), Besitzer der Herrschaft Pötzleinsdorf, General im Siebenjährigen Krieg

Khleslplatz, 12., seit 1894 (vorher: Kirchenplatz), Melchior Khlesl (1553–1630), Bischof von Wr. Neustadt, dann Wien, 1616 Kardinal; Khlesl war ursprünglich Protestant, mit dem Übereifer des Renegaten übernahm er die Gegenreformation, leitete die Regierungsgeschäfte unter Kaiser Matthias, wurde diesem aber bald zu mächtig, 1618 aus seinen Funktionen entfernt, erst ab 1627 Bischof in Wien; auf seinen häufigen Reisen machte er meist am heutigen Khleslplatz Station

Khuenweg, 22., seit 1972, Franz Maria Khuen (1860–1922), Bildhauer (Grabdenkmäler)

Khunngasse, 3., seit 1892, Franz Ritter von Khunn (1802–1892), Gemeinderat (Armenfürsorge), mehrfach Bürgermeisterstellvertreter; spendete aus seinem Vermögen Beträge für die Armen

Kiefernplatz, 22., seit 1955, nach dem Baum

Kielmannseggbrücke, 14., Erich Graf Kielmannsegg (1847–1923), Verwaltungsbeamter, 1889–1911 Statthalter von NÖ, kurzfristig Ministerpräsident, wirkte an der Regulierung des Wienflusses und an der Eingemeindung der Vororte entscheidend mit

Kienmayergasse, 14., seit 1894 (vorher: Kirchengasse), Johann Michael Kienmayer, um 1740 Besitzer der Herrschaft Breitensee, gründete 1743 das Waisenhaus am Rennweg

Kierischitzweg, 22., seit 1990 amtlich, vorher nichtamtlich Kierischitzstraße, nach einem Siedlerpionier

Kiesewettergasse, 10., seit 1887, Raphael Georg Kiesewetter Edler von Wiesenbrunn (1773–1850), Musikschriftsteller, bedeutender Musikforscher

Kiesgasse, 14., seit 1929 (irrtümlich Kissgasse benannt, 1948 richtiggestellt), Jakob Kies (1821–1848), fiel in der Märzrevolution 1848, s. *Achtundvierzigerplatz*, s. *Märzstraße*

Kieslerweg, 22., seit 1987, Friedrich Kiesler (1890–1965), Architekt (Entwürfe für erd- und naturbezogenes Wohnen)

Kimmerlgasse, 11., seit 1894, Matthias Kimmerl (gest. 1883), letzter Ortsrichter von Kaiser-Ebersdorf; Wirtschaftsbesitzer

Kindergartengasse, 19., Benennungsdatum unbekannt, nach dem dort befindlichen städtischen Kindergarten

Kindermanngasse, 17., seit 1894 (vorher: Schulgasse), Ferdinand Kindermann Ritter von Schulstein (1741–1801), Schulreformer, Priester

Kinderspitalgasse, 9., seit 1905, nach dem 1847/48 erbauten St. Anna-Kinderspital, das erste seiner Art im deutschsprachigen Raum, s. *Mauthnergasse*

Kiningergasse, 12., seit 1894 (vorher: Giselagasse), Vinzenz Georg Kininger (1767 bis 1851), Kupferstecher

Kinkplatz, 14., seit 1934, Martin Ritter von Kink (1800–1877), Ingenieur für Wasser- und Städtebau (Berater bei der Wienflußregulierung)

Kinskygasse, 23., Benennungsdatum unbekannt, Maria Rosa Aloisia Katharina Fürstin von Kinsky, von 1783 bis 1802 Besitzerin der Herrschaft Inzersdorf

Kinzerplatz, 21., seit 1919 (vorher: Leopoldsplatz), Dr. Karl Kinzer (1857–1916), Wasserbautechniker, Erbauer der II. Wiener Hochquellenwasserleitung, 1910 Oberstadtbaurat

Kirchberggasse, 7., seit 1862 (vorher: Glokkengasse), Wolf von Kirchberger (gest. um 1498), aus altem niederösterreichischem Geschlecht, Pächter eines Grundes der Vorstadt Spittelberg

Kirchengasse, 7., seit 1862 (vorher: Große Kirchengasse), nach der Lage (führt zur Mariahilfer Kirche)

Kirchengasse, 10., Benennungsdatum unbekannt, nach der Pfarrkirche St. Ägydi in Oberlaa

Kirchfeldgasse, 12. und 23., seit 1911 (ursprünglich Holzgasse, dann Grenzweg), Flurname (Kirchenfeld)

Kirchhoffgasse, 21., seit 1910 (vorher: Neugasse), Gustav Robert Kirchhoff (1824 bis 1887), Physiker, entwickelte mit Bunsen die Spektralanalyse

Kirchmeyergasse, 13., seit 1893, Josef Kirchmeyer (1837–1912), Gemeinderat von Hietzing (1891–1895)

Kirchstetterngasse, 16., seit 1883 (um 1732 Obere Zwerchgasse, später Kirchengasse), Therese von Kirchstätter (sic! 1690–1766), verwitwete Regimentsrätin, stiftete 1756 1.000 Gulden für den Altar der Neulerchenfelder Pfarrkirche und 1762 7.320 Gulden für die Bestellung eines Kooperators

Kirschenallee, 12., nichtamtliche Bezeichnung

Kirschenallee, 22., seit 1943 (vorher: Lobaustraße)

Kirsteweg, 10., seit 1970, Dr. Leo Kirste (1892 bis 1965), Prof. für Flugzeugbau

Kittelsengasse, 10., seit 1955, Theodor Kittelsen (1857–1914), norwegischer Maler

Kiurinagasse, 10., seit 1959, Berta Kiurina (1882–1933), Opernsängerin

Kiwischgasse, 22., seit 1955 (vorher: Ziegelofengasse), Dr. Franz Ritter von Kiwisch (1814–1851), Gynäkologe (Begründer der modernen Gynäkologie)

Klabundgasse, 19., seit 1933 (1938–1947 Pleischlgasse), Alfred Klabund (richtig Henschke, 1890–1928), deutscher Schriftsteller (erotische und pazifistische Thematik), Übersetzer

Klährgasse, 12., seit 1894 (vorher: Stiftgasse), Franziska Klähr (1774–1850), pflegte während der napoleonischen Kriege aufopfernd verwundete Soldaten

Klagbaumgasse, 4., Benennungsdatum unbekannt, nach der Sage von einem alten, morschen Baum, der Krieg, Hungersnot und Pest durch „Klagen" voraussagte

Klagergasse, 21., Benennungsdatum unbekannt, Adam Klager (1789–1817), Ortsrichter in Großjedlersdorf

Klammergasse, 9., seit 1886, Karl Klammer (1810–1885), Hauptmann, Major (1880); Lehrer, engagierte sich für die Jugendfürsorge

Klampfelberggasse, 17., seit 1878 (1871 bis 1877 Berggasse), führt auf den Klampfelberg, einem Ausläufer des Schafberges

Klanggasse, 2., seit 1954, Dominik Klang (1806–1859), Ortsrichter der Leopoldstadt (1847–1859), Hausbesitzer

Klaraweg, 11., nichtamtliche Bezeichnung

Klasterskygasse, 10., seit 1971, Dr. Wilhelm Klastersky (1880–1961), Jurist, Kabinettsdirektor der Präsidentschaftskanzlei (unter Miklas, Renner, Körner), Präsident des Alterthumsvereins zu Wien

Klausenburger Straße, 10., seit 1914, nach Klausenburg, der Stadt in Siebenbürgen (heute Cluj in Rumänien)

Klausgasse, 16., seit 1894, Johann Klaus (1847–1893), Maler, Kupferstecher

Klebindergasse, 11., seit 1895 (vorher: Haidgasse), Josef Klebinder (1796–1879), Pfarrer von Kaiser-Ebersdorf und Simmering (1823–1865)

Klebinderweg, 11., seit 1913, s. *Klebindergasse*

Klederinger Straße, 10., seit 1956 (vorher: Hauptstraße), nach der Gemeinde Klederíng in NÖ

Kleeblattgasse, 1., seit 1863 (vorher: Ofenlochgasse, urspr. 1350 „Bei den Pfeilschnitzern“, 1351 Pfeilerstraße, 1527 „Unter den Pfeilschnitzern“), nach einem Hausschild „Zum Kleeblatt“, einem steinernen Hauswahrzeichen

Kleeblattweg, 17., nichtamtliche Benennung

Kleibersteg, 14. und 16., seit 1883, Karl Kleiber (1838–1902), Kapellmeister, Vorstand des Verschönerungsvereins von Ottakring

Kleine Mohrengasse, 2., seit 1876 (vorher: Kleine Fuhrmanngasse), nach einem Hausschild „Zum Mohren“

Kleine Neugase, 4. und 5., diese Gasse wurde 1732 „neu“ angelegt (ursprünglich „Kleine neue Gasse“)

Kleine Pfarrgasse, 2., seit 1862 (vorher: Rauchfangkehrergasse), nach der Pfarrkirche „Zum hl. Leopold“

Kleiner Ring, 13., Benennungsdatum unbekannt, nach dem ringförmigen Straßenverlauf

Kleinertgasse, 10., nichtamtliche Bezeichnung, Herkunft unklar

Kleine Sperlgasse, 2., seit 1862 (vorher: Sperlgasse), s. *Große Sperlgasse*

Kleine Stadtgutgasse, 2., seit ca. 1885, s. *Große Stadtgutgasse*

Kleingasse, 3., seit 1862 (vorher: Kleine Gasse), Dr. Johann Wilhelm Klein (1765 bis 1848), Jurist, Pädagoge; übte unentgeltlich die Funktion des Armenbezirksdirektors aus, lernte das Schicksal blinder Armer kennen und setzte sich von da an für die Blinden ein; Leiter der ersten öffentlichen Blindenanstalt, Entwicklung einer Blindenschrift

Kleinhausgasse, 21., seit 1965, so benannt, weil hier die Verbauung mit Kleinhäusern geplant war

Kleinschmidgasse, 4., seit 1862, Friedrich August Kleinschmid (1749–1838), Polizeidirektionsadjunkt, Stifter, Wohltäter

Kleistgasse, 3., seit 1877 (vorher: Tegetthoffgasse), Heinrich von Kleist (1777–1811), Dichter („Der zerbrochene Krug“, „Käthchen von Heilbronn“)

Kleiststeg, 3., seit 1909 (erbaut 1903), s. *Kleistgasse*

Klemens-Dorn-Gasse, 10., seit 1960, Klemens Dorn (1874–1948), Favoritner Heimatforscher, Schuldirektor

Klemmweg, 21., nichtamtliche Bezeichnung

Klenaugasse, 22., seit 1909 (vorher: Neugasse, Gärtnergasse), Johann Graf Klenau (1758–1819), General in den napoleonischen Kriegen (1809)

Klesheimgasse, 8., seit 1904, Anton Freiherr von Klesheim (1812–1884), Theater- und Mundartdichter

Klettenhofergasse, 18., seit 1882, Anton Klettenhofer (1815–1897), Bürgermeister von Währing, s. auch *Antonigasse*

Kliebergasse, 5., seit 1879, Josef Klieber (1773–1850), Bildhauer, Maler

Kliergasse, 19., seit 1971, Prof. Karl Magnus Klier (1892–1966), Volksliedforscher

Klimschgasse, 3., seit 1862 (vorher teilweise Hafengasse), Johann Klimsch (1781 bis 1826), stellte den Grund zur Errichtung der Gasse zur Verfügung

Klimtgasse, 12. und 13., seit 1924, Gustav Klimt (1862–1918), Maler („Schubert am Klavier“, „Der Kuß“), anfangs Präsident der Secession, 1905 trat er aber aus und gründete die „Klimt-Gruppe“

Klingenbachgasse, 21., seit 1967, nach dem gleichnamigen Ort im Burgenland

Klingerstraße, 23., seit 1982, Julius Klinger (1876–1942), Maler, Graphiker, gest. im KZ

Klinkowströmgasse, 14., seit 1912, nach der Gelehrtenfamilie von Klinkowström; Friedrich August (1778–1835), zuerst preußischer, dann sächsischer, schließlich österreichischer Offizier, engagierte sich mit Clemens Maria Hofbauer für einen politisch-kämpferischen Katholizismus; seine Söhne Josef und Max wurden Priester und Prediger, Klemens wurde Hof- und Staatsarchivar, Alfons Finanzbeamter

Klippenweg, 13., seit 1975, nach den Ober-St.-Veiter Juraklippen

Klitschgasse, 13., seit 1955 (vorher: Schillingergasse), Wilhelm Klitsch (1882 bis 1941), Schauspieler

Kliviengasse, 22., seit 1955, nach der Zierpflanze

Klobweg, 22., seit 1985, Karl Maria Klob (1873 bis 1932), Schriftsteller

Kloepferstraße, 22., seit 1955 (ursprünglich Feldgasse, ab 1901 Hamerlingstraße), Hans Kloepfer (1867–1944), steirischer Lyriker

Klopsteinplatz, 3., seit 1910, Anton Klopstein Freiherr von Ennsbruck (1763–1824), Oberst in den napoleonischen Kriegen, zeichnete sich 1809 in der Schlacht von Aspern aus

Klopstockgasse, 16. und 17., seit 1894 (vorher: Lessinggasse), Friedrich Gottlieb Klopstock (1724–1803), deutscher Dichter (religiöses Epos „Der Messias", Oden)

Klostergasse, 18., seit 1868, nach Kloster und Kirche „Zum St. Vinzenz von Paul"

Klostermanngasse, 23., seit 1955 (vorher: Rittergasse), Therese Klostermann (1913 bis 1944), Opfer des Faschismus, Widerstandskämpferin, 1944 hingerichtet

Klosterneuburger Straße, 20., seit 1867, das Gebiet der Brigittenau war einst im Besitz des Stiftes Klosterneuburg

Kluckygasse, 20., seit 1885, Dr. Josef Klucky (1806–1878), Arzt, Gemeinderat (1848 bis 1878), Verdienste um die Erstellung des Gemeindestatuts

Klugargasse, 23., seit 1958 (vorher: Mühlgasse), nach der Familie Klugar, einer alteingesessenen Atzgersdorfer Zier- und Handelsgärtnerfamilie

Knaackgasse, 21., seit 1936, Wilhelm Knaack (1829–1894), Schauspieler, Komiker (Nestroy-Darsteller)

Knappweg, 22., seit 1953, Johann Knapp (1778–1932), Blumenmaler

Kneidingergasse, 22., seit 1966, Rudolf Kneidinger (1882–1952), Schauspieler

Knödelhüttenstraße, 14., Benennungsdatum unbekannt, nach der Gastwirtschaft „Zur Knödelhütte"

Knöfelgasse, 21., seit 1953, Robert Knöfel (1834–1884), Gründer der Lehranstalt für Schuhmacher

Knöllgasse, 10., seit 1893, Johann Heinrich Knöll (1806–1891), Bezirksvorsteher von Favoriten (1883–1887), Fleischhauer, zu seiner Zeit einer der größten Grundbesitzer von Favoriten

Knollergasse, 22., seit 1953, Martin Knoller (1725–1804), Maler

Knollgasse, 17., seit 1894 (vorher: Gemeindegasse), Anton Knoll, von 1753 bis 1758 Pfarrer von Dornbach

Knorrweg, 18., seit 1990, Adolf Knorr (1880 bis 1947), Schöpfer des neuen Freizeitraumes Schafbergalpe

Knotzenbachgasse, 23., seit 1955 (vorher: Schulgasse), nach dem (heute eingewölbten) Knotzenbach

Kobelgasse, 11., seit 1894 (vorher: Kirchengasse), Johann Kobel, Pfarrer von Simmering 1557 bis 1588

Koberweingasse, 15., seit 1912, nach dem Schauspielerehepaar Josef (1774–1857) und Sophie (1783–1842) Koberwein, beide am Burgtheater tätig

Kobesgasse, 22., seit 1990, Dipl.-Ing. Dr. Karl Kobes (1869 bis 1950), unterrichtete theoretische Maschinenlehre an der Technischen Hochschule, Rektor, Hofrat

Kobingergasse, 12., Benennungsdatum unklar, nach Adam Kobinger (1772–1841), Hausbesitzer, Pottasche-Erzeuger, Richter der ehemaligen Gemeinde Gaudenzdorf

Kobinger Steg, 12. und 15., seit 1898, s. *Kobingergasse*

Koblicekgasse, 11., seit 1969, Otto Koblicek (1909–1945), Arbeiter des Wiener Gaswerkes, kurz vor der Befreiung Wiens am 5. April 1945 von der SS erschossen

Kochgasse, 8., seit 1862 (ursprünglich Blümelgasse, dann Blumengasse), Andreas Dellafuß, herrschaftlicher Küchenmeister (Koch), erbaute 1787 das erste Haus der Gasse

Köchelgasse, 13., seit 1912, Ludwig Köchel (1800–1877), Erzieher, Botaniker, Musikforscher, schuf das nach ihm benannte Verzeichnis der Werke Mozarts

Kögelngasse, 13., seit 1950, Flurname

Köglergasse, 10. und 12., seit 1956, Karl Kögler (1855–1935), erster Direktor der Arbeiterunfallversicherungsanstalt für Wien und Niederösterreich

Köhlergasse, 18., seit 1884, Josefine Köhler (1821–1858), Arztgattin, hinterließ 26.900 Gulden für die Errichtung eines Armenhauses („Köhlersches Stiftungshaus“)

Kölblgasse, 3., Ignaz Kölbl (1789–1850), Fleischhauer, Grundbesitzer; eröffnete die Gasse

Kölgengasse, 11., seit 1954, Ferdinand Kölgen (1824–1911), Volksschriftsteller (Erzählungen, Novellen, Lustspiele), starb verarmt und erblindet

Köllnerhofgasse, 1., Benennungsdatum unbekannt, nach dem Kölner Hof (Niederlassung der Kaufleute aus Köln), schon 1394 urkundlich erwähnt

Königgasse, 13., seit 1924, Otto König (1838 bis 1920), Bildhauer (maßgeblich an der figuralen Ausgestaltung von Oper und Burg beteiligt)

Königseggasse, 6., seit 1862 (vorher: Rosengasse), Leopold Wilhelm Graf von Königsegg (1630–1684), Grundbesitzer, Stifter der Gumpendorfer Kirche

Königsgrabenstraße, 22., Benennungsdatum unbekannt, Flurname

Königskerzenweg, 22., seit 1955, nach der Pflanze

Königsklostergasse, 6., seit 1887 (vorher: Bettlerstiege), nach dem Königskloster; 1782 aufgehoben, 1783/84 abgetragen

Königsteingasse, 21., seit 1961 (vorher: Fliedergasse), Wilhelm Königstein (1888 bis 1934), Bezirksrat von Floridsdorf (1923 bis 1934)

Königswiesengasse, 14., seit 1956, historischer Flurname

Köppelweg, 14., seit 1929, Alois Köppel, Drechslergehilfe (1818–1848), fiel in der Märzrevolution 1848, s. *Achtundvierzigerplatz*, s. *Märzstraße*)

Körbergasse, 22., nichtamtliche Bezeichnung (nach einem Siedler)

Körblergasse, 1., seit 1862, ehemaliger Sitz der Korbflechter

Körnergasse, 2., seit 1862 (vorher: Magazingasse), s. *Fruchtgasse*

Köstlergasse, 6., seit 1895, Adam Köstler (1817–1892), Bezirksvorsteher von Mariahilf (1871–1886), Gemeinderat (1874 bis 1881)

Koflergasse, 12., seit 1887, Dr. Peter Josef Edler von Kofler (1700–1764), Bürgermeister von Wien (1741–1744 und 1751 bis 1764), Stadtrichter, hielt 1754 die erste Volkszählung ab

Kohlenhofgasse, 15., seit 1864, hier befand sich der Kohlenhof des ehemaligen englischen Gaswerkes Fünfhaus

Kohlesgasse, 14., seit 1929 (irrtümlich Korleßgasse, 1948 richtiggestellt), Johann Kohles (1814–1848), Nagelschmied, fiel in der Märzrevolution 1848, s. *Achtundvierzigerplatz*, s. *Märzstraße*

Kohlgasse, 5., seit 1887/88, Jakob Kohl (1801 bis 1874), Spenglermeister, eröffnete die Gasse durch Hausbau

Kohlmarkt, 1., 1255 und 1304 „Witmarkt“, 1314 und 1352 erstmals Kohlenmarkt – erinnert an den Verkaufsplatz der Holzkohlenhändler

Kolbegasse, 23., seit 1955 (vorher: Friedhofstraße), Josef Kolbe (1885–1954), Inzersdorfer Gemeinderat, Bezirksrat von Liesing

Kolbetergasse, 14., seit 1941, nach dem 424 m hohen Kolbeterberg

Kolingasse, 9., seit 1870, zur Erinnerung an den Sieg Graf Dauns über Friedrich II. im Siebenjährigen Krieg (1756–1763) bei Kolin; Friedrich II. hatte damit seinen Ruf der Unbesiegbarkeit verloren (1757)

Koliskogasse, 10., seit 1929, Dr. Alexander Kolisko (1857–1919), Professor der Anatomie an der Wiener Universität, Pathologe, Gerichtsmediziner

Kollarzgasse, 21., seit 1963 (vorher: Gaswerkstraße), Josef Kollarz (1873–1955), Förderer des Fürsorgewesens, 1910 Armenrat, Beamter

Kollburggasse, 16., seit 1902, Ambros Brassicani von Kollburg (1589–1669), Besitzer des Freihofes von Ottakring

Kollergasse, 3., Michael Koller (1802–1892), Realitätenbesitzer, überließ um 1860 den Grund zur Eröffnung der Gasse

Kollergerngasse, 6., seit 1870, Riedname (Gern ist ein keilförmiges Grundstück)

Kolletschkagasse, 22., seit 1972, Dr. Jakob Kolletschka (1803–1847), Pathologe

Kollmayergasse, 12., seit 1894 (vorher: Adamgasse), Friedrich Kollmayer, Ortsrichter der ehemaligen Gemeinde Gaudenzdorf

Kolo-Moser-Gasse, 22., seit 1969, Kolo Moser (1868–1918), Mitbegründer der Wiener Werkstätte

Koloniestraße, 21., seit 1892 (vorher: Nordwestbahnkolonie), durch die Erbauung von Beamten- und Arbeiterhäusern entstand die „Nordwestbahnkolonie"

Kolonieweg, 12., nichtamtliche Bezeichnung

Kolonieweg, 14., Benennungsdatum unbekannt, nach einer am Bierhäuselberg entstandenen Kolonie

Kolonitzgasse, 3., seit 1862 (vorher: Seilergasse), s. *Kolonitzplatz*

Kolonitzplatz, 3., seit 1873, Leopold Graf Kollonitsch (sic!, 1631–1707), zeichnete sich während der Pestepidemie (1679) und der zweiten Türkenbelagerung (1683) durch großen persönlichen Einsatz aus, gründete Kirchen, Schulen, Armenhäuser, Spitäler; Bischof von Wr. Neustadt, Erzbischof von Gran und Primas von Ungarn

Kolowratgasse, 10., seit 1975, Alexander Sascha Graf Kolowrat-Krakowsky; gründete mit seinem ererbten Vermögen die Sascha-Filmfabrik; war auch Flugpionier

Kolpingstraße, 23., seit 1982, nach Pater Adolf Kolping (1813–1865), Priester, Gründer der Katholischen Gesellenvereine

Kolschitzkygasse, 4., seit 1862 (vorher ab 1813 Liniengasse), Franz Georg Kolschitzky (1644–1694), verdienter Kundschafter während der zweiten Türkenbelagerung Wiens (1683). Die Legende erzählt, daß er zur Belohnung den von den Türken erbeuteten Kaffee erhielt und das erste Kaffeehaus eröffnete. In Wirklichkeit eröffnete der Armenier Isaak de Luca das erste Kaffeehaus in Wien 1703

Kometengasse, 14., seit 1923, nach den gleichnamigen Himmelskörpern

Kommunikationsplatz, 21., seit 1990, nach der Lage bei der Firma Alcatel (Computerfirma)

Komödiengasse, 2., seit 1797 (vorher: Schauspielgasse), nach dem Leopoldstädter Theater (später Carltheater), hier befand sich ein Kulissendepot

Kompertgasse, 22., seit 1955 (vorher: Lenaugasse), Leopold Kompert (1822–1886), Schriftsteller, Redakteur, Erzieher, Landesschulrat, Gemeinderat (1873–1881)

Komzakgasse, 22., seit 1924, Karl Komzák (1850–1905), Kapellmeister, Komponist (Märsche), Kurmusikdirektor in Baden

Kongreßplatz, 16., seit 1914; zur Erinnerung an den Wr. Kongreß (1814/15)

Koniczekweg, 14., seit 1929 (irrtümlich Konitscherweg, 1948 richtiggestellt), Karl Koniczek (1830–1848), Student, fiel in der Märzrevolution 1848, s. *Achtundvierzigerplatz*, s. *Märzstraße*

Konopagasse, 11., seit 1956, Rudolf Konopa (1864–1936), Maler, Graphiker

Konrad-Duden-Gasse, 13., seit 1930, Konrad Duden (1829–1911), Sprachforscher, Gründer der deutschen Rechtschreiblehre

Konradgasse, 2., seit 1854, Konrad Ley, Sohn des Bezirksvorstehers, s. *Leystraße*

Konrad-Grefe-Gasse, 23., seit 1959, Konrad Grefe (1823–1907), Maler

Konrad-Thurnher-Gasse, 11., seit 1956, Konrad Thurnher (1885–1951), Pfarrer der Pfarre Hasenleiten, sozial engagiert

Konstantingasse, 16., seit 1883, Konstantin der Große (gest. 337), römischer Kaiser (306–337); stellte mit dem Toleranzedikt (313) das Christentum der antiken Religion gleich; er selbst ließ sich erst kurz vor seinem Tod taufen

Konstantinhügel, 2., der Hügel an der Hauptallee wurde 1873 aus den Mauerresten der Basteien und den Erdmassen, die beim Bau der Rotunde anfielen, aufgeschüttet; benannt nach Prinz Konstantin zu Hohenlohe-Schillingfürst (1828–1896), Obersthofmeister

Konstanziagasse, 22., seit 1910 (vorher: Schulgasse), nach Konstanzia, einer Schwester Friedrichs des Streitbaren, gest. 1288; anläßlich ihrer Hochzeit mit Heinrich dem Erlauchten, Markgraf von Meißen (gest. 1243), fanden am 1. Mai 1234 Ritterspiele in Stadlau statt

Kopalgasse, 11., seit 1894 (vorher: Theresiengasse), Karl von Kopal (1788–1848), Oberst in der Schlacht von Santa Lucia (gegen Piemont 1848), Verdienste in den napoleonischen Kriegen (bes. 1813)

Kopallikgasse, 23., seit 1957, Franz Kopallik (1860–1931), Maler (Historien, Landschaften)

Kopernikusgasse, 6., seit 1867, Nikolaus Kopernikus (1473–1543), Astronom

Kopfgasse, 13., seit 1893, Josef Kopf (1829 bis 1895), Gemeinderat, Baumeister

Koppreitergasse, 12., seit 1907 (vorher: Kletzinskygasse), Sebastian Koppreiter, 1784 bis 1795 erster Pfarrer von Meidling

Koppstraße, 16., seit 1894 (vorher: ab 1873 in Neulerchenfeld Neustiftgasse, in Ottakring seit 1883 Hauslabgasse), Dr. Josef Kopp (1827–1907), Rechtsanwalt, Gemeinderat, Reichsratsabgeordneter

Korbergasse, 12., seit 1894 (vorher: Bäckergasse), Johann Korber, letzter Ortsrichter der ehemaligen Gemeinde Gaudenzdorf

Korbgasse, 23., Benennungsdatum unbekannt, nach den Korberzeugern

Korbweidenweg, 22., seit 1966, nach dem Weidenstrauch

Korianderweg, 22., seit 1993, nach der Gewürzpflanze

Kormorangasse, 21., seit 1942 (vorher: Hauptgasse), nach dem Schwimmvogel

Kornauthgasse, 10., seit 1972, Dr. Egon Kornauth (1891–1954), Komponist (Kammermusik, Lieder)

Kornblumenweg, 22., seit 1993, nach der Pflanze

Kornfeldweg, 22., seit 1928 (1938–1945 Ochsenheimerweg), Dr. Siegmund Kornfeld (1859–1927), Arzt, Weltreisender, Volksbildner

Korngasse, 17., seit 1939 (vorher: ab 1912 Kornstraße), nach dem Burgschauspielerehepaar Korn, Maximilian (1782–1854) und Stephanie (1786–1843)

Korngoldgasse, 14., seit 1955, Julius Korngold (1860–1945), Musikkritiker der „Neuen Freien Presse", 1934 Emigration in die USA

Kornhäuselgasse, 20., seit 1920, Josef Kornhäusel (1772–1860), Architekt, Baumeister (erbaute u. a. die Synagoge im 1. Bezirk, den Schottenhof und zahlreiche Mietshäuser)

Korntheuergasse, 19., seit 1912, Friedrich Josef Korntheuer (1779–1829), Schauspieler (Burgtheater, Theater an der Wien), Regisseur, Direktor des Theaters in Brünn; Raimund-Rollen

Korsenweg, 22., amtlich seit 1991, nach den Bewohnern der Insel Korsika (Napoleon wurde „Der Korse" genannt); Bezugnahme auf die napoleonischen Kriege

Koschakergasse, 21., seit 1954, Dr. Paul Koschaker (1879–1951), Jurist, Fachschriftsteller

Koschatgasse, 19., seit 1919, Thomas Koschat (1845–1914), Komponist

Koschiergasse, 21., seit 1953, Laurenz Koschier (1804–1879), Briefmarkenfachmann, Vizestaatsbuchhalter (1857) in der Posthofbuchhaltung

Kosselgasse, 19., seit 1933, Dr. Albrecht Kossel (1853–1927), deutscher Physiologe, Nobelpreisträger

Kossmatplatz, 10., seit 1955, Dr. Franz Kossmat (1871–1938), Geologe (Abhandlungen über die Kalkalpen)

Kotekweg, 19., seit 1982, Prof. Dr. Georg Kotek (1889–1977), Volksliedforscher, Jurist; Verdienste um die nö Volksliedsammlung

Kraelitzgasse, 13., seit 1936, Dr. Friedrich Kraelitz (1876–1932), Orientalist, Univ.-Prof.

Krafft-Ebing-Gasse, 14., seit 1920, Richard von Krafft-Ebing (1840–1902), Psychiater, Forschungen über „Psychopathia sexualis", wirkte als Univ.-Prof. in Straßburg, Graz und Wien

Krafftgasse, 2., seit 1885, Peter Krafft (1780 bis 1856), Maler (Wandgemälde in der Hofburg, Schlachtenbilder im Kunsthistorischen Museum), Direktor der Galerie im Belvedere

Krallgasse, 22., seit 1962, Dr. Jakob Krall (1857–1905), Orientalist (Ägyptologe)

Kramergasse, 1., im 15./16. Jahrhundert „Am Lichtensteg, als man unter die Krem (= Kramläden) geht", 1514 Kramergässel, ab 1786 endgültig Kramergasse, 1821, 1827 und 1874/75 verlängert

Kramer-Glöckner-Straße, 13., seit 1955, Josefine Kramer-Glöckner (1874–1954), Volksschauspielerin, Filmschauspielerin

Kramreitergasse, 21., seit 1972 (vorher: Linke Nordbahngasse), Prof. Robert Kramreiter (1905–1965), Architekt (Kirchen)

Kranichberggasse, 12., seit 1913, nach den Herren von Kranichberg, einem Adelsgeschlecht, das in Hetzendorf Grundbesitz hatte

Kranlweg, 19., Benennungsdatum unbekannt, nach dem Dialektausdruck für die ehemalige Währung in Österreich (Krone = Kranl)

Kranzgasse, 15., seit 1864 (vorher: Krongasse), nach einem Hausschild „Zum grünen Kranz"

Krapfenwaldgasse, 19., seit 1894 (vorher: Kahlenberggasse), Franz Josef von Krapf (gest. 1732), Besitzer der Gegend; ließ hier ein Waldhaus erbauen, das bald Krapfenhaus genannt wurde (später davon Krapfenwaldl)

Krappweg, 23., seit 1963, nach der Krappwurzel, im 18. Jhd. in Mauer gepflanzte Farbwurzel

Kraßniggasse, 14., seit 1960, Rudolf Kraßnig (1861–1909), Schriftsteller (Humoresken aus dem Ehe- und Soldatenleben)

Krastelgasse, 12., seit 1930, Fritz Krastel (1839–1908), Burgschauspieler, verkörperte Helden und jugendliche Liebhaber, Publikumsliebling

Kratky-Baschik-Weg, 2., seit 1963; Anton Kratky-Baschik (1821–1889); eröffnete 1864 ein Zaubertheater auf der Feuerwerkswiese, 1868 bis 1873 hatte er eine Bude, ab 1874 eine Bühne auf dem Areal des späteren Fortunapalastes; war auf Gespenstervorführungen spezialisiert

Kratochwjlestraße, 22., seit 1962, Friedrich Kratochwjle (1882–1956), Stadtgartendirektor (1927–1940, 1945–1950)

Kratzlgasse, 19., seit 1961, Carl Kratzl (1852 bis 1904), Komponist (Wienerlieder, wie z. B. „Das Glück is a Vogerl", „Mir hat amal vom Himmel tramt"), Kapellmeister

Kratzmanngasse, 22., seit 1955 (vorher: Kudlichgasse), Dr. Ernst Kratzmann (1889 bis 1950), Schriftsteller, Botaniker

Krausegasse, 11., seit 1894 (vorher: Felbergasse), Dr. Friedrich Wilhelm Krause (1767–1827), Gründer der ersten evangelischen Schule in Wien

Krautackergasse, 22., Benennungsdatum unbekannt, Flurname

Krautgasse, 11., seit 1895, Flurname („An den Krautgärten")

Kravoglgasse, 21., seit 1932, Johann Kravogl (1823–1889), Elektrotechniker, Erfinder des Elektromotors (1867), der Vakuumpumpe (1861) und der Preßluftlokomotive (1844)

Kraygasse, 22., seit 1913, Paul Freiherr Kray von Krajova (1735–1804), Feldzeugmeister, erfocht Siege in Italien

Krebsengartengasse, 15., seit 1912, Flurname, die Gegend am Ottakringer Bach, auch Krebsgartenwiese bezeichnet, war einst von Krebsen bevölkert

Krehangasse, 23., seit 1961, Adolf Krehan (1856–1910), Gemeinderat von Atzgersdorf, Lehrer

Kreilplatz, 19., seit 1905 (vorher: Hagenwiese), Carl Kreil (1798–1862), Astronom, Meteorologe, Geophysiker; 1827 Littrows Assistent an der Wiener Sternwarte, 1851 Direktor der Zentralanstalt für Meteorologie und Erdmagnetismus in Wien, zahlreiche wissenschaftliche Veröffentlichungen

Kreindlgasse, 19., seit 1884 (vorher: Gemeindegasse), Franz Kreindl (1840–1908), Bürgermeister von Ober-Döbling (1879 bis 1891), Realitätenbesitzer, Verdienste um Schulbauten

Kreitnergasse, 16., seit 1894, Michael Kreitner (1832–1892), Fleischhauer, Gemeinderat und Ehrenbürger von Ottakring

Kremenetzkygasse, 11., seit 1956, Johann Kremenetzky (1848–1934), Elektrotechniker, Industrieller, Gründer der österreichischen Glühlampenerzeugung (Kohlenfadenlampe)

Kremsergasse, 13., seit 1894 (vorher: Bognergasse), Anton Kremser (1811–1879), Bürgermeister von Hietzing, Gastwirt

Krenngasse, 18., seit 1908, Dr. Roderich Krenn (1848–1909), Arzt, Stadtrat (1896 bis 1908), Liederkomponist, Lyriker, Mitbegründer der Volksoper

Kressenweg, 22., seit 1954, nach der Pflanze

Kretschekgasse, 17., seit 1932, Karl Kretschek (1856–1929), christlichsozialer Bezirksvorsteher von Hernals (1905–1919)

Kreutzingergasse, 12., seit 1936, Josef Kreutzinger (1757–1829), Wiener Porträtmaler

Kreuzfeldgasse, 21., seit 1929, Flurname

Kreuzgasse, 10., Benennungsdatum unbekannt; verbindet die Liesingbachstraße und die Scheunenstraße

Kreuzgasse, 17. und 18., Benennungsdatum unklar, hier stand auf freiem Felde ein rotes Kreuz mit eisernem Christus

Kreuzherrengasse, 4., seit 1902, nach dem 1212 gegründeten Orden („Kreuzherren")

Kreuzwiesengasse, 17. und 18., seit 1894 (vorher: Pötzleinsdorfer Straße), Flurname (nach einem in der Nähe gestandenen Kreuz)

Krichbaumgasse, 12., Benennungsdatum unklar, Josef Michael Krichbaum (1809 bis 1884), Bezirksrichter von Sechshaus

Krieau, 2., Herkunft vermutlich von „Grünau", im 17. Jahrhundert auch „Kriegsau" oder „Streitau" genannt, weil die Stadt Wien 70 Jahre mit dem Stift Klosterneuburg um die Besitzrechte prozessierte

Krieglergasse, 3., seit 1855, nach der alteingesessenen, schon 1693 erwähnten Gärtnerfamilie Kriegler

Kriehubergasse, 5., seit 1889, Josef Kriehuber (1800–1876), Maler, Lithograph (porträtierte Angehörige des Hofes, Adelige, Diplomaten, Künstler etc.)

Kriemhildplatz, 15., seit 1912 (1934–1938 Kanzlerplatz), Kriemhild, Gestalt aus der Nibelungensage (Gattin von Siegfried)

Kripsgasse, 23., seit 1988, Josef Alois Krips (1902–1974), Dirigent, hatte Berufsverbot unter der NS-Ära, 1970–1973 Hauptdirigent der Wr. Symphoniker

Kristgasse, 10., nichtamtliche Bezeichnung; vermutlich nach Karl Alois Krist (1883 bis 1941), Architekt im Dienst der Stadt Wien

Krobothgasse, 23., seit 1955, Johann Kroboth (1897–1949), Gemeinderat von Erlaa, Ortsschulrat

Kröllgasse, 15., seit 1888, Ferdinand Kröll (1797–1869), Hausbesitzer, letzter Bürgermeister von Rustendorf (1851–1863)

Krötzlergasse, 11., seit 1895, nach einer alteingesessenen Gärtnerfamilie

Kroißberggasse, 23., seit 1886, Weinriedname (urkundlich schon 1409 erwähnt)

Krokusweg, 22., seit 1978, nach der Zierpflanze

Kronaustraße, 22., Benennungsdatum unbekannt, Flurname

Kronawettergasse, 10., seit 1924, Dr. Ferdinand Kronawetter 1830–1913), Magistratsbeamter, Reichsratsabgeordneter; trat für die sozialen Interessen der Arbeiterschaft ein; als Beamter Verdienste um den Bau der 1. Wr. Hochquellenwasserleitung und die Anlegung des Zentralfriedhofes; 1896 bis 1902 niederösterreichischer Landtagsabgeordneter; parteilos

Kroneggergasse, 19., seit 1936, Rudolf Kronegger (1875–1929), Wienerlieder-Komponist („Ausgsteckt is'")

Kronesgasse, 19., seit 1930, Therese Krones (1801–1830), Schauspielerin, Soubrette; brillierte in Raimund-Rollen

Kronfeldgasse, 23., seit 1959, Robert Kronfeld (1904–1948), Segelflieger; überquerte 1931 erstmals in beiden Richtungen den Ärmelkanal, erfand eine Autowinde für Flugschleppversuche; kämpfte in der NS-Zeit in der englischen Luftwaffe; starb 1948 bei einem Flugzeugabsturz

Kronfußgasse, 23., seit 1959, Karl Kronfuß (1858–1923), Direktor des Hauptmünzamtes, Volksliedforscher

Krongasse, 5., seit 1825, nach einem Gasthausschild „Zur ungarischen Krone"

Krotenthallergasse, 8., seit 1904, Anton Krotenthaller (1807–1871), Pfarrer an der Kirche „Maria Treu", Gemeinderat (1850 bis 1861), Lehrer, Schulinspektor, bemühte sich um das Blindeninstitut (s. *Blindengasse*), karitative Hilfsprojekte

Krottenbachbrücke, 19., errichtet 1891, s. *Krottenbachstraße*

Krottenbachstraße, 19., seit 1894 (vorher: Neustiftgasse), nach dem Krottenbach (Unter-Döbling hieß bis ins 16. Jahrhundert Krottendörfl)

Krottenhofgasse, 21., seit 1912, Krottenhof, eine Ortschaft, die bereits im 12. Jahrhundert erwähnt und durch Donauhochwasser vernichtet wurde

Krügerweg, 12., seit 1930, Karl Krüger (1765 bis 1828), Burgschauspieler, Komiker

Krütznergasse, 18., seit 1933 (vorher: Exnergasse), Gustav Krützner (1871–1930), Schuldirektor, gründete einen Hort für Kinder ab der dritten Volksschulklasse

Krugerstraße, 1., seit 1776, Sitz der Töpfer oder Krügler in früheren Zeiten, 1298 erstmals als „Chrugstrazze" urkundlich erwähnt

Kruisgasse, 22., seit 1975, Ferdinand Kruis (1869–1944), Maler (Landschafts- und Architekturmalerei)

Krumböckgasse, 23., seit 1957 (vorher: Römergasse), Franz Krumböck (1805 bis 1884), Leiter des Maurer Kirchenchores, Lehrer

Krummbaumgasse, 2., seit 1862 (vorher: Krumme Baumgasse), nach einem Hausschild „Zum krummen Baum"

Krummgasse, 3., seit 1862 (vorher: Krongasse), nach dem ursprünglich gekrümmten Verlauf dieser Gasse

Kuchelauer Hafenstraße, 19., seit 1984; nach dem Kuchelauer Hafen, 1875 erbaut, nach den „Kuchelgärten" in der Au

Kudlichgasse, 10., seit 1872, Dr. Hans Kudlich (1823–1917), Reichstagsabgeordneter 1848, sein Antrag auf Abschaffung der Grunduntertänigkeit leitet die endgültige Bauernbefreiung ein

Kudriaffskygasse, 22., seit 1940, Johann Kudriaffsky (1782–1840), Konstrukteur von Wasserbauwerken (Anteil an der Wienflußregulierung und Donaukanalregulierung), Techniker

Kübeckgasse, 3., seit 1876, Karl Friedrich Freiherr von Kübeck (1780–1855), Hofkammerpräsident, Reichsratspräsident; für den Aufbau des Eisenbahnnetzes, Münz- und Bergwesens verantwortlich, nach 1848 Verfechter des Neoabsolutismus

Küchelbeckergasse, 15., seit 1912, Johann Basilius Küchelbecker (1697–1757), Jurist, Topograph, Publizist (schilderte Wien und das Hofleben Karls VI.)

Kuefsteingasse, 14., seit 1894 (vorher: Antonsgasse), Johann Ferdinand Graf von Kuefstein (1686–1755), bis 1707 Besitzer der Herrschaft Breitensee, Statthalter von Niederösterreich

Kühfußgasse, 1., seit 1827, nach einem Schild „Zum Kühfuß" (1770 St. Peters Gässel)

Kühgasse, 11., seit 1894 (vorher: Kühgassel), Weg, auf dem einst die Kühe auf die Weide und zur Halterlacke getrieben wurden

Kühnplatz, 4., seit 1913, Josef von Kühn (1833–1913), Gemeinderat (1873–1885), Schöpfer des Volksküchengedankens, Hausbesitzer

Kuenburggasse, 21., seit 1895, Leopold Graf von Kuenburg (1848–1921), Statthalterei-Rat (1893), realisierte 1894 die Vereinigung von Floridsdorf, Jedlesee, Donaufeld und Neujedlersdorf zur Großgemeinde

Küniglberggasse, 13., seit 1926, nach der Lage zum Küniglberg

Künstlergasse, 15., seit 1902, Josef Ferdinand Künstler (1792–1857), Pfarrer von Reindorf (1849–1857), engagierte sich für die Armen

Kürassierweg, 22., seit 1966, nach einer hier in den napoleonischen Kriegen (1809) eingesetzten schweren Reitertruppe

Kürbisweg, 22., seit 1988, nach der Pflanze

Kürnbergergasse, 15., seit 1894 (vorher: Kanalgasse, Gemeindegasse), Ferdinand Kürnberger (1821–1879), Dichter (Romane, Novellen, Dramen); er gehörte zu jenen Publizisten, die um 1870 einen erfolgreichen Kampf gegen die drohende Abholzung des Wienerwaldes führten (s. *Schöffelgasse*), auch führend an der Revolution von 1848 beteiligt, mußte deshalb aus Wien fliehen und konnte erst 1857 zurückkehren

Kürschnergasse, 21., seit 1954, Dr. Franz Kürschner (1840–1882), Direktor des Hofkammerarchives, Historiker

Kuffnergasse, 16., seit 1864 (1938–1946: Plankgasse), Ignaz Edler von Kuffner, Brauereigründer, 1869–1876 Bürgermeister von Ottakring, stiftete 1881 die Katharinenruhe (1938 wegen der jüdischen Herkunft der Familie von den Nationalsozialisten in „Liebhartsruhe" umbenannt); Moriz Edler von Kuffner ließ die Sternwarte (Johann-Staud-Straße 10) und eine Kinderbewahranstalt errichten

Kugelfanggasse, 21., seit 1961, hier bestand einst eine Militärschießstätte mit einem 100 m langen und 11 m hohen Geschoßfangdamm („Kugelfang")

Kugelmanngasse, 23., Benennungsdatum unbekannt, nach einem Standbild, welches Atlas, die Erdkugel tragend, darstellte (im Volksmund „Kugelmann")

Kugelmannplatz, 23., Benennungsdatum unbekannt, s. *Kugelmanngasse*

Kugygasse, 13., seit 1964, Julius Kugy (1858 bis 1944), österreichischer Alpinist

Kuhngasse, 19., seit 1949 (vorher: ab 1938 Poestiongasse), Wenzel Kuhn (1854 bis 1933), Bezirksvorsteher von Döbling (1903 bis 1919), Gastwirt

Kuhschellenweg, 21., seit 1953, nach der Pflanze

Kujanikgasse, 11., seit 1875, Johann Kujanik, um 1870 Erbauer der ersten Häuser in der Gasse, zahlte außerdem 50 Gulden in die Gemeindekasse, damit die Straße nach ihm benannt wird

Kulmgasse, 16. und 17., seit 1884 (vorher: Uniongasse), zur Erinnerung an den Sieg über Napoleon bei Kulm (1813)

Kummergasse, 21., seit 1994, Dr. Karl Kummer (1904–1967), 1934–1938 und ab 1945 Arbeitsrechtsspezialist der Wiener Arbeiterkammer, Bundesreferent für Sozialpolitik des ÖAAB, ab 1956 Nationalratsabgeordneter (ÖVP), beschäftigte sich mit christlicher Sozialreform

Kumpfgasse, 1., seit 1827, 1302 „Champluken", 1314 „Champflucken", 1390 Kumpfgässl; nach dem Kumpf, einem Walktrog der Tuchmacher und Wollweber

Kundmanngasse, 3., seit 1919 (vorher: Sophienbrückengasse, urspr. Blumengasse um 1800), Carl Kundmann (1838–1919), Bildhauer (Tegetthoffdenkmal am Praterstern, Schubertdenkmal im Stadtpark, Grillparzerdenkmal im Volksgarten)

Kundratstraße, 10. und 12., seit 1897, Dr. Hans Kundrat (1845–1893), Anatom, veröffentlichte medizinische Fachbücher

Kunerolgasse, 23., seit 1955, nach den ehemaligen Margarine-Werken (heute Unilever); 1879 von Emanuel Khuner (sic!) gegründet, 1887 in Atzgersdorf angesiedelt

Kunersdorfgasse, 14., seit 1962, zur Erinnerung an die Schlacht bei Kunersdorf (1759), in der die vereinten Truppen von Österreich und Rußland unter General Laudon über Friedrich II. von Preußen siegten

Kunitschgasse, 11., seit 1940, Michael von Kunitsch (1765–1835), Schulreformer, Pädagoge

Kunkegasse, 23., seit 1954, Hans (1906 bis 1940) und Stefanie (1906–1943) Kunke, Versicherungsbeamter bzw. Lehrerin, beide Opfer des Faschismus

Kunzgasse, 20., seit 1876, Marie Cäcilie Kunz (1778–1863), stiftete 230.000 Gulden für Pfründner

Kupelwiesergasse, 13., seit 1894, Leopold Kupelwieser (1796–1862), Maler, Akademieprofessor (Porträts von Franz Schubert und seinen Freunden, religiöse Themen)

Kupetzkygasse, 22., seit 1953, Johann Kupetzky (1667–1740), Maler

Kupfergasse, 19., seit 1973, Johann Michael Kupfer (1859–1917), Maler, Bildhauer, Porträtist

Kupferschmiedgasse, 1., seit 1862, Sitz der Kupferschmiede in früheren Zeiten

Kupkagasse, 8., seit 1904 (1938–1945: Streblgasse), Dr. Augustin Kupka (1844–1897), christlichsozialer Politiker, 1886–1891 und 1893–1897 Gemeinderat, 1885–1896 niederösterr. Landtagsabgeordneter

Kurbadstraße, 10., seit 1972, führt zum Kurmittelhaus Oberlaa

Kurrentgasse, 1., seit 1701 (früher: Gäßlein bei den weißen Brüdern, Judengasse, Currentengasse), nach den Kurrenten, der Berufsbezeichnung der Gefällsaufseher (= Einsammler von Abgaben und Zehenten)

Kurt-Absolon-Weg, 22., seit 1977, Kurt Absolon (1925–1958), Zeichner

Kurt-Ohnsorg-Weg, 22., seit 1977, Kurt Ohnsorg (1927–1970), Bildhauer

Kurzbauergasse, 2., seit 1889, Eduard Kurzbauer (1840–1879), Maler, Illustrator

Kurzböckgasse, 18., seit 1914, Josef Ritter von Kurzböck (1736–1792), Buchhändler, Buchdrucker, Hauptvertreter der typographischen Kunst im 18. Jahrhundert

Kurze Gasse, 23., seit 1928, wegen der Kürze

Kurzgasse, 6., seit 1862, s. *Kurze Gasse*

Kustagasse, 23., seit 1976, Dr. Robert Kusta (1906–1973), Arzt, 1953–1969 im Altersheim Liesing tätig

Kutschkergasse, 18., seit 1894 (vorher: Kirchengasse), Johann Rudolf Kutschker (1800–1881), Priester, 1857–1876 Ministerialrat im Ministerium für Cultus und Unterricht, 1877 Kardinal, als Mitarbeiter von Rauscher (s. *Rauscherstraße*), Anteil am Zustandekommen des Konkordats von 1855

Kwietongasse, 23., seit 1973, Felix Kwieton (1877–1958), Pionier der Leichtathletik, Läufer, Sportfunktionär

L

Laaer-Berg-Straße, 10., seit 1956 (vorher: Laaer Straße und Wiener Straße), nach dem Laaer Berg, 256 m hoch, 1331 erstmals urkundlich erwähnt

Laaer-Wald-Straße, 10., seit 1920, nach der Lage zum Laaer Wald

Laaer Wald, 10., seit 1990, s. *Laaer-Wald-Straße*

Labanweg, 19., seit 1966, Rudolf Laban (1879 bis 1958), Tanzlehrer, Tanzpädagoge

Laberlweg, 22., amtlich seit 1994, möglicherweise nach dem Dialektausdruck für Fußball; vorher ebenso nicht amtlich; eine andere Deutung besagt, daß der Name von den Bäckern herrührte, die die Schnitter (s. *Schnitterweg*) mit Brotlaiben versorgten

Labersteig, 14., seit 1930, Ignaz Laber (1821 bis 1848), Taglöhner, fiel in der Märzrevolution 1848, s. *Achtundvierzigerplatz*, s. *Märzstraße*

Laborweg, seit 1936, Josef Labor (1842 bis 1924), Orgelvirtuose, Komponist, Pianist

Lachsweg, 22., nichtamtliche Bezeichnung

Lackenjöchlgasse, 22., seit 1953, Riedname

Lackierergasse, 9., seit ca. 1802, hier waren einst Lackierer seßhaft

Lacknergasse, 17. und 18., seit 1894 (in Hernals ursprünglich Obere Annagasse, später Annagasse, in Währing Fürstengasse, in Weinhaus Johannesgasse), nach Matthias von Lackner, einem Grundbesitzer um 1720 in Weinhaus (s. *Weinhausgasse*)

Ladenburghöhe, 18., Benennungsdatum unklar, führt entlang der Ladenburghöhe (benannt nach Ludwig Graf Ladenburg, Bankdirektor, Besitzer des Pötzleinsdorfer Schlosses, Förderer der Nordpolexpedition von Payer-Weyprecht)

Längenfeldgasse, 12., seit 1894 (vorher zum Teil Stiegergasse), Josefine Haas von Längenfeld-Pfalzheim (1782–1846), hinterließ ihr Vermögen für wohltätige Zwekke, z. B. Stifterin der Kinderbewahranstalt in Meidling

Lafitegasse, 13., seit 1952, Prof. Carl Lafite (1872–1944), Komponist, Musiklehrer, Pianist; 1911–1922 Generalsekretär der Gesellschaft der Musikfreunde

Lafnitzgasse, 21., seit 1953, nach dem Fluß im Südburgenland

Lagergasse, 3., seit ca. 1860, Josef Lager (1790–1867), Ziegelbrennereibesitzer, errichtete um 1860 das erste Haus in der Gasse

Lagerhausstraße, 2., seit 1876, in der Maschinenhalle der Weltausstellung 1873 wurde 1876 das Lagerhaus der Stadt Wien eingerichtet

Lagerwiesenweg, 22., seit 1965, nach ihrer Lage an der „Rehlacke"

Laimäckergasse, 10., seit 1875, Flurname (weist auf lehmigen Grund hin)

Laimgrubengasse, 6., seit 1862 (vorher: Große und Kleine, dann Obere und Untere Pfarrgasse), nach den Lehmgewinnungsstätten in der ehemaligen Vorstadt Laimgrube

Lainergasse, 23., Benennungsdatum unbekannt, nach einer altansässigen Hauerfamilie

Lainzerbachstraße, 13., seit 1955 (vorher: Elisabethstraße), entlang des gleichnamigen Baches, der im Lainzer Tiergarten entspringt

Lainzer Straße, 13., seit 1894 (vorher: Hauptstraße), zur Erinnerung an den alten Vortnamen, urkundlich 1313 genannt, 1890: 1.058 Einwohner, 1890/92 zum 13. Bezirk eingemeindet

Lamarckgasse, 21., seit 1953, Antoine de Lamarck (1744–1829), französischer Naturforscher (Mediziner, Botaniker, Zoologe)

Lambertgasse, 16., seit 1894 (vorher: Josefigasse), nach dem hl. Lambert (638–709), Namenspatron der ältesten Kirche von Ottakring (die schon 1250 urkundlich erwähnt wird)

Lambrechtgasse, 4., seit 1862 (vorher: Schlösselgasse), Johann Christoph Lambrecht, Webermeister, eröffnete 1787 die Gasse

Lamezanstraße, 23., seit 1982, Graf Eduard Lamezan-Salins (1835–1903), Mitgründer der „Wiener Freiwilligen Rettungsgesellschaft", Jurist

Lammaschgasse, 21., seit 1920, Dr. Heinrich Lammasch (1853–1920), Jurist, 1885 Prof. für Strafrecht, 1889 Prof. für Völkerrecht, trat für Neutralität ein

Lammgasse, 8., seit 1780 (vorher: Lämmelgasse), nach einem Gasthausschild „Zum goldenen Lammel", das bereits 1764 nachgewiesen ist

Lampaweg, 22., seit 1973, Dr. Anton Lampa (1868–1938), Physiker, 1909 o. Prof. in Prag, Mitbegründer des Wr. Volksheims, Theoretiker der Wr. Volksbildung

Lampigasse, 2., seit 1875, Johann Battista Reichsritter von Lampi (1751–1830), Maler (Porträts von Mitgliedern der kaiserlichen Familie und anderen Persönlichkeiten seiner Zeit)

Landaugasse, 22., Benennungsdatum unbekannt, Sigmund Freiherr von Landau, um 1575 Besitzer der Herrschaft Süßenbrunn

Landesgerichtsstraße, 1. und 8., seit 1877 (ab 1826 Am Glacis, 1862–1872 Am Paradeplatz, dann Rathausstraße), nach dem 1834 bis 1838 erbauten Landesgericht

Landgutgasse, 10., seit 1866; s. *Altes Landgut*

Landhausgasse, 1., seit 1846, nach dem Gebäude des niederösterreichischen Landhauses

Landskrongasse, 1., seit 1766 (1326 erstmals urkundlich erwähnt, „Hinter der Schlagstube", 1428/29 „In der Landskron" nach einem Hausschild, 1710 Landskrongässel)

Landsteinergasse, 16., seit 1909, Karl Borromäus Landsteiner (Deckname Artur Landerstein, 1835–1909), Propst von Nikolsburg, Schriftsteller, Lehrer, Volksbildner

Landstraßer Gürtel, 3., 1873 anstelle des Linienwalls angelegt, zur Wahrung des alten Vorstadtnamens, s. *Landstraßer Hauptstraße*

Landstraßer Hauptstraße, 3., früher Obere und Untere Landstraße, bis 1862 auch Paulusgrund-Hauptstraße und vor der Kirche Kirchenplatz; zur Wahrung des alten Vorstadtnamens, Landstraße wurde mit Erdberg und Weißgerber 1850 zum 3. Bezirk zusammengefaßt

Landwehrstraße, 11., seit 1957; ursprünglich gab es die Landwehrstraßen I bis V (siehe Einleitung), nach der 1915 fertiggestellten, einstigen Landwehrkaserne

Langackergasse, 19., seit 1894 (vorher: Langackerweg, in Grinzing Nußdorfer Straße), Riedname (urkundlich schon 1289 erwähnt)

Langauergasse, 15., seit 1879, Johann Langauer (1808–1881), Gemeinderat von Fünfhaus

Lange Allee, 22., seit 1910 (vorher: Alleestraße), nach der Beschaffenheit

Lange Gasse, 8., seit 1910 (angelegt 1700, urspr. die Hauptstraße der Vorstadt Josefstadt; vor 1700 Hinter dem alten Ziegelofen oder Hinter den Ziegelöfen, dann ein Teil Hofgasse und Neue Gasse), seinerzeit eine auffallend lange Gasse

Langenaugasse, 19., seit 1919, Alois Langenau (1747–1809), Hofburgpfarrer, Wohltäter

Langenzersdorfer Straße, 21., seit 1912, führt nach dem gleichnamigen Ort in NÖ

Langer Garten, 22., seit 1973, Flurname

Langes Kirchfeld, 12., Benennungsdatum unbekannt, Flurname

Langfeldgasse, 21., seit 1967, Flurname

Langgasse, 23., seit 1933, nach einer altansässigen Weinhauerfamilie

Langmaisgasse, 15., seit 1912, Flurname

Langobardenstraße, 22., seit 1910 (vorher ab 1906: Grenzstraße und Stadlauer Straße), nach dem Volksstamm, der seine größte Entfaltung im 4. und 5. Jhd. erreichte

Langsulzgasse, 10., seit 1957 (vorher: Sportweg), Flurname

Langwiesgasse, 14., seit 1956, Flurname

Lannerstraße, 19., seit 1894, Josef Lanner (1801–1843), Walzerkomponist („Vater des Wiener Walzers"), Kapellmeister

Lannerweg, 11., nichtamtliche Bezeichnung

Lannesstraße, 22., Benennungsdatum unbekannt, Jean Lannes Herzog von Montebello (1769–1809), bei der Asperner Schlacht (1809, napoleonische Kriege) tödlich verwundet

Laplacegasse, 10., seit 1955, Pierre Simon Laplace (1749–1827), französischer Astronom, Mathematiker

Laresgasse, 21., seit 1994, Josef Lares (1850 bis 1919), Feuerwehrhauptmann von Strebersdorf

Larischgasse, 22., seit 1961, Rudolf Larisch (1856–1934), Graphiker, Schriftkünstler („Über Zierschriften im Dienste der Kunst", 1899)

Larochegasse, 13., seit 1894, Karl Ritter von Laroche (1794–1884), Hofschauspieler, Sänger

Larwingasse, 22., seit 1953, Johann Larwin (1873–1933), Genremaler

Lascygasse, 17., seit 1877, Franz Moritz Graf von Lascy (Lacy, 1725–1801), Feldmarschall, Vertrauter Maria Theresias, Freund von Joseph II., Reorganisator des österr. Heerwesens, kaufte 1765 Schloß und Herrschaft Neuwaldegg und ließ das Gebäude zu einem Naturpark umgestalten; damals wahrscheinlich der größte Lust- und Landschaftsgarten in Europa; heute: Schwarzenbergpark

Laskegasse, 12., seit 1955, Oskar Laske (1874–1951), Maler, Graphiker, Architekt (Erbauer von diversen Wohnhäusern in Wien); entwarf auch Bühnenbilder

Laskywiesengasse, 14., seit 1970, nach der Laskywiese (Funktionär eines Siedlervereins)

Lassallestraße, 2., seit 1919 (vorher ab 1875: Kronprinz-Rudolf-Straße, ursprünglich Schwimmschulallee; 1934–1949 Reichsbrückenstraße), Ferdinand Lassalle (1825 bis 1864), Mitbegründer und Theoretiker der Arbeiterbewegung, anfangs Mitarbeiter von Karl Marx, später Gegner, setzte sich für Reformen und Wahlrecht ein

Lassingleithnerplatz, 2., seit 1912, der Schiffmeister Johann Lassingleithner rettete bei der Überschwemmung des Jahres 1830 mit seiner Zille 126 Menschen das Leben

Lastenstraße, 23., Benennungsdatum unbekannt; unter Bezugnahme auf den Lastenverkehr beim Bahnhof Atzgersdorf

Laternenweg, 2., nichtamtliche Bezeichnung

Latschkagasse, 9., seit 1906, Adam Latschka (1847–1905), Pfarrer in Altottakring, 1889 bis 1902 Gemeinderat, befaßte sich mit Schulfragen und Sozialpolitik, stand der christlichsozialen Partei Pate

Laubengasse, 17., nichtamtliche Bezeichnung

Laubenweg, 10., nichtamtliche Bezeichnung

Laubeplatz, 10., seit 1891, Heinrich Laube (1806 bis 1884), schlesischer Journalist, Wortführer des „Jungen Deutschland", später Burgtheaterdirektor

Lauchgasse, 22., seit 1953, nach dem Zwiebelgewächs

Laudongasse, 8., seit 1862 (früher Hintere Alstergasse, 1778 Herrengasse, ein Teil seit 1805 Andreasgasse), s. *Loudonstraße*

Laufbergergasse, 2., seit 1889, Ferdinand Laufberger (1829–1881), Maler (Deckengemälde im Kunsthistorischen und Naturhistorischen Museum), 1868 Prof. für dekorative Malerei an der Kunstgewerbeschule

Laurentiusplatz, 14., seit 1912 (urspr. Neubeckgasse, dann Kirchenplatz), nach der dem hl. Laurentius geweihten Pfarrkirche

Laurenz-Barchetti-Gasse, 22., seit 1986, Laurenz Barchetti (1771–1809), Vorsteher der Wiener Seidenfabrikanten, Verdienste in den napoleonischen Kriegen, besonders 1809

Laurenzerberg, 1., seit 1857 (vorher: Laurenzergassel), nach dem ehemaligen Laurenzerinnenkloster und unter Bezug auf die Lage (abfallendes Gelände) benannt

Laurenzgasse, 5., seit 1862 (vorher: Laurenzigasse), zur Wahrung des Ortsnamens (Laurenzergrund, im Besitz des Klosters St. Lorenz), kleine Vorstadt auf dem Bezirk des heutigen Margareten

Lautensackgasse, 14., seit 1893, Hans Sebald Lautensack (um 1520–1565), Maler, Kupferstecher (Porträts, Landschaftsbilder), schuf 1558 eine Ansicht von Wien

Lautenschlägergasse, 11., seit 1954, Antonie Lautenschläger (richtig Schläger, 1859–1910), Hofopernsängerin, engagierte sich für die Armen von Simmering

Lavantgasse, 21., seit 1953, nach dem Fluß in Kärnten

Lavaterstraße, 22., seit 1954, Johann Kaspar Lavater (1741–1801), Schweizer Theologe Publizist, Begründer der modernen Physiognomik

Lavendelweg, 22., seit 1944, nach der Pflanze

Laverangasse, 13., seit 1932, Charles Laveran (1845–1922), Mediziner, Entdecker des Malaria-Erregers, Nobelpreis 1907

Laxenburger Straße, 10., seit 1892 (1946 bis 1956: Tolbuchinstraße), angelegt bereits 1703 zur Verbindung zwischen Wien und Schloß Laxenburg

Layerweg, 22., seit 1972, Dr. Max Layer (1866 bis 1941), Jurist, 1908 o. Prof. an der Universität Wien, 1912/13, 1924/25 Dekan, 1924–1929 Mitglied des Verfassungsgerichtshofes

Lazarettgasse, 9., seit 1862; 1787 erstmals erwähnt, erinnert an die Krankenanstalten, die seit dem Mittelalter hier bestehen (Johannes in der Siechenals errichtete in der Gegend bereits im 13. Jahrhundert ein Siechenhaus = Infektionsspital)

Lazargasse, 17. und 18., seit 1962, Dr. Erwin Lazar (1877–1932), Arzt, Heilpädagoge, 1929 a. o. Prof. an der Universität Wien für Kinderheilkunde

Lazaristengasse, 18., seit 1894 (vorher: Bockgasse), nach dem Lazaristenorden; die Kongregation der Missionspriester des hl. Vinzenz v. Paul (Lazaristen) erbaute 1878 Kirche und Kloster, die Lazaristen widmen sich der Jugenderziehung, Armen- und Krankenpflege

Lazarsfeldgasse, 21., seit 1994, Dr. Paul Felix Lazarsfeld (1901–1976), Soziologe, 1929 bis 1933 Mitglied des psychologischen Instituts der Universität Wien, 1934 Emigration in die USA, 1940 Prof. an der Columbia University New York; wichtige Beiträge zur Kommunikations- und Meinungsforschung

Laziusstraße, 23., seit 1982, Dr. Wolfgang Lazius (1514–1565), 1546 bis 1560 Rektor der Wiener Universität, schrieb die erste Geschichte Wiens; Gelehrter, Arzt, Sammler

Lebereckstraße, 14., seit 1963, nach dem gleichnamigen Berg (395 Meter)

Leberstraße, 3. und 11., seit 1872 (vorher ab 1864: Über dem Kanal), als Leber wurde ein künstlicher Erdhügel bezeichnet, der als Grenzmarkierung oder als Grabhügel aufgeschüttet wurde

Leberweg, 11., amtlich seit 1995, Flurname; vorher ebenso nicht amtlich

Lebingergasse, 14., seit 1929, Michael Lebinger (1832–1848), Tischlergeselle, fiel in der Märzrevolution 1848, s. *Achtundvierzigerplatz*, s. *Märzstraße*

Lebnergasse, 21., seit 1916, Franz Lebner (1819–1863), Ortsrichter von Floridsdorf, Verdienste in der Verwundetenbetreuung 1858/59

Lecherweg, 10., seit 1960, Dr. Ernst Lecher (1856 bis 1936), Physiker

Lechnerstraße, 3., seit 1905 (vorher: Haltergasse), Georg Lechner (1854–1900), Postbeamter, spendete 160.000 Kronen für Arme

Lechthalergasse, 23., seit 1957 (vorher: Grillparzergasse), Josef Lechthaler (1891 bis 1948), Komponist

Lederergasse, 8., seit 1862 (ursprünglich Hintere, um 1700 Obere Klostergasse, dann Gärtnergasse), nach dem Haus des Ledergroßhändlers Filipp Kemeter, erbaut 1705, und dem Schild „Zur großen Lederhaut"

Ledererhof, 1., einst Verkaufsplatz und Herberge der Lederhändler, 1341 „Im Ledererhof", 1412 „Lederschregen"

Leebgasse, 10., seit 1894 (vorher: Richardgasse), Karl Edler von Leeb (1769–1837), Bürgermeister von Wien (1835–1837)

Leegasse, 14., seit 1905, Josef Karl Lee (1838 bis 1879), Mitglied der Gemeindevertretung von Penzing

Lehárgasse, 6., seit 1948 (vorher: Dreihufengasse), Franz Lehár (1870–1948), Komponist („Die lustige Witwe")

Lehenstraße, 22., Flurname

Lehmanngasse, 23., seit 1949, Richard Lehmann (1911 bis 1934), Arbeiter, Sozialist, am 15. 7. 1934 erschossen (s. auch *Fröhlichgasse*)

Lehmgasse, 10., Benennungsdatum unbekannt; verlängert 1989, deutet auf einstmals lehmigen Boden hin

Lehnergasse, 15., seit 1894 (vorher: Schmelzgasse, urspr. Mondscheingasse), Michael Lehner (1817–1893), Schuldirektor in Rudolfsheim

Lehnergasse, 23., Ferdinand Lehner (1830 bis 1909), Wirtschaftsbesitzer, Verdienste um die Gemeinde Atzgersdorf

Lehnertgasse, 21., seit 1993, Hedwig Lehnert (1898–1977), Politikerin, SPÖ, Gemeinderätin (1945–1963)

Lehrbachgasse, 12., seit 1912, Ludwig Konrad Graf von Lehrbach (1750–1805), österreichischer Gesandter in München, errichtete eine Stiftung für bedürftige Beamtenkinder

Lehrbachweg, 12., nichtamtliche Bezeichnung, s. *Lehrbachgasse*

Leibenfrostgasse, 4., seit 1875, Franz Leibenfrost (1790–1851), Weingroßhändler, Philanthrop

Leibnizgasse, 10., seit 1870, Gottfried Wilhelm Freiherr von Leibniz (1646–1716), Philosoph, Gelehrter

Leichtweg, 2., seit 1963, nach dem gleichnamigen Varieté, 1945 zerstört; die Gebrüder Ferdinand und Wilhelm Leicht hatten prominente Künstler engagiert (u. a. A. Girardi, P. Wessely, F. Grünbaum)

Leidesdorfgasse, 19., seit 1894 (urspr. Lerchengasse, 1938–1945 Hermann-Löns-Gasse), Dr. Max Leidesdorf (1819–1889), Direktor der Döblinger Irrenheilanstalt

Leidlweg, 22., seit 1972, Ing. Ludwig Leidl (1872–1958), Flugpionier, s. *Flugfeldstraße*

Leifhelmgasse, 14., seit 1954, Dr. Hans Leifhelm (1891–1947), Lyriker, Erzähler, 1938 Emigration nach Italien

Leinmüllergasse, 23., seit 1965 (ursprünglich Friedhofstraße, ab 1902 Haidackergasse), Josef Leinmüller (1895–1961), Gemeinderat von Kaltenleutgeben, Bezirksrat (1954 bis 1961), SPÖ

Leinweg, 22., seit 1993, nach der Pflanze

Leipziger Platz, 20., seit 1899, s. *Leipziger Straße*

Leipziger Straße, 20., seit 1899 (vorher teilweise Radetzkygasse), nach der Völkerschlacht bei Leipzig (1813) gegen Napoleon

Leitengasse, 23., Riedname

Leitenwaldplatz, 13., seit 1924, Flurname

Leitermayergasse, 17. und 18., seit 1894 (in Währing vorher: Josefigasse), Johann Michael Leitermayer, Grundbesitzer um 1860, Musikerzieher

Leitgebgasse, 5., seit 1875, Andreas Ludwig Leitgeb (1683–1751), Bürgermeister von Wien (1733–1736, 1745–1751)

Leithastraße, 20., seit 1894, nach dem gleichnamigen Fluß in Niederösterreich

Lemböckgasse, 23., seit 1954 (vorher: Wiener Gasse), Georg Lemböck (1870–1951), Maurer, Gemeinderat von Siebenhirten

Lenaugasse, 8., seit 1862 (vorher: Johannesgasse), Nikolaus Lenau (richtig: Nimbsch Edler von Strehlenau, 1802–1850), Lyriker (Gedichte, Balladen; melancholische Grundhaltung)

Lenkgasse, 22., seit 1911, Jakob Lenk Freiherr von Wolfsberg (1767–1837), Oberst in den napoleonischen Kriegen

Lenneisgasse, 14., seit 1913, Georg Lenneis (1821–1912), Hausbesitzer, Mitglied der Penzinger Gemeindevertretung

Leo-Lehner-Gasse, 22., seit 1984, Prof. Leo Lehner (1900–1981), Gründer des Chores „Jung Wien", Chorleiter

Leo-Mathauser-Gasse, 23., seit 1957 (vorher: Johann-Schwarz-Gasse), Leo Mathauser (1875–1953), Lehrer in Siebenhirten

Leonhardgasse, 3., seit 1862 (vorher: Leonhardigasse), nach einem alten Hausschild „Zum hl. Leonhard"

Leon-Kellner-Weg, 13., seit 1932 (1938 bis 1947 Wilhelm-Riehl-Weg), Univ.-Prof. Leon Kellner (1850-1928), Anglist

Leopold-Abelles-Gasse, 11., seit 1989, Dr. Leopold Abelles (1870–1942), Arzt, Altruist, Opfer des Faschismus

Leopoldauer Platz, 21., seit 1910 (vorher: Hauptstraße), zur Wahrung des Ortsnamens Leopoldau, 1136 urkundlich erwähnt, s. *Alpitoweweg*

Leopoldauer Straße, 21., s. *Leopoldauer Platz*

Leopold-Berger-Weg, 17., nichtamtliche Bezeichnung, nach einem Siedlerfunktionär

Leopold-Ernst-Gasse, 17. und 18., seit 1894 (ursprünglich Gebhartgasse, dann Gestättengasse und zuletzt Leopoldigasse), Leopold Ernst (1808–1862), seit 1853 Dombaumeister zu St. Stephan, Architekt

Leopold-Ferstl-Gasse, 21., seit 1901 (ursprünglich Parkgasse, ab 1893 Ferstlgasse), Dr. Leopold Ferstl (1812–1876), Arzt, Bürgermeister von Floridsdorf (1861 bis 1869), Ortsschulratsobmann

Leopold-Figl-Gasse, 1., seit 1985 (vorher: Regierungsgasse), DDr. h. c. Ing. Leopold Figl (1902–1965), Bundeskanzler (1945 bis 1953), Außenminister (1953–1959), Landeshauptmann von NÖ

Leopoldigasse, 23., Leopold Greileder (1807 bis 1873), Wirtschaftsbesitzer, Gemeinderat von Atzgersdorf

Leopold-Kunschak-Platz, 17., seit 1971, Leopold Kunschak (1871–1953), Begründer der christlichsozialen Arbeiterbewegung, 1904 bis 1934 Gemeinderat, 1934 bis 1938 Mitglied des Staatsrats, 1938 und 1944 verhaftet, 1945/46 Vizebürgermeister, Mitbegründer des Österreichischen Arbeiter- und Angestelltenbundes (ÖAAB) der ÖVP, zuletzt Präsident des Nationalrates

Leopold-Rister-Gasse, 5., seit 1957, Leopold Rister (1873–1934), Bezirksvorsteher des 5. Bezirks

Leopoldsdorfer Straße, 10., führt nach dem gleichnamigen Ort in Niederösterreich

Leopoldsgasse, 2., seit 1862 (urspr. Zuchthausgasse, dann Strafhausgasse), nach Kaiser Leopold I. (1640–1705)

Leopoldsplateau, 18., nach einer dem hl. Leopold geweihten Kapelle

Leopold-Steiner-Gasse, 19., seit 1931, Leopold Steiner (1857–1927), Förderer des Baues der Irrenanstalt Steinhof

Leopold-Stockert-Platz, 17., nichtamtliche Bezeichnung (nach einem Siedlerfunktionär)

Leo-Slezak-Gasse, 18., seit 1960 (vorher: Czermakgasse), Leo Slezak (1875–1946), gefeierter Heldentenor der Wiener Staatsoper, Filmkomiker

Lerchenfelder Gürtel, 7., 8. und 16., seit 1894 (Teile davon im 16. Bezirk von 1800 bis 1894 Pelikangasse, von 1830 bis 1873 Porteplatz, Am Linienwall und von 1883 bis 1894 Gürtelstraße), nach der ehemaligen Vorstadt Lerchenfeld; s. Lerchenfelder Straße

Lerchenfelder Straße, 7. und 8., um 1314 Kremser Straße, bis 1862 Alte Lerchenfelder Hauptstraße und Rofranogasse), zur Erinnerung an den alten Vorstadtnamen; das Lerchenfeld wurde bereits im 13. Jahrhundert urkundlich erwähnt; es erstreckte sich über Teile des heutigen 7., 8. und 16. Bezirkes; der Name ist entweder auf einen bestandenen Lärchenwald zurückzuführen oder darauf, daß sich der kaiserliche Hof dort mit dem Lerchenfang beschäftigte (im späteren Ortswappen von Lerchenfeld waren beide Thesen vereinigt, es zeigte einen Baum und drei Vögel); noch wahrscheinlicher ist jedoch eine ältere slawische oder keltische Flur- oder Ortsbezeichnung

Lerchengasse, 8., seit 1862 (1727 als Gmaingasse entstanden, von 1778 bis 1862 Neue Gasse), s. *Lerchenfelder Straße*

Leschetitzkygasse, 18., seit 1932, Theodor von Leschetitzky (1831–1915), Pianist, Musikpädagoge

Lesergasse, 11., seit 1972, Ludwig Leser (1890–1946), Sozialdemokrat, 1922–1934 und 1945/46 Landeshauptmannstellvertreter des Burgenlandes, engagierte sich für den Anschluß des Burgenlandes an Österreich

Leskygasse, 22., seit 1994, Albin Lesky (1896 bis 1981), Altphilologe, Universitätsprofessor, Erna Lesky (1911–1986), Historikerin, Ärztin, Universitätsprofessorin

Lessiakgasse, 22., seit 1971, Dr. Primus Lessiak (1878–1937), Germanist

Lessinggasse, 2., seit 1875, Gotthold Ephraim Lessing (1729–1781), Dichter; Wegbereiter der deutschen Klassik, Aufklärer („Nathan der Weise", „Emilia Galotti")

Lettenweg, 22., seit 1959, Weg in der Siedlung „Lettenhaufen" („Letten" = angeschwemmter, lehmiger Grund)

Leuchsweg, 21., seit 1954, Dr. Kurt Leuchs (1881–1949), Paläontologe, Univ.-Prof.

Leutholdgasse, 22., seit 1954, Heinrich Leuthold (1827–1879), Schweizer Dichter, Übersetzer

Levasseurgasse, 23., seit 1966, Dipl.-Ing. Dr. Karl Levasseur (1903–1962), Pionier der österr. Stenographie

Lewinskygasse, 16., seit 1920, Josef Lewinsky (1835–1907), Burgschauspieler

Lexergasse, 22., seit 1971 (vorher: Viktor-Kaplan-Straße), Dr. Matthias Lexer (1830 bis 1892), Germanist

Leydoltgasse, 15., seit 1894 (vorher: Friedrichsgasse), Anton Leydolt (gest. 1873), Bürgermeister von Fünfhaus (1867–1873), Postmeister, s. auch *Rosinagasse*

Leyserstraße, 14., seit 1899, Ulrich Leyser, zeichnete sich bei der Verteidigung Wiens gegen die Türken 1529 durch besondere Tapferkeit aus

Leyßgasse, 17., Julius Leyß zu Laimburgk (1815–1901), Hof-Oberbereiter, Hausbesitzer, Wohltäter

Leystraße, 20., seit 1884, Konrad Ley (1801 bis 1881), Bezirksvorsteher der Leopoldstadt (1862–1874)

Lhotskygasse, 21., seit 1972, Prof. Dr. Alphons Lhotsky (1903–1968), Historiker

Lhotskyweg, 21., seit 1994, s. *Lhotskygasse*

Libellenweg, 14., seit 1953, nach dem Insekt

Libussagasse, 10., seit 1958, Drama von Grillparzer und Hauptfigur darin

Lichnowskygasse, 11., seit 1971, Fürst Karl Lichnowsky (1756–1814), Freund und Gönner Beethovens (stiftete ihm ein Jahresgehalt von 600 Gulden)

Lichtblaustraße, 22., seit 1990, Ernst Lichtblau (1883–1963), Architekt (Werkbundsiedlung)

Lichtenauergasse, 2., Georg Lichtenauer (1791–1848), erbaute dort die ersten Häuser

Lichtenfelsgasse, 1., seit 1880 (vorher: Bürgermeistergasse), Thaddäus Freiherr von Lichtenfels (1798–1877), Jurist

Lichtensteg, 1., schon 1273 als „clara semita" (= lichter Steg) bekannt (im Gegensatz zu anderen finsteren Gassen); im 15./16. Jhd. „Am Brezzen-Eck"

Lichtensterngasse, 12., seit 1969, Richard Lichtenstern (1870–1937), Gründer der österreichischen Keramikindustrie

Lichtentaler Gasse, 9., seit 1862 (1843–1862 Große Kirchengasse), zur Erinnerung an den ehemaligen Vorstadtnamen; bestand seit 1699, 1848 kam die Grundherrschaft an die Gemeinde Wien, Lichtental galt als „Wiege des Volkssängertums"

Lichtgasse, 15., Benennungsdatum unklar, nach dem 1839 errichteten ehemaligen englischen Gaswerk (Gaslicht!)

Lidlgasse, 17., seit 1908, Matthias Lidl von Schwanau (1666–1749), kaiserlicher Sekretär, Besitzer der Herrschaft Gersthof

Liebenberggasse, 1., Johann Andreas von Liebenberg (1627–1683), Bürgermeister von Wien (1680–1683); große Verdienste um die Verteidigung Wiens während der zweiten Türkenbelagerung

Liebenstraße, 12., seit 1928 (1938–1945: Metznerstraße), Robert von Lieben (1878 bis 1913), Physiker (Erfinder der Radioverstärkerröhre)

Liebhartsgasse, 16., seit 1867, nach dem Flurnamen „Liebhart", im 13. Jahrhundert wurde der Ottakringer Bach zum Wienfluß geleitet, die Bachrinne erhielt 1354 die Bezeichnung „Liebhartsgraben"

Liebhartsruhe, 16., seit 1944 (vorher: Katharinenruhe, vor 1886 Scheibenplatz), s. *Kuffnergasse* und *Liebhartsgasse*

Liebhartstalstraße, 16., Benennungsdatum unklar, Flurname, schon 1354, 1373 und 1377 als Liebhartsgraben urkundlich erwähnt; führt zum Liebhartstal

Liebiggasse, 1., Justus Freiherr von Liebig (1803–1873), Chemiker, entdeckte die Bedeutung des Mineraldüngers, Begründer der organischen Chemie

Liebknechtgasse, 16. und 17., seit 1953 (ursprünglich Dürauergasse, 1934 Eberhartgasse), Wilhelm Liebknecht (1826–1900), Führer der deutschen Sozialdemokraten und Reichstagsabgeordneter und sein

Sohn Karl Liebknecht (1871–1919), mit Rosa Luxemburg Führer der Linken, 1919 ermordet, s. *Rosa-Luxemburg-Gasse*

Liebleitnergasse, 21., seit 1956 (vorher: Kirchengasse), Prof. Karl Liebleitner (1852 bis 1942), Chormeister, Volksliedforscher

Lieblgasse, 22., seit 1972, Dipl.-Ing. Hans Lieb (1877–1963), Eisenkonstrukteur, Baurat

Liechtensteinstraße, 9., seit 1862 (um 1700 Untere Hauptstraße, ab 1778 Drey-Mohrengasse, seit 1796 Lange Gasse ab Bauernfeldplatz), Johann Adam Andreas Fürst Liechtenstein (1656–1712), erwarb 1687 hier ein Grundstück und ließ Palast, Park und die Vorstadt Lichtental anlegen

Liechtenwerder Platz, 9. und 19., seit 1904, ehemals wiesenreiche Donauinsel (Werd), im 13. Jhd. Altliechtenwerd genannt

Lieglerstraße, 22., seit 1955 (vorher: Kriemhildenstraße), Leopold Liegler (1882 bis 1949), Schriftsteller

Lieleggweg, 21., seit 1936, Andreas Lielegg (1831–1899), Chemiker

Lienfeldergasse, 16. und 17., seit 1874, Weinried, schon 1352 als Lyenfeld erwähnt

Liepoltgasse, 23., seit 1973, Hans Liepolt (1880–1962), Lehrer und Volksbildner in Inzersdorf

Liesingbachstraße, 10., seit 1953, nach dem gleichnamigen Bach, an dessen Ufer die Straße verläuft

Liesinger-Flur-Gasse, 23., seit 1965, Flurname

Liesinger Platz, 23., seit 1967 (vorher: Schillerplatz), früher Hauptplatz des selbständigen Ortes Liesing; 1002 urk. erwähnt, bestand aus Ober- und Unterliesing, 1905 zur Stadt erhoben, 1938 eingemeindet

Liesneckgasse, 21., seit 1909 (vorher: Friedhofgasse), Franz Jakob Liesneck (gest. 1790), Benefiziat und Kaplan von Jedlesee

Ligusterweg, 18., seit 1967, nach der Pflanze

Lilienberggasse, 13., seit 1894 (vorher: Wiengasse), Christoph Abele von und zu Lilienberg (1628–1685), Besitzer der Herrschaft Hacking; kaiserlicher Beamter

Lilienbrunngasse, 2., seit 1862, Therese Adler von Lilienbrunn eröffnete 1841 die Gasse insofern, als daß ihr Haus in der Oberen Donaustraße abgerissen wurde

Liliengasse, 1., vor 1622 Armesündergasse; hier bestand von 1622 bis 1810 ein Hof des Stiftes Lilienfeld

Lilienthalgasse, 3., seit 1933, Otto von Lilienthal (1848–1896), Flugtechniker, führte 1891 die ersten Gleitflüge aus (bis 300 m Länge)

Lilienweg, 11., nichtamtliche Bezeichnung

Lindauergasse, 16., seit 1894 (vorher: Löwengasse und Saillergasse), Andreas Lindauer (gest. 1552), Besitzer des Ottakringer Freihofes (s. Erläuterungen); Sekretär von Kaiser Ferdinand I.

Lindauergasse, 23., Michael Lindauer (1862 bis 1944), Gemeinderat von Mauer

Lindenbauergasse, 11., seit 1954 (vorher: Landengasse), Andreas Lindenbauer, Besitzer des Simmeringer Casinos

Lindengasse, 7., seit 1862 (vorher: Josefigasse, Josefibrunnengasse, Leopoldigasse, Obere Brunngasse), nach einem Gasthausschild „Zur goldenen Linde"

Lindgrabengasse, 23., Flurname

Lindheimgasse, 14., seit 1975, Hermann Dietrich Lindheim (1791–1860), Experte für Eisenverarbeitung, wirkte führend am Bau der Westbahn mit

Lindkogelgasse, 10., seit 1964, nach dem gleichnamigen Berg bei Baden, 834 m hoch

Linienamtsgasse, 13., seit 1894, nach dem ehemaligen Linienamtsgebäude

Liniengasse, 6., seit 1862 (vorher: Feldgasse), führte zum Linienwall, einer unter Prinz Eugen angelegten Befestigungsanlage zum Schutz der Vorstädte, die später als Steuergrenze Bedeutung bekam

Linke Bahngasse, 3., seit 1862 (vorher: Am Kanal), verläuft links neben der 1857 erbauten Verbindungsbahn zwischen Nordbahn und Südbahn

Linke Nordbahngasse, 21., seit 1909 (vorher: Linke Eisenbahngasse), an der linken Seite der 1838 erbauten Nordbahn gelegen

Linker Weg, 22., nichtamtliche Bezeichnung

Linke Wasserzeile, 23., entlang der 1870 bis 1873 errichteten Trasse der I. Wiener Hochquellenwasserleitung

Linke Wienzeile, 6., 14. und 15., seit 1905 (im 6. Bezirk zuerst Am Wienufer, auch Ufergasse, später Magdalenenstraße und Wienstraße), am linken Wienflußufer gelegen

Linkweg, 13., seit 1955 (vorher ab 1932 Försterweg), Antonie Link (1853–1931), Opern- und Operettensängerin

Linnéplatz, 19., seit 1907, Karl von Linné (1707–1778), Mediziner, Botaniker

Linzackergasse, 13., seit 1913, ein schon im Jahre 1407 urk. erwähnter Riedname

Linzer Straße, 14. und 15., seit 1894 (vorher: Poststraße, Hauptstraße und Landstraße), führt nach Linz

Linzerweg, 11., nichtamtliche Bezeichnung

Lipinergasse, 23., seit 1961, Siegfried Lipiner (1856–1911), Schriftsteller

Lippmanngasse, 10., seit 1932, Dr. Gabriel Lippmann (1845–1921), Experimentalphysiker, Nobelpreisträger, Prof. für Experimentalphysik

Lissagasse, 3., zur Erinnerung an Admiral Tegetthoffs Sieg über die italienische Flotte bei Lissa (1866)

Lißbauergasse, 19., Benennungsdatum unbekannt, Karl Lißbauer (gest. 1861), Bürgermeister von Ober-Döbling (1850–1861)

Lisseeweg, 21., seit 1974, Lissee, einst ein Fischteich in Strebersdorf

Lisztstraße, 3., seit 1913 (vorher: Daffingergasse), Franz Liszt (1811–1886), Komponist, Pianist

Litfaßstraße, 3. und 11., seit 1983, Ernst Theodor Litfaß (1816–1874); Drucker, Erfinder der nach ihm benannten Anschlagsäulen (erstmals 1855 in Berlin für den Zirkus Renz)

Litschauweg, 21., seit 1964, nach der Stadt im Waldviertel (NÖ)

Littrowgasse, 18., seit 1891, Dr. Karl Ludwig von Littrow (1811–1877), Astronom, Professor an der Wiener Universität, initiierte den Bau der Sternwarte in Währing

Lobaugasse, 22., Benennungsdatum unbekannt, nach dem Naturschutzgebiet, lo = althochdeutsch „Wald", also waldreiche Au; 1923 der Öffentlichkeit zugänglich gemacht

Lobenhauerngasse, 17., nach einer schon 1410 erwähnten Weinried

Lobgrundstraße, 22., seit 1977, Flurname (nach einem Gewässer in der Lobau)

Lobkowitzbrücke, 12. und 15., 1837 erbaut, nach Fürst Franz Josef Lobkowitz, der sich als Förderer von Beethoven und anderer Musiker Verdienste um das Wiener Musikleben gemacht hatte; sein Sohn, Fürst August Longin von Lobkowitz, Hofkanzler, fuhr als Vertreter der Regierung als erster über die Brücke, 1969–1971 neu gestaltet

Lobkowitzplatz, 1., seit 1850 (vorher ab 1790 Spitalplatz), Wenzel Eusebius Fürst Lobkowitz (1609–1677), Feldmarschall

Lobmeyrgasse, 16., seit 1927, Ludwig Lobmeyr (1829–1917), Glaswarenfabrikant, der sich um die künstlerische Entwicklung der Branche verdient gemacht hat

Lodererweg, 23., nach der schon 1667 erwähnten Familie Loderer, einer Hauerfamilie aus Kalksburg

Lodergasse, 22., seit 1927, Matthäus Loder (1781–1828), Landschaftsmaler

Lodrongasse, 23., nach dem Geschlecht der Lodron

Löblichgasse, 9., seit 1898, Franz Löblich (1827–1897), Kupferschmied, Innungsmeister, Bezirksvorsteher des Alsergrundes, Landtags- und Reichsratsabgeordneter, engagierte sich für soziale Fragen

Löblweg, 22., seit 1932, Josef Löbl (1866 bis 1930), Vorstand des Floridsdorfer Fürsorgeinstituts

Löfflergasse, 13., seit 1931, Friedrich Löffler (1852–1915), Hygieniker, Entdecker der Diphtherie

Löhnergasse, 12., Fritz Beda-Löhner (1883 bis 1942), Operettenautor („Land des Lächelns", „Blume von Hawai")

Löhrgasse, 15., seit 1894 (vorher: Michaelergasse), Moritz Löhr (1810–1874), Erbauer des alten Westbahnhofes, Architekt

Loeschenkohlgasse, 15., seit 1912, Johann Loeschenkohl (1754–1807), Kupferstecher, Kunsthändler, Kalender-, Knopf- und Tapetenfabrikant, Hersteller von Karten-, Brett- und Würfelspielen

Löschniggasse, 22., seit 1972, Josef Löschnig (1872–1949), Obstbaufachmann, Hofrat

Lößlweg, 2., seit 1960, Friedrich Lößl (1817 bis 1907), Techniker, Pionier des Eisenbahnbaus

Lössweg, 22., seit 1953, eigentlich Löß (= eiszeitliche Ablagerungen)

Löwelstraße, 1., Hans Löwel (1536–1594), kaiserlicher Rat und Pfennigmeister Ferdinands I.

Löwenburggasse, 8., seit 1862 (1778–1862 Krebsgasse), Johann Jakob Graf von Löwenburg (1670–1732), Stifter des Löwenburg-Konviktes (1731)

Löwengasse, 3., seit 1862 (vorher teilweise Kirchengasse), nach einem schon 1765 bestandenen Hausschild „Zum goldenen Löwen“

Löwenherzgasse, 3., seit 1874; zur Erinnerung an die Gefangennahme des englischen Königs Richard I. Löwenherz, der sich am Kreuzzug mit Herzog Leopold V. zerstritten hatte; bei seiner Rückkehr nach England wurde er in „Ertpurch“ (Erdberg) gefangengenommen

Löwensteinstraße, 22., seit 1955 (vorher: Grillparzerstraße), Dr. Ernst Löwenstein (1878–1950), Bakteriologe

Löwenthalgasse, 23., seit 1947 (vorher: Johann-Held-Gasse, nach dem 1850 verstorbenen Gründer der Brauerei); Theodor Löwenthal (1798–1878), Bankier, Mitbesitzer der Brauerei Liesing; Gemeinderat von Liesing (1861–1869), s. *Fabergasse*

Löwenzahngasse, 22., seit 1952, nach der Pflanze

Lohengrinstraße, 22., seit 1959, nach der Oper von Richard Wagner

Lohnergasse, 21., seit 1970, Ludwig Lohner (1858–1929), Pionier des österr. Automobil- und Flugzeugbaus, „Lohnerroller“

Lohsinggasse, 22., seit 1972, Dr. Ernst Lohsing (1878–1942), Jurist

Lohwaggasse, 22., seit 1955, Dr. Heinrich Lohwag (1884–1945), Botaniker

Loiblstraße, 16., seit 1960, Johann Loibl (gest. 1872), Mitgründer des Ottakringer Verschönerungsvereines

Loidoldgasse, 8., seit 1912 (1839–1862 Quergasse, dann Georgsgasse), Dr. Johann Loidoldt (sic!, 1829–1897), liberaler Bezirksvorsteher (1867–1896) und Gemeinderat (1874 bis 1891), Arzt

Loimerweg, 22., seit 1959 (nach einem Siedler)

Lokomotivgasse, 21., hier bestand die Wiener Lokomotivfabrik, 1869 gegründet; die Floridsdorfer Lokomotivfabrik war die größte Österreichs, daher ein bedeutendes Zentrum der Arbeiterbewegung

Loosgasse, 23., seit 1955, Adolf Loos (1897 bis 1954), Gemeinderat von Atzgersdorf

Loquaiplatz 6., seit 1903, Ferdinand Loquai (1838–1899), Gemeinderat, Landtagsabgeordneter (1878–1889), Bezirksvorsteher von Mariahilf (1891–1896)

Lorbeergasse, 3., seit 1862; schon im antiken Griechenland Symbol für Siege im Krieg und im Sport

Lorenz-Bayer-Platz, 16. und 17., seit 1905 (1938–1945 Domesplatz), Lorenz Bayer (1826–1894), Gemeinderat von Hernals

Lorenz-Böhler-Gasse, 20., seit 1981, Dr. Lorenz Böhler (1885–1973), Unfallchirurg, forcierte das nach ihm benannte, 1925 in Betrieb genommene Krankenhaus

Lorenz-Kellner-Gasse, 22., seit 1911, Dr. Lorenz Kellner (1811–1892), katholischer Pädagoge

Lorenz-Mandl-Gasse, 16., seit 1887, Lorenz Mandl (1800–1882), Gemeinderat von Ottakring, Heurigenbesitzer

Lorenz-Müller-Gasse, 20., seit 1928 (vorher teilweise Schwedengasse), Lorenz Müller (1862–1922), Bäckermeister, Gemeinderat, 1900–1918 erster Bezirksvorsteher des 20. Bezirks (erreichte 1900 dessen Selbständigkeit)

Lorenz-Reiter-Straße, 11., seit 1904, Lorenz Reiter, Ortsrichter von Simmering im 18. Jahrhundert

Lorenz-Stein-Gasse, 14., Lorenz von Stein, Grundbesitzer, Verdienste um die Gemeinde Hadersdorf

Lorenz-Weiß-Gasse, 14., seit 1904, Lorenz Weiß (1821–1887), Oberlehrer in Hütteldorf

Lorettoplatz, 21., nach der Pfarrkirche Maria Loretto (als Kapelle 1713 erbaut, die heutige Gestalt seit 1877)

Lormweg, 21., seit 1956 (vorher ab 1942 Hirschensteig), Hieronymus Lorm (eigentlich Heinrich Landesmann, 1821–1902), österr.-mährischer Dichter, Philosoph

Lortzinggasse, 14., seit 1903, Albert Lortzing (1801–1851), Komponist, Schauspieler, Sänger, Kapellmeister („Zar und Zimmermann“, „Der Wildschütz“, „Undine“)

Lorystraße, 11., seit 1894 (vorher: Kanalgasse), Karl Lory (1794–1867), Arzt, sammelte Kräuter und behandelte damit die Armen Simmerings kostenlos

Loschmidtgasse, 21., Josef Loschmidt (1821 bis 1895), Chemiker, Physiker

Lostakgasse, 22., seit 1993, Leopold Lostak (1904–1981), Berufsschullehrer, Bezirkspolitiker (Bezirksrat 1946–1954, SPÖ)

Lotheißengasse, 19., seit 1933, Dr. Ferdinand Lotheißen (1833–1887), Romanist, Univ.-Prof.

Lothringerstraße, 1., 3. und 4., zur Erinnerung an die Heirat von Franz Stephan von Lothringen mit Maria Theresia (1736), wodurch das Haus Habsburg-Lothringen begründet wurde

Lotsenweg, 22., seit 1993, nach dem Berufsstand (die Fläche befindet sich im Bereich des ehemaligen Flugfeldes Aspern), s. *Flugfeldstraße*

Lottgasse, 21., seit 1913, Julius Lott (1836 bis 1883), Erbauer der Arlbergbahn; Eisenbahntechniker, Oberbaurat

Loudonstraße, 14., seit 1959, Gideon Ernst Freiherr von Loudon (1716–1790), ab 1742 in österreichischen Diensten, Karriere im Siebenjährigen Krieg, 1776 Feldmarschall, 1789 Generalissimus; die Straße verläuft entlang seiner einstigen Besitzungen

Loulagasse, 21., Johann Loula (1891–1950), Lehrer in Strebersdorf

Lucasweg, 12., seit 1930, Karl Lucas (1803 bis 1857), Burgschauspieler

Luchtengasse, 17., seit 1899, Flurname, 1660 auch Luefft genannt

Luckenholzgasse, 21., Flurname

Luckenschwemmgasse, 21., Flurname

Ludo-Hartmann-Platz, 16., seit 1925 (1873 bis 1878 Haberlplatz, dann bis 1901 Koflerplatz, bis 1925 Koflerpark, 1938–1945 Hans-Schemm-Platz), Dr. Ludo Hartmann (1865–1924), Historiker, 1889 Privatdozent für römische und mittelalterliche Geschichte; 1893 gründete er die Zeitschrift für „Sozial- und Wirtschaftsgeschichte“, 1901 den Verein „Volkshochschule Wien Volksheim“, das Volksheim Ottakring, das er intensiv vorantrieb, wurde zur erfolgreichsten Volksbildungsstätte Wiens; kurz vor seinem Tod wurde Ludo Hartmann Prof. an der Uni Wien

Ludwig-Eckardt-Gasse, 14., seit 1930, Dr. Ludwig Eckardt (1827–1871), Schriftsteller (Romane, Novellen), mußte wegen seiner demokratischen Gesinnung nach der Niederwerfung der Revolution 1848 emigrieren; Lehrer, Bibliothekar in Deutschland und in der Schweiz

Ludwiggasse, 18., Ludwig Galler (1792 bis 1854), Schlossermeister, in der Chronik als Wohltäter verzeichnet

Ludwig-Gruber-Weg, 19., seit 1979, Ludwig Gruber (1874–1964), Komponist („Mei Mutterl war a Weanerin“)

Ludwig-Kirschner-Gasse, 23., seit 1988, Ludwig Kirschner (1872–1945), Gemeinderat und Bürgermeister von Atzgersdorf

Ludwig-Koeßler-Platz, 3., seit 1928 (1938 bis 1945 Langemarckplatz), Dr. Ludwig Koeßler (1861–1927), Mitbegründer der Wiener Urania, die ihm ihre hohe Bedeutung für die Volksbildung verdankt

Ludwig-Martinelli-Gasse, 12., seit 1930, Ludwig Martinelli (1833–1913), Schauspieler, Dekorationsmaler

Ludwig-Sackmauer-Platz, 8., seit 1995, Prof. Ludwig Sackmauer (1913–1992), Bezirksrat (1963–1965), Gemeinderat (1965 bis 1976), SPÖ; Verdienste um das Bezirksmuseum Josefstadt

Ludwig-von-Höhnel-Gasse, 10., seit 1958, Ludwig von Höhnel (1857–1942), Konteradmiral, Afrikaforscher (Entdeckung des Rudolfs- und Stefanisees, 1888)

Lüssenpromenade, 21., seit 1994, Flurname

Lützowgasse, 14., seit 1894 (vorher: Jakobsgasse), Ludwig Adolf Wilhelm Freiherr von Lützow (1782–1834), bildete 1813 im Kampf gegen Napoleon einen 3.000 Mann umfassenden studentischen Freikorps

Luftbadgasse, 6., seit 1862 (vorher: Obere Gestättengasse), hier bestand das 1852 erbaute Esterházybad, das erste Heißluftbad in Wien

Luftgasse, 5., seit 1862, führte Richtung Linienwall ins Freie, „an die Luft“ bzw. ins unverbaute Gebiet

Lugeck, 1., bereits 1257 als „Luogeckhe“ erwähnt (Luke in einem Eckturm, die sich zum Beobachten = Lugen eignete)

Luickgasse, 22., seit 1953, Dr. Karl Luick (1865–1935), Etymologe

Luise-Montag-Gasse, 11., seit 1940, Luise Montag (1849–1929), populäre Volkssängerin

Luitpold-Stern-Gasse, 22., seit 1989, Prof. Josef Luitpold Stern (1886–1966), Volksbildner, Lyriker, Dramatiker

Lukschgasse, 2., seit 1914, Franz Luksch (1845–1913), Gemeinderat der Leopoldstadt (1908–1913), Hufschmied, Hausbesitzer

Lundenburger Gasse, 21., seit 1978, nach der Stadt in Mähren (Bréclav)

Lundgasse, 10., nach der gleichnamigen Stadt in Südschweden

Luntzgasse, 20., seit 1920, Viktor Luntz (1840 bis 1903), Baumeister, Architekt (Mitwirkender beim Bau von Rathaus und Reichsbrücke)

Lupinenweg, 22., seit 1952, nach der Pflanze

Luschingasse, 21., seit 1936, Dr. Arnold Luschin-Ebengreuth (1841–1932), Rechtshistoriker, Univ.-Prof.

Lustgasse, 3., erinnert an den Lustgarten, der hier bestanden hat; er war um das Palais des Grafen Harrach angelegt, unter Franz II. kaiserlicher Besitz, 1845 aufgelassen und verbaut

Lusthausstraße, 2., früher Alte Lusthausstraße oder Alte Lusthaus-Allee; 1566 ließ Maximilian II. ein Jagdschloß erbauen („Grünes Lusthaus"), unter Kaiser Joseph II. 1781 bis 1783 in der heutigen Form umgebaut

Lustkandlgasse, 9., Dr. Wenzel Lustkandl (1832–1906), Jurist, deutschliberaler Politiker, Univ.-Prof. für Staatsrecht, Gemeinderat, Landtagsabgeordneter

Lutherplatz 6., seit 1983, nach Martin Luther (1483–1546); der Platz liegt gegenüber der evangelischen Kirche „Gustav Adolf" in der Gumpendorfer Straße

Luzegasse, 11., seit 1974, Hofrat Prof. Karl Luze (1864–1949), Komponist, wirkte 42 Jahre an der Oper

Lynkeusgasse, 13., seit 1924 (1938–1945 Vernalekengasse), Lynkeus (eigentlich Josef Popper, 1838-1920), sozialphilosophischer Schriftsteller („Die allgemeine Nährpflicht als Lösung der sozialen Frage", 1912)

M

Maargasse, 23., seit 1966 (vorher: Eckhartsaugasse), Dr. Oskar Maar (1888–1953), Germanist, Pädagoge

Machegasse, 22., seit 1966, Ing. Heinrich Mache (1876–1954), Physiker

Macholdastraße, 10., seit 1989, Vinzens Macholda (1898–1973), Präsident des Zentralverbandes der Kleingärtner, Präsident der „Grünen Internationale"

Machstraße, 2., seit 1960 (bis 1919 Maria-Josefa-Platz, nach der Mutter von Kaiser Karl I., dann Machplatz), Ernst Mach (1838–1916), Physiker, Philosoph

Mackgasse, 23., Franz von Mack (1730 bis 1807), Besitzer der Herrschaft Kalksburg, Hofjuwelier; ließ 1793–1801 die Kirche von Kalksburg erbauen; kaufte 1790 auch die Herrschaft Mauer

Maculangasse, 22., seit 1972, Dipl.-Ing. Dr. Rudolf Maculan (1915–1955), Bautechniker, Baurat

Maderspergerstraße, 16., seit 1909, Josef Madersperger (1768–1850), Erfinder der Nähmaschine

Maderstraße, 4., seit 1901, Johann Christian Mader (1697–1761), Bildhauer (Reliefsäulen an der Karlskirche)

Madjeragasse, 13., seit 1936, Dr. Wolfgang Madjera (1868–1926), Dichter (Gedichte, Märchen, Dramen)

Mälzelplatz, 22., seit 1927, Johann Nepomuk Mälzel (1772–1838), Mechaniker, erfand gemeinsam mit dem Holländer Winkel das Metronom

Männertreugasse, 10., seit 1957 (vorher: Feldgasse), Pflanze (Distelart)

Märzstraße, 14. und 15., zur Erinnerung an die Opfer der Revolution von 1848, die auf dem damaligen Schmelzer Friedhof (heute Märzpark) bestattet wurden; 1888 wurden die Gebeine auf den Zentralfriedhof überführt, weil der Schmelzer Friedhof seit 1874 nicht mehr belegt und dann geschlossen wurde

Magazingasse, 3., von 1750 bis 1889 befand sich hier ein Futtermagazin des Militärs

Magdalenenstraße, 6., seit 1862 (vorher ein Teil Untere Wehrgasse, ein anderer Schnellgasse), die frühere Magdalenenstraße heißt heute Linke Wienzeile; ältester Teil des heutigen 6. Bezirkes, nach dem ehemaligen Vorort „Magdalenengrund", bereits 1756 urkundlich erwähnt, benannt nach der Magdalenenkirche

Magdeburgstraße, 22., seit 1909 (vorher: Karl-Ludwig-Straße), Friedrich Freiherr von Magdeburg (1783–1810), Hauptmann in der Schlacht von Aspern (1809); napoleonische Kriege

Magnoliengasse, 22., seit 1953, nach dem Zierbaum

Magyarweg, 22., seit 1987, Ing. Egon Magyar (1892–1979), Leiter der Bundesingenieurkammer

Mahlerstraße, 1., seit 1919 (ab 1862 Maximilianstraße, 1938–1946 Meistersingerstraße), Gustav Mahler (1860–1911), Komponist, Dirigent; Kapellmeister und Direktor der Staatsoper (1897–1907)

Maigasse, 21., seit 1971, nach dem Monat; vorher nicht amtlich Maiweg

Maiglöckchenweg, 22., seit 1954, nach der Blume

Maiklgasse, 10., seit 1959, Georg Maikl (1872 bis 1951), Tenor an der Staatsoper

Mailergasse, 11., seit 1894 (vorher: Bräuhausgasse), Johann Mailer (1708–1786), Stifter eines bis 1960 bestandenen Armenhauses in Kaiserebersdorf

Maillygasse, 10., seit 1959, Anton Mailly (1874–1950), Kulturhistoriker

Maireckergasse, 23., Franz Mairecker (1879 bis 1950), Konzertmeister der Wiener Philharmoniker

Maisgasse, 21., seit 1942, nach der Getreidepflanze

Maiselgasse, 3., seit 1995, Karl Maisel (1890 bis 1982), sozialdemokratischer Gewerkschafter, ÖGB-Vizepräsident, Sozialminister (1945–1956), Präsident der Wiener Arbeiterkammer

Makartgasse, 1., seit 1894 (vorher: Schillergasse), Hans Makart (1840–1884), Maler, 1879 Prof. an der Akademie, tonangebender Maler der Gründerzeit, malte im neubarocken Stil und beeinflußte Theater, Kunst und Mode in den 70er und 80er Jahren des 19. Jahrhunderts

Malborghetgasse, 10., seit 1911, zur Erinnerung an die Verteidigung des Passes von Malborghet in den napoleonischen Kriegen (1809)

Malfattigasse, 12., seit 1888, Dr. Johann Malfatti Edler von Montereggio (1775 bis 1859), Arzt, gründete 1837 die „Gesellschaft der Ärzte in Wien"

Malfattisteig, 13., s. *Malfattigasse*

Mallygasse, 21., seit 1913, Adam Mally (1833 bis 1886), Pfarrer von Floridsdorf (1870 bis 1886)

Malmögasse, 10., nach der gleichnamigen schwedischen Stadt

Malvengasse, 21., seit 1942, nach dem Zierstrauch

Malzgasse, 2., seit 1862 (vorher: Bräuhausgasse), hier stand von 1536 bis nach 1846 ein Brauhaus; von Alois Miesbach demoliert; er ließ die Grundstücke dann parzellieren, s. *Aloisgasse, Miesbachgasse*

Mandlgasse, 12., Anton Mandl (1789–1865), Gastwirt, Ortsrichter von Unter-Meidling

Mannaberggasse, 22., seit 1961, Dr. Julius Mannaberg (1860–1941), Arzt, Leiter der Poliklinik

Mannagettagasse, 19., seit 1894 (vorher: Schulgasse), Dr. Wilhelm Freiherr von Mannagetta (1588–1666), Leibarzt dreier Kaiser (Ferdinand II., Leopold I. und Ferdinand III.), Besitzer des Trummelhofes

Mannagettasteig, 19., s. *Mannagettagasse*

Manngasse, 23., seit 1967, Franz Mann (auch Man, 1875–1939), Bäckermeister

Mannhartgasse, 10., seit 1862, Flurname

Mannsbarthgasse, 22., seit 1964, Franz Mannsbarth (1877–1950), österreichischer Flugpionier, s. *Flugfeldstraße*

Mannschildgasse, 10., seit 1957, Pflanzenname (Gattung der am Laaer Berg vorkommenden Schlüsselblume)

Mannswörther Straße, 11., seit 1958, verläuft in Richtung Mannswörth (NÖ)

Manowardagasse, 23., seit 1960 (vorher: Mautner-Markhof-Gasse), Josef Manowarda (1890–1942), Opernsänger

Mantlergasse, 13., seit 1898, Josef Mantler (1845–1902), Oberlehrer in Unter-St. Veit

Mantuanigasse, 23., seit 1959, Josef Mantuani (1860–1923), Musikwissenschafter

Marangasse, 22., seit 1955 (vorher: ab 1932 Karl-Hofmann-Gasse), Gustav Maran (richtig Dolezal, 1833–1917), Schauspieler

Marathonweg, 2., nach dem gleichnamigen Lauf über 42,2 km

Marbodgasse, 22., seit 1911, Marbod (gest. 37 n. Chr.), Führer der Markomannen im Krieg gegen die Römer im Jahre 8 v. Chr.

Marburggasse, 22., seit 1960, Dr. Otto Marburg (1874 bis 1948), Neurologe

Marc-Aurel-Straße, 1., seit 1886 (vorher der höher liegende Teil Krebsgasse, der untere Teil Salzgasse), Marc Aurel Antonius (eigentlich Annius Verus, 121–180), römischer Kaiser ab 161, Philosoph („Selbstbetrachtungen")

Marchesigasse, 22., seit 1957, Mathilde Marchesi (1826–1913), Gesangspädagogin

Marchettigasse, 6., Johann Baptist Marchetti (1762–1846), Seidenfärber, war 1801 der Erbauer des ersten Hauses in der Gasse

Marchfeldstraße, 20., seit 1877, nach dem Marchfeld

Marco-d'-Aviano-Gasse, 1., seit 1935 (vorher: Schwangasse), Marco d'Aviano (1631–1699), Kapuzinerpater, große Verdienste um das internationale Bündnis zur Rettung Wiens 1683 (2. Türkenbelagerung)

Marconiweg, 10., seit 1960, Gugliemo Marconi (1874–1937), italienischer Physiker, Nobelpreis 1909, Erfinder der drahtlosen Telegraphie

Marco-Polo-Platz, 21., seit 1953, Marco Polo (1254–1323), Weltreisender, vermittelte erste Kenntnisse über Ostasien

Marcusgasse, 14., seit 1925 (vorher: Am Amesbach, 1938–1947 Meriangasse), Siegfried Marcus (1831–1898), Mechaniker, Erfinder; baute 1864 den ersten funktionierenden Benzinmotor der Welt, 1888 stellte er das erste Automobil mit Viertaktmotor und elektromagnetischer Zündung her; das Auto befindet sich im Technischen Museum

Marderweg, 22., seit 1993, nach dem Tier

Mareschgasse, 15., seit 1920, s. *Mareschplatz*

Mareschplatz, 15., seit 1920, Hofrat Dr. Rudolf Maresch (1854–1920), Wegbereiter einer zeitgemäßen Wohnkultur

Margaretengürtel, 5., seit 1894 (vorher: Gaudenzdorfer und Wiedner Gürtel), nach dem ehemaligen Vorort Margareten; selbständige Gemeinde 1380–1850, benannt nach einer der hl. Margarete geweihten Kapelle

Margaretenplatz, 5., seit 1862 (vorher: Schloßplatz), s. *Margaretengürtel*

Margaretenstraße, 4. und 5., seit 1862 (vorher: Adlergasse, Neu-Wieden-Hauptstraße, Grießgasse, Reinprechtsdorfer Hauptstraße, Obere Schloßgasse, Ziegelofengasse, später Obere Bräuhausgasse), s. *Margaretengürtel*

Margarete-Seemann-Weg, 12., seit 1993, Margarete Seemann (1893–1949), Schriftstellerin

Margeritenweg, 22., seit 1994, nach der Pflanze

Margetinstraße, 11., Flurname

Mariabrunner Straße, 14., Benennungsdatum unklar, nach dem Wallfahrtsort Mariabrunn; die Augustiner-Barfüßer hatten 1639 bis 1655 ein Kloster errichtet, das unter Joseph II. reduziert und schließlich 1829 aufgehoben wurde; anstelle des Klosters kam die „Forstlehranstalt Mariabrunn", später Forstakademie, 1875 wurde die Akademie geschlossen und der Hochschule für Bodenkultur angegliedert

Mariabunner Weg, 14., s. *Mariabrunner Straße*

Maria-Eis-Gasse, 3., seit 1960, Maria Eis (1896–1954), Schauspielerin (Theater, Film)

Maria-Grengg-Gasse, 23., seit 1967, Maria Grengg (1888–1963), Dichterin, Malerin

Mariahilfer Gürtel, 6. und 15., seit 1894 (vorher: Gürtelstraße), zur Wahrung des alten Vorstadtnamens, s. *Mariahilfer Straße*

Mariahilfer Straße, 6., 7., 14. und 15.; im 6. und 7. Bezirk ursprünglich Kremser Straße, dann Bayrische Landstraße, Laimgruber Hauptstraße, Mariahilfer Hauptstraße, Fünfhauser Hauptstraße, Schönbrunner Straße und Penzinger Straße; im 14. und 15. Bezirk ursprünglich Penzinger Poststraße, dann Schönbrunner Straße; zur Erinnerung an den alten Vorstadtnamen; Mariahilf war 1660 bis 1850 selbständige Gemeinde, seither mit Gumpendorf, Magdalenengrund, Windmühle und Laimgrube 6. Bezirk

Mariannengasse, 9., seit 1862 (vorher ab 1784 Adlergasse), Maria Anna Karolina Pia (1803–1884), Gemahlin Kaiser Ferdinands I., übernahm die Patronanz über den Stiftungs- und Förderungsverein des St. Anna-Kinderspitals

Maria-Theresien-Platz, 1., hier steht das Denkmal Kaiserin Maria Theresias, 1874 bis 1888 von Kaspar von Zumbusch errichtet, s. *Maria-Theresien-Straße*

Maria-Theresien-Straße, 1. und 9., seit 1871, nach Kaiserin Maria Theresia (1717 bis 1780), Regierungszeit 1740–1780, reformierte Schulsystem, Verwaltung, Finanz- und Militärwesen

Maria-Treu-Gasse, 8., seit 1862 (vorher: Pfarrgasse), nach der Pfarrkirche zu Maria Treu (Piaristenkirche)

Maria-vom-Siege, 15., seit 1894 (vorher: Kirchenplatz), nach der Pfarrkirche Maria vom Siege

Marie-Murban-Gasse, 10., seit 1992, Marie Murban (1899–1984), Verkäuferin, Inhaberin eines Lebensmittelgeschäftes, führende Favoritner Widerstandskämpferin während der NS-Zeit, 1946–1950 Bezirksrat (SPÖ), Mitglied des Favoritner Parteivorstandes der SPÖ

Marienbrücke, 1., 1905/06 erbaut, 1909 wurde eine Marienstatue aufgestellt, 1951 bis 1953 umgebaut

Mariengasse, 17., nach der Redemptoristenkirche „Zur hl. Maria von der immerwährenden Hilfe"

Mariensteig, 13., seit 1919, nach dem gleichnamigen Bach

Marienstiege, 1., früher: An unserer Frauen Stiege, An der Gstätten und Am Gestade; Stiege zur Kirche Maria am Gestade, bereits 1262 urkundlich erwähnt

Marienweg, 17., nichtamtliche Bezeichnung, nach der Gattin des Siedlungsgründers

Marilaungasse, 3., seit 1900, Dr. Anton Kerner von Marilaun (1831–1898), Botaniker, Professor an den Universitäten Innsbruck und Wien, Direktor des Botanischen Gartens; seine Einteilung Österreichs in vier Floragebiete ist heute noch im wesentlichen gültig

Marinelligasse, 2., seit 1894, Karl Edler von Marinelli (1744–1803), Gründer des Leopoldstädter Theaters, Dichter

Marinonigasse, 21., seit 1971, Dr. Johann Jakob Marinoni (1670–1755), Hofmathematiker; plante die Brünner Straße

Markgraf-Gerold-Gasse, 22., seit 1910, Markgraf Gerold (gest. 791), erster Markgraf der Ostmark

Markgraf-Rüdiger-Straße, 15., seit 1912, Markgraf Rüdiger von Bechelaren, Gestalt aus der Nibelungensage

Markhofgasse, 3., seit 1890, Adolf Ignaz Mauthner Ritter von Markhof (1800–1889), Besitzer des Brauhauses zu St. Marx

Markomannenstraße, 22., seit 1910 (vorher: Jägerstraße), der römische Kaiser Publius Licinius Gallienus (gest. 268) trat im Jahre 260 Vindobona an den germanischen Volksstamm der Markomannen ab

Markowskygasse, 22., seit 1966, August Markowsky (1880–1939), Schaupieler, Regisseur, Direktor der Volksoper

Marksteinergasse, 21., seit 1993, Ing. Karl Marksteiner (1922–1989), Bezirkspolitiker (ÖVP), Bezirksrat (1953–1983), Bezirksvorsteherstellvertreter (1953–1983)

Marktgasse, 9., seit 1862 (vorher ab 1843 Kleine Kirchengasse), bis 1880 bestand hier der Lichtentaler Markt, der dann in die Markthalle verlegt wurde

Marktgemeindegasse, 23., seit 1927, wurde anläßlich der Markterhebung Mauers so benannt

Markwardstiege, 13., seit 1973, Markward von Hacking, Besitzer der Burg Hacking im 12. Jhd.

Markweg, 22., seit 1928, Quirin Mark (1753 bis 1811), Kupferstecher

Marnogasse, 14., seit 1894 (vorher: Parkgasse), Ernst Marno (1844–1883), Afrikaforscher (erkundete den Ostsudan)

Marokkanergasse, 3., seit ca. 1790; 1783 kam eine Abordnung von Marokkanern nach Wien, um einen Freundschafts- und Handelsvertrag abzuschließen (s. auch *Afrikanergasse*)

Maroltingergasse, 14. und 16., seit 1891, nach den Wiener Bürgern Michael und Andreas Maroltinger, ca. 1484 bis 1508 Besitzer des Ottakringer Freihofes; nach ihnen wurde der Freihof lange Zeit „Maroltingerhof" genannt

Marsanogasse, 18., seit 1895 (vorher: Stefaniegasse), Wilhelm Ritter von Marsano (1797–1871), Schriftsteller, Feldmaschall-Leutnant

Marschallplatz, 12., seit 1911 (vorher: Rosenkranzplatz), Dr. Gottfried Marschall (1840 bis 1911), Weihbischof von Wien

Marschnergasse, 16., seit 1906, Heinrich August Marschner (1795–1861), Opernkomponist

Marsweg, 14., seit 1923, nach dem Planet

Marsweg, 22., nichtamtliche Bezeichnung

Martin-Gaunersdorfer-Gasse, 21., seit 1994, Martin Gaunersdorfer, der Überlieferung nach erster Pfarrer von Leopoldau

Martin-Schneider-Gasse, 23., Martin Schneider, um 1850 Gemeinderat von Rodaun

Martinstraße, 18., ursprünglich Währinger Gasse; entweder nach Martin Schmauser, der um 1840 hier das erste Haus gebaut hat, oder nach dem Gastwirt Martin Neumayer, der hier Gründe parzellieren ließ

Martnigasse, 22., nach einem Anrainer

Marxergasse, 3., seit 1875 (vorher: Kettenbrückengasse und Spitalgasse), Anton Marx (1703–1775), Bischof von Wien, Förderer des Landstraßer Waisenhauses

Marx-Meidlinger-Straße, 12., Teil einer ehemaligen Verbindungsstraße vom Viehmarkt St. Marx zum Meidlinger Schlachthof

Maschlgasse, 22., seit 1953, Rudolf Maschl (1890–1950), Siedlungsvereins-Obmann; sein Sohn Rudolf Maschl (1920–1943) Widerstandskämpfer, Mitglied des kommunistischen Jugendverbandes, 1943 hingerichtet

Maßholdergasse, 22., seit 1954, nach der Pflanze

Mastnygasse, 14., seit 1989, Fritz Mastny (1921–1943), Handelsangestellter, kommunistischer Widerstandskämpfer (illegale Zeitung „Die rote Jugend" und „Der Soldatenrat"), 1943 hingerichtet

Masurenweg, 22., nichtamtliche Bezeichnung

Maternaweg, 16., seit 1936, Amalia Materna (1847–1918), Opernsängerin

Matrasgasse, 13., seit 1912, Josef Matras (1832–1887), Schauspieler

Matrosengasse, 6., seit 1862 (vorher: Baumgasse), nach einem Laden, der „Zum Matrosen" hieß

Matschgasse, 16., seit 1943, Prof. Franz von Matsch (1861–1942), Maler, Bildhauer

Matteottiplatz, 16., seit 1927 (1934–1953 Maulpertschplatz), Giacomo Matteotti (1884–1924), Abgeordneter der italienischen sozialistischen Partei und Generalsekretär, von den Faschisten ermordet; sein Tod führte zur sogenannten Matteottikrise, worauf Mussolini immer größere Machtbefugnisse beanspruchte

Matthäusgasse, 3., Matthäus Mayer (1807 bis 1879), erster Bezirksvorsteher des 3. Bezirks

Matthäus-Jiszda-Straße, 21., seit 1959, Matthäus Jiszda (1871–1949), Gründer der Floridsdorfer Bezirkskrankenkasse und der Landwirtschaftskasse für Wien, Redakteur des sozialdemokratischen „Volksboten", Bezirksrat (SPÖ)

Matthias-Ernst-Pista-Gasse, 21., seit 1960, Matthias Ernst Pista (1894–1943), Magistratsbediensteter, 1941 wegen Wehrkraftzersetzung zum Tode verurteilt, 1943 hingerichtet

Matthias-Hau-Gasse, 23., seit 1957, Matthias Hau (1698–1760), Ortsrichter von Mauer

Matthias-Schönerer-Gasse, 14. und 15., seit 1938 (vorher: Schönerergasse), Matthias Ritter von Schönerer (1807–1881), Eisenbahntechniker, hatte großen Anteil am Bau der Westbahn, 1861/62 Gemeinderat

Matthias-Wagner-Gasse, 21., seit 1949 (vorher ab 1943 Wißmanngasse), Matthias Wagner (1894–1943), Straßenbahner, Widerstandskämpfer; 1942 verhaftet, 1943 hingerichtet

Mattiellistraße, 4., seit 1901, Lorenz Mattielli (ca. 1682 bis 1748), Bildhauer

Matzingerstraße, 14., Benennungsdatum unklar, Dr. Franz Freiherr von Matzinger (1817–1897), Sektionschef, Leiter des Stadterweiterungsfonds, der sich mit der Erweiterung der Grundstücke im Bereich der ehemaligen Stadtmauern befaßte

Matzleinsdorfer Platz, 5., seit 1906, nach dem ehemaligen Vorort Matzleinsdorf; bereits urkundlich 1136 erwähnt, 1850 zum 4. Bezirk eingemeindet, ab 1861 5. Bezirk; der Name des Ortes geht auf den Flurnamen „Metzleinstal" zurück

Matznergasse, 14., seit 1899, Josef Matzner (1822–1907), Bezirksrichter von Hietzing, Landesgerichtsrat

Mauerbachstraße, 14., Benennungsdatum unbekannt, nach der Ortschaft Mauerbach

Maulbeergasse, 22., seit 1954, nach dem Baum

Maulpertschgasse, 19., seit 1961, Anton Franz Maulpertsch (1724–1796), Barockmaler; Fresken, Altarbilder, Ölskizzen, Radierungen (z. B. Fresken in der Piaristenkirche und in der Hofburg Innsbruck)

Maulwurfgasse, 21., seit 1942, nach dem Tier

Maurer Hauptplatz, 23., seit 1957 (1887 bis 1938 Hauptplatz, 1938–1945 Adolf-Hitler-Platz), Hauptplatz der ehemals selbständigen Gemeinde Mauer; 1927 zum Markt erhoben; 1938 eingemeindet, s. *Marktgemeindegasse*

Maurer Lange Gasse, 23., seit 1957, längste Gasse von Mauer

Maurichgasse, 22., seit 1911, Friedrich Freiherr von Maurich-Rustach, 1783–1813, Major, gefallen in den napoleonischen Kriegen

Mauthausgasse, 5., seit 1862 (vorher: Liniengasse), nach dem von 1704 bis 1794 bestandenen Linienamtsgebäude („Mauthaus“)

Mauthnergasse, 9., seit 1888 (vorher ab 1852 Annagasse, bis 1888 Ludwiggasse, 1938 bis 1945 Clausewitzgasse), Dr. Ludwig Mauthner Ritter von Mauthstein (1806 bis 1858), Militärarzt, Univ.-Prof. für Kinderheilkunde; errichtete 1837 ein Kinderspital im 7. Bezirk, das 1848 in die Kinderspitalgasse verlegt bzw. in das St. Anna-Kinderspital überführt wurde, 1938 enteignet und dem Deutschen Roten Kreuz übertragen, seit 1963 im Besitz des Österreichischen Roten Kreuzes, 1983 Neu- und Umbau; spezialisiert auf die Diagnostik und Behandlung kindlicher Leukämie und Tumore

Mautner-Markhof-Gasse, 11., seit 1967 (vorher: Dorfgasse), Georg Heinrich Mautner Ritter von Markhof (1840–1904), Großindustrieller

Mautnerweg, 18., seit 1993, Konrad Mautner (1880–1924), Volkskundler

Max-Brod-Gasse, 17., seit 1973, Max Brod (1884–1968), Schriftsteller, Kulturphilosoph, Nachlaßverwalter von Franz Kafka

Max-Emanuel-Straße, 18., seit 1910, Max Emanuel Kurfürst von Bayern (1662 bis 1726); führte die bayrischen Truppen im Entsatzheer, das Wien bei der Türkenbelagerung 1683 rettete

Max-Fleischer-Gasse, 10., seit 1968, Max Fleischer (1880 bis ca. 1940, im KZ ermordet); Übersetzer, Lyriker, Essayist

Max-Hegele-Weg, 12., seit 1969, Prof. Max Hegele (1873–1945), Architekt; baute z. B. die Luegerkirche auf dem Zentralfriedhof

Maximilian-Schober-Gasse, 17., nichtamtliche Bezeichnung, nach einem Siedlerfunktionär

Maxingstraße, 13., seit 1894 (vorher: Hetzendorfer Straße), Erzherzog Ferdinand (1832–1867), Kaiser Maximilian von Mexiko, Bruder Kaiser Franz Josephs I., erbaute sich hier ein Lustschloß (Maxingschloß)

Max-Jellinek-Gasse, 21., seit 1968, Dr. Max Jellinek (1868–1938), Germanist, Univ.-Prof.

Max-Mauermann-Gasse, 10., seit 1955, Max Mauermann (1868–1929), erster Hersteller von nichtrostendem Stahl (1913)

Max-Reinhardt-Gasse, 14., seit 1949 (vorher: Josef-Reiter-Gasse), Max Reinhardt (1873 bis 1943), Schauspieler, Regisseur; machte vorerst Karriere in Berlin, übernahm dann das Theater in der Josefstadt; Mitbegründer der Salzburger Festspiele, 1938 Emigration nach England, dann USA

Max-Winter-Platz, 2., seit 1949 (vorher: Sterneckplatz), Max Winter (1870–1937), seit 1894 Mitarbeiter von Victor Adler, Meister der sozialkritischen Reportage („Im dunkelsten Wien“), Mitbegründer der Kinderfreunde, 1911 Reichsratsabgeordneter, 1918–1923 Gemeinderat, 1919/20 Vizebürgermeister, 1918–1920 Stadtrat für Wohlfahrtswesen, 1934 Exil

Maxwellgasse, 21., seit 1952, James Clark Maxwell (1831–1879), Physiker („Elektromagnetische Lichttheorie“)

Mayergasse, 2., seit 1862, Matthäus Mayer (1761–1837), 1801 bis 1811 Ortsrichter der Jägerzeile, Gärtner

Mayerhofgasse, 4., seit 1905, nach einem Gasthausschild „Der Deutschen Herren Meierhof vor Kärntnerthor“, bereits 1386 urkundlich erwähnt

Mayerweckstraße, 21., seit 1912 (vorher: In der Viehtrift), Franz Mayerweck (1807 bis 1873), Bürgermeister und Ortsrichter von Strebersdorf (1838–1873)

Maygasse, 13., seit 1911, Josef May (1755 bis 1820), Direktor der Taubstummenanstalt

Maynollogasse, 18., Josef Maynollo (1818 bis 1872), Pfarrer von Währing

Mayredergasse, 22., seit 1987, Rosa Mayreder (1858–1938), Schriftstellerin („Das Haus in der Landskrongasse“, „Zur Kritik der Weiblichkeit“), Vizepräsidentin der Frauenbewegung

Maysedergasse, 1., um 1305 Ziecherstraße, von 1708 bis 1862 Komödiengasse, dann Cäciliengasse; Josef Mayseder (1789 bis 1863), Hofkapellmeister, Violinvirtuose

Mayssengasse, 17., Josef Mayssen (1790 bis 1860), Schulleiter in Hernals

Mazellegasse, 11., seit 1975, Dr. Eduard Mazelle (1862–1925), Meteorologe; zahlreiche wissenschaftliche Werke

Mechelgasse, 3., seit 1863 (vorher: Magazingasse), Christian von Mechel (1737 bis 1815), Kupferstecher

Mechitaristengasse, 7., seit 1843 (vorher: Kapuzinergasse), nach Kirche und Haus der armenischen Christen, begründet von Cetro Mechitar (1676–1749); die Mechitaristen kamen 1810 nach Wien und übernahmen das Gebäude des aufgelassenen Kapuzinerordens; sie besitzen u. a. eine Druckerei mit „orientalischem" Satz

Medeagasse, 10., seit 1958, Hauptgestalt aus Grillparzers Dramentrilogie „Das goldene Vlies"

Medlergasse, 19., seit 1894 (vorher: Feldgasse), Jakob der Medloer (sic!), um 1340 Pfarrer von Sievering

Meggaugasse, 23., Herrschaftsgeschlecht im 15. und 16. Jahrhundert

Mehlbeerengasse, 22., seit 1965, nach dem Baum

Mehlführergasse, 23., seit 1955 (vorher: Bauergasse), Theodor Mehlführer (1880 bis 1929), Gemeinderat von Atzgersdorf

Meichlstraße, 11., seit 1872 (vorher: Donaustraße), Theodor Meichl (1820–1869), Braumeister, Sohn von Georg Meichl, der 1822 das Brauhaus kaufte; Meichl ließ die Straße auf eigene Kosten herrichten

Meidlgasse, 11., seit 1971, Theodor Meidl (1891–1969), Arbeiterdichter, vielfältige Funktionen in der Gewerkschaft, zuletzt Direktor des „Vorwärts-Verlages"

Meidlinger Hauptstraße, 12., seit 1894 (vorher: Hauptstraße), zur Wahrung des Ortsnamens; Ober-Meidling, Unter-Meidling wurde mit Hetzendorf, Gaudenzdorf und Altmannsdorf 1890/92 zum 12. Bezirk

Meiereistraße, 2., führte zur Meierei (Kaffeerestaurant) in der Krieau, 1870 erbaut, Treffpunkt des Adels

Meillergasse, 13., seit 1911, Andreas von Meiller (1819–1871), Historiker

Meinhartsdorfer Gasse, 15., seit 1894 (vorher: Floragasse), zur Wahrung des Ortsnamens (älteste Ansiedlung des 15. Bezirkes)

Meischlgasse, 23., seit 1955 (vorher: Gärtnergasse), Karl Meischl (1872–1951), Vizebürgermeister und Gemeinderat von Erlaa

Meiselstraße, 14. und 15., Benennungsdatum unbekannt (urspr. Obere Märzstraße), Johann Meisel (1821–1890), Kanzleidirektor und Ehrenbürger von Rudolfsheim

Meisenweg, 22., nichtamtliche Bezeichnung

Meisgeyergasse, 23., seit 1955 (urspr. Wassergasse), Karl Meisgeyer (1825–1901), Bürgermeister von Atzgersdorf

Meißauergasse, 22., seit 1910 (vorher: Ebersdorfer Straße), die Herren von Meißau (Meissau), österreichisches Adelsgeschlecht, schon 1122 urkundlich erwähnt, 1440 ausgestorben

Meißnergasse, 22., seit 1910 (vorher: Schulgasse), Paul Traugott Meißner (1778 bis 1864), Techniker

Meistergasse, 21., seit 1972, Dr. Richard Meister (1881–1964), Pädagoge, Philologe

Meitnergasse, 22., seit 1973, Dr. Lise Meitner (1878–1968), Physikerin (Atomtheorie)

Meixnerweg, 12., seit 1930, Karl Meixner (1818–1888), Burgschauspieler

Melangasse, 22., seit 1958, Josef Melan (1853–1941), Erfinder der nach ihm benannten Eisenbetonbauweise

Melchartgasse, 13., seit 1913, Matthäus Melchart (1790–1866), Schulrat, Bürgermeister von Lainz (1848–1859)

Meldemannstraße, 20., seit 1899, Nikolaus Meldemann, Kartograph, fertigte die erste Rundansicht von Wien an (1529)

Mellergasse, 23., seit 1957 (vorher: Hegergasse), nach der gleichnamigen Ofenfabrik

Melnitzkygasse, 22., seit 1932, Franz Melnitzky (1822–1876), Bildhauer

Memlinggasse, 22., seit 1953, Hans Memling (1433–1494), Maler

Mendelssohngasse, 22., seit 1947, Felix Mendelssohn-Bartholdy (1809–1847), Komponist; begründete die Bach-Renaissance des 19. Jahrhunderts; Kapellmeister, Dirigent

Mengergasse, 21., seit 1919 (vorher: Kaiserin-Elisabeth-Gasse), Prof. Anton Menger (1841–1906), Sozialpolitiker, Jurist

Mentergasse, 7., seit 1876, Franz Menter (1814–1866), Seidenzeugfabrikant, Gemeinderat (1861–1866)

Menzelgasse, 16., seit 1873, Karl Menzel (1800–1882), Apotheker, Gemeinderat

Meraner Weg, 23., seit 1967, nach der Südtiroler Stadt

Meravigliagasse, 6., seit 1862 (vorher: Kleine Schloßgasse), die Familie Meraviglia war von 1755 bis 1801 im Besitz von Grundstücken in dieser Gegend

Mercatorplatz, 21., seit 1953, Gerhard Mercator (eigentlich Kremer, 1512–1594), Kartograph (erste projektionsrichtige Landkarte)

Mergenthalerplatz, 22., seit 1932, Othmar Mergenthaler (1854–1899), Erfinder der Setzmaschine (Linotype)

Meriangasse, 21., seit 1938 (bis 1925 Am Ameisbach, dann Marcusgasse), Matthias Merian d. Ältere (1593–1650), Kupferstecher, Radierer (Städteansichten)

Merkelgasse, 22., seit 1985, Georg Merkel (1881–1976), Maler

Merktweg, 17., seit 1959, Eduard Merkt (1852 bis 1908), Komponist

Merkurweg, 14., seit 1923, nach dem Planet

Messenhausergasse, 3., seit 1872 (vorher hieß die Gegend Mitterpointleiten), Wenzel Messenhauser (1813–1848) schrieb unter dem Pseudonym Wenzeslaus March u. a. das Freiheitsdrama „Demosthenes"; im Revolutionsjahr 1848 Kommandant der Nationalgarde, leitete die Verteidigung Wiens gegen die kaiserlichen Truppen und wurde deshalb standrechtlich erschossen

Messeplatz, 1. und 7., seit 1927 (urspr. Am Glacis, bis 1927 Hofstallstraße und Museumstraße), nach den ehemaligen Hofstallungen, die seit 1921 als Messegebäude Verwendung finden

Messerschmidtgasse, 18., seit 1894 (vorher: Schmidtgasse), Franz Messerschmidt (1732–1783), Bildhauer (physiognomische Studien)

Mestrozigasse, 19., seit 1938 (vorher: Mendelssohngasse), Paul Mestrozi (1851 bis 1928), Kapellmeister, Komponist (Wiener Lieder, Tänze)

Metastasiogasse, 1., seit 1886 (vorher: Kreuzgasse), Pietro Bonaventura Metastasio (richtig Trapassi, 1698–1782), Dichter, Hofpoet von Kaiser Karl VI.

Metternichgasse, 3., seit 1871, Clemens Wenzel Lothar Fürst von Metternich (1773 bis 1859), Staatskanzler (1810–1848), leitete 1814/15 den Wr. Kongreß, verantwortlich für das Polizeiregime bis 1848 (Vormärz), floh vor der Revolution 1848, Rückkehr 1851, Berater von Kaiser Franz Joseph

Mexikoplatz, 2., seit 1956 (bis 1884 Schwimmschulmais, dann bis 1919 Erzherzog-Karl-Platz, 1919–1934 Volkswehrplatz, 1934 bis 1956 wieder Erzherzog-Karl-Platz); zur Erinnerung daran, daß Mexiko als einziges Land gegen den Anschluß Österreichs 1938 protestiert hat

Meyerbeergasse, 21., seit 1932 (1938–1947 Silchergasse), Giacomo Meyerbeer (richtig Jakob Mayer-Beer, 1791–1864), Komponist (Opern)

Meynertgasse, 9., seit 1894, Prof. Dr. Theodor Meynert (1833–1892), Arzt, Univ.-Prof. für Psychiatrie

Meyrinkgasse, 23., seit 1958, Gustav Meyrink (1868–1932), Schriftsteller

Meytensgasse, 13., seit 1898, Martin von Meytens (1695–1770), Maler (Hofmaler von Karl VI.)

Michael-Bernhard-Gasse, 12., seit 1904 (ursprünglich Bad-, dann Mineralbadgasse), Michael Bernhard (1819–1901), letzter Bürgermeister von Gaudenzdorf, errichtete eine Armen- und Waisenstiftung

Michael-Dietmann-Gasse, 21., seit 1910 (vorher: Dietmanngasse), Michael Dietmann, um 1820 Ortsrichter von Jedlersdorf, Wagnermeister

Michaelerplatz, 1., seit ca. 1850; nach der Hofpfarrkirche „St. Michael", 1219 erbaut, 1275 abgebrannt, 1285 neu errichtet, 1625 dem Barnabitenorden übergeben

Michaelerstraße, 18., Benennungsdatum unklar (1937/38 Giesestraße); das Barnabitenkollegium von St. Michael in Wien hatte hier Grundbesitz

Michaelerwaldweg, Benennungsdatum unbekannt, führt in Richtung Michaelerwald (war noch bis zu Beginn unseres Jahrhunderts für den Reichtum an Schwammerln bekannt)

Michalekgasse, 16., seit 1943, Prof. Ludwig Michalek (1859–1942), Maler, Radierer

Michelbeuerngasse, 9., seit 1862 (vorher ab 1831 Neue Gasse), zur Erinnerung an den alten Vorstadtnamen, seit 1794 selbständige Vorstadt, gehörte vorher dem Benediktinerstift

Michelfeitgasse, 23., seit 1972, Dr. Franz Michelfeit (1904–1968), machte die Feuerbestattung populär

Michtnergasse, 21., seit 1905 (vorher: Bischofsgasse), Karl Michtner (1802–1877), Gemeinderat von Floridsdorf

Mickertsweg, 22., nichtamtliche Bezeichnung (nach einem Siedler)

Miesbachgasse, 2., seit 1852, ursprünglich ein 1840 zugeschütteter Donauarm; auf dem so entstandenen Grund baute der Ziegeleibesitzer Alois Miesbach (1791 bis 1857) um 1850 die ersten Häuser, s. auch *Aloisgasse*; *Malzgasse*

Migazziplatz, 12., seit 1894 (vorher: Kirchenplatz), Christoph Anton Migazzi (1714 bis 1803), Diplomat, 1757 Fürsterzbischof, 1761 Kardinal, leitete die Schulreform Maria Theresias

Migerkastraße, 10., seit 1932, Dr. Franz Migerka (1829–1915), Zentralgewerbeinspektor, Mitbegründer des Wiener Volksbildungsvereines

Migschitzgasse, 23., seit 1957, Anna Migschitz (1851–1956), seinerzeit älteste Bewohnerin von Mauer

Mihatschgasse, 21., seit 1933, Ing. Karl Mihatsch (1826–1910), Hauptmitarbeiter beim Bau der I. Wiener Hochquellenwasserleitung

Miklosichgasse, 21., seit 1954, Dr. Franz von Miklosich (1813–1891), Slawist, Univ.-Prof.

Milanweg, 22., seit 1966, nach dem Falkenvogel

Milchgasse, 1., schon 1380 Milchstraße, um 1846 St.-Peter-Gassel, früherer Milchverkaufsplatz

Mildeplatz, 16., seit 1883, Vinzenz Milde (1777 bis 1853), Erzbischof von Wien, Sozialpolitiker, Pädagoge

Millergasse, 6., Franz Matthias Miller (1798 bis 1876), Stahlwarenerzeuger, Grundrichter von Gumpendorf; sein Vater Martin (1769–1834) gründete 1804 eine Kunstschlosserei und Feinzeugschmiede

Millöckergasse, 6., seit 1900 (vorher: Theatergasse), Karl Millöcker (1842–1899), Komponist

Miltnerweg, 11., seit 1971, Dr. Franz Miltner (1901–1959), Archäologe, Univ.-Prof., Leiter der Ausgrabungen in Ephesus (1926 bis 1931, 1954)

Minciostraße, 15., seit 1920 (vorher: Draskovichstraße), zur Erinnerung an die napoleonischen Kriege (Schlacht bei Mincio, einem Nebenfluß des Po in Italien, 1814)

Minorgasse, 14., seit 1930, Hofrat Dr. Jakob Minor (1855–1912), Germanist (Arbeiten über die deutsche Klassik, zwölfbändige Ausgabe der Werke von Ferdinand von Saar)

Minoritenplatz, 1., 1310 „Bei den minneren Brüdern"; der Minoritenorden („fratres minores") wurde 1210 vom hl. Franz von Assisi gegründet; seit 1224 in Wien, erbauten sie 1231, 1262, 1276 (jedesmal abgebrannt) und 1440 Kirche und Kloster

Minzengasse, 22., seit 1953, nach der Pflanze

Missindorfstraße, 14., seit 1894 (vorher: Breitenseer Straße), Hans Missindorf (gest. 1428) erwarb 1415 den Ort Breitensee; ihm folgten 1423 Stefan und 1445 Wolfgang Missindorf; das Rittergeschlecht Missindorf stammte aus Missendorf bei Horn (NÖ)

Missongasse, 14., seit 1956, Josef Misson (1803–1895), Mundartdichter (beschrieb das niederösterreichische Dorfleben)

Mitisgasse, 14., seit 1896, Ignaz Edler von Mitis (1771–1842), Techniker, schrieb einschlägige Fachbücher

Mittelfeldweg, 22., seit 1993, nach der Lage

Mittelgasse, 6., seit 1862 (vorher: Gerbergasse), die 1833 eröffnete Gasse wurde so benannt, weil sie in der Mitte zwischen Gumpendorfer Straße und Mariahilfer Straße liegt

Mittelsteig, 14., nichtamtliche Bezeichnung

Mittelstraße, 14., nichtamtliche Bezeichnung, verläuft in der Mitte der Siedlung

Mittelweg, 11., 12. und 17., nichtamtliche Bezeichnungen

Mitterberggasse, 18., Flurname, 1409 urkundlich genannt

Mitterfeldgasse, 11., seit 1940, Flurname

Mitterhaidenweg, 21., seit 1982, Flurname

Mitterhofergasse, 21., seit 1923, Peter Mitterhofer (1822–1892), Südtiroler Zimmermann, Erfinder der Schreibmaschine; ein verbessertes Modell wurde vom Staat angekauft und steht heute in der Technischen Universität; Mitterhofers Erfindung verwerteten drei Amerikaner

Mittermayergasse, 13., seit 1894 (vorher: Mühlgasse), Matthias Mittermayer, um 1679 Münzmeister, Verdienste um die Lainzer Kirche

Mittersteig, 4. und 5., abgeleitet von Mittleres Steiggassel, Name der Gasse ca. 1778; ursprünglich Arme Schulgasse; Grenzgasse (in der Mitte) zwischen 4. und 5. Bezirk

Mitterbergstiege, 19., nichtamtliche Bezeichnung

Mitterweg, 11., führt „mitten" durch die Simmeringer Haide

Mitterwurzergasse, 19., seit 1928, Friedrich Mitterwurzer (1845–1897), Burgschauspieler

Mitterwurzerweg, 19., Wilhelmine Mitterwurzer (1848–1908), Burgschauspielerin

Mittlere Straße, 14., nichtamtliche Bezeichnung, verläuft in der Mitte der Siedlung

Modecenterstraße, 3. und 11., seit 1979, verweist auf das Textilzentrum, das 1977/78 statt des früheren Auslandsschlachthofes errichtet wurde

Modl-Toman-Gasse, 13., seit 1955, Gabriele Modl-Toman (gest. 1848), Operettensängerin

Mögelegasse, 13., seit 1955, Franz Mögele (1834–1907), Operettenkomponist

Möhnergasse, 17. und 18., seit 1907, Reginald Möhner (gest. 1672), Benediktinermönch, Historiker (reiste während des Dreißigjährigen Krieges durch Österreich)

Mölker Bastei, 1., ehemaliger Teil der Wiener Basteien, 1536 erbaut, 1656 als Mölker Bastei neu errichtet und 1861 bis 1872 abgetragen; ein letzter Rest der Festungsmauer Wiens ist noch zu sehen; benannt nach einem Hof des Stiftes Melk (Mölk)

Mölker Gasse, 8., seit 1862 (vorher: Dietrichgasse; ursprünglich 1794 Kugelgasse), 1858 wurde dort der Mölker Hof (im Besitz des Stiftes Melk) erbaut

Mölker Steig, 1., Aufstieg zur ehemaligen Mölker Bastei

Möllergasse, 23., Dr. Franz Möller (1808 bis 1884), Gemeinderat von Atzgersdorf, Arzt

Möllplatz, 21., seit 1953, Fluß in Kärnten

Möllwaldplatz, 4., seit 1917 (1906–1917 Möllwaldhof), Alois Ritter von Möllwald (1829 bis 1904), Direktor des Theresianums, Reformer des Mittelschulunterrichtes

Mörikeweg, 16., seit 1927, Eduard Mörike (1804–1875), deutscher Lyriker (Romantiker)

Moeringgasse, 15., Karl Freiherr von Moering (1810–1870), Feldmarschall-Leutnant; verfaßte militärpolitische Schriften

Mörthgasse, 21., seit 1949, Johann Mörth (1901–1943), Autoschlosser, Sozialdemokrat; wegen seiner Beteiligung in den Februarkämpfen 1934 zu sechs Jahren Kerker verurteilt und im Anhaltelager Wöllersdorf festgehalten; nach 1938 im Widerstand gegen das NS-Regime, verhaftet und hingerichtet

Mohnblumenweg, 22., seit 1944, nach der Pflanze

Mohsgasse, 3., Dr. Friedrich Mohs (1773 bis 1838), Mineraloge, Univ.-Prof.

Moissigasse, 22., seit 1955 (vorher: Linnégasse), Alexander Moissi (1880–1936), Schauspieler

Molischgasse, 14., seit 1952, Dr. Hans Molisch (1856–1937), Botaniker; unternahm 1897/98 eine Forschungsreise um die Erde, schrieb zahlreiche grundlegende Werke

Molitorgasse, 11., seit 1894 (vorher: Blumengasse), Johann Konrad von Molitor (1628 bis 1708), Pfarrer von Simmering

Molkereistraße, 2., seit 1906, nach der 1901 erbauten Wiener Molkerei

Mollardgasse, 6., seit 1862 (vorher: Obere Wehrgasse und Obere und Untere Annagasse), nach dem Grafengeschlecht Mollard, 1629–1755 Besitzer der Herrschaft Gumpendorf

Mollgasse, 18., seit 1894 (vorher: Friedhofgasse), Balthasar Ferdinand Moll (1717 bis 1785), Bildhauer, Kupferstecher; schuf das Denkmal des Gemahls von Maria Theresia, Franz Stephan von Lothringen (ältestes Reiterdenkmal in Österreich), und die Prunksarkophage von Maria Theresia und Stephan in der Kapuzinergruft

Molnargasse, 17. und 18., seit 1959, Franz Molnar (1878–1952), Schriftsteller, Dramaturg („Liliom"), 1938 Emigration in die USA

Mommsengasse, 4., seit 1919 (1883–1919 Luisengasse), Theodor Mommsen (1817 bis 1903), Jurist, Historiker („Römische Geschichte"), 1902 Nobelpreis für Literatur

Mondscheingasse, 7., seit 1862 (vorher: Beim Gottesacker), nach einem Hausschild „Zum goldenen Mondschein"

Mondweg, 14., seit 1925, nach dem Erdtrabanten

Montecuccoliplatz, 13., seit 1909, Albert Raimund Montecuccoli Graf von Zeno (1609 bis 1680), kaiserlicher Feldherr, kämpfte gegen Franzosen und Türken (s. *St.-Gotthard-Straße*)

Montessorigasse, 23., seit 1954, Dr. Maria Montessori (1870–1952), Ärztin, Pädagogin, beteiligt bei der Ausgestaltung der Wiener Kindergärten; trat für Frauenemanzipation und Abschaffung der Kinderarbeit ein; entwickelte eine Pädagogik für Kleinkinder

Montevideogasse, 13., seit 1931, nach Montevideo, der Hauptstadt Uruguays; von dort kamen nach dem Ersten Weltkrieg Spenden für das hungernde Wien

Montigasse, 17., seit 1966, Dr. Alois Monti (1839–1909), Kinderarzt, Schöpfer der Allgemeinen Poliklinik

Montleartstraße, 14. und 16., seit 1888, Wilhelmine Prinzessin von Montléart (1827 bis 1895); das aus Frankreich stammende Fürstenpaar Julius und Maria Christine Montléart erwarb 1824 das Gallitzinschloß (s. *Gallitzinstraße*); nach dem Tod der Fürstin heiratete der Fürst als 75jähriger die 27jährige Prinzessin de la Tremoille; nach dem Tod des Fürsten kam es zu wilden Erbstreitereien zwischen der jungen Witwe und den fünf Kindern des Fürsten; das Landgut wurde versteigert und der Erlös aufgeteilt; Prinz Moriz von Montléart ersteigerte den väterlichen Besitz zurück und betrieb die amtliche Benennung des Predigtstuhls als Wilhelminenberg; nach dem Tod des Gatten spendete Wilhelmine Montléart 300.000 Kronen für den Bau eines Krankenhauses (Wilhelminenspital) und große Beträge für die Armenfürsorge

Moosbruggergasse, 12., seit 1909, Hieronymus Moosbrugger (1808–1858), Stuckbildhauer

Mooslackengasse, 19., seit 1896, Flurname (ehemaliger Donauarm an der Heiligenstädter Straße, unter Kaiser Joseph II. trockengelegt)

Moosweg, 11., nichtamtliche Bezeichnung

Mooswiesengasse, 14., seit 1966, Flurname

Morelligasse, 21., nach der Musikerfamilie Morelli (Ludwig, 1812–1868, Franz, 1810 bis 1859, Ludwig jun., 1843–1911); Volksmusiker

Morettigasse, 21., Anton Moretti (1824 bis 1900), Gemeinderat von Stammersdorf, Wohltäter

Moritz-Dreger-Gasse, 21., seit 1968, Moritz Dreger (1886–1939), Kunsthistoriker, Gründer der österr. Textilsammlung

Moritz-Seeler-Gasse, 10., seit 1969, Moritz Seeler (1880–1943), Lyriker

Morizgasse, 6., seit 1862 (vorher: Mühlgasse), Gottfried Moriz von der Hölz (1751 bis 1823), Justizsekretär; um 1820 Besitzer des ersten Hauses in der Gasse, Verdienste um die Armen

Morsegasse, 21., Samuel Finley Breese Morse (1791–1872), Erfinder des Fernschreibers

Mortaraplatz, 20., seit 1899, nach dem Sieg der Österreicher unter Erzherzog Albrecht über die Piemontesen in der Schlacht von Mortara (1849) in der Lombardei

Morzinplatz, 1., seit 1888, Peter Prokop Graf Morzin (1768–1855), Feldzeugmeister; sein Sohn Vinzenz Graf Morzin (1808 bis 1882), Kämmerer, spendete 1 Million Gulden für die Armen und Waisen Wiens

Moschingergasse, 14., seit 1956, Name einer alteinsässigen Familie, der zum Flurnamen wurde

Moselgasse, 10., seit 1974, Ignaz von Mosel (1772–1844), Komponist, Musikhistoriker

Mosenthalweg, 18., seit 1949 (vorher ab 1938 Larischweg), Salomon Hermann von Mosenthal (1821 bis 1877), Bibliothekar, Verfasser von Theaterstücken und Operntexten

Mosergasse, 9., seit 1874, Daniel Moser von Ebreichsdorf (1570–1639), Bürgermeister von Wien (1610–1613, 1616–1622, 1626 bis 1637), besaß hier repräsentative Gärten; als Bürgermeister hatte er der Gegenreformation zum Durchbruch verholfen

Mosetiggasse, 23., seit 1964, Dr. Albert von Mosetig-Moorhof (1838–1907), Chirurg, Mitbegründer der Wiener freiwilligen Rettungsgesellschaft

Mosheimergasse, 21., seit 1971, Berthold Mosheimer, um 1782 Pfarrer und Lehrer in Stammersdorf

Moßbachergasse, 14., seit 1896, Georg Moßbacher (1804–1853), letzter Ortsrichter von Unter-Baumgarten (1848–1850)

Mostgasse, 4., seit 1876, nach einem Hausschild „Zur grünen Weintraube“

Mozartgasse, 4., seit 1862 (vorher: Platzgasse), s. *Mozartplatz*

Mozartplatz, 4., seit 1862 (vorher: Platzgasse), Wolfgang Amadeus Mozart (1756 bis 1791), Komponist („Figaro“, „Don Giovanni“, „Cosi fan tutte“, „Zauberflöte“ usw.)

Mozartweg, 11., nichtamtliche Bezeichnung

Mrkwickagasse, 23., seit 1954, Franz Mrkwicka (1866–1922), Gemeinderat

Muchagasse, 19., seit 1978, Viktor Mucha (1845–1919), Arzt, Reformator der Wiener Krankenanstalten

Müchgasse, 11., seit 1895, Peter Müch (1707 bis 1754), Ortsrichter in Simmering (1750 bis 1754)

Müglendergasse, 17., seit 1894 (vorher: Pichlergasse), Johann Müglender, protestantischer Prediger in Hernals von 1568 bis 1590

Mühlbachergasse, 13., seit 1930, Dr. Engelbert Mühlbacher (1843–1903), Historiker, Univ.-Prof.

Mühlbergstraße, 14., Benennungsdatum unbekannt, nach dem 311 m hohen Mühlberg

Mühlbreiten, 23., Flurname

Mühlfeldgasse, 2., seit 1868, Eugen Megerle von Mühlfeld (1810–1868), Politiker, Jurist, bedeutender Vertreter des Liberalismus in Österreich; trat für Religionsfreiheit und Trennung Kirche – Staat ein, 1863–1866 Gemeinderat

Mühlgasse, 4., seit 1862 (vorher ein Teil Schmiedgasse, 1894 die Mühlbachgasse dazu einverleibt), nach dem 1856 zugeschütteten Mühlbach, einem Nebenarm des Wienflusses; dort waren früher mehrere Mühlen

Mühlgraben, 23., Flurname

Mühlgrundgasse, 22., Flurname (ursprünglich Gärtnergasse); auf diesen Gründen, die bei der Regelung der Donau trockengelegt wurden, übten vor 1868 Müller (Schiffmüller) ihren Beruf aus

Mühlgrundweg, 22., amtlich seit 1993, s. *Mühlgrundgasse,* vorher ebenso nicht amtlich

Mühlhäufelgasse, 22., s. *Mühlhäufelweg*

Mühlhäufelweg, 22., seit 1928, Flurname; einstige Inseln im alten Donaugebiet, auf denen Schiffmüller tätig waren, wurden so bezeichnet

Mühlsangergasse, 11., seit 1894 (vorher: Fischer- und Gemeindegasse), Martin Mühlsanger (1776–1858), Ortsrichter von Kaiser-Ebersdorf, Wirtschaftsbesitzer

Mühlschüttelgasse, 21., nach der Ortschaft „Mühlschüttel“, angeschütteter Grund, auf dem sich Schiffmüller ansiedelten, 1875 bis 1904 selbständige Gemeinde

Mühlstraße, 10., nach der Dachlermühle in Oberlaa

Mühlwasserpromenade, 22., seit 1966, entlang des Mühlwassers

Mühlwasserstraße, 22., seit 1978, nach der Lage, führt zum Mühlwasser

Mühlweg, 21., ehemaliger Weg zu den Mühlen an der Donau

Müller-Guttenbrunn-Straße, 14., seit 1935, Dr. Adam Müller-Guttenbrunn (1852 bis 1923), Theaterdirektor (Raimundtheater, Volksoper), schrieb auch Romane und Feuilletons

Müllnergasse, 9., seit 1886 (vorher: Ferstelgasse), Leopold Müllner (1814–1871), Holzhändler, Wohltäter (vermachte seinen Besitz Taubstummen und kirchlichen Vereinen)

Müllnermaisgasse, 22., seit 1922, Flurname, Felder der Schiffmüller

Münchenstraße, 12., seit 1955 (vorher: Deutschmeisterstraße), nach der bayrischen Hauptstadt

Münichreiterstraße, 13., seit 1946 (bis 1894 St.-Veiter- und Unter-St.-Veiter-Allee, bis 1938 Bernbrunngasse, dann Stuttgarter Straße), Karl Münichreiter (1891–1934), Sozialdemokrat, Schutzbündler; trotz schwerer Verwundung nach dem Bürgerkrieg 1934 vom autoritären Regime hingerichtet

Münnichplatz, 11., seit 1894 (vorher: Kirchenplatz), Phillipp Jakob Münnich (1785 bis 1856), Pfarrer, „Galgenpater“; bewahrte 1848 die Bevölkerung vor Plünderungen durch die eigene Soldateska

Münzgasse, 3., seit 1862 (vorher: Sackgasse), nach dem 1835 bis 1837 erbauten Hauptmünzamt

Münzwardeingasse, 6., Siegmund Hammerschmied (1628–1703), kaiserlicher Münzwardein, erwarb hier ein Haus, in dem bis 1723 ein Teil des Münzhofes untergebracht war

Muffatgasse, 12., seit 1940, Gottlieb Muffat (1690–1770), Organist in der Hofkapelle in Wien

Muhrengasse, 10., seit 1875, Flurname („In den Muhren“)

Mukentalerweg, 19., seit 1906, alter Riedname (schon 1298 urkundlich erwähnt als „Muckenthal an dem Sweinsberg“)

Mumbgasse, 2., seit 1910, Josef Mumb (1833 bis 1905), Bezirksvorsteher (1885–1900), Gemeinderat (1883–1891), Gastwirt

Munchgasse, 10., seit 1955, Edvard Munch (1863–1944), norwegischer Maler (Expressionist, „Der Schrei“)

Munchplatz, 10., s. *Munchgasse*

Mundygasse, 10., seit 1932, Dr. Jaroslav Freiherr von Mundy (1822–1894), Gründer der Wiener Rettungsgesellschaft

Munthegasse, 10., seit 1955, Gerhard Munthe (1849–1929), norwegischer Maler (Impressionist)

Muratweg, 22., seit 1966, Joachim Murat (1767–1815), Schwager Napoleons; Benennung unter Bezugnahme auf die napoleonischen Kriege

Murbangasse, 10., s. *Marie-Murban-Gasse*

Murhoferweg, 11., seit 1971, Rudolf Murhofer (1885–1959), Sozialdemokrat, Bezirksrat (1919–1934), Lagerleiter im Konsum, soziales Engagement

Muriel-Gardiner-Buttinger-Platz, 10., seit 1989, Muriel Gardiner (1901–1985), Psychiaterin; während des Verbots der Sozialdemokratie 1934–1938 kehrte sie aus den USA nach Österreich zurück und arbeitete unter dem Decknamen „Mary" für die Sozialisten, lernte Joseph Buttinger, den Vorsitzenden der Revolutionären Sozialisten, kennen und heiratete ihn 1939 in Paris; veröffentlichte „Damit wir nicht vergessen. Unsere Jahre 1934–1947 in Wien, Paris, New York" (1978)

Murlingengasse, 12., seit 1894 (vorher: Franzensgasse), nach der alten Bezeichnung von Meidling

Murmanngasse, 22., seit 1909, Georg Murmann Freiherr von Marchfeld (1766 bis 1820), Hauptmann, Verdienste in den napoleonischen Kriegen

Murraygasse, 22., seit 1923, Agnes Elisabeth Murray (1894–1922), englische Wohltäterin, die in Wien Heilung ihres Leidens suchte

Murrstraße, 22., seit 1977, Josef Murr (1864 bis 1932), Botaniker

Museumstraße, 1. und 7., seit 1870 (vorher: Schlaptenpromenade und Hofstallstraße), nach den 1871 bis 1882 erbauten Museen (Kunsthistorisches Museum, Naturhistorisches Museum)

Musgergasse, 22., seit 1953, August Musger (1868–1929), entwickelte das Zeitlupenverfahren

Musilplatz, 16., seit 1956, vorher ab 1889: Anzengruberplatz; Robert Musil (1880 bis 1942), österreichischer Dichter („Der Mann ohne Eigenschaften"), ursprünglich Maschinenbauingenieur, promovierter Philosoph, hoher Ministerialbeamter, Offizier im Ersten Weltkrieg, lebte zuletzt mittellos im Exil in der Schweiz

Musketierweg, 22., seit 1966 (vorher: Hableweg), berittene Kampftruppe in den napoleonischen Kriegen 1809 (ursprünglich mit Musketen bewaffnetes Fußvolk)

Muthgasse, 19., seit 1894 (vorher: Gärtnergasse), Leopold Muth (1854–1893), Wirtschaftsbesitzer, Reichstagsabgeordneter

Muthsamgasse, 14., seit 1906, Franz Xaver Muthsam (1716–1801), Pfarrer von Hütteldorf (1784–1801), Botaniker

Myrbachgasse, 14., seit 1965, Felician Freiherr von Myrbach-Rheinfeld (1853–1940), Maler, Präsident der Secession, Buchillustrator

Myrthengasse, 7., seit 1862 (vorher: Rosmaringasse, ursprünglich Schäffergassl, dann bis 1779 Obere und Untere Saugasse), nach der Pflanze

N

Naaffgasse, 18., seit 1937 (vorher: Herbeckstraße), Anton August Naaff (1850–1918), schrieb Gedichte und Erzählungen

Nabuccogasse, 23., seit 1960, nach der Oper von Giuseppe Verdi

Nachreihengasse, 17., seit 1923, Flurname, schon 1428 urkundlich Nachraien, 1660 Wachrain, 1751 Nachrain benannt

Nachtigallenweg, 14., seit 1953, nach dem Singvogel

Nachtnebelweg, 16., seit 1971, Otto Nachtnebel (1872–1967), sozialdemokratischer Gemeinderat in der Zwischenkriegszeit

Naderstraße, 10., seit 1955, Franz Nader (1865–1947), Mitbegründer der Bauarbeitergewerkschaft, die 1891 ihren ersten Kongreß in Wien abhielt

Nadlergasse, 9., seit 1862; hier bestanden die Betriebe und Wohnungen mehrerer Nadelerzeuger; schon seit 1776 eine Nähnadel-, Schleif- und Poliermühle

Nästlbergergasse, 13., seit 1955 (vorher: Hauergasse), Robert Nästlberger (1886 bis 1942), Schauspieler, Operettenlibrettist

Naglergasse, 1., früher Sitz und Wohnstätte der Nadler und Nagler; 1410 „Unter den Nadlern", 1549 Naglergasse und 1770 auch als Nadlergasse urkundlich erwähnt

Napoleonwaldgasse, 13., seit 1955, zur Zeit der napoleonischen Kriege (1809) wurde der hier befindliche Wald abgeholzt (Heizmaterial für Napoleon, der in Schloß Schönbrunn residierte)

Napoleonstraße, 22., nichtamtliche Bezeichnung; Weg durch die Lobau, führt vom seinerzeitigen Hauptquartier Napoleons zum „Napoleonstein"

Narzissenweg, 11., nichtamtliche Bezeichnung

Naschmarkt, 4., 5. und 6., seit 1862 (vorher Obstmarkt, volkstümlich auch Aschenmarkt), seit 1793 Obst- und Gemüsemarkt

Nasenweg, 19., führt über die „Nase" des Leopoldsbergs

Natorpgasse, 22., seit 1930, Prof. Dr. Paul Natorp (1851–1922), Pädagoge

Nattergasse, 17., seit 1894 (vorher: Krongasse), Heinrich Natter (1848–1892), Bildhauer

Naufahrtweg, 22., seit 1953, entlang dem „Alte Naufahrt"-Wasser (Arm der unregulierten Donau)

Nauheimergasse, 12. und 23., seit 1952, Stefanie Nauheimer (1868–1946), Kämpferin für Frauenrechte

Nauschgasse, 22., Walter Nausch (1907 bis 1957), Sportfunktionär (Fußball)

Nauseagasse, 16., seit 1897, Friedrich Nausea (ca. 1470–1551), Bischof von Wien (1541–1551)

Neblingergasse, 13., seit 1913, Jakob Neblinger (1817–1884), Ehrenbürger von Unter-St. Veit, gründete eine Armenstiftung

Nechanskyweg, 22., seit 1987, Dr. August Nechansky (1851–1912), liberaler Stadtrat, Verdienste bei der Wienflußregulierung, und sein Sohn Arnold (1888–1938), Gestalter des Österreichpavillons auf der Werkbundausstellung in Köln 1914

Nedbalgasse, 22., seit 1953, Oskar Nedbal (1874–1930), Komponist

Nedergasse, 19., seit 1910 (vorher: Langwebergasse), Michael Neder (1807–1882), Maler

Negerlegasse, 2., seit 1862, Michael Negerle, Kaufmann, um 1841 Erbauer des ersten Hauses in der Gasse

Neilreichgasse, 10. und 23., seit 1875 (ein Teil früher Brunnwegstraße), August Neilreich (1803–1871), Botaniker (erforschte die Pflanzenwelt von Wien und NÖ)

Nejesgasse, 23., seit 1951, Franz Nejes (1877 bis 1948), Gemeinderat von Siebenhirten

Nelkengasse, 6., seit 1862 (vorher: Schiffgasse), nach einem Gasthausschild „Zur Nelke"

Nelkenweg, 10., 11., 14. und 21., nichtamtliche Bezeichnungen (nach der Blume)

Nemelkagasse, 11., seit 1894, Lorenz Nemelka (1819–1897), Gemeinderat (1867 bis 1876), Besitzer einer Maschinenbau- und Mühlenbaufabrik

Nemethgasse, 11., seit 1974, Maria Nemeth (1892–1967), Opernsängerin (Mozart-Interpretin)

Nepomukgasse, 2., seit 1862 (vorher: Johannesgasse), nach der dem heiligen Nepomuk geweihten Kirche

Neptunweg, 14., seit 1923, nach dem Planet

Nesselgasse, 17., nach dem Nesselbach, einem Nebenbach der Als

Nestelbachgasse, 19., seit 1894 (vorher: Blutgasse), nach einem Nebenbach des Arbes(Erbsen)baches

Nestroygasse, 2., seit 1872, Johann Nestroy (1801–1862), Komiker, Possendichter, leitete 1854–1861 das Carltheater in der Leopoldstadt; während seiner Direktionszeit forcierte er nicht nur seine Stücke („Das Mädl aus der Vorstadt", „Der Zerrissene", „Der Talisman") sondern auch Operetten (Jacques Offenbach)

Nestroygasse, 14., s. oben

Nestroyplatz, 2., seit 1932 (früher Czernin- und Tempelgasse), s. *Nestroygasse*

Neubadgasse, 1., hier stand das 1314 urkundlich erwähnte Neubad („balneum ducis")

Neubaugasse, 7., seit 1862 (1683 Langegasse, nach 1770 Neubau Hauptstraße, ein Teil von 1700 bis 1820 Spittelberggasse, dann bis 1862 Störrergasse), zur Wahrung des Vorstadtnamens; Neubau entstand 1693 durch Abtrennung eines Ortsteils von St. Ulrich, urkundlich bereits 1621 erwähnt, 1850 namensgebend für den 7. Bezirk

Neubaugürtel, 7. und 15., seit 1894 (vorher: Gürtelstraße), zur Wahrung des alten Vorstadtnamens, s. *Neubaugasse*

Neubeckgasse, 14., seit 1912, Kaspar Neubeck (1545–1594), Bischof von Wien (1574 bis 1594), Prediger

Neubergenstraße, 15., seit 1898, Riedname, urkundlich schon 1335 erwähnt

Neuburgergasse, 10., Dr. Max Neuburger (1868–1955), Arzt, Historiker der Wiener medizinischen Schule

Neudeggergasse, 8., seit ca. 1778 (vorher: Alter Bergsteig); hier lagen Gründe und ein befestigter Gutshof im Besitz der Herren von Neudegg; um 1694 kaufte das Schottenstift den Neudeggerhof und riß ihn bald ab, da er fast vollständig zerstört war

Neudorfergasse, 21., seit 1916, Michael Neudorfer (1824–1890), Ortsrichter von Großjedlersdorf

Neuer Markt, 1., zweitältester Markt Wiens, schon 1234 „nuiwe market" oder Novo forum (Neuer Markt) genannt, im Gegensatz zum Hohen Markt

Neue-Welt-Gasse, 13., seit 1894, hier bestand von 1862 bis 1892 die Vergnügungsstätte „Neue Welt"

Neugebäudestraße, 11., seit 1930; Maximilian II. errichtete 1569 unweit dem Kaiser-Ebersdorfer Schloß einen Tiergarten samt Palais, das den Namen „Neugebäude" (im Gegensatz zum „alten") erhielt

Neugebauerweg, 19., seit 1960, Alfred Neugebauer (1888–1957), Burgschauspieler

Neugrabenstraße, 10., Benennungsdatum unbekannt, Flurname

Neuhaufenstraße, 22., seit 1969, Flurname

Neukommweg, 13., seit 1930, Siegmund Neukomm (1778–1858), Komponist, Schüler Joseph Haydns

Neukräftengasse, 13., seit 1926, Flurname

Neulandweg, 21., durch Verschütten alter Donauarme gewonnenes Neuland

Neulerchenfelder Straße, 16., seit 1894 (ursprünglich Mittlere Gasse, dann Mittlere Hauptstraße, Neulerchenfelder Hauptstraße und ein Teil Eisnergasse); zur Erinnerung an den alten Vorstadtnamen; Lerchenfeld wurde durch den Bau des Linienwalls (1704) in Alt- und Neulerchenfeld getrennt, Altlerchenfeld kam 1850 zum 7. Bezirk, Neulerchenfeld blieb bis 1891 selbständige Gemeinde (1890 zählte Neulerchenfeld 45.044 Einwohner); Neulerchenfeld wurde wegen der zahlreichen Gaststätten als „Des Heiligen Römischen Reiches größtes Wirtshaus" bezeichnet (daher beliebter Ausflugsort knapp vor dem Linienwall)

Neulinggasse, 3., seit 1938 (ursprünglich Grasweg, bis 1862 Grasgasse, von 1862 bis 1938 Neulinggasse, 1938 bis 1945 Schredtgasse, seither wieder Neulinggasse); Vinzenz Neuling (1794–1846) betrieb eine Brauerei mit Gastwirtschaft („Neulings Etablissement"); in diesem beliebten Vergnügungslokal musizierten Strauß Vater und Lanner, im Fasching fanden große Maskenbälle statt

Neumanngasse, 4., Josef Neumann (1764 bis 1849), Landkutscher, um 1797 Mitglied des Äußeren Rates

Neumayrgasse, 16., seit 1873 (vorher: Zinckgasse), Georg Neumayr (1807–1881), Fleischhauer, Gemeinderat von Neulerchenfeld, schenkte der Gemeinde den Grund des heutigen Hofferplatzes

Neurissenweg, 11., Flurname (neuer oder umgeackerter Wiesengrund)

Neusatzgasse, 21., Flurname

Neusetzgasse, 10., seit 1872, Weingartenried (nach 1683 wurden neue Weinkulturen angelegt, daher auch „In der Neusetz")

Neusserplatz, 15., Dr. Edmund von Neusser (1852–1912), Arzt (Internist), Univ.-Prof.

Neu-Steinhofer-Weg, 12., nichtamtliche Bezeichnung

Neustift am Walde, 19., seit 1894 (vorher: Wiener Straße), zur Erinnerung an den alten Vorortnamen; Neustift wurde 1890/92 eingemeindet und gehörte vorerst zum 18. Bezirk; 1938 kam Neustift zum 19. Bezirk; bei der Eingemeindung zählte es 483 Einwohner; Neustift wurde bereits 1315 urkundlich erwähnt

Neustiftgasse, 7., seit 1862 (ursprünglich der untere Teil Am Platzel, Herrengasse, später auch Kapuzinergasse, der obere Teil hieß Auf dem Acker oder Auf dem Garten und Stadelgasse, dann bis 1862 Strohplatzl, Am Platzl und Stadlgasse), zur Wahrung des Ortsnamens; der ehemalige Ort Neustift, 1413 urkundlich erwähnt, kam 1850 zum 7. Bezirk

Neutorgasse, 1., seit 1878, nach dem 1558 erbauten und 1860 abgetragenen neuen Basteitor

Neuwaldegger Straße, 17., seit 1894 (vorher: Hauptstraße), zur Erinnerung an den alten Vorortnamen; Neuwaldegg wurde mit Dornbach und Hernals 1892 zum 17. Bezirk eingemeindet; vor der Eingemeindung zählte der Ort 355 Einwohner

Neuwiesgasse, 14., seit 1956, Flurname

Nevillebrücke, 6., 1854 erbaut, 1898 erneuert, s. *Nevillegasse*

Nevillegasse, 5., seit 1862, Ing. Franz Neville, Erfinder der Bauart der 1854 erbauten gleichnamigen Brücke

Newaldgasse, 9., seit 1893, Julius Ritter von Newald (1824–1897), liberaler Gemeinderat, Bürgermeister von Wien; Jurist, mußte 1882 zurücktreten, da ihm die Mitverantwortung für den Ringtheaterbrand angelastet wurde

Nibelungengasse, 1., nach dem Zwergengeschlecht aus der deutschen Heldensage

Nickelgasse, 2., seit 1872, Franz Nickel (1766 bis 1833), Ortsrichter der Leopoldstadt (1823–1833)

Nicolaibrücke, 14., Otto Carl Ehrenfried Nicolai (1810–1849), Komponist („Die lustigen Weiber von Windsor"), Dirigent, Organist, 1841 Hofkapellmeister; gründete die Wiener Philharmoniker, deren erstes Konzert er am 28. 3. 1842 dirigierte; 1847 folgte er einer Berufung nach Berlin

Niederauergasse, 23., Johann Michael Niederauer (1739–1813), Weinhauer, Ortsrichter von Mauer

Niederhofstraße, 12., seit 1894 (vorher: Matzleinsdorfer Straße), nach dem „Niederhoff an dem Bach gelegen", der einst auf dem heutigen Areal des Theresienbades stand

Niedermeierweg, 22., seit 1988; vorher ebenso nicht amtlich (nach einem Siedler)

Niedermoserstraße, 22., seit 1990, Prof. Otto Niedermoser (1903–1976), Architekt (Film, Theater), Verdienste um die Neugestaltung des Theaters an der Wien

Niederpointenstraße, 14., seit 1910, Flurname; in niederem Gelände eingezäunte Grundstücke ohne Flurzwang hießen Pointen

Niederreiterberggasse, 23., Flurname

Nielrosenweg, 10., seit 1965, nach der Rosenart

Niernbergergasse, 11., seit 1898, Adam Niernberger (1759–1842); Kirchenmusiker, Komponist, Lehrer

Nietzscheplatz, 16., seit 1927, Friedrich Wilhelm Nietzsche (1844–1900), deutscher Philosoph, Dichter („Also sprach Zarathustra")

Nikischgasse, 14., seit 1952, Arthur Nikisch (1855–1922), Komponist, Dirigent der Wiener Philharmoniker; führte als erster Orchesterwerke von Anton Bruckner auf

Niklas-Eslarn-Straße, 22., Niklas Eslarn (1252–1340), Besitzer der Herrschaft Eßling

Nikolaigasse, 1., nach dem ehemaligen dem hl. Nikolaus geweihten Nonnenkloster, 1228 gegründet, 1782 aufgehoben

Nikolausgasse, 13., nach Berg (268 m hoch) und Tor des Lainzer Tiergartens

Nikolaus-Pytty-Gasse, 14., seit 1956, Nikolaus Pytty zu Hadersdorf, war um 1536 Waldmeister in Hadersdorf

Nikolsdorfer Gasse, 5., seit 1862, zur Erinnerung an den ehemaligen Vorort Nikolsdorf, 1558 im Besitz des Frauenklosters „St. Nikolaus", 1850 zum 4. Bezirk, 1861 zum 5. Bezirk eingemeindet

Nisselgasse, 14., seit 1894 (vorher: Hietzinger Gasse, ursprünglich Kirchengasse), Franz Nissel (1831–1893); schrieb Theaterstücke, die dem Zeitgeist entsprachen und häufig gespielt wurden

Nixdorf Steg, 9., seit 1991 (nach der Firma)

Nobilegasse, 14. und 15., seit 1894 (vorher: Buchgasse), Peter Nobile (1774–1854), Architekt, lange Zeit Baudirektor in Triest, dann Leiter der Architekturschule der Akademie der bildenden Künste in Wien; errichtete den Theseus-Tempel im Volksgarten

Nödlgasse, 16., seit 1883, Ernst Nödl (1806 bis 1891), Pfarrer von Neulerchenfeld

Nördliche Randstraße, 14., amtlich seit 1993, an der Nordgrenze der verbauten Gebiete

Noldingasse, 22., seit 1931, Dr. Josef Noldin (1888–1929), Vorkämpfer für die Ideale Südtirols

Norbert-Krebs-Gasse, 21., seit 1954, Dr. Norbert Krebs (1876–1947), Geograph („Länderkunde der österreichischen Alpen")

Nordbahnanlage, 21., seit 1909 (vorher: Nordbahnhofplatz), heute Bahngebiet, einst Parkanlage

Nordbahnbrücke, 20., 1872 bis 1874 erbaut, seit 1962 für die Schnellbahn neu errichtet („Schnellbahnbrücke")

Nordbahnstraße, 2. und 20., seit 1862 (vorher: Forstmeisterallee), nach der Nordbahn und dem abgerissenen Nordbahnhof

Nordbergstraße, 9., seit 1899, Karl Noé von Nordberg (1798–1885), Polizeidirektor in Linz und Wien, Ministerialrat im Innenministerium, organisierte unter Metternich das berüchtigte Spitzelwesen

Nordbrücke, 20. und 21., seit 1964; geht auf die 1872 erbaute Nordwestbahnbrücke zurück, 1959 als Straßenbrücke umgebaut und 1964 eröffnet

Nordmanngasse, 21., Arman von Nordmann (1759–1809), Feldmarschall-Leutnant, gefallen in den napoleonischen Kriegen

Nordpolstraße, 2., seit 1875, zur Erinnerung an die Nordpolexpedition 1872 bis 1874, s. *Payergasse,* s. *Weyprechtgasse*

Nordportalstraße, 2., seit 1908 (bis 1884 Abfahrtstraße, dann Conkurrenzstraße), führte zum Nordportal der Rotunde

Nordwestbahnstraße, 2. und 20., seit 1874 (früher: Am Augartendamm), nach dem Nordwestbahnhof

Nostitzgasse, 21., seit 1917, Johann Nepomuk Graf von Nostitz-Rieneck (1768 bis 1840), Feldmarschall-Leutnant

Nothartgasse, 13., seit 1911, Franz Nothart (1808–1897), Bürgermeister von Lainz, Gemeinderat

Nottebohmstraße, 19., seit 1921 (verlängert 1990), Gustav Nottebohm (1817–1882), Musikwissenschaftler

Nottendorfer Gasse, 3., seit 1899, zur Erinnerung an Nottendorf, einer Siedlung von flämischen Webern und Färbern, die sich im Mittelalter hier angesiedelt hatten (Nottendorf = flämisch „Dorf der Genossen"), 1529 von den Türken zerstört

Novalisgasse, 13., seit 1935, Friedrich Leopold Freiherr von Hardenberg, genannt Novalis (1772–1801), romantischer Dichter („Heinrich von Ofterdingen", „Hymnen an die Nacht")

Novaragasse, 2., seit 1862 (ursprünglich Drei-Herrgottgasse, dann Gartengasse und bis 1862 Gärtnergasse), zur Erinnerung an den Sieg Radetzkys über die Sardinier und Piemontesen bei Novara 1849

Novigasse, 21., seit 1913, zur Erinnerung an den Sieg der Österreicher über die Franzosen 1799 bei Novi in Italien

Nowakgasse, 23., seit 1954, Karl Nowak (1876–1943), Gemeinderat von Siebenhirten (1929–1934)

Nowalskigasse, 11., Josef Hilarius Nowalski de Lilia (1857–1928), Archäologe, Erforscher des römischen Wien

Nuschinggasse, 23., seit 1957, nach einer alteingesessenen Familie

Nußallee, 14., einst nußreiche Gegend

Nußbaumweg, 22., seit 1978, nach dem Baum

Nußberggasse, 19., seit 1894 (vorher: Weinberggasse), führt auf den 322 m hohen Nußberg

Nußdorfer Brücke, 20., seit 1984, Verbindung zur Nordbrücke

Nußdorfer Lände, 19., seit 1875 (vorher ein Teil Holzstraße und Wasserzeile), s. *Nußdorfer Platz*

Nußdorfer Platz, 19., seit 1894 (ursprünglich Hirschenplatz, dann Zimmerplatz und bis 1894 Hauptplatz), zur Erinnerung an den alten Vorortnamen; Nußdorf, bereits 1114 urkundlich erwähnt, wurde 1890/92 zum 19. Bezirk angeschlossen; 1890 zählte Nußdorf 5.191 Einwohner

Nußdorfer Straße, 9., seit 1862 (seit 1802 tw. Obere Hauptstraße und Am Alser Bach), führt in Richtung des ehemaligen Vororts Nußdorf, s. *Nußdorfer Platz*

Nußgasse, 9., seit 1862 (vorher ab 1808 Friedhofgasse); hier standen einst Nußbäume

Nußwaldgasse, 19., seit 1894 (um 1700 Unter-Döblinger Herrengasse, um 1750 Sommer- und Winterzeile, später Bachzeile, Herrengasse, 1828 schon Nußwaldgasse, dann bis 1894 Gemeindegasse), alter Flurname

Nußweg, 11., nichtamtliche Bezeichnung

Nymphengasse, 12., seit 1884; 1755 wurde die schon den Römern bekannte warme Heilquelle wiederentdeckt; in einem alten Altarstein, 1853 aufgefunden, wurde sie den Quellennymphen geweiht (heute: Theresienbad)

O

Obachgasse, 22., seit 1978, Theobald Obach (1843–1887), Pionier des Seilbahnwesens

Obeliskenweg, 17., nichtamtliche Bezeichnung, nach den Obelisken der Schloßallee

Ober den Gärten, 23., seit 1965, Flurname

Oberdorfstraße, 22., seit 1910, Ernst von Oberdorf (1764–1811), Oberst in der Schlacht bei Aspern (1809) – napoleonische Kriege

Obere Amtshausgasse, 5., seit 1872 (vorher: Amtshausgasse), nach dem ehemaligen Amtshaus des Grundgerichts Hundsturm

Obere Aquäduktgasse, 23., nach dem Aquädukt der I. Hochquellenwasserleitung

Obere Augartenstraße, 2., seit 1862 (ursprünglich Dammstraße, um 1810 Hinter der Kaserne und Kaserngasse, bis 1862 Neue Gasse und Augartengasse), führt entlang des Augartens

Obere Bahngasse, 3., seit 1862, verläuft neben der 1857 erbauten Verbindungsbahn zwischen Nordbahn und Südbahn

Obere Donaustraße, 2., seit 1862 (ursprünglich An der Donau und An der Brücke), Uferstraße am Donaukanal

Obere Grenzgasse, 10. und 23., nach der Lage an der Stadtgrenze

Obere Jungenberggasse, 21., Flurname

Oberer Reisenbergweg, 19., nach dem 382 m hohen Reisenberg

Obere Viaduktgasse, 3., seit 1862, nach den Viadukten an der Verbindungsbahn

Obere Weißgerberstraße, 3., seit 1850 (vorher Weißgerber Hauptstraße, Weißgerberstraße), zur Wahrung des alten Vorortnamens; Weißgerber wurde 1850 mit Landstraße und Erdberg zum 3. Bezirk eingemeindet

Oberfeldgasse, 22., seit 1963, Flurname

Obergfellplatz, 21., seit 1910, Josef Obergfell Freiherr von Grechtler (1758–1840), Oberstleutnant, Verdienste in den napoleonischen Kriegen (1809)

Oberhummergasse, 21., seit 1954, Dr. Eugen Oberhummer (1859–1944), Geograph, Hofrat

Ober-Laaer-Platz, 10. und 23., seit 1954 (vorher: Hauptplatz), zur Wahrung des Ortsnamens (der selbständige Ort Oberlaa wurde bereits geringfügig 1890 an Wien angeschlossen, die komplette Eingemeindung erfolgte 1954)

Ober-Laaer-Straße, 10., seit 1954 (vorher: Hauptstraße), s. *Ober-Laaer-Platz*

Oberleitengasse, 11., seit 1894 (vorher: Kleine Theresiengasse), Flurname

Obermaissergasse, 14., seit 1984, Johann Obermaisser (1890–1969), Dechant in der Pfarre von Mariabrunn

Obermüllnerstraße, 2., seit 1899, Adolf Obermüllner (1833–1898), Landschaftsmaler

Obersteinergasse, 19., seit 1938, Dr. Heinrich Obersteiner (1847–1922), Neurologe, Univ.-Prof.

Oberweg, 10., nichtamtliche Bezeichnung, Herkunft unklar

Oberwiedenstraße, 16. und 17., seit 1919 (ursprünglich Wilhelminenbergstraße, dann Oberwiedengasse), Flurname; Wieden oder Widem bedeutet Schenkung an eine Kirche oder an ein Kloster

Oberzellergasse, 3., seit 1900, Anton Oberzeller (1816–1862), Bezirksvorsteher-Stellvertreter, Huf- und Wagenschmied

Obkirchergasse, 19., Peter Obkircher (1781 bis 1869), Pfarrer von Döbling

O'Brien-Gasse, 21., Johann Freiherr von O'Brien (1775–1830), Verdienste in den napoleonischen Kriegen (1809)

Obstgartenweg, 22., seit 1959, nach den dort angelegten Obstgärten

Ocwirkgasse, 21., seit 1982, Ernst Ocwirk (1926–1980), Fußballer, Rekordinternationaler

Ochsenkopfweg, 14., seit 1956, nach dem 424 m hohen Ochsenkopf

Odeongasse, 2., seit 1864, nach einer Vergnügungsstätte, 1845 eröffnet, bautechnische Meisterleistung seiner Zeit, bis zu 15.000 Personen fanden darin Platz, 1848 abgebrannt; 1845 spielte die Straußkapelle den „Odeonwalzer"; zum Etablissement gehörte auch ein kleines Theater

Odoakergasse, 16., seit 1883, Odoaker, germanischer Fürst, fiel 493 gegen Theoderich im Kampf um das weströmische Reich; im 19. Jahrhundert glaubte man, Odoaker wäre der Begründer von Ottakring gewesen, daher wurde nach ihm eine Gasse benannt

Ödenburger Straße, 21., seit 1913, nach der Stadt in Ungarn

Oehlenschlägergasse, 12., seit 1953, verlängert 1994, Adam Gottlob Oehlenschläger (1779–1850), dänischer Dichter

Oellacherweg, 21., seit 1954, Dr. Hans Oellacher (1889–1949), Altphilologe, Univ.-Prof.

Oelweingasse, 15., seit 1919 (vorher: Franz-Carl-Gasse; ursprünglich Karlsgasse), Arthur Oelwein (1837–1917), Erbauer der Wiener Stadtbahn, Ingenieur

Ölzeltgasse, 3., Anton Oelzelt (sic!) Ritter von Newin (1817–1875), Hofbaumeister, Grundstücksspekulant in der Vorzeit der Stadterweiterung; baute hier die ersten Häuser; Verdienste um den Bau einer Wasserleitung in Mauer

Ölzeltgasse, 23., s. *Ölzeltgasse*

Öppingerweg, 14., seit 1948, Josef Öppinger (1806–1848), Schuhmacher, fiel in der Märzrevolution 1848, s. *Achtundvierzigerplatz*, s. *Märzstraße*

Oerleygasse, 11., seit 1940, Dr. Leopold Oerley (1878–1938), Techniker, 1918–1936 Prof. für Straßen-, Eisenbahn- und Tunnelbau an der Technischen Hochschule

Österleingasse, 15., Nikolaus Christian Österlein (1756–1809), Schlossermeister, gründete in Fünfhaus das Brauhaus und eine Gewehrfabrik

Oeverseestraße, 15., seit 1912, zur Erinnerung an die Schlacht bei Oeversee (1864) im österr./preuß. Krieg gegen die Dänen

Offenbachgasse, 2., seit 1932 (1938–1947 Rollergasse), Jacques Offenbach (1822 bis 1889), französischer Operettenkomponist, dirigierte im Carltheater

Ofnergasse, 2., seit 1925 (1939–1949: Eduard-Kremser-Gasse), Dr. Julius Ofner (1845–1925), Sozialpolitiker, 1901–1918 Abgeordneter zum Reichsrat, stand der Sozialdemokratie nahe

Ohligsgasse, 11., seit 1912, Bernhard Wilhelm Ohligs (1810–1869), Vorsitzender der Handels- und Gewerbekammer, Fabrikant

Ohmanngasse, 19., seit 1938, Heinrich Ohmann (1858–1927), Architekt, Prof. an der Technischen Hochschule

Ohmgasse, 21., seit 1952, Georg Simon Ohm (1787 bis 1854), deutscher Physiker (Ohm = Einheit für elektrischen Widerstand), 1849 Prof. in München

Oktaviangasse, 23., seit 1959, Gestalt aus der Oper „Der Rosenkavalier" von Richard Strauss

Olaus-Petri-Gasse, 10., Olaus Petri (1493 bis 1552), Reformator (Schüler Luthers), Begründer der schwedischen Schriftsprache

Olbrichgasse, 12., seit 1924, Josef Olbrich (1867–1908), Architekt (Erbauer der Secession), Maler

Oldenburggasse, 23., Großherzogin von Oldenburg, einst Herrschaftsbesitzerin von Erlaa

Oleandergasse, 22., seit 1954, nach der Pflanze

Olmagasse, 13., seit 1955 (vorher ab 1929 Gärtnergasse), Berta Olma (gest. 1848), Operettensängerin

Olympiaplatz, 2., seit 1977, nach den Olympischen Spielen

Onno-Klopp-Gasse, 14., seit 1904, Dr. Onno Klopp (1822–1903), Historiker, Publizist; kam mit König Georg V. von Hannover nach Wien (s. *Cumberlandstraße*); 1872 österr. Staatsbürgerschaft, großdeutsch eingestellt, aber mit dem christlichsozialen Politiker Karl von Vogelsang befreundet; geriet 1883 anläßlich der 200-Jahr-Feier der 2. Türkenbelagerung ins Kreuzfeuer der Kritik, weil er die Rolle der Tschechen bei der Verteidigung Wiens herausstrich

Opalgasse, 21., seit 1963 (vorher: Achatgasse), nach dem Schmuckstein

Operngasse, 1. und 4., seit 1862, nach der 1861 bis 1869 erbauten Staatsoper

Opernring, 1., seit 1919 (vorher: Kaiser-Karl-Ring), s. *Operngasse*

Opfermanngasse, 16., seit 1983, nach einer alteingesessenen Weinhauer- und Gastwirtfamilie; maßgeblich an der Entwicklung Ottakrings beteiligt

Opitzgasse, 13., seit 1903, Ambros Opitz (1846–1907), Volksschriftsteller, Begründer der „Reichspost" (1893), dem späteren Organ der Christlichsozialen

Oppelgasse, 12., seit 1875, Hans Ehrenreich Freiherr von Oppel (1690–1708), Grundherr über die Orte Margareten, Nikolsdorf und Matzleinsdorf

Oppenheimgasse, 10., seit 1929 (1938–1945: Hauckgasse), Dr. Samuel Oppenheim (1857 bis 1928), Professor für Astronomie an der Wiener Universität

Oppenheimweg, 10., seit 1960, s. *Oppenheimgasse*

Oppolzergasse, 1., seit 1875 (um 1770 Hühnerloch, dann Kleppergasse), nach der Gelehrtenfamilie von Oppolzer; Dr. Johann Ritter von 1808–1871, Arzt, Univ.-Prof. in Prag (1841), Leipzig (1848) und Wien (1850), Spezialist für Erkrankungen des Mund- und Rachenraumes; Theodor, 1841–1886, und Egon, 1869–1907, beide Astronomen; Theodor war 1870 a. o. und 1875 o. Prof. für Astronomie an der Universität Wien

Orasteig, 21., seit 1982, Flurname

Orchideenweg, 22., seit 1954, nach der Blume

Orchisgasse, 22., seit 1955, Orchideenart

Ordengasse, 10., diese Gegend befand sich im Besitz des Johanniterordens

Orelgasse, 21., seit 1971 (vorher: Adlerweg), Eduard Ritter von Orel (1877–1941), Pionier der Photogrammetrie

Oriongasse, 11., nach dem Sternbild

Ortliebgasse, 17., seit 1894 (ursprünglich Franzensgasse, dann Herrengasse), Ortliebus de Als, um 1290 Besitzer der Herrschaft von Hernals

Ortnergasse, 15., seit 1896, Josef Ortner (1846–1895), Leimfabrikant, Gemeinderat und Bürgermeisterstellvertreter von Sechshaus, Mitbegründer der Sechshauser Sparcasse

Osergasse, 21., seit 1932 (1938–1945: Stammelgasse), Dr. Leopold Oser (1839–1910), Arzt, Univ.-Prof., Direktor des Spitals der israelitischen Kultusgemeinde

Oskar-Grissemann-Straße, 22., seit 1981, Oskar Grissemann (1889–1952), Schriftsteller, Pionier von Bildungssendungen im Rundfunk

Oskar-Jascha-Gasse, 13., Oskar Jascha (1881–1948), Komponist, Kapellmeister

Oskar-Kokoschka-Platz, 1., seit 1980, Oskar Kokoschka (1886–1980), Maler (Expressionist), Graphiker, Dichter („Die träumenden Knaben", 1908), 1919 Prof. an der Kunstakademie in Dresden, 1933 Rückkehr nach Wien, 1938 Emigration nach England, 1953 Mitbegründer der „Schule des Sehens"

Oskar-Simony-Gasse, 14., Dr. Oskar Simony (1852–1917), Professor an der Forstakademie und an der Hochschule für Bodenkultur

Oskar-Spiel-Gasse, 19., seit 1963, Oskar Spiel (1892 bis 1961), Pädagoge

Osloplatz, 22., seit 1994, s. *Trondheimgasse*, s. Einleitung

Ospelgasse, 20., seit 1894, Anton Ospel (1677–1756), Baumeister (baute u. a. das Zeughaus am Hof)

Ostautobahnbrücke, 2., 1975 fertiggestellt

Ostbahnbegleitstraße, 22., seit 1988, nach der Lage an der Ostbahn

Ostbahnbrücke, 2., 1870 erbaut, nach Zerstörung 1956 wiederhergestellt

Ostbahnstraße, 11., Zufahrtsstraße zum Zentralverschiebebahnhof Wien-Kledering

Ostbahnweg, 22., seit 1962, entlang der Ostbahn (der Ostbahnhof wurde 1870 an Stelle des Raaber Bahnhofes erbaut)

Osterleitengasse, 19., seit 1894 (vorher: Schloßgasse, 1939–1945 Hubert-Klausner-Gasse), Flurname; nach Osten weisende Leiten (Berglehne)

Ostmarkgasse, 21., ursprünglich Obere Ziegelofengasse, die älteste Bezeichnung Österreichs, erwähnt bereits 996

Ostrachgasse, 12. seit 1918, zur Erinnerung an den Sieg der Österreicher über die Franzosen bei Ostrach 1799

Ostrandstraße, 23., nach der Lage (Grenze Siebenhirten-Liesing)

Oswaldgasse, 12., seit 1894 (vorher: Augustinergasse), nach dem hl. Oswald, König von Northumbria (604–642), Namenspatron der Pfarrkirche in Altmannsdorf

Oswald-Redlich-Straße, 21., seit 1954, Dr. Oswald Redlich (1858–1944), Historiker, Univ.-Prof., Verdienste um das Archivwesen

Oswald-Thomas-Platz, 2., seit 1974, Oswald Thomas (1882–1963), Astronom (Begründer des Planetariums), Volksbildner, Professor

Othellogasse, 23., seit 1960, nach der Verdi-Oper

Othmargasse, 20., s. *Rauscherstraße*

Ottakringer Straße, 16. und 17., seit 1894 (im 16. Bezirk urspr. Hauptstraße, dann Ottakringer Hauptstraße; im 17. Bezirk: Obere Hauptstraße); zur Erinnerung an den alten Vorortnamen; der Name „Otachringen" wurde urkundlich erstmals im 12. Jahrhundert erwähnt; Ottakring zählte vor der Eingemeindung 1890 61.817 Einwohner

Otterweg, 22., seit 1966, nach dem Tier

Otto-Bauer-Gasse, 6., seit 1949 (vorher: Kasernengasse), Dr. Otto Bauer (1881 bis 1938), Sozialdemokrat; 1918/19 Staatssekretär des Äußeren und für Sozialisierung, Begründer und Verfechter des Austromarxismus, Abgeordneter zum Nationalrat (1919–1934), Redakteur der „Arbeiter-Zeitung" (ab 1907), Schöpfer des „Linzer Programms" der Sozialdemokratie, 1934 Flucht nach Brünn, Leitung des Auslandsbüros, Publikation „Zwischen zwei Weltkriegen" (1936), 1938 Flucht nach Paris und Tod daselbst; Otto Bauer wohnte auf Kasernengasse 2

Otto-Beyschlag-Gasse, 21., seit 1970, Otto Beyschlag (1869–1945), Pionier des Rad- und Motorsports

Otto-Fürth-Gasse, 22., seit 1966, Dr. Otto Fürth (1867–1938), Chemiker, Univ.-Prof.

Ottogasse, 3., seit 1862, Benennungsgrund nicht mehr feststellbar

Otto-Mauer-Gasse, 23., seit 1995, Otto Mauer (1907–1972), erzbischöflicher Konsistorialrat, päpstlicher Ehrenkämmerer, Künstlerseelsorger, Gründer der Galerie nächst St. Stephan

Otto-Probst-Platz, 10., seit 1989, s. *Otto-Probst-Straße*

Otto-Probst-Straße, 10., seit 1987, Otto Probst (1911–1978), Sozialdemokrat; 1939 von der Gestapo verhaftet und bis 1943 im KZ Buchenwald inhaftiert; 1945 führende Rolle beim Wiederaufbau der Partei in Favoriten, Bezirksobmann der SPÖ 1945 bis 1977; 1945–1978 Nationalratsabgeordneter, 1970–1978 Dritter Präsident des Nationalrates; 1963–1966 Bundesminister für Verkehr und Elektrizitätswirtschaft

Otto-Storch-Gasse, 21., seit 1966, Dr. Otto Storch (1886–1951), Zoologe, Univ.-Prof.

Otto-Wagner-Platz, 9., seit 1925, Otto Wagner (1841–1918), Oberbaurat, Architekt, Prof. an der Kunstakademie

Otto-Weber-Gasse, 22., seit 1993, Otto Weber (1898–1969), Gemeinderatsabgeordneter 1945–1954 (SPÖ)

Otto-Weininger-Gasse, 13., seit 1957, Otto Weininger (1880–1913), Philosoph („Geschlecht und Charakter")

Otto-Willmann-Gasse, 10., seit 1974, Dr. Otto Willmann (1839–1920), Philosoph, Pädagoge

Overbeckgasse, 13., seit 1938 (vorher: Dr. Julius-Ofner-Gasse), Johann Friedrich Overbeck (1789–1869), deutscher Maler der romantischen Schule

Owengasse, 21., seit 1994, Robert Owen (1771–1858), Mitinhaber eines der größten Industrieunternehmen seiner Zeit; versuchte, den klassischen Liberalismus mit sozialreformerischen Ideen anzureichern; setzte sich für die Genossenschaftsidee ein

P

Pacassistraße, 13., seit 1922, Nikolaus Freiherr von Pacassi (1716–1790), Hofarchitekt von Maria Theresia, vollendete den Bau von Schloß Schönbrunn

Pachmanngasse, 14., Benennungsdatum unbekannt, Johann von Pachmann (1804 bis 1888), Bürgermeister von Baumgarten (1881–1884)

Pachmayergasse, 11., seit 1895, Georg Pachmayer, Ortsrichter von Simmering im Pestjahr 1713

Pachmüllergasse, 12., seit 1894 (bis 1864 Friedhof-, dann Josefigasse), Peter Pachmüller, um 1440 Verwalter des Stiftes Klosterneuburg in Ottakring und Meidling

Pachtweg, 22., seit 1966, nach der „Pacht" (Abgabe für Grundstücksmiete)

Packesgasse, 23., seit 1988, Alois Packes (1899–1978), Bürgermeister von Erlaa (1931–1934), Klubobmann der SPÖ, Bezirksrat (1946–1954 für den 25. Bezirk, 1954–1973 für den 23. Bezirk)

Paffrathgasse, 2., seit 1867, Leopold Paffrath (1805–1875), Gemeinderat (1862–1875)

Paletzallee, 19., s. *Paletzgasse*

Paletzgasse, 16., seit 1885, Emanuel Paletz (1816–1900), Pfarrer, gründete 1868 die Kinderbewahranstalt in Ottakring

Palffygasse, 17., Ferdinand Graf Palffy (1774 bis 1840), Schloß- und Grundbesitzer in Hernals

Palisagasse, 10., seit 1929, Dr. Johann Palisa (1848–1925), Astronom, Vizedirektor der Wiener Sternwarte

Pallenbergstraße, 13., seit 1955 (vorher: Alleestraße), Max Pallenberg (1877 bis 1934), Schauspieler

Palmaygasse, 13., seit 1955, Illka von Palmay (1864–1917), populäre Soubrette

Palmgasse, 15., Fürst Karl Franz Joseph Palm-Gundelfingen (1775–1851), Grundbesitzer in Fünfhaus und in Gumpendorf

Paltaufgasse, 16., seit 1897 (vorher: Heugassel), Franz Paltauf (gest. 1785), Ortsrichter in Ottakring (1756–1768)

Paltramplatz, 10., seit 1898, nach dem gleichnamigen Altwiener Bürgergeschlecht; besaß im 13. Jahrhundert ein Schloß in Unterlaa; Paltram vor dem Freithof besaß 1260–1276 eine bürgermeisterähnliche Stellung; das Geschlecht erlosch 1574

Paminagasse, 23., seit 1961, Gestalt aus Mozarts „Zauberflöte"

Panethgasse, 22., seit 1963, Dr. Friedrich August Paneth (1887–1958), Chemiker

Paniglgasse, 4., 1363 Panikelstraße, später auch Plenklerstraße; unklar: entweder nach einer im 17. Jahrhundert ansässigen Bürgerfamilie Panigl oder nach aufgeschichteten Knochenresten („Beinhügel" = „Panhügl" = „Panigl")

Panikengasse, 16., seit 1888, alter Flurname (Paniken = Bann = Ecke bzw. Pan = Ecke, d. h. Gerichtsplatz)

Pannaschgasse, 5., seit 1891, Anton Pannasch (1789–1855), Oberst, Dichter

Pantlitschkogasse, 23., seit 1954, nach einer altansässigen Maurer Familie

Pantucekgasse, 11., seit 1971, Eduard Pantucek (1887–1961), Buchdrucker, Bezirksvorsteher des 11. Bezirks (1921–1934 und 1945)

Pantzergasse, 19., Johann Pantzer, Gastwirt, um 1820 Erbauer des ersten Hauses in der Gasse

Paoliweg, 13., seit 1930 (1938–1947 Justus-Möser-Weg), Betty Paoli (eigentlich Barbara Elise Glück, 1814–1894), Dichterin

Papagenogasse, 6., seit 1876 (vorher: Jägergasse), nach der Figur aus der „Zauberflöte"

Papiergasse, 23., seit 1955, Rosa Papier-Baumgarten (1858–1932), Opernsängerin

Papinweg, 22., seit 1932, Denis Papin (1647 bis 1710), Physiker, Erfinder des Dampfkochtopfes

Pappelstraße, 14., seit 1953, nach dem Baum

Pappelweg, 22., seit 1978, nach dem Baum

Pappenheimgasse, 20., seit 1869 (vorher: Jakobsgasse), Gottfried Heinrich Graf von Pappenheim (1594–1632), kaiserlicher Reitergeneral

Paracelsusgasse, 3., seit 1907, Theophrastus Bombastus von Hohenheim (1493–1541), Arzt, Naturforscher, religionsphilosophische und sozialpolitische Schriften, Wegbereiter der europäischen Heilkunde

Paradeweg, 18., nichtamtliche Bezeichnung

Paradisgasse, 19., seit 1894 (vorher: Paradiesgasse, ursprünglich Kreuzgasse), Maria Theresia Paradis (1759–1824), blinde Klaviervirtuosin, Komponistin

Paragonstraße, 3., seit 1979, nach der einstigen Druckerei „Paragon"

Paraselgasse, 14., seit 1930, Jakob Parasel, Maurergeselle, fiel in der Märzrevolution 1848, s. *Achtundvierzigerplatz*, s. *Märzstraße*

Parhamerplatz, 17., seit 1894 (vorher: Petersplatz, 1938–1945 Planettaplatz), Ignaz Parhamer (1715–1776), Jesuit, Humanist, Leiter eines Waisenhauses

Parisergasse, 1., seit ca. 1797, nach einem Hausschild „Zum Parys"

Parkgasse, 3., seit 1862 (vorher: Badgasse); auf den Gründen des ehemaligen Palais Rasumovsky und des dazugehörigen Parks errichtet

Parkgasse, 14., Benennungsdatum unbekannt, führt zum nahen Schloßpark von Loudon

Parkring, 1., seit 1919, nach dem Stadtpark, angelegt 1862/63; 1910–1919 Kaiser-Wilhelm-Ring

Partlgasse, 23., Josef Partl (1813–1880), erster Bürgermeister von Inzersdorf (1850 bis 1864)

Parttartgasse, 23., Alois Parttart (1841–1898), Klaviererzeuger

Paschinggasse, 17., seit 1912, Ferdinand Pasching (1802–1891), letzter Bürgermeister von Hernals

Pasettistraße, 20., seit 1891, Florian Pasetti (1793–1875), Mitglied der Donauregulierungskommission

Passauer Platz, 1., seit 1902 (ursprünglich Passauer Gasse, dann Salvatorgasse); die Kirche Maria am Gestade befand sich von 1337 bis 1805 im Besitz des Bistums Passau

Passinigasse, 10., seit 1957, Dr. Paul Passini (1881–1956), Maler (Bilder von Favoriten)

Pasteurgasse, 9., seit 1930 (vorher: Wasagasse), Louis Pasteur (1822–1895), französischer Chemiker; erfand das nach ihm benannte Verfahren, Flüssigkeiten durch Erhitzen keimfrei und haltbar zu machen

Pastinakweg, 22., seit 1993, nach der Wiesenpflanze

Pastorstraße, 21., seit 1954, Dr. Ludwig Freiherr von Pastor (1854–1928), Historiker (Papstgeschichte)

Pater-Schwartz-Gasse, 15., seit 1936 (vorher ab 1874 Idagasse), Pater Anton Maria Schwartz (1852–1929), Lehrlings- und Arbeiterseelsorger, Gründer der Kalasantinerkongregation

Patrizigasse, 21., seit 1905 (vorher: Kagraner Straße), nach einer dem hl. Patrick (387 bis 493), dem Apostel der Irländer, geweihten Denksäule

Patrubanstraße, 10., seit 1899 (vorher: Steinackergasse), Dr. Franz von Patruban (1849 bis 1897), Notar, Obmann des Favoritner Ortsschulrates, Verdienste um den Aufbau von Favoriten

Paulanergasse, 4., seit 1862 (vorher: Kirchengasse), nach der 1627 erbauten Kirche und dem Kloster der Paulaner, 1783 aufgehoben

Paul-Ehrlich-Gasse, 19., seit 1947, Dr. Paul Ehrlich (1834–1915), Mediziner, Univ.-Prof., Nobelpreis 1908

Paul-Heyse-Gasse, 11., seit 1932 (1938 bis 1947 Fontanegasse), Paul Heyse (1830 bis 1914), Dichter (Lyrik, Dramen, Romane); Nobelpreis 1910

Paul-Hopfner-Gasse, 21., Paul Hopfner (nähere Daten unbekannt, 19. Jahrhundert), Gastwirt, Weinhändler

Paulinengasse, 18., seit 1894 (vorher: Mayergasse), s. *Paulinensteig*

Paulinensteig, 16., seit 1886, nach Gräfin Pauline von Metternich (1809–1905), geborene Baronin von Effinger-Wildegg; Erzieherin und Freundin der Prinzessin Wilhelmine Montléart, s. *Montléartstraße*

Paulitschkegasse, 22., seit 1936, Dr. Philipp Paulitschke (1854–1899), Afrikaforscher

Paul-Katzberger-Gasse, 23., Paul Katzberger (1891–1941), Bürgermeister von Rodaun, Baumeister

Paul-Konrath-Gasse, 17., seit 1894 (vorher ab 1877 Konrathgasse), Paul Konrath (1817–1863), Gastwirt, Fuhrwerksunternehmer in Hernals

Paulusgasse, 3., seit 1797, nach dem Apostel Paulus; neben dem Apostel Petrus Schutzheiliger der Erdberger Pfarrkirche; s. auch *Petrusgasse*

Paulusplatz, 3., seit 1862 (vorher: Paulusgrund), s. *Paulusgasse*

Pausingergasse, 14., seit 1920, Franz von Pausinger (1839–1915), Maler (Tiermotive)

Pawlikgasse, 22., seit 1962, Franz Xaver Pawlik (1865–1906), Medailleur

Payergasse, 16., seit 1874, Julius Ritter von Payer (1842–1915), Nordpolfahrer, entdeckte auf der österr.-ungar. Nordpolexpedition 1872–1874 mit Karl Weyprecht das Franz-Josephs-Land, s. *Weyprechtgasse*, s. *Nordpolstraße*

Pazmanitengasse, 2., seit 1867, Petrus Pazmany (1570–1637), Erzbischof von Gran, gründete hier 1618 das Pazmaneum zur Heranbildung ungarischer Priester

Pechegasse, 12., seit 1930, Therese Peche (1806–1882), Burgschauspielerin

Peezgasse, 19., seit 1926, Dr. Alexander Peez (1829–1912), erster Obmann des Wiener Volksbildungsvereines (1887–1892), Nationalökonom

Pehamgasse, 22., seit 1955 (vorher: Lagergasse), Dr. Heinrich Peham (1871–1930), Gynäkologe

Peitlgasse, 21., seit 1909 (vorher: Eichengasse), Leonhard Peitl (1846–1906), Propst von Klosterneuburg

Pelargonienweg, 22., seit 1954, nach der Blume

Pelikangasse, 9., seit 1862 (vorher: Bergsteiggasse, 1827–1843 Alserbachgässl), nach einem Hausschild „Zum goldenen Pelikan"

Pellmanngasse, 23., Ferdinand Pellmann (1828–1906), Bürgermeister von Liesing

Pelzer-Rennweg, 16. und 17., Benennungsdatum unklar; ursprünglich Teufelsmauer, 1887 Plankengasse; Herkunft unklar; möglicherweise nach Pelzer, einem Jagdgehilfen von Kaiser Matthias; bei Jagden soll es geheißen haben: „Der Pelzer rennt schon"

Pelzgasse, 15., seit 1894, nach einer altansässigen Fünfhauser Familie

Penkgasse, 21., seit 1953, Dr. Alfred Penk (1858–1943), Geograph

Pensionsgasse, 11., seit 1875; hier befanden sich Häuser, die „vom Vermögen für die Ruheständler der Staatsbahnangestellten" erbaut wurden; nach 1945 revitalisiert

Penzinger Straße, 14., seit 1894 (vorher: Hauptstraße; um 1529 erwähnt als „Am oberen Ort" und „Obere Zeile"), zur Erinnerung an den alten Vorstadtnamen („-ing" = Dorf, „Penz" = Bernhard, also ein Dorf, das einem Bernhard gehört oder von ihm verwaltet wird); 1130 wird ein Regenbertus und Rudolf de Pencingen genannt; Penzing als 14. Bezirk gibt es seit 1938, vorher gehörte er zum 13. Bezirk, s. Einleitung

Per-Albin-Hansson-Straße, 10., Per Albin Hansson (1885–1949), schwedischer Ministerpräsident, 1925–1946 Vorsitzender der schwedischen Sozialdemokratie, Begründer des schwedischen Reformkurses und Verfechter der Neutralität; hatte 1945 entscheidenden Anteil an der Einleitung von Hilfsaktionen für das hungernde Wien

Perchtoldsdorfer Straße, 23., führt nach der Ortschaft in Niederösterreich

Percostraße, 22., seit 1990, Rudolf Perco (1884–1942), Architekt (Gemeindebauten, z. B. Engelshof im 20. Bezirk)

Peregringasse, 9., seit 1870, nach dem hl. Peregrinus Latiosi (1265–1345), Servitenmönch, Schutzpatron der Fußkranken und Krebskranken, wird in der Servitenkirche verehrt

Perfektastraße, 23., seit 1955 (vorher: Grenzgasse), nach der in Erlaa ansässigen Fabrik „Perfekta"

Perinetgasse, 2. und 20., seit 1919 (vorher: Mathildengasse), Joachim Perinet (1765 bis 1816), Schauspieler, Wiener Volksdichter; wirkte vor allem am Leopoldstädter Theater

Perlweg, 21., nichtamtliche Bezeichnung

Pernerstorfergasse, 10., seit 1919 (vorher ab 1864 Eugengasse), Engelbert Pernerstorfer (1850–1918), Sozialpolitiker, Reichsratsabgeordneter; setzte sich für die Arbeiterbildung ein; mit Viktor Adler führender Kopf der Sozialdemokratie

Pernerstorfersteg, 10., seit 1989, s. *Pernerstorfergasse*

Perntergasse, 19., seit 1910 (vorher: Aussichtsweg), Dr. Josef Pernter (1848–1908), Direktor der Zentralanstalt für Meteorologie und Geodynamik

Perschlingstraße, 2., seit 1910, nach dem Perschlingbach, einem ehemaligen Nebenarm der Donau

Perspektivstraße, 2., nach der schönen Aussicht von der Rotunde (Plätze, von denen aus man bestimmte Gebäude gut sehen konnte, bezeichnete man früher als Perspektive)

Peschkaweg, 13., seit 1993, Anton E. Peschka (1885–1940), Maler

Pestalozzigasse, 1., Johann Heinrich Pestalozzi (1746–1827), Schriftsteller, Sozialreformer; leitete 1804 bis 1825 ein Erziehungsinstitut, das weltberühmt wurde

Peter-Altenberg-Gasse, 19., seit 1929 (1938 bis 1947 Droste-Hülshoff-Gasse), Peter Altenberg (richtig Richard Engländer, 1859–1919), Schriftsteller (Hauptvertreter des literarischen Impressionismus in Wien); exzentrische Lebensführung, ständiger Gast renommierter Kaffeehäuser (Central, Herrenhof)

Peter-Berner-Straße, 21., seit 1962, Peter Berner, Fischer, rettete beim Hochwasser von 1830 175 Menschen das Leben

Peter-Jordan-Straße, 18. und 19., seit 1904, Peter Jordan (1751–1821), Direktor der kaiserlichen Landwirtschaftsgüter in Laxenburg und Vösendorf; einer der Begründer des land- und forstwirtschaftlichen Unterrichts, entwickelte neue Methoden der planmäßigen Bodenbearbeitung

Peter-Kaiser-Gasse, 21., seit 1909 (vorher: Kaisergasse), Peter Kaiser (ca. 1540 bis ca. 1602), Ortsrichter von Jedlesee (1596 bis 1602)

Peterlinigasse, 23., seit 1954 (vorher: Draschegasse), Dominik Peterlini (1875 bis 1944); Gründer der Maurer Knabensingschule

Petersplatz, 1., nach der dem hl. Petrus geweihten Kirche, urkundlich bereits 1137 erwähnt

Petrarcagasse, 1., seit 1886 (vorher ab 1881 Ferstelgasse), Francesco Petrarca (1304 bis 1374), italienischer Dichter, Humanist, Lyriker

Petraschgasse, 20., seit 1902, Hugo Petrasch (1815–1902), Gemeinderat der Brigittenau

Petrusgasse, 3., seit 1862, nach dem Apostel Petrus, neben dem Apostel Paulus Schutzheiliger der Erdberger Pfarrkirche (s. auch *Paulusgasse*)

Petrus-Klotz-Gasse, 17., Petrus Klotz (1878 bis 1956), Abt des Stiftes St. Peter in Salzburg

Petschniggasse, 23., seit 1959, Emil Petschnig (1877–1939), Komponist

Pettenkofengasse, 3., seit 1899, August von Pettenkofen (1821–1889), Maler (Zigeuner- und Pußtamotive)

Petzoldgasse, 11., seit 1924, Alfons Petzold (1882–1923), Arbeiterdichter („Das rauhe Leben")

Petzvalgasse, 4., seit 1904, Dr. Josef Max Petzval (1807–1891), Mathematiker, Physiker

Peuckerstraße, 22., seit 1987, Karl Peucker (1859 bis 1940), Gründer der Lehre von der Raumwirkung der Farben, Ehrenmitglied der geographischen Gesellschaft in Wien

Pevetzgasse, 14., seit 1975 (vorher: Brückengasse), Prof. Dr. Georg Pevetz (1893–1971), Maler, Graphiker

Pezzlgasse, 17., seit 1894 (vorher: Karlsgasse), Johann Pezzl (1756–1823), Schriftsteller (Ortsbeschreibungen), Bibliothekar

Pfadenhauergasse, 14., seit 1887 (vorher: Pouthongasse), Erhard Pfadenhauer (1823 bis 1900), Weinhändler, Gemeinderat von Penzing

Pfaffenaugasse, 11., seit 1895, Flurname (diese Gegend war im Besitz der Kirche)

Pfaffenbergengasse, 14., seit 1909, nach dem 415 m hohem Pfaffenberg

Pfalzgasse, 22., seit 1953, Dr. Anton Pfalz, Germanist

Pfarrer-Matz-Gasse, 21., Maximilian Matz (1811–1893), Pfarrer von Stammersdorf

Pfarrer-Pasecker-Gasse, 21., seit 1985, Dr. Roland Pasecker (1905–1961), Pfarrer von Strebersdorf, beliebter Seelsorger

Pfarrgasse, 14., seit 1894, nach der Pfarre Mariabrunn

Pfarrgasse, 23., seit 1947 (1938 Holzwebergasse), nach der Inzersdorfer Pfarrkirche

Pfarrhofgasse, 3., seit 1862 (vorher: Pfarrgasse), hier stand der alte Pfarrhof

Pfarrplatz, 19., seit 1894 (1938–1945 Hermaplatz), nach der Pfarrkirche von Heiligenstadt

Pfarrwiesengasse, 19., seit 1894 (vorher: Karlsgasse), Flurname

Pfarrwiesenstraße, 14., Benennungsdatum unbekannt, Flurname

Pfauengasse, 6., nach einem Hausschild „Zum Pfauen"

Pfeffergasse, 2., seit 1862, Peter Pfeffermann (1809–1870), Zahnarzt; um 1860 Erbauer des ersten Hauses in der Gasse

Pfefferhofgasse, 3., früher ein Teil Diepoldplatz; Freiherr von Pfefferhofen (1648 bis 1714), Generalfeldmarschall, Kommandant von Ofen, spendete Geld für Kirchenbauten

Pfefferminzenweg, 22., seit 1978 (vorher: Bahnweg), nach der Pflanze

Pfeifenstrauchweg, 22., seit 1954, nach der Pflanze

Pfeiffenbergergasse, 13., seit 1894 (vorher: Bäckergasse), Michael Pfeiffenberger (1831–1892), letzter Bürgermeister von Hacking

Pfeiffergasse, 15., Karl Pfeiffer (1764–1836), Lederfabrikant

Pfeilgasse, 8., seit 1862 (vorher: Neue Gasse im Sack), nach einem Hausschild „Zum Pfeil"

Pfeilkrautweg, 22., seit 1966 (vorher: Nelkenweg), nach der Pflanze

Pfendlergasse, 21., seit 1973, Georg Pfendler (1799 bis 1864), Entwickler der Gasbeleuchtung in Wien

Pfenninggeldgasse, 16., Flurname; schon 1373 als Groß- und Klein-Pfenninggeld urkundlich erwähnt (mehr oder minder ertragreiche Weingärten)

Pfingstrosenweg, 22., seit 1954, nach der Blume

Pfirsichgasse, 22., seit 1954, nach dem Obst

Pfitznergasse, 23., seit 1957 (vorher: Franz-Schubert-Gasse), Hans Pfitzner (1869 bis 1949), Komponist, Dirigent, Opernregisseur; 1894–1896 Theaterkapellmeister in Mainz, 1897–1907 Lehrer für Komposition in Berlin, 1908–1918 städtischer Musikdirektor und Direktor des Konservatoriums in Straßburg, 1920–1934 Leitung von Meisterklassen in Berlin und München; sein Werk zählt zur klassisch-romantischen Tradition („Palestrina", 1917)

Pflaumengasse, 23., seit 1954, nach dem Obst

Pflieglergasse, 13., seit 1975 Dr. Michael Pfliegler (1891–1972), Prof. für Theologie an der Universität Wien; Philosoph

Pfluggasse, 9., nach einem Hausschild „Zum goldenen Pflug"

Philadelphiabrücke, 12., erinnert an die erste Lokomotive der Südbahn, die aus der gleichnamigen amerikanischen Stadt kam

Philharmonikerstraße, 1., wurde anläßlich des 100jährigen Bestandes der Philharmoniker am 28. März 1942 so benannt; vorher: Augustinerstraße

Philippovichgasse, 19., seit 1926, Eugen Philippovich von Philippsberg (1858 bis 1917), Professor, Nationalökonom

Phillipsgasse, 14., seit 1894 (vorher: Bäckergasse), Dr. Georg Phillips (1804–1882), Jurist, Universitätsprofessor

Phorusgasse, 4., seit 1881 (1938–1945 Maitzengasse), nach einer von 1824 bis 1853 bestandenen Holzzerkleinerungsanstalt, deren Namen aus den Anfangsbuchstaben ihrer Gründer gebildet wurde (Palffy, Hackelberg, Offenheimer, Reischer, Unger und Schönfelder = Phorus)

Piangasse, 11., seit 1956, Antonio de Pian (1784–1851), Maler, Bühnenbildner, Kupferstecher, Lithograph

Piaristengasse, 8., nach 1716 entstanden, bis 1810 Klostergasse, ein Teil bis 1862 Neuschottengasse; nach dem Piaristenorden, der 1700 bis 1716 die Piaristenkirche erbaute

Piccaverweg, 14., seit 1975, Alfred Piccaver (1884–1958); studierte Elektrotechnik und war Mitarbeiter von Edison; auf einer Europareise wurde seine Stimme entdeckt, Debüt als Tenor 1907 in Prag, 1912–1937 an der Staatsoper, Gastspiele an allen großen Opernhäusern und bei den Salzburger Festspielen, 1939 Emigration, 1955 Rückkehr nach Wien

Pichelmayergasse, 10., seit 1965, Karl Pichelmayer (1868–1914), Elektrotechniker, Prof. an der Technischen Hochschule

Pichelwangergasse, 21., seit 1909, Matthias Pichelwanger (1770–1832), Ortsrichter von Floridsdorf (1805–1811, 1815–1822)

Pichlergasse, 9., seit 1883, Karoline Pichler (1769–1843), Schriftstellerin (Lyrik, Prosa, Romane, Dramen); die gesammelten Werke umfassen 60 Bände

Pichlgasse, 22., seit 1962, Alois Pichl (1783 bis 1856), Architekt

Pickgasse, 10., seit 1993, Karl Pick (1867 bis 1938), Gewerkschafter

Pielachgasse, 20., seit 1904, Nebenfluß der Donau

Pierre-de-Coubertin-Platz, 2., seit 1991, Baron Pierre de Coubertin (1863–1937), Initiator der Neueinführung der Olympischen Spiele

Pierrongasse, 14., seit 1894 (vorher: Neue Straße), Eduard de Cumy-Pierron (1808 bis 1883), half großzügig in sozialen Notfällen

Pilatgasse, 22., seit 1960, Josef Anton von Pilat (1782 bis 1856), Publizist

Pilgerimgasse, 15., seit 1912, nach Bischof Pilgerim, einer Gestalt aus der Nibelungensage

Pilgrambrücke, 5. und 6., erbaut 1865–1867, s. *Pilgramgasse*

Pilgramgasse, 5., seit 1862, Anton Pilgram (1699–1761), Landschaftsbaumeister, Mitglied des Äußeren Rates

Pillergasse, 15., seit 1894 (vorher: Wehrgasse), Georg Piller (1789–1873), Gemeinderat von Sechshaus (1850–1860), Farbwarenfabrikant

Pillersdorfgasse, 2., seit 1862, Franz Xaver Freiherr von Pillersdorf (1786–1862), Hofkanzler, 1848 Ministerpräsident; arbeitete eine Verfassung aus

Pilotengasse, 22., seit 1944, nach dem seinerzeitigen in der Nähe gelegenen Flugplatz Aspern, s. *Flugfeldstraße*

Pilzgasse, 21., seit 1919 (vorher: Fabriksgasse), Friedrich Pilz (1841–1898), Gründer der Floridsdorfer Mineralölfabrik

Pinaglgasse, 12., seit 1955, Spitzname des Fiakers August Niedermann, das angebliche Vorbild des Fiakerliedes

Pinkagasse, 21., seit 1953, nach dem Fluß im Burgenland

Pionierweg, 22., seit 1966, nach der Truppengattung, die in den napoleonischen Kriegen (1809) eingesetzt war

Pippichgasse, 23., seit 1957, Carl Pippich (1862–1932), Maler

Pirchangasse, 10., seit 1959, Emil Pirchan (1884–1957), Bühnenbildner

Pirkebnerstraße, 12., seit 1928, Johann Pirkebner (1861–1910), Bezirks- und Fürsorgerat

Pirolweg, 14., seit 1953, nach dem Vogel

Pirquetgasse, 22., seit 1974, Dr. Clemens Pirquet (1874 bis 1929), Kinderarzt; widmete sich Fragen der Ernährung im Kindesalter; die Familie Pirquet hatte 1868 das Schloß Hirschstetten erworben; Erstbesitzer war Peter Freiherr von Pirquet

Pitkagasse, 21., seit 1913, Josef Pitka (1850 bis 1906), Fleischhauer, Direktor der Floridsdorfer Sparkasse, Bezirksrat

Pittelweg, 18., nichtamtliche Bezeichnung

Pius-Parsch-Platz, 21., seit 1965, Pater Pius Parsch (1884 bis 1954), Augustiner-Chorherr, Liturgiereformer

Plachygasse, 17., seit 1929, Wenzel Plachy (1785–1857), Komponist

Planetengasse, 10., seit 1862, Benennung erfolgte in Zusammenhang mit der *Keplergasse* (Kepler stellte die Bewegung der Planeten um die Sonne fest)

Plankenbüchlergasse, 21., ursprünglich Vereinsgasse; Franz Plankenbüchler (1852 bis 1894), Bürgermeister von Donaufeld (1887–1892), Gastwirt, Fleischhauer

Plankengasse, 1., urspr. Neuburger Straße; Kaiser Joseph II. entzog 1784 den Kapuzinern einen Teil ihrer Gärten und befahl, dort „längs der Planke" Häuser zu errichten

Plankenmaisstraße, 22., seit 1944, Riedname

Plankenweg, 10. und 23., nichtamtliche Bezeichnungen

Plattensteinergasse, 22., seit 1959, Richard Plattensteiner (1878–1956), Schriftsteller

Plattlgasse, 23., Benennungsdatum unbekannt, Flurname

Platz der Opfer der Deportation, 3., seit 1994, zur Erinnerung an die vom Aspangbahnhof deportierten Opfer des NS-Regimes

Platzergasse, 21., seit 1993, Peter Platzer (1910–1959), Fußballer

Plecnikweg, 22., seit 1987, Josef Plecnik (1872–1957), Erbauer des Zacherlhauses und der Pfarrkirche zum „Heiligen Geist"

Pleischlgasse, 11., seit 1949 (vorher ab 1933 Klabundgasse, 1940–1949 Julius-Eckel-Gasse), Prof. Dr. Adolf Pleischl (1787 bis 1867), Chemiker, Erfinder des metallfreien Emails, Gründer der Emailgeschirrindustrie, 1838–1848 Prof. für Chemie

Plenergasse, 18., Ignaz Edler von Plener (1810–1908), 1867–1870 Handelsminister, dann bis 1873 Herrenhausmitglied; Vorkämpfer der Liberalisierung des politischen Lebens und der Wirtschaft

Pliwagasse, 6., seit 1933, Ernst Pliwa (1857 bis 1928), Sektionschef, Schöpfer des Fortbildungsschulwesens

Plößlgasse, 4., seit 1875, Simon Plößl (1794 bis 1868), Optiker, Feinmechaniker

Plunkergasse, 15., seit 1912, Johann Plunker (gest. ca. 1850), letzter Ortsrichter und erster Bürgermeister von Fünfhaus

Podhagskygasse, 22., seit 1953, E. Podhagsky; veröffentlichte 1877 ein Buch über die Wasserversorgung des Marchfelds

Podhorezkygasse, 23., seit 1961, Alois Podhorezky (1893–1929), Gemeinderat von Erlaa, Ortsschulrat

Podlahagasse, 22., seit 1955, Wilhelm Albert Podlaha (1803–1853), Lehrer, verfaßte pädagogische Schriften

Pöchlarnstraße, 20., seit 1892, nach der gleichnamigen Ortschaft an der Donau

Pölleritzergasse, 23., seit 1961, Johann Pölleritzer (1830–1898), Gemeinderat von Atzgersdorf

Pönningerweg, 16., seit 1927, Franz Pönninger (1832–1906), Bildhauer

Poestiongasse, 10., Dr. Josef Poestion (1853 bis 1922), Sprachgelehrter (beschäftigte sich mit dem nordischen Schrifttum)

Pötzleinsdorfer Höhe, seit 1907, s. *Pötzleinsdorfer Straße*

Pötzleinsdorfer Straße, seit 1894 (vorher: Hauptstraße), zur Erinnerung an den ehemaligen Vorortnamen; Pötzleinsdorf zählte vor der Eingemeindung 737 Einwohner, der Ort wurde erstmals im 12. Jahrhundert erwähnt („ad pezelinesdorf")

Pogrelzstraße, 22., seit 1910 (vorher: Feldgasse), Johann Pogrelz, 1670–1690 Pfarrer von Kagran, errichtete aus eigenen Mitteln eine Schule und baute die Pfarre in Kagran, die unter den Reformationswirren gelitten hatte, wieder auf

Pohlgasse, 12., seit 1894 (vorher: Radetzkygasse), Abbé Pohl, Wiederentdecker der Heilquelle des Theresienbades

Pointengasse, 17., Flurname; Point (Peunt, Punt, Bunt) = eingezäuntes Grundstück

Pokornygasse, 19., seit 1894 (um 1721 bis 1800 Kuhdrift, nachher Viehtrifft, dann Donaugasse); Dr. Alois Pokorny (1826 bis 1886), Naturhistoriker, Gymnasialdirektor

Polgarstraße, 22., seit 1965, Alfred Polgar (1873–1955), Schriftsteller („An den Rand geschrieben", 1926, „Handbuch des Kritikers", 1937), 1938 Emigration über die Schweiz in die USA

Pollakgasse, 23., seit 1954 (vorher: Kirchengasse), Josef Pollak (1884–1952), Gemeinderat von Siebenhirten

Polletstraße, 22., seit 1927, Johann Pollet (1814–1872), Artilleriehauptmann (verweigerte 1848 den Schießbefehl auf die Aufständischen)

Politzergasse, 16., seit 1971, Johann Politzer (1871 bis 1961), sozialdemokratischer Bezirksvorsteher von Ottakring (1919–1934); der 16. Bezirk zählte in der Zwischenkriegszeit zu den Armenvierteln; Politzer forcierte den Wohnbau und Gemeinschaftseinrichtungen (Ottakringer Bad, Kongreßbad, Kindergärten, Mütterberatung etc.), arbeitete nach 1945 am Wiederaufbau der SPÖ in Ottakring mit

Pombergerweg, 22., nichtamtliche Bezeichnung

Pongratzgasse, 23., seit 1979, Prof. Dipl.-Ing. Dr. Ferdinand Pongratz (1896–1973), Rektor der Technischen Hochschule in Wien, Prof. für Stahlbeton und Massivbau, Präsident der Ingenieurkammer für Wien, NÖ und Burgenland

Popovweg, 10., seit 1960, Alexander Stefanowitsch Popov (1859–1905), russischer Physiker

Poppenwimmergasse, 21., seit 1927, Josef Poppenwimmer (1863–1918), Vorkämpfer der Arbeiterbewegung

Porschestraße, 23., seit 1977, Prof. Dr. h. c. Ferdinand Porsche (1875–1951), Konstrukteur des Volkswagens, arbeitete 1899 bis 1904 in der k. u. k. Hofkutschenfabrik Lohner, entwickelte das berühmte Elektromobil, System Lohner-Porsche; 1921 Entwicklung eines Sportwagens, 1922 bei Daimler Benz; 1929 bis 1931 Chefkonstrukteur bei den Steyr-Werken; 1933 stellte er den Volkswagen vor, 1948/49 entwickelte er den Porsche

Portheimgasse, 22., seit 1959, Max Portheim (1857 bis 1937), Bibliograph, Privatgelehrter

Portnergasse, 22., seit 1911, Leopold Portner Freiherr von Höflein (1768–1821), Generalmajor, Verdienste in den napoleonischen Kriegen

Porzellangasse, 9., seit 1862 (früher auch Porzellaingasse, ein Teil bis 1862 Schmiedgasse); hier bestand von 1721 bis 1864 eine kaiserliche Porzellanfabrik

Poschgasse, 14., seit 1894 (vorher: Annagasse), Freifrau Maria Anna von Posch, Gattin des Hofbeamten Johann Adolf Freiherr von Posch; erwarb um 1770 Breitensee; nach ihrem Tod erbte ihr Sohn den Besitz, der ihn 1806 verkaufte

Possannergasse, 13., seit 1960, Dr. Gabriele Possanner (1860–1940), erste Ärztin in Österreich

Possingergasse, 15. und 16., seit 1886, Ludwig Freiherr Possinger von Choborski (1832–1889), Statthalter von Niederösterreich (1880 bis 1889)

Postgasse, 1., seit 1862 (vorher: Bockgasse), nach dem Hauptpostamtsgebäude, das sich seit 1847 hier befindet

Postgasse, 14., Benennungsdatum unklar, nach dem Postamt

Posthorngasse, 3., seit 1862 (vorher: Adlergasse), nach einem 1776 nachweisbaren Gasthausschild „Zum Posthörndl"

Pottendorfer Straße, 12., seit 1905, nach der Pottendorfer Bahn

Pouthongasse, 15., Ludwig Freiherr von Pouthon (1807–1859), Großgrundbesitzer in Fünfhaus

Powolnygasse, 22., seit 1965, Prof. Michael Powolny (1871–1954), Bildhauer

Praetoriusgasse, 3., Dr. Christian Ludwig Praetorius (1834–1890), Arzt, Gemeinderat von Erdberg; hinterließ dem Rudolfspital seine medizinische Bibliothek

Präuscherplatz, 2., seit 1963, Hermann Präuscher (1839–1896), Dompteur (gründete das Panoptikum und anatomische Museum)

Prager Straße, 21., früher Prager Reichsstraße, Hauptstraße und Landesstraße nach Prag; 1728 bis 1736 angelegt

Pramergasse, 9., seit 1782 (um 1730 Gärtnergasse, 1780 Kothgasse), Konrad Pramer (Pramber, ca. 1588–1655), 1638 Stadtrichter, 1640 bis 1645 Bürgermeister von Wien

Prandaugasse, 22., seit 1917 (vorher ab 1909 Plankengasse), Max Emanuel Hildebrand von Prandau, war 1719 bis 1729 Besitzer des Freihofes von Kagran

Praschnikerweg, 21., seit 1954, Dr. Camillo Praschniker (1884–1949), Archäologe, Univ.-Prof.

Praterbrücke, 2., seit 1970

Praterspitz, 2., seit 1862, Ende des Praters bei der Einmündung des Donaukanals

Praterspitzstraße, 2., führt zum Praterspitz

Praterstern, 2., seit 1872, seit alters her eine berühmte Straßenkreuzung; von diesem Platz verlaufen sternförmig die Straßen

Praterstraße, 2., seit 1862 (ursprünglich Unter den Felbern und Jägerzeile), führt in den Prater

Prausgasse, 23., seit 1988, Ing. Alfred Praus (1919 bis 1974), Bezirksvorsteher-Stellvertreter (1966–1973), Bezirksrat (1951–1959, 1964 bis 1973), ÖVP

Prechtlgasse, 9., seit 1886, Josef Johann Prechtl (1778–1854), Gründer und erster Direktor des Technologischen Gewerbemuseums

Predigergasse, 1., seit 1862 (vorher: Dominikanergasse), nach den 1226 nach Wien berufenen Dominikanern, die als populäre Prediger bekannt waren

Pregartengasse, 21., Flurname

Prehausergasse, 13., seit 1912, Gottfried Prehauser (1699–1769), berühmter Darsteller des Hanswurst

Preindlgasse, 13., seit 1894 (vorher: Mühlbachgasse), Josef Preindl (1756–1823), Hofkapellmeister, Komponist

Preleuthnersteig, 13., seit 1928, Johann Preleuthner (1807–1897), Bildhauer

Premgasse, 23., seit 1955, Georg Prem (1877–1952), Vizebürgermeister von Erlaa

Premlechnergasse, 12., Johann Premlechner (1799–1885), vorletzter Bürgermeister von Hetzendorf (1858–1861)

Premreinergasse, 13., seit 1895, Max Premreiner (gest. 1879), letzter Ortsrichter und erster Bürgermeister von Ober-St. Veit

Preradovicgasse, 14., seit 1954, Paula von Preradovic (1887–1951), Enkelin des kroatischen Nationaldichters Petar von Preradovic; erste Gedichte in kroatischer Sprache, ab 1914 in Wien; schrieb Lyrik und Prosa in ausgeprägt katholischer Haltung, Roman „Pave und Pero", 1944/45 Gestapohaft, 1947 Text zur österreichischen Bundeshymne

Preßburger Gasse, 21., nach der Stadt in der Slowakei, 1526–1784 ungarische Krönungsstadt

Preßgasse, 4., seit 1862, nach einem Gasthausschild „Zur großen Presse" oder „Zur goldenen Presse"

Pretschgasse, 11., seit 1894 (vorher: Andreasgasse), Paul Pretsch (1808–1873), Erfinder der Photogalvanographie, Techniker, Angestellter in der Staatsdruckerei

Pretschgogasse, 17., seit 1894 (vorher: Andreasgasse), Andreas Pretschgo (1803 bis 1887), Pfarrer von Dornbach

Preyergasse, 13., seit 1912, Gottfried Preyer (1807–1901), Hoforganist, Kapellmeister, Komponist

Preysinggasse, 15., Karl Preysing (1789 bis 1880), Bürgermeister von Rudolfsheim (1863–1870)

Preyweg, 22., seit 1987, Adalbert Prey (1873 bis 1949), Astronom, Mitglied der Akademie der Wissenschaften

Prießnitzgasse, 21., seit 1909 (ursprünglich Wassergasse, dann bis 1909 Wurmsergasse), Vinzenz Prießnitz (1799–1851), Naturheilkundler (Gründer der Wasserheilkunde)

Primavesigasse, 22., seit 1990, Prof. Oskar Primavesi (1874–1952), Rektor der Technischen Hochschule; schuf die Entwürfe für die Elektrifizierung der Nordbahn und entwickelte einen Turbogenerator für das Wiener E-Werk

Primelweg, 14., nach der Blume

Prinz-Eugen-Straße, 3. und 4., seit 1911 (vorher: Heugasse), Prinz Eugen von Savoyen (1663–1736), Feldherr; 1693 Feldmarschall, 1703 Präsident des Hofkriegsrates, zahlreiche Siege gegen die Türken; ließ sich u. a. Schloß Belvedere erbauen

Prinzgasse, 22., seit 1957, Karl Ludwig Prinz (1875 bis 1944), Maler

Prixgasse, 22., seit 1960, Dr. Johann Prix (1836–1894), Bürgermeister von Wien (1889–1894), Rechtsanwalt; unter seine Amtszeit fiel die Eingemeindung der Vororte

Probusgasse, 19., seit 1894 (vorher: Herrengasse), Marcus Aurelius Probus (232 bis 282), römischer Kaiser (276–282), legalisierte den Weinbau im Wiener Raum

Prochstraße, 14., seit 1899, Heinrich Proch (1809–1877), Hofopernkapellmeister, Komponist

Pröllgasse, 13., seit 1894 (vorher: Augasse), Martin Pröll (1792–1863), Ortsrichter von Hacking um 1840

Pröpstlgasse, 22., Benennungsdatum und Herkunft unklar

Promenade, 13., nach der Lage am rechten Wienufer

Promenadegasse, 17., Benennungsdatum unklar, Spazierweg zum Heuberg

Promenadenstraße, 14., Benennungsdatum unbekannt, setzt die Hans-Muhr-Promenade fort

Promenadestraße, 22., nichtamtliche Bezeichnung

Promenadeweg, 17., nichtamtliche Bezeichnung, Spazierweg zur Höhenstraße

Promenadeweg, 23., seit 1947 (1938: Holzweberstraße), nach der Lage an der Liesing

Pronaygasse, 12., seit 1894 (vorher: Schulgasse), Siegmund Pronay Freiherr von Töt-Prona (1780?–1848), Besitzer eines botanischen Gartens in Hetzendorf

Proschkogasse, 6., ursprünglich Wäschergasse; Dr. Franz Isidor Proschko (1816 bis 1891) und seine Tochter Hermine Camilla (1854–1923), beide Jugendschriftsteller

Prückelmayrgasse, 23., seit 1967, Johann Matthias Prückelmayr Freiherr von und zu Goldegg (1589–1657), Lehensherr von Atzgersdorf, Liesing und Steinhof; kam aus ärmlichen Verhältnissen; ein Pfarrer ermöglichte ihm Studium und Aufstieg bis zum Gutsherrn; errichtete eine Stiftung für arme Studenten

Prunngasse, 22., angeblich nach einem Brunnen mit trinkbarem Wasser

Pschorngasse, 16., seit 1971, Karl Pschorn (1885 bis 1945), Mundartdichter

Puccinigasse, 23., seit 1952, Giacomo Puccini (1858 bis 1924), Opernkomponist („La Bohème“, 1896; „Tosca“, 1900; „Madame Butterfly“, 1904)

Puchgasse, 22., seit 1972, Johann Puch (1862–1914), Mechaniker, Pionier des Fahrradwesens, begann 1890 mit der fabriksmäßigen Erzeugung von Fahrrädern („Styria“), 1899 gründete er in Graz die „Johann Puch – Erste steiermärkische Fahrrad-Fabriks-Actiengesellschaft“

Puchsbaumgasse, 10., seit 1872, Hans Puchsbaum (1390–1454), 1445 bis 1454 Dombaumeister, arbeitete an der Einwölbung des Langhauses des Stephansdomes und begann mit dem Bau des zweiten Turmes

Puchsbaumplatz, 10., seit 1875, s. *Puchsbaumgasse*

Püchlgasse, 19., Anton Püchl (1852–1914), Bezirksschulinspektor, reformierte das Gewerbeschulwesen

Pühringergasse, 23., Ferdinand Pühringer (1827–1908), Gemeinderat von Inzersdorf

Pülslgasse, 23., seit 1954, Franz Pülsl (1875 bis 1946), Vizebürgermeister von Liesing (1921–1934), Landtagsabgeordneter; Pionier der Arbeiterbewegung, Sozialdemokrat, Mitbegründer der Bau- und Wohnungsgenossenschaft (heute „Wien Süd“)

Püttlingengasse, 13., seit 1912, Dr. Johann Freiherr Vesque von Püttlingen (1803 bis 1883), Dichter (unter dem Namen J. Hoven), Rechtsgelehrter, Komponist

Puffergasse, 21., Georg Puffer (1829–1895), Bürgermeister von Floridsdorf (1873 bis 1882)

Pulkaugasse, 21., seit 1953, nach dem Fluß in Niederösterreich

Pulverturmgasse, 9., zur Erinnerung an ein schweres Explosionsunglück 1779; damals befand sich dort ein Magazin für Kriegsmaterial, dessen Inhalt sich entzündete (67 Tote und beträchtlicher Sachschaden waren die Folgen); auf Haus Nr. 7 erinnert ein Glasbild an die Explosion

Pumgasse, 23., Franz Pum (1840–1894), Pfarrer von Liesing

Puntigamgasse, 13., seit 1936, Pater Anton Puntigam (1859–1926), Seelsorger, Schriftsteller

Pupovacweg, 22., seit 1955 (vorher: Kirschenweg), Dr. Dominik Pupovac (1869–1929), Chirurg, Univ.-Prof.

Purchmannweg, 22., seit 1973, nach einem Herrn von Kagran, der 1199 in einer Urkunde erwähnt wird (Purchmann von Chagaran)

Purkytgasse, 23., seit 1955, Ernst Purkyt, 1919 bis 1934 Vizebürgermeister von Inzersdorf

Puschkingasse, 21., seit 1932, Aleksandr (Alexander) S. Puschkin (1799–1837); Dichter; gilt als Schöpfer der russischen Literatursprache; Lyrik, Versroman „Eugen Onegin“, Novelle „Pique Dame“

Puschmanngasse, 21., seit 1973, Prof. Dr. Theodor Puschmann (1844–1899), Historiker (Medizingeschichte)

Putzendoplergasse, 23., seit 1964, Franz Putzendopler (1890–1959), Sportfunktionär

Pyrkergasse, 19., seit 1894 (ursprünglich Plankengasse, später Parkgasse, dann Alleegasse), Johann Ladislav Pyrker von Felsö-Eör (1772–1847), Erzbischof von Erlau, Dichter

Q

Quadenstraße, 22., seit 1909 (vorher: Breitenleer Straße); nach dem gleichnamigen germanischen Volksstamm

Quaringasse, 10., seit 1911, Josef Freiherr von Quarin (1733–1814), Oberdirektor des Allgemeinen Krankenhauses, Gründer der Findelanstalt, Vorkämpfer für Hygiene und Volksgesundheit, Univ.-Prof.

Quarzweg, 21., nichtamtliche Bezeichnung

Quellenplatz, 10., seit ca.1874, nach dem 1874 errichteten Wasserbehälter der I. Wiener Hochquellenwasserleitung

Quellenstraße, 10., seit 1906 (vorher: Quellengasse), s. *Quellenplatz*

Quellenweg, 17., nichtamtliche Bezeichnung

Quergasse, 23., nach der Lage „quer" zwischen Breitenfurter Straße und Fröhlichgasse

Querweg, 12., nichtamtliche Bezeichnung

Quittenweg, 22., seit 1955, nach dem Obst

R

Raaber-Bahn-Gasse, 10., seit 1862, neben der 1840 erbauten Raaber Bahn, die 1854 bis nach Raab (Györ) weitergeführt wurde (heute Ostbahn)

Raabweg, 22., nichtamtliche Bezeichnung

Rabengasse, 3., nach einem Hausschild „Zum Raben" (um 1790)

Rabenlechnerweg, 22., seit 1965, Dr. Michael Rabenlechner (1868–1952), Literatur- und Lokalhistoriker

Rabensteig, 1., seit 1862; nach dem Gasthaus „Zu den drei Raben" (um 1850 Rabenplatz und Drei Rabengasse, dann Rabengasse)

Rabensteinergasse, 23., Heinrich Rabensteiner, um 1352 Marktrichter von Perchtoldsdorf

Rabnitzweg, 21., seit 1966, nach dem gleichnamigen Bach im Burgenland

Radeckgasse, 4., Flurname

Radelmayergasse, 19., seit 1894 (vorher: Leibenfrostgasse), Johann Nikolaus Radelmayer (1662–1724), Gastwirt

Radetzkyplatz, 3., s. *Radetzkystraße*

Radetzkystraße, 3., Benennungsdatum unklar (vorher ein Teil Pfefferhofstraße, ein anderer Prager Straße), Josef Wenzel Graf Radetzky (1766–1858), Feldherr; entwarf 1813 das Konzept für die Völkerschlacht bei Leipzig (Niederlage Napoleons); 1831 Generalkommandant der österr. Armee in Oberitalien; warf mit großer Härte die Revolution von 1848/49 in Italien nieder, bis 1857 Generalgouverneur von Norditalien

Radingerstraße, 2., seit 1905 (vorher: Rüdigerstraße), Johann von Radinger (1842 bis 1901), Techniker; Prof. für Maschinenbaukunde

Radioweg, 11., nichtamtliche Bezeichnung

Radnitzkygasse, 10., seit 1958, Carl Radnitzky (1818–1901), Medailleur

Rädda-Barnen-Platz, 10., nach dem schwedischen Kinderhilfswerk (organisierte Hilfe für Wiener Kinder nach dem Zweiten Weltkrieg)

Rädtnergasse, 16., seit 1897, Georg Rädtner (gest. 1682), Ortsrichter von Ottakring (1662 bis 1664)

Raffaelgasse, 20., bis 1869 teilweise Feldgasse, dann Margaretengasse; Raffael Santi (1483–1520), italienischer Renaissancemaler

Raffaltplatz, 21., seit 1933, Ignaz Raffalt (1800 bis 1857), Landschaftsmaler

Raffelspergergasse, 19., seit 1922, Franz Raffelsperger (1793–1861), Geologe, Schriftsteller

Raffenstättergasse, 22., nichtamtliche Bezeichnung, Herkunft unklar

Raffineriestraße, 22., seit 1963, nach der Lage, führt zum Zentraltanklager

Ragwurzgasse, 21., seit 1953, nach der Orchideenart

Rahlgasse, 6., Karl Rahl (1812–1865), Maler (Deckengemälde, Fresken)

Rahlstiege, 6., s. *Rahlgasse*

Raimannstraße, 14., seit 1910, Dr. Johann Ritter von Raimann (1780–1847), Leibarzt von Kaiser Franz I. und Ferdinand I.; Psychiater

Raimundgasse, 2., seit 1862, Ferdinand Raimund (eigentlich Raimann, 1790–1836), Dichter, Schauspieler; wirkte 1817–1830 am Lepoldstädter Theater (kurz auch Direktor); die Mehrzahl seiner Werke wurde hier aufgeführt („Der Barometermacher auf der Zauberinsel", „Der Bauer als Millionär")

Raimund-Zoder-Gasse, 19., seit 1966, Raimund Zoder (1882–1962), Volksliedforscher

Rainergasse, 4. und 5., seit 1862 (vorher: Mittelgasse und Blecherne Turmgasse), Erzherzog Ferdinand Maria Rainer (1827 bis 1913), Kurator der Akademie der Wissenschaften, General

Rallenweg, 22., seit 1966, nach dem Vogel

Rampengasse, 19., ehemals Zufahrt zu den Rampen des Frachtenbahnhofes der Franz-Josef-Bahn

Ramperstorffergasse, 5., Konrad Ramperstorffer (gest. 1408), Baumeister, Ratsherr, 1408 mit Konrad Vorlauf hingerichtet, s. *Vorlaufstraße*

Ramsaygasse, 10., seit 1932, Sir William Ramsay (1852–1916), englischer Chemiker, Nobelpreisträger; entdeckte das Argon, Helium, Neon und Xenon

Ramwiesenweg, 14., seit 1956; als Ramwiesen wurden gerodete Waldflächen bezeichnet („geramte" = geräumte Flächen)

Randgasse, 23., vermutlich nach der Lage an der Stadtgrenze

Randhartingergasse, 10., seit 1896, Benedikt Randhartinger (1802–1893), Hofkapellmeister, Komponist; zählte zum Freundeskreis von Schubert

Ranftlgasse, 17. und 18., seit 1894 (vorher: Währinger Gasse), Matthias Johann Ranftl (1805–1854), Biedermeiermaler aus dem Kreis um Peter Fendi

Rankgasse, 16., seit 1913 (vorher: Koppstraße), Dr. Josef Rank (1816–1876), Dichter, Direktionssekretär am Burgtheater

Ranningergasse, 23., seit 1954 (vorher: Feldgasse), Moritz Ranninger (1860–1933), Gemeinderat von Erlaa

Ranzenhofergasse, 13., seit 1931 (1938 bis 1947 Hüsinggasse), Emil Ranzenhofer (1864–1930), Maler, Radierer

Ranzonigasse, 10., seit 1963, Hans Ranzoni (1868 bis 1956), Maler; 1918–1921 und 1930–1937 Präsident des Wiener Künstlerhauses

Raphael-Donner-Allee, 22., Georg Raphael Donner (1693–1741), Bildhauer (Andromedabrunnen im Hof des alten Rathauses, Donnerbrunnen am Neuen Markt)

Rappachgasse, 11., seit 1894 (vorher: Antonigasse), Christoph von Rappach, Besitzer der Herrschaft Simmering im 15. Jhd.

Rappgasse, 21., Dr. Oskar Rapp (1840–1897), Arzt, Wohltäter, Gemeinderat

Rapsweg, 22., seit 1955, nach der Futter- und Ölpflanze

Raschgasse, 13., seit 1894 (vorher: Bergstraße), Johann Rasch, im 16. Jahrhundert Schulmeister bei den Schotten

Rasmussengasse, 21., seit 1939, Knud Rasmussen (1879–1939), dänischer Polarforscher

Rasumofskygasse, 3., Benennungsdatum unklar (früher: Badgasse, Kettenbrückengasse und Rauchfangkehrergasse), Andrej Fürst Rasumofsky (1752–1836), 1793 bis 1809 russischer Gesandter in Wien, erbaute hier ein Palais mit Garten (heute Geologische Bundesanstalt) und eine Brücke (heute: Rotundenbrücke)

Rathausplatz, 1., seit 1870 (1907–1926 Dr.-Karl-Lueger-Platz, bis 1938 wieder Rathausplatz, 1938 bis 1945 Adolf-Hitler-Platz); nach dem Neuen Rathaus; das Alte Rathaus hatte seinen Sitz in der Salvatorgasse

Rathausstraße, 1., seit 1870, nach dem Neuen Wiener Rathaus

Rathmayergasse, 21., seit 1967, Franz Rathmayer (1891–1965), Lehrer, Hauptschuldirektor, Sozialdemokrat, Obmann der sozialistischen Lehrer in Floridsdorf, Verdienste um die Volkshochschule

Rathstraße, 19., seit 1894 (vorher: Sieveringer Straße), Leopold Rath (1834–1894), Bürgermeister von Neustift am Walde

Ratmannsdorfgasse, 13., seit 1901; die Familie Ratmannsdorf war in den Jahren 1557 bis 1622 im Besitz der Herrschaft Lainz

Ratschkygasse, 12., seit 1894 (vorher: Laudongasse), Franz von Ratschky (1757 bis 1810), Dichter, Hofbeamter

Ratzenhofergasse, 21., seit 1959, Gustav Ratzenhofer (1842–1904), Soziologe

Rauchfangkehrergasse, 15., ursprünglich An der Wien; nach einem Hausschild „Zum Rauchfangkehrer"

Rauchgasse, 12., Wenzel Rauch (1809 bis 1882), Ortsrichter der ehemaligen Gemeinde Wilhelmsdorf und 1859–1870 Bürgermeister von Unter-Meidling

Rauhensteingasse, 1., Ritter Otto Turzo von Rauheneck (Rauhenstein) besaß um 1208 hier ein Haus; 1422 als Gefängnis „Der rauche Stein" erwähnt, bis 1784 Amts- und Gerichtsgebäude; die Rauhensteingasse wird bereits 1341 urkundlich erwähnt

Rauscherstraße, 2. und 20., seit 1876, Joseph Othmar Ritter von Rauscher (1797 bis 1875), Universitätsprofessor, Direktor der Wiener Orientalischen Akademie, Fürsterzbischof von Wien, Unterzeichner des Konkordats von 1855, von Papst Pius IX. dafür mit dem Kardinalstitel gewürdigt; auch die *Othmarstraße* ist selber Herkunft

Rautenkranzgasse, 21., seit 1901 (vorher ab ca. 1887 Kreuzgasse), Roman Rautenkranz (1811–1878), Pfarrer von Floridsdorf (1852–1868)

Rautenstrauchgasse, 11., seit 1894 (vorher: Weintraubengasse), Franz Stephan Rautenstrauch (1734–1785), Benediktiner, Schriftsteller, Reorganisator der Universitätsbibliotheken

Rautenweg, 22., seit 1953, nach der Arznei- und Gewürzpflanze

Ravelinstraße, 11., hier bestand einst ein Vorwerk zum Linienwall

Raxstraße, 10., seit 1932, benannt nach dem gleichnamigen „Hausberg der Wiener"

Rebenweg, 17., seit 1966, nach dem Weinbau der Umgebung

Rebhanngasse, 20., seit 1895 (vorher: Daffingergasse), Hofrat Dr. Ing. Georg Rebhann Ritter von Aspernbruck (1824–1892), Brückenbautechniker, Erbauer der ehemaligen Aspernbrücke

Rechberggasse, 10., seit 1911, Johann Bernhard Graf von Rechberg und Rothenlöwen (1806–1899), Diplomat, Außenminister (1859–1864)

Rechte Bahngasse, 3., seit 1862 (vorher: Am Kanal), verläuft neben der 1857 erbauten Verbindungsbahn zwischen Westbahn und Südbahn

Rechte Nordbahngasse, 21., seit 1909 (vorher: Rechte Eisenbahngasse), entlang der Nordbahn

Rechte Wasserzeile, 23., verläuft entlang der I. Wiener Hochquellenwasserleitung

Rechte Wienzeile, 4., 5. und 12.; im 4. Bezirk früher Wienstraße, im 5. Bezirk Flußgasse, An der Wien und Wienstraße; nach der Lage am rechten Ufer der Wien

Reclamgasse, 22., seit 1933, Anton Philipp Reclam (1807–1896), Verleger, Buchhändler, begründete 1828 in Leipzig einen Verlag, den er 1839 um eine Buchdruckerei erweiterte; spezialisierte sich frühzeitig auf preiswerte Ausgaben der Weltliteratur; ab 1867 begann er mit seinem Sohn Hans Heinrich (1840–1920) die Herausgabe von Reclams Universalbibliothek

Redengasse, 22., seit 1955 (vorher: Lassingleithnergasse), Friedrich Wilhelm Reden (1804–1857), Begründer der modernen Statistik

Redergasse, 5., seit 1911 (vorher: Wienstraße), Josef Ferdinand Reder (1808 bis 1881), Seidenwarenfabrikant, Gemeinderat (1861–1863, 1865–1880), Bezirksvorsteher des 5. Bezirkes (1862–1881)

Redtenbachergasse, 16. und 17., seit 1894 (vorher: Schottengasse), Ludwig Redtenbacher (1814–1876), Naturforscher, Direktor des zoologischen Kabinetts

Regattaweg, 22., seit 1952, nach den Ruderwettbewerben auf der Alten Donau

Reglergasse, 22., seit 1990, Dr. Fritz Regler (1901 bis 1976), Univ.-Prof., Rektor der Technischen Hochschule, Pionier für zerstörungsfreie Werkstoffprüfungen

Regnerweg, 21., seit 1994, Josef Regner (1914–1973), Pädagoge, Präsident der Volkshochschule Floridsdorf

Rehgasse, 21., seit 1961, nach dem Rotwild

Rehgaßl, 19., seit 1986, alter Wegname

Rehlackenweg, 22., seit 1959, nach einem ehemaligen Sammelplatz von Rehen

Reibergasse, 23., seit 1954, Matthias (1735 bis 1791) und Ignaz Reiber (1769–1836), Vater und Sohn; beide Lehrer in Mauer

Reichenbachgasse, 10., seit 1911, Karl Freiherr von Reichenbach (1788–1869), Industrieller, Forscher, Entdecker (erfand u. a. das Paraffin); führte ein merkwürdiges Leben auf dem Schloß Cobenzl („Der Zauberer vom Cobenzl")

Reichmanngasse, 16., seit 1936, Theodor Reichmann (1850–1903), gefeierter Bariton an der Hofoper

Reichsapfelgasse, 15., seit 1894 (urspr. Rustendorfer Neue Gasse, dann Neue Gasse); das Haus „Zum goldenen Reichsapfel" wurde 1730 als erstes Haus in Rustendorf gebaut

Reichsbrücke, 2. und 22., 1872–1875 als Kronprinz-Rudolf-Brücke erbaut, 1919 in Reichsbrücke umbenannt, 1937 neu gebaut; 1945–1956 Brücke der Roten Armee; 1945 als einzige Donaubrücke nicht zerstört, 1976 eingestürzt, 1977 Neubau, 1980 Wiedereröffnung

Reichsratsstraße, 1., nach dem Gebäude des ehemaligen Reichsrates, heute Parlament

Reifentalgasse, 10., seit 1964, Riedname

Reifentalweg, 10., nichtamtliche Bezeichnung, s. *Reifentalgasse*

Reiffensteingasse, 23., seit 1959, Bruno Reiffenstein (1888–1951), Fachschriftsteller (Fotografie)

Reiherweg, 22., seit 1966, nach dem Vogel

Reimersgasse, 19., seit 1960, Georg Reimers (1860–1936), Burgschauspieler

Reimmichlgasse, 11., seit 1972, Reimmichl (vulgo Sebastian Rieger, 1867–1953), Schriftsteller (Reimmichl-Kalender), Schilderer des Tiroler Bauernlebens

Reindorfgasse, 15., seit 1894 (vorher: Kirchengasse), zur Wahrung des alten Ortsnamens (bereits 1344 urkundlich erwähnt)

Reinholdgasse, 22., seit 1961, Karl Leonhard Reinhold (1758–1823), Philosoph, Schriftsteller

Reiningerweg, 14., seit 1930, Franz Reininger, Bindergeselle, fiel in der Märzrevolution 1848, s. *Achtundvierzigerplatz*, s. *Märzstraße*

Reinischgasse, 19., seit 1935 (1939–1947 Langbehngasse), Dr. Simon Leo Reinisch (1832–1919), Ägyptologe, Univ.-Prof.

Reinlgasse, 14., Benennungsdatum unbekannt, Josef Reinl (1813–1866), Bürgermeister von Penzing

Reinprechtsbrücke, 5., erbaut 1862, erneuert 1898, s. *Reinprechtsdorfer Straße*

Reinprechtsdorfer Straße, 5., seit 1862 (vorher: Kugelgasse, Reinprechtsdorfer Hauptstraße), nach dem ehemaligen Vorort „Reinprechtsdorf", 1264 urkundlich erwähnt, 1850 eingemeindet

Reisberggasse, 23., Riedname

Reischachstraße, 1., seit 1906, Hektor von Reischach, Mitverteidiger bei der Türkenbelagerung 1529

Reischekgasse, 11., seit 1924, Andreas Reischek (1845–1902), Neuseeland-Forscher (achtmal zwischen 1877 und 1889 in Neuseeland); von den Maori zum Häuptling ernannt

Reischergasse, 13., seit 1960, Anton Reischer (1860–1950), Schuldirektor, Fürsorgerat, Bezirksrat; im Rettungs- und Feuerwehrwesen tätig

Reisgasse, 21., seit 1914, Philipp Reis (1834 bis 1874), deutscher Physiker, Erfinder des Fernsprechers (1860)

Reisingergasse, 10., seit 1896 (ursprünglich Geiselberggasse, dann bis 1896 Staatsbahngasse), Kasimir Reisinger (1824 bis 1893), Gemeinderat (1881–1887), Gründer des ersten Kindergartens in Favoriten

Reisnerstraße, 3., seit 1862 (vorher: Obere und Untere Reisnerstraße), Heinrich Reisner (1791–1855), Kammerdiener, und seine Frau Therese ließen in dieser Gegend die ersten Zinshäuser erbauen

Reiterberggasse, 23., Flurname

Reithlegasse, 19., seit 1894 (vorher: Hermanstraße), Johann Reithle (1744–1812), um 1800 Ortsrichter von Döbling

Reithofferplatz, 15., Johann Nepomuk Reithoffer (1791–1872), Gummiwarenerzeuger; erfand eine Methode, Kautschukfäden so zu spinnen, daß sie bei der Verarbeitung zu Gebrauchsartikeln ihre Elastizität beibehielten

Reitschulgasse, 1., nach der 1735 erbauten Winterreitschule in der Hofburg

Reizenpfenninggasse, 16., Benennungsdatum unklar, Flurname: reut's (roden) den Pfennig; den Zehent (den zehnten Teil des Ertrages) für die Steuer abgeben

Reklewskigasse, 23., Dr. Johann Kouty Conzaga Ritter von Reklewski (1878–1964), Jurist, Gerichtspräsident

Rembrandtstraße, 2., seit 1874, Paul Rembrandt Harmens von Rijn (1601–1669), bedeutender niederländischer Maler („Die Nachtwache")

Remystraße, 10., seit 1956 (vorher: Grünstraße), Ludwig Gabriel von Remy (1776 bis 1851), Architekt, Direktor der Hofbaudirektionskanzlei

Rennbahnstraße, 2., nichtamtliche Bezeichnung längs dem Rennplatz Freudenau

Rennbahnweg, 22., seit 1928, nach der einst dort existierenden Aushilfsrennbahn des Wr. Trabrennvereines

Renngasse, 1. (1292–1341 Am Roßmarkt); hier wurden Pferde vorgeführt und ihre Gangart geprüft, so daß die Pferdeführer oft „rennen" mußten; eventuell auch nach Wettrennen benannt (wie *Rennweg*)

Rennweg, 3., um 1340 Laufsteig, dann Rennweggasse, genaues Benennungsdatum unklar; die Bezeichnung geht entweder auf Rainweg (Roanweg = Weg zwischen den Feldern) zurück oder auf Wettrennen, die hier abgehalten wurden

Reschgasse, 12., Johann Resch (gest. 1895), Grundbesitzer, Steinmetzmeister, Zementplattenerzeuger; eröffnete um 1860 die Gasse

Resedaweg, 22., seit 1944, nach der Gartenpflanze

Resselgasse, 4., seit 1862, Josef Ressel (1793 bis 1857), Techniker, Erfinder der Schiffsschraube (1829)

Rettichgasse, 14., Benennungsdatum unbekannt, Julie Rettich (1809–1866), Burgschauspielerin

Reuenthalgasse, 15., seit 1912, Neydhart von Reuenthal, zwischen 1200 und 1250 Minnesänger am Hofe Friedrichs des Streitbarer

Reulingweg, 23., seit 1954, Ludwig Wilhelm Reuling (1802–1879), Dirigent an der Wiener Hofoper

Reumannplatz, 10., seit 1925 (vorher ab 1872 Bürgerplatz), Jakob Reumann (1853 bis 1923), erster sozialdemokratischer Bürgermeister von Wien; unter seiner Amtszeit wurde Wien eigenes Bundesland (1922), Bürgermeister 1919–1923, Verdienste um den Wohnbau

Reumannstraße, 19., s. *Reumannplatz*

Reumannweg, 12., nichtamtliche Bezeichnung

Reznicekgasse, 9., seit 1955 (1712–1740 Bräuhausgasse, 1778 Schlangengasse; 1809–1955 Wagnergasse und Drey Hasengasse), Emil Nikolaus von Reznicek (1860–1945), Komponist (Opern, Orchester- und Kammermusik)

Rhigasgasse, 17., seit 1930 (vorher: Pezzlgasse), Konstantin Rhigas (1754–1796), griechischer Freiheitsdichter

Ribarzgasse, 16., seit 1936, Rudolf Ribarz (1848–1904), Blumen- und Landschaftsmaler

Ricarda-Huch-Weg, 10., seit 1974, Ricarda Huch (1864–1947), deutsche Dichterin (Romane, Novellen, Lyrik), versuchte eine Synthese zwischen Neuromantik und Realismus

Richard-Kralik-Platz, 18. und 19., seit 1934 (vorher: Weimarer Platz, bis 1920 Karl-Ludwig-Platz), Richard Kralik (1852 bis 1934), Schriftsteller (Romane, Erzählungen, Theaterstücke, Gedichte), versuchte die Gedankenwelt von Antike, deutscher Romantik und Katholizismus zu vereinen

Richard-Kuhn-Weg, 14., seit 1973, Dr. Richard Kuhn (1900–1967), Biochemiker, 1926 Professor an der Technischen Hochschule in Zürich, 1928 in Heidelberg; Nobelpreis 1938 für Arbeiten über Vitamine; nachgereicht 1948, da er ihn auf Befehl der Nationalsozialisten nicht annehmen durfte; wichtige Arbeiten über Fermente und Bakterien

Richard-Neutra-Gasse, 21., seit 1974, Dr. Richard Neutra (1892–1970), Architekt

Richard-Strauss-Straße, 23., seit 1981, Richard Strauss (1864–1949), Komponist, Dirigent, Kapellmeister (München, Berlin), 1917–1920 Prof. für Komposition in Berlin, 1919–1924 mit F. Schalk Leiter der Wr. Staatsoper, Gründungsmitglied der Salzburger Festspiele, führender Repräsentant der deutschen Musik um 1900; Opern „Guntram", „Salome", „Elektra", „Der Rosenkavalier"

Richard-Wagner-Platz, 16., seit 1894 (vorher seit 1883: Goetheplatz), Richard Wagner (1813–1883), Opernkomponist („Der Ring der Nibelungen", „Tannhäuser", „Die Meistersinger von Nürnberg, „Lohengrin", etc.)

Richtergasse, 7., seit 1862 (vorher: Herrengasse), wahrscheinlich nach einem Hausschild „Zur Gerechtigkeit"

Richthausenstraße, 17., seit 1894, Johann Konrad Richthausen (1600–1663), Erbmünzmeister, Waisenhausstifter, s. *Stiftgasse*

Rickard-Lindström-Gasse, 10., Rickard Lindström (1894–1950), schwedischer Politiker, Journalist (Sozialschriftsteller)

Riedelgasse, 13., seit 1911, Josef Gottfried Ritter von Riedel (1803–1870), Direktor und Reformer der Irrenheilanstalt in Lainz

Riedstraße, 14., eine Ried ist eine abgegrenzte Wirtschaftsfläche

Riedweg, 14. und 22., nichtamtliche Bezeichnungen

Riegermühle, 23., seit 1988, nach der ehemaligen Mühle

Rieglgasse, 21., seit 1954, Alois Riegl (1858 bis 1905), Kunsthistoriker, Univ.-Prof.

Rielgasse, 23., seit 1957, Alexander Riel (1886–1952), Gemeinderat von Mauer, Ortsschulrat

Riemenschneidergasse, 22., seit 1932, Tilman Riemenschneider (ca. 1460–1531), Würzburger Bildhauer, Bildschnitzer

Riemergasse, 1., (im 13. Jahrhundert Filzerstraße), einst Sitz und Verkaufsstätte der Riemer, urkundlich bereits im 12. Jahrhundert erwähnt

Rienößlgasse, 4., seit 1917 (vorher: Hechtengasse), Franz Rienößl (1853–1915), Bezirksvorsteher des 4. Bezirks

Rieplstraße, 10., seit 1904, Franz Xaver Riepl (1790–1865), Professor am Wiener Polytechnikum, Eisenbahnpionier

Riesgasse, 3., seit 1906, Ferdinand Ries (1784–1838), Komponist; Schüler von Beethoven, verfaßte auch eine Biographie von ihm

Riglergasse, 18., Karl Rigler (1823–1895), Bäckermeister, Gemeinderat von Währing

Rigolettogasse, 23., seit 1960, Oper von Giuseppe Verdi

Rihosekgasse, 21., seit 1967, Dr. Ing. Johann Rihosek (1868–1956), Eisenbahntechniker

Rilkeplatz, 4., seit 1957 (1902–1919 Rainerplatz, 1920–1938 Suttnerplatz, 1938–1945 Anton-Lehner-Platz, 1945 wieder Suttnerplatz), Rainer Maria Rilke (1875–1926), Lyriker („Das Stunden-Buch", 1905, „Duineser Elegien", 1923)

Rimplergasse, 18., seit 1909, Georg Rimpler, Oberstleutnant, Kriegsbaumeister, leitete die technischen Arbeiten bei der Verteidigung Wiens 1683 gegen die Türken

Ringelseegasse, 21., seit 1909 (vorher: Leopoldsplatz), zur Wahrung des Ortsnamens; die Ortschaft Ringelsee wurde im 12. Jahrhundert urkundlich erwähnt und verschwand um 1500

Ringofenweg, 10., seit 1993, nach dem Ringofen = Ziegelbrennofen in den ehemaligen Wienerberger Ziegelwerken

Ringweg, 19., seit 1937, Flurname

Rinnböckstraße, 3. und 11., Josef Rinnböck (1816–1880), Deichgräbermeister, Hausbesitzer, Gastwirt, Gemeinderat von Simmering (1864–1867 und 1870–1880)

Rispenweg, 22., seit 1993, Rispe = Blütenstand

Rissaweggasse, 10., seit 1911, Josef Rissaweg (1844–1911), Bezirksvorsteher von Favoriten (1890/91), Gemeinderat (1890 bis 1911), Stadtrat (1895–1911)

Rittergasse, 4., nach einem Hausschild „Zum Ritter"

Rittersporngasse, 22., seit 1944, nach dem Hahnenfußgewächs

Rittingergasse, 21., seit 1936, Ing. Peter von Rittinger (1811–1872), Montanexperte

Rittlergasse, 23., Theodor Rittler (1821 bis 1886), Gemeinderat von Mauer

Rittnergasse, 22., seit 1960, Thaddäus Rittner (1873–1921), Schriftsteller

Rizygasse, 12., seit 1918, Theobald Freiherr von Rizy (1807–1882), Senatspräsident des Obersten Gerichtshofes; Vetter von Grillparzer, um dessen Nachlaß bemüht

Robert-Blum-Gasse, 20., seit 1919, Robert Blum (1807–1848), Schriftsteller, Mitglied der Frankfurter Nationalversammlung; 1848 wegen Teilnahme an der Revolution in der Brigittenau standrechtlich erschossen (trotz Berufung auf seine Immunität)

Robert-Fuchs-Gasse, 14., seit 1934, Robert Fuchs (1847–1927), Hoforganist, Professor für Harmonielehre am Wiener Konservatorium; schrieb Kammermusik, Opern, Messen

Robertgasse, 2., seit 1862, Florentine Edle von Robert trat 1856 freiwillig die Gründe für die Erbauung der ersten Häuser der Gasse ab

Robert-Hamerling-Gasse, 15., seit 1894 (ursprünglich Mittelgasse, dann Stadiongasse), s. *Hamerlinggasse*

Robert-Lach-Gasse, 21., seit 1968, Dr. Robert Lach (1874–1958), Komponist, Musikwissenschafter, Univ.-Prof.

Robertsonweg, 22., seit 1975, Prof. Stefan Kaspar Robertson (1763–1837), Ballonfahrer, Erfinder

Robert-Stolz-Platz, 1., seit 1978, Robert Stolz (1880–1975), Operettenkomponist; ab 1805 Kapellmeister im Theater an der Wien, 1938 Emigration 1946 Rückkehr nach Wien; Operetten („Venus in Seide", „Frühling im Prater"), Filmmusik, Lieder („Im Prater blühn wieder die Bäume")

Robinienweg, 22., nach dem Baum

Robinsonweg, 23., seit 1967, Zugang zum Robinson-Spielplatz

Rochusgasse, 3., seit 1862 (vorher: Sterngasse), nach der Pfarrkirche zu den „Hl. Rochus und Sebastian"

Rockhgasse, 1., Hans Rockh (ca. 1350 bis 1408), Bürgermeister (1399) und Ratsherr, als Anhänger Herzogs Ernst des Eisernen mit Konrad Ramperstorffer und Konrad Vorlauf im Jahr 1408 hingerichtet, s. *Vorlaufstraße*

Roda-Roda-Gasse, 21., seit 1952, Alexander Roda-Roda (eigentlich Friedrich Rosenfeld, 1872–1945), Schriftsteller, Offizier, Journalist; Satiriker der Donaumonarchie, insbesondere des Offizierkorps

Rodauner Kirchenplatz, 23., seit 1957, nach der Pfarrkirche

Rodauner Straße, 23., nach dem ehemaligen Vorort Rodaun; im 12. Jhd. bereits urk. erwähnt

Rodlergasse, 19., seit 1898, Moritz Rodler (1831–1882), Schuldirektor, Gemeinderat von Ober-Döbling

Röbbelinggasse, 22., seit 1961, Hermann Röbbeling (1873–1949), Regisseur, Burgtheaterdirektor

Rögergasse, 9., seit 1876 (vorher Teil der Seegasse), Paul Röger (1775–1847), Bäckermeister, Grundrichter und Wohltäter

Röllgasse, 21., seit 1940, Moritz Friedrich Röll (1818–1907), Schöpfer der modernen Tierseuchenbekämpfung

Römergasse, 16., seit 1894, zur Erinnerung an die Römerzeit Wiens

Römersthalgasse, 11., seit 1902, Isabella Perpetua von Römersthal (1614–1664), Besitzerin der Herrschaft Simmering

Röntgengasse, 17., seit 1923, Wilhelm Röntgen (1845–1923), Physiker, Nobelpreisträger, Entdecker der Röntgenstrahlen

Roesnergasse, 12., seit 1894 (vorher: Kirchengasse), Karl Roesner (1804–1869), Architekt, erbaute u. a. die Meidlinger Pfarrkirche

Rößlergasse, 23., Franz Rößler (gest. 1880), Ortsrichter und Bürgermeister von Erlaa

Rötzergasse, 17., seit 1904, Franz Rötzer, Grundbesitzer, Farbenerzeuger

Roggegasse, 21., seit 1917, Heinrich Albrecht Ritter von Rogge (1811–1872), stiftete 25.000 Gulden für wohltätige Zwecke

Roggendorfgasse, 17., seit 1894, Wilhelm Freiherr von Roggendorf (1481–1541), General, Mitverteidiger Wiens 1529 gegen die Türken, Patronatsherr von Hernals

Rohrbacherstraße, 13., seit 1894 (vorher: Kreuzstraße), Josef Rohrbacher (1817 bis 1883), Waagenfabrikant

Rohrergasse, 13., Johann Rohrer (1649 bis 1727), Weinhauer, Richter, Bergmeister in Mauer

Rohrergasse, 16., seit 1917 (vorher: Sträußlegasse), Johann Rohrer (1715–1788), Pfarrer, schrieb ein Ottakringer Gedenkbuch

Rohrerhüttenweg, 17., seit 1961, nach der Gastwirtschaft „Rohrerhütte"

Rohrhofergasse, 11., seit 1971, Anton Rohrhofer (1882 bis 1965), Gemeinderat von Simmering (1945–1949), Stadtrat (1945 bis 1950), ÖVP; Großfuhrwerksbesitzer

Rohrwassergasse, 12., seit 1918, Franz Rohrwasser (1814–1901), Pfarrer von Hetzendorf

Rohrweg, 22., nichtamtliche Bezeichnung, Herkunft unklar

Rohrweihenweg, 22., seit 1966, nach dem Vogel

Roißgasse, 23., seit 1964 (vorher: Heimgasse), Hermann Roiß (1927–1959), Alpinist

Rokitanskygasse, 17., Dr. Karl Freiherr von Rokitansky (1804–1878), Pathologe, Anatom, Gemeinderat von Hernals; Begründer der Wiener medizinischen Schule

Rolandgasse, 22., seit 1966, Ida Roland (1881–1951), Burgschauspielerin

Rolandweg, 16., seit 1970, s. *Rolandgasse*

Rollingergasse, 12., seit 1894 (vorher: Kletzinskygasse), Franz Rollinger (1824 bis 1893); die Druckerei und Buchbinderei Rollinger, um 1800 gegründet, übersiedelte 1858 von der Innenstadt nach Unter-Meidling und gehörte um die Jahrhundertwende zu den bekanntesten Unternehmen Wiens; 1905 übersiedelte sie in den 5. Bezirk

Romakogasse, 23., seit 1953, Anton Romako (1834–1889), Maler; u. a. Bilder von der Seeschlacht bei Lissa und von Admiral Tegetthoff; starb verarmt

Romanogasse, 20., seit 1899, Johann Romano Ritter von Ringe (1812–1882), Architekt, Erbauer der Ringstraße

Romberggasse, 23., seit 1958, Hermann Romberg (1882–1929), Schauspieler

Romichgasse, 22., seit 1955, Dr. Siegfried Romich (1882–1943), Orthopäde

Rosa-Jochmann-Ring, 11., seit 1995, Rosa Jochmann (1901–1994), Sozialdemokratin; Frauenzentralsekretärin (1931), Mitglied des Parteivorstandes (1933), 1939 verhaftet, 1940–1945 im KZ Ravensbrück inhaftiert; 1945 stellvertretende Parteivorsitzende, 1945–1959 Frauenzentralsekretärin, 1959–1967 Vorsitzende des Frauenzentralkomitees, 1945–1967 Mitglied des Parteivorstandes der SPÖ und Nationalratsabgeordnete

Rooseveltplatz, 1. und 9., seit 1946 (ursprünglich Maximilianplatz, 1920–1934 Freiheitsplatz, 1934–1938 Dollfußplatz, 1938–1945 Hermann-Göring-Platz, dann wieder Freiheitsplatz), Franklin Delano Roosevelt (1882–1945), 31. Präsident der USA

Rosaliagasse, 12., ungeklärt, entweder nach Rosalia Kuffner, Gattin des Brauereibesitzers, oder nach Rosalia Rößler, Gattin des Bürgermeisters Franz Rößler, der die ersten Häuser in der Gasse erbaute (1850 bis 1865 Bürgermeister)

Rosa-Luxemburg-Gasse, 16., seit 1927 (1934 bis 1945: Domaniggasse), Rosa Luxemburg war Mitbegründerin der sozialistischen Partei von Polen und Litauen, dann führende Theoretikerin des linken Flügels der deutschen Sozialdemokratie; mit Karl Liebknecht Opposition gegen den Ersten Weltkrieg, Mitbegründerin des Spartakusbundes und der Kommunistischen Partei Deutschlands, 1919 ermordet

Rosannagasse, 21., seit 1953, nach dem Fluß in Tirol

Rosasgasse, 12., seit 1894 (vorher: Halbgasse und Matzleinsdorfer Straße), Dr. Anton Oskar von Rosas (1791–1855), Augenarzt

Roschégasse, 11., seit 1971, Felix Rosché (1883–1966), Schriftsteller (Reportagen aus dem Tierleben), Naturforscher

Roseggergasse, 16., seit 1887 (vorher: Kirchengasse), Peter Rosegger (1843–1918), Volksdichter, Schriftsteller („Als ich noch der Waldbauernbub war")

Roseggerweg, 10. und 11., nichtamtliche Bezeichnungen, s. *Roseggergasse*

Rosenackerstraße, 16. und 17., Benennungsdatum unklar, ein urkundlich schon 1352 erwähnter Flurname

Rosenbergstraße, 22., Fürst Franz von Orsini und Rosenberg (1761–1832)

Rosenbursenstraße, 1., seit 1902, nach einer der sieben alten Bursen (= Studentenverpflegungsanstalten der Wiener Uni)

Rosengasse, 1., urkundlich bereits 1371 als „Rosengezzlein" erwähnt

Rosenhang, 14., nichtamtliche Bezeichnung, nach der Blume

Rosenhof, 22., seit 1927, nach den dortigen Rosenkulturen

Rosenhügelstraße, 12., 13. und 23., nach der früher hier betriebenen Rosenkultur

Rosensteingasse, 16. und 17., seit 1874, Leopold Häckl Reichsritter von Rosenstein zu Peschwitz (gest. 1832), Grundbesitzer in Hernals, Wohltäter

Rosentalgasse, 14., seit 1894 (vorher: Rosengasse), Flurname

Rosenweg, 14., seit 1924, nach Rosenkulturen in den Schrebergärten

Rosenweg, 10., 11., 17., 19. und 22., nichtamtliche Bezeichnungen

Rosenzeile, 21., seit 1942, nach ehemaligen großen Rosenbeständen

Rosinagasse, 15., seit 1894 (ursprünglich Gemeindegasse), nach Rosina Leydolt, Gattin von Bürgermeister Anton Leydolt, s. *Leydoltgasse*

Rosiwalgasse, 10. und 23., seit 1953, Dr. August Rosiwal (1860–1923), Geologe

Rosmaringasse, 22., seit 1952, nach dem Strauch

Rossakgasse, 23., seit 1954, Josef Rossak, Gewerkschafter in den Wienerberger Ziegelwerken

Roßauer Brücke, 9., seit 1982, s. *Roßauer Gasse*

Roßauer Gasse, 9., seit 1862, zur Erinnerung an den alten Vorstadtnamen; die Roßau erhielt ihren Namen nach den Weideplätzen und Scheunen der Pferde, die man benötigte, um Schiffe donauaufwärts zu ziehen; 1538 urkundlich als „In der Rossaw" erwähnt, seit 1688 unter Verwaltung der Gemeinde Wien

Roßauer Lände, 9., seit 1919 (vorher ab 1903 Elisabethpromenade; um 1314 Badergries, im 15. Jahrhundert Unter den Flötzern, 1652–1726 Auf der Scheiben, 1767 bis 1862 (Bau)holz(leg)gstättengasse, zuletzt bis 1903 Holzstraße), s. auch *Roßauer Gasse*

Rossinigasse, 13., seit 1942, Gioacchino Rossini (1792–1868), Opernkomponist („Der Barbier von Sevilla")

Roßkopfgasse, 14., seit 1970, nach dem 507 m hohen Roßkopf

Rosthorngasse, 22., seit 1961, Arthur Rosthorn (1862–1945), Diplomat, Sinologe

Rosvaengegasse, 22., seit 1983, Helge Rosvaenge (1897–1972), Opernsänger

Rotdornallee, 12., seit 1929, nach der Bepflanzung der Allee

Rotenberggasse, 13., seit 1894 (vorher: Gärtnergasse), führt zum Roten Berg

Rotenhausgasse, 9., seit 1894, hier stand 1803–1889 das „Rote Haus"; Sterbehaus von Beethoven

Rotenhofgasse, 10., seit 1875 (ein Teil bis 1894 Redtenbachergasse), nach einem ehemaligen Jagdschlößchen, von Kaiser Karl VI. neu erbaut, genannt das „Röthelhaus" oder der „Rote Hof"

Rotenkreuzgasse, 2., seit 1788 (vorher: Richtergasse), nach einem Hausschild „Zum roten Kreuz"

Rotenlöwengasse, 9., seit 1862, nach einem Hausschild „Zum roten Löwen"

Rotenmühlgasse, 12., seit 1894 (vorher: Ferdinandsgasse); knapp außerhalb von Schönbrunn an der jetzigen Grünbergstraße stand von 1452 bis ca. 1800 die „Rote Mühle an der Wien"; das Wort rot hat nichts mit der Farbe zu tun, sondern ist vom Wort „roden" abgeleitet; die Mühle stand im gerodeten Gebiet

Rotensterngasse, 2., (von 1710–1770 In der Froschlacken, ein anderer Teil von 1862 bis 1885 Hufgasse, um 1773 Froschlackengasse); nach einem Hausschild „Zum roten Stern"

Rotenturmstraße, 1., seit 1862 (schon 1270 „Steig beim Rotenturm"; 1288 „ruffa turris"); der Rote Turm, der älteste Befestigungsturm Wiens, wurde 1511 neu erbaut, 1662 umgeändert, 1858 abgetragen

Roterdstraße, 16., seit ca. 1919, ein schon 1305 erwähnter Flurname („An der roten erd")

Roter Hof, 8., seit 1862, hier stand ein schon 1491 erwähnter Gutshof; die Bezeichnung kommt vermutlich vom Wort „roden"; der Gutshof gehörte lange dem Schottenstift und bestand bis 1690

Rotgasse, 1., 1399 urkundlich als „Radgäßlein" erwähnt, Verballhornung von Radgasse in Rotgasse

Rothenburgstraße, 12., seit 1906, Sebastian Sonner von Rothenburg besaß 1648 den Augustinerhof in Altmannsdorf und schenkte der Gemeinde Altmannsdorf drei Joch Grund zur Erbauung der Kirche; s. auch *Sonnergasse*

Rothengasse, 21., Benennungsdatum und Herkunft unklar

Rothergasse, 22., seit 1993, Karl Rother (1847–1915), Eisenbahnfachmann

Rothkirchgasse, 12., seit 1918 (vorher: Breitenfurter Straße), Leonhard Josef Graf von Rothkirch und Panthen (1773–1842), Feldmarschall-Leutnant, Militärschriftsteller

Rothneusiedler Gasse, 10., nach der einstigen Ortschaft, die 1954 eingemeindet wurde

Rotkehlchenweg, 22., seit 1964, nach dem Singvogel

Rottmayrgasse, 12., seit 1894 (vorher: Quellengasse), Johann Michael Rottmayr von Rosenbrunn (1654–1730), bedeutendster Maler des österreichischen Hochbarock

Rottstraße, 14., seit 1899, Karl Matthias Rott (1817–1876), Schauspieler; brillierte in Raimund-, Nestroy- und Anzengruber-Rollen

Rotundenallee, 2., seit 1935 (bis 1919 Sophienbrückenallee, dann Rotundenbrückenallee), führte zur Rotunde

Rotundenbrücke, 2., seit 1919; 1797 errichtet, 1824/25 als Sophienbrücke umgebaut, 1871/72 und 1935–1937 neuerlich umgebaut, 1945 zerstört, 1954/55 neu erbaut

Roubiczekgasse, 10., seit 1970, Lilli Roubiczek (1898–1966), Kinderpädagogin

Rubensgasse, 4., seit 1876, Peter Paul Rubens (1577–1640), flämischer Maler, Diplomat; malte Porträts, Landschaften, religiöse, historische, mythologische und allegorische Bilder

Rubingasse, 21., seit 1953, nach dem Edelstein

Ruckergasse, 12., Josef Rucker (1826 bis 1898), Gemeinderat von Unter-Meidling, Baumeister

Rudolf-Bärenhart-Gasse, 17., seit 1933 (vorher ab 1925: Ziehrergasse), Rudolf Bärenhart (1804–1837), Bildhauer

Rudolf-Hammer-Gasse, 14., seit 1973 (vorher: Wiesenweg), Rudolf Hammer (1896 bis 1968), Baumeister

Rudolf-Henke-Straße, 14., Rudolf Henke (1878–1947), Siedlungsvereinsobmann

Rudolfinergasse, 19., seit 1894 (um 1750 Sommer- und Winterzeile, 1828 Kothgasse, bis 1894 Lange Gasse), nach der Krankenanstalt „Rudolfinerhaus", erbaut 1882 (Bauherr war der Rudolfinerverein, der unter dem Protektorat von Kronprinz Rudolf stand)

Rudolf-Kassner-Gasse, 19., seit 1960, Rudolf Kassner (1873–1959), Philosoph, Schriftsteller

Rudolf-Köppl-Gasse, 20., seit 1995, Rudolf Köppl (1913–1982), Bezirksrat (1950 bis 1977), Bezirksvorsteher der Donaustadt (1959–1977), SPÖ

Rudolf-Pöch-Gasse, 14., seit 1931, Dr. Rudolf Pöch (1870–1921), Arzt; widmete sich der Bekämpfung der Pest in Indien, erforschte das Leben der Buschmänner in Südafrika und die Gesänge der Papua auf Neuguinea; 1919 Univ.-Prof. für Anthropologie in Wien

Rudolfshügelgasse, 10., seit 1961, nach einer gleichnamigen Gaststätte, 1859 errichtet

Rudolf-Raschke-Gasse, 21., seit 1992, Rudolf Raschke (1923–1945), Oberleutnant, Widerstandskämpfer, hingerichtet am 8. April 1945, s. auch *Karl-Biedermann-Gasse*

Rudolf-Sallinger-Platz, 3., seit 1992, Ing. Rudolf Sallinger (1916–1992), Präsident der Bundeskammer der gewerblichen Wirtschaft, Architekt der Sozialpartnerschaft, Präsident des österreichischen Wirtschaftsbundes

Rudolf-Simon-Gasse, 11., seit 1974, Rudolf Simon (1878–1960), Flugpionier, Kellner

Rudolf-Skodak-Gasse, 10., seit 1992, Rudolf Skodak (1905–1986), Bezirksrat (1954 bis 1971), 1964 bis 1971 Bezirksvorsteherstellvertreter (ÖVP)

Rudolfsplatz, 1., seit 1862, nach Kronprinz Rudolf (1858–1889)

Rudolf-Virchow-Straße, 21., seit 1933, Dr. Rudolf Virchow (1821–1902), Professor für Pathologie; Anthropologe

Rudolf-von-Alt-Platz, 3., seit 1907, Rudolf von Alt (1812–1905), Landschaftsmaler; hielt in mehr als 1.000 Aquarellen das Bild Österreichs (Wiens) zu seiner Zeit fest („Canaletto Wiens")

Rudolf-Waisenhorn-Gasse, 23., Rudolf Waisenhorn (1871–1921), populärer Bürgermeister von Liesing (1918–1921), 1900 als erster Sozialdemokrat in den Liesinger Gemeinderat gewählt; Sekretär der Liesinger Arbeiterkrankenkasse

Rudolf-Zeller-Gasse, 23., Rudolf Zeller (1858 bis 1918), Vizebürgermeister von Mauer

Rueberstraße, 22., seit 1911, Heinrich Freiherr Ritter von Ruebersburg (1785–1857), Generalmajor

Rückaufgasse, 19., seit 1919, Anton Rückauf (1855–1903), Komponist

Rückertgasse, 16., seit 1894 (vorher: Schulgasse), Friedrich Rückert (1788–1866), deutscher Dichter; 1826 Professor für orientalische Sprachen; Lyrik, „Die Weisheit des Brahmanen", zahlreiche Übersetzungen

Rüdengasse, 3., seit 1862 (vorher: Große Rüdengasse, ein Teil Rabengasse); hier stand einst der Rüdenhof, eine große Meierei mit Stallungen, später Standort von Hofjägern, zur Zeit der Babenberger und ersten Habsburger Ausgangspunkt für Jagden, deshalb wurden hier auch Jagdhunde gehalten; zur Zeit von Kaiser Maximilian I. sollen ca. 400 Jagdhunde im Rüdenhof gewesen sein

Rüdigergasse, 5., seit 1862 (vorher: Magdalenengasse), s. *Graf-Starhemberg-Gasse*

Rügenau, 22., seit 1966, nach der gleichnamigen Siedlung

Rügenweg, 18., nichtamtliche Bezeichnung

Rueppgasse, 2., seit 1872, Anton Ruepp (1792 bis 1868), Bezirksvorsteher der Leopoldstadt (1850–1862), hinterließ den Großteil seines Vermögens für wohltätige Zwecke

Rufgasse, 9., seit 1874 (vorher ab 1779: Friedhofgasse), Anton Ruf (1764–1842), Zimmermeister, erbaute hier um 1840 das erste Haus

Rugierstraße, 22., seit 1909 (ursprünglich Stadlauer Weg, dann Stadlauer Straße), nach dem germanischen Volksstamm

Ruhrhofergasse, 17. und 18., seit 1908 (ein Teil 1920 Weißkerngasse), Karl Ruhrhofer (1824–1889), Gemeinderat, Weinbauer

Rummelhardtgasse, 9., seit 1933 (1938 bis 1945 Sandrartgasse), Karl Rummelhardt (1872–1930), Stadtrat, Gemeinderat; Mitbegründer und erster Präsident der christlichen Gewerkschaft öffentlich Angestellter

Rumplerweg, 16., seit 1936, Franz Rumpler (1848–1922), Maler

Rundweg, 3., Weg auf einem zugeschütteten halbrunden Donauarm

Rupertgasse, 14., seit 1905, Franz Rupert (1791–1868), Gemeindevertreter von Penzing

Rupertusplatz, 17., seit 1894 (ursprünglich Hauptplatz, dann Kirchenplatz), nach der Dornbacher Pfarrkirche „Zum hl. Rupertus"

Rupoldengasse, 18., seit 1925, Flurname (Viehweide auf hügeligem Gelände)

Ruppweg, 21., seit 1973, Karla Rupp (1882 bis 1953), Fürsorgerätin (1922–1929)

Ruprechtsplatz, 1., seit 1862, nach der dem hl. Ruprecht geweihten Kirche; 1198 erwähnt als „in cimetterio sa. Ruperti"; der hl. Ruprecht war Bischof von Salzburg (6./7. Jahrhundert); 1246 als Kienmarkt erwähnt

Ruprechtsstiege, 1., s. *Ruprechtsplatz*

Rußbergstraße, 21., seit 1912 (vorher: Bahnhofstraße), Flurname

Rußpekgasse, 13., seit 1894 (vorher: Brükkengasse), nach den Herren von Rußbach (Rußpek), ca. 1260 bis 1360 Besitzer der Herrschaft Hacking

Rußweg, 13., seit 1927, Karl Ruß (1779–1843) und sein Sohn Leander (1809–1864), beide Historienmaler

Rustenfeldgasse, 10., Flurname (Ruste = Ulme)

Rustengasse, 15., Flurname, s. oben

Rustenschacherallee, 2., seit ca. 1920 (ursprünglich Kronprinzstraße und Pratergürtelstraße, bis 1920 Prinzenallee), Flurname

Rustensteg, 15., erbaut 1900–1902, führt über die Westbahn

Ruthgasse, 19., seit 1894 (vorher: Feldgasse; 1938–1945 Zumbuschgasse), nach dem israelitischen Waisenhaus, erbaut 1875; der biblischen Ruth nach benannt

Ruthnergasse, 21., seit 1909 (vorher: Grenzgasse), Johann Georg Ruthner d. Ä. (1769 bis 1831), Lehrer, Pädagoge, und sein Sohn Johann Georg (1816–1853), ebenfalls Lehrer

Ruttenstockgasse, 12., seit 1906, Jakob Ruttenstock (1776–1844), Prälat von Klosterneuburg, Professor für Kirchengeschichte

Ruzickagasse, 23., seit 1954 (vorher: Feldgasse), Franz Eduard Ruzicka (1875 bis 1950), Bürgermeister von Mauer; Verdienste um den Bau des ehemaligen Flughafens in Mauer

Rysergasse, 23., seit 1957, Friedrich Ryser, um 1430 Ortsrichter von Mauer

Rzehakgasse, 11., seit 1971, Franz Rzehak (1875–1968), Sozialdemokrat, Kupferschmied, 1919–1934 Gemeinderat, Vorsitzender der Wohnungskommission für Simmering

S

Saarplatz, 19., seit 1908, Ferdinand von Saar (1833–1906), Romane, Novellen („Steinklopfer", „Schloß Kostenitz"), Erzählungen, Lyrik („Wiener Elegien"); beschäftigte sich als einer der ersten Dichter mit der Not des Lohnarbeiters

Sachsengasse, 20., seit 1876, s. *Sachsenplatz*

Sachsenplatz, 20., seit 1876; die Sachsen waren Verbündete Österreichs im Krieg von 1866; nach der Niederlage in Königsgrätz zogen sie sich in diese Gegend nach Wien zurück

Sackgasse, 14., Benennungsdatum unbekannt, Weg in der Siedlung „Augustinerwald"

Sängergasse, 11., seit 1971, Dr. Eugen Sänger (1905–1964), Raketentechniker

Säulengasse, 9. (1733–1778 Windgasse, um 1780 Schulgasse), nach einem Hausschild „Zur goldenen Säule"

Sagedergasse, 12., Anna Sageder (1824 bis 1883), Wohltäterin (Sagedersche Stiftung)

Sahulkastraße, 10., seit 1932, Dr. Josef Sahulka (1857–1927), Professor der Elektrotechnik an der Wiener Technischen Hochschule

Saikogasse, 22., seit 1966, Dr. Georg Saiko (1892–1962), Kunsthistoriker, Dichter; Romane „Auf dem Floß", „Der Mann im Schilf"; schilderte den Niedergang von Adel und Bürgertum nach 1918

Saileräckergasse, 19., seit 1903, Flurname

Salamandergasse, 21., seit 1942, nach dem Tier

Salbeigasse, 22., seit 1944, nach der Heilpflanze

Salesianergasse, 3., seit ca. 1862 (bis um 1850 Waaggasse), nach Kloster und Kirche Mariä Heimsuchung der Salesianerinnen (Orden des hl. Franz von Sales, 1716 nach Wien berufen); das Kloster wurde 1717 bis 1719, die Kirche 1730 erbaut

Salierigasse, 18., seit 1894 (vorher: Weinberggasse), Antonio Salieri (1750–1825), Hofkapellmeister, Kompositionslehrer (40 Opern, Kammer- und Kirchenmusik)

Saligergasse, 10., seit 1965, Rudolf Saliger (1873 bis 1958), Pionier des Stahlbetonbaus, Prof. an der Technischen Hochschule

Salisstraße, 14., seit 1901, Rudolf Graf Salis-Zizers (1779–1840), Feldmarschall-Leutnant in den napoleonischen Kriegen (1809)

Salmannsdorfer Höhe, 19., seit 1925; zur Erinnerung an den alten Vorortnamen; Salmannsdorf, 1279 urkundlich erwähnt, wurde 1890/92 dem 18. Bezirk angeschlossen; 1938 kam Salmannsdorf zum 19. Bezirk; vor der Eingemeindung 1890 hatte Salmannsdorf 312 Einwohner

Salmannsdorfer Straße, 19., seit 1894 (vorher: Hauptstraße); s. *Salmannsdorfer Höhe*

Salmgasse, 3., seit 1862 (vorher: Gemeindegasse), Niklas Graf Salm (1459–1530), Feldhauptmann; schlug 1525 den Bauernaufstand im steirischen Ennstal nieder und war Stadtkommandant von Wien während der Ersten Türkenbelagerung (1529); ließ die Vorstädte niederbrennen und verteidigte Wien gegen die türkische Übermacht, am 14. 10. 1529 schwer verletzt, starb an den Folgen der Verletzung

Salmhoferstraße, 23., seit 1989, Prof. Franz Salmhofer (1900–1975), Komponist, Staats- und Volksoperndirektor

Salomongasse, 21., seit 1936, Dr. Johann M. Salomon (1793–1856), Mathematiker

Saltenstraße, 22., seit 1961, Felix Salten (1869–1945), Schriftsteller, Journalist; 1906–1938 Leiter des Kulturteils der „Neuen Freien Presse"; schrieb u. a. „Bambi" und unter Pseudonym „Josefine Mutzenbacher"; 1938 Emigration in die USA

Salusgasse, 22., seit 1955 (vorher: Roseggerring), Hugo Salus (1866–1929), Lyriker

Salvatorgasse, 1., seit 1862 (vorher: Passauer Gasse), nach der Salvatorkapelle im Alten Rathaus

Salvatorianerplatz, 10., seit 1901, nach dem Kloster der Salvatorianer, 1901 erbaut

Salzachstraße, 20., nach dem Fluß

Salzergasse, 9., erinnert an die Schiffer, die Salz nach Wien brachten („Salzer")

Salzgasse, 1., einst Sitz und Markt der Salzhändler

Salzgries, 1., seit ca. 1863; urkundlich schon 1276 und 1302 erwähnt; Landungs- und Handelsplatz der Salzhändler (Gries = sandiges Ufer)

Salztorbrücke, 2., seit 1919 (1828 als Karls-Steg erbaut, 1884–1886 als Stephaniebrücke umgebaut, 1960/61 neu erbaut), s. *Salzgries*

Salztorgasse, 1., seit 1862, nach dem Salztor, dem ältesten Tor der Wiener Stadtmauer, 1276 urkundlich erwähnt, 1860 abgetragen

Salzwiesengasse, 14., seit 1964 (vorher: Roseggergasse), Flurname (Hinweis auf minderwertigen = salzigen Grund)

Sambeckgasse, 14., seit 1929 (irrtümlich Sandrock, 1948 richtiggestellt), Franz Sambeck (1809–1848), Tischlergeselle, fiel in der Märzrevolution 1848, s. *Achtundvierzigerplatz*, s. *Märzstraße*

Samhaberplatz, 14., seit 1935, Dr. h. c. Edward Samhaber (1846–1927), Dramatiker, schrieb erfolgreich Nachdichtungen altdeutscher Werke (Walther von der Vogelweide), Übersetzungen slowenischer Gedichte

Sampogasse, 14., seit 1894 (vorher: Schmelzgasse), Ludwig von Sampo, 1739 Besitzer der Herrschaft Breitensee; kaufte schon 1726 ein Haus in Breitensee, das er zum Schloß ausbauen ließ

Samptwandnergasse, 14., seit 1894 (vorher: Friedhofstraße), zur Erinnerung an den Hütteldorfer Pfarrer Samptwandner, der 1529 von den Türken verschleppt wurde

Samtblumenweg, 22., seit 1955, nach der Pflanze

Sanatoriumstraße, 14., seit 1910, nach dem Sanatorium „Baumgartner Höhe" (heute: Pulmologisches Zentrum); Lungenheilanstalt der Gemeinde Wien

Sanddorngasse, 22., seit 1955, nach dem Dornenstrauch

Sandefjordgasse, 22., seit 1994, s. *Trondheimgasse*, s. Einleitung

Sandgasse, 19., seit 1894 (vorher: Johannesgasse), hier befanden sich Sandgruben (alte Riedbezeichnung)

Sandleitengasse, 16. und 17., seit 1894 (vorher: Dornbacher Straße), Flurname: „Leiten = Lehne" = Abhang; bis 1880 gab es hier ein Sandgewinnungslager

Sandrockgasse, 21. und 22., seit 1929, Adele Sandrock (1864–1937), Schauspielerin

Sandthalenstraße, 21., Flurname („Sandthal" = sandiges Gebiet)

Sandtnergasse, 21., Josef Sandtner (gest. 1852), Wohltäter in Stammersdorf

Sandwirtgasse, 6., seit 1862 (vorher: Kahlgasse), nach einem Gasthausschild „Zum Sandwirt"; hier wohnte Andreas Hofer bei seinem Wien-Aufenthalt 1809

Sanettystraße, 8., seit 1902, Karoline Sanetty (1820–1897) und Peter Sanetty (1814 bis 1885), Gründer des Josefstädter Waisenhauses (1884); Peter Sanetty kam aus ärmsten Verhältnissen, wuchs im Waisenhaus auf, gelangte später zu Wohlstand, vergaß aber seine Herkunft nicht

Sankt-Bartholomäus-Platz, 17., seit 1894 (vorher: Kirchenplatz), nach der dem hl. Bartholomäus geweihten Pfarrkirche

Sankt-Elisabeth-Platz, 4., seit 1932 (ursprünglich Sandgestätten, dann Karolinenplatz, 1919–1922 Am Goldegg, dann wieder bis 1932 Karolinenplatz), nach der St.-Elisabeth-Kirche; Elisabeth von Thüringen, Schutzheilige der Armen, heiliggesprochen 1255

Sankt-Georg-Platz, 19., seit 1895, nach der Kirche „Zum hl. Georg"

Sankt-Gotthard-Straße, 14., seit 1913, zur Erinnerung an den Sieg der Österreicher über die Türken bei St. Gotthard am 1. 8. 1664

Sankt-Hubertus-Gasse, 13., s. nachfolgend

Sankt-Hubertus-Platz, 13., nach der Kirche „St. Hubertus" (Schutzpatron der Jäger)

Sankt-Johann-Gasse, 5., seit 1908; die Gegend war einst im Besitz des von Friedrich dem Schönen gegründeten Spitals „Zu St. Johann an der Als"

Sankt-Michael-Gasse, 21., nach dem Erzengel Michael, Schutzpatron der Krieger

Sankt-Nikolaus-Platz, 3.; bis 1529 stand hier das Zisterzienserinnenkloster „St. Niklas", eine befestigte Vorstadt, die in der Landstraße aufging

Sankt-Peter-Gasse, 17., nichtamtliche Bezeichnung (Stift St. Peter in Salzburg)

Sankt-Ulrichs-Platz, 7., seit 1862 (ursprünglich Am Anger, Am Bergl, 1780–1862 Kirchengasse), nach der Pfarrkirche „Zum hl. Ulrich" bzw. dem ehemaligen Vorort „St. Ulrich" (St. Ulrich Obern Guts, 1302 bis 1850; St. Ulrich Untern Guts, 1211 bis 1529); St. Ulrich kam 1850 zum 7. Bezirk

Sankt-Veit-Brücke, 13. und 14., 1894–1898 erbaut, zur Erinnerung an die Vororte Ober- und Unter-St.-Veit

Sankt-Veit-Gasse, 13., seit 1894 (vorher: Kirchengasse); zur Erinnerung an den alten Vorortnamen

Sankt-Wendelin-Gasse, 22., seit 1914, s. *Sankt-Wendelin-Platz*

Sankt-Wendelin-Platz, 22., seit 1909 (vorher: Kirchenplatz); in der Kagraner Kirche „Zum hl. Georg" steht ein Altar des hl. Wendelin

Santifallerstraße, 22., seit 1977, Univ.-Prof. Dr. Leo Santifaller (1890–1974), Historiker

Sanzingasse, 10., seit 1942, Rudolf Sanzin (1874–1922), Eisenbahntechniker, Prof. an der Technischen Hochschule

Saphirweg, 21., seit 1953, nach dem Edelstein

Sapphogasse, 10., seit 1958, Hauptfigur von Grillparzers gleichnamigem Drama

Sarastroweg, 19., seit 1963, Figur aus der „Zauberflöte" von Mozart (Herrscher über das Reich der Güte, der Weisheit und des Lichts)

Saßmanngasse, 10., seit 1958, Hans Saßmann (1882–1954), Bühnenschriftsteller

Satgasse, 13., Abkürzung für „Siedlungsgenossenschaft Auhofer Trennstück"

Saturnweg, 14., seit 1923, nach dem Planet

Satzberggasse, 14., seit 1894 (vorher: Schmiedgasse), führt auf den 431 m hohen Satzberg

Satzingerweg, 21., Flurname („In Satzingen" = Setzlinge; Neupflanzung)

Sauerburggasse, 19., seit 1914, nach der Familie Sauer von Sauerburg, 1559–1609 Besitzer der Herrschaft von Ober-Sievering

Sauergasse, 14., seit 1952, Emil von Sauer (1862–1942), Pianist, galt als bester Interpret der Werke von Chopin und Liszt

Saulackenweg, 13., nach sumpfigen Stellen im Lainzer Tiergarten

Sauraugasse, 13., seit 1893; die Grafen Saurau waren 1622 bis 1652 Besitzer der Herrschaft Lainz

Sautergasse, 16. und 17., seit 1905 (bis 1894 Rosenhügelgasse, dann Zeillergasse), Ferdinand Sauter (1804–1854), mit Schubert, Schwind und Lenau befreundeter Dichter; brachte sich als Polizzenschreiber bei der „Donau-Versicherung" durch; schrieb empfindsame, politische und soziale Gedichte, später u. a. Gelegenheitsgedichte; verfiel in Neulerchenfelder Wirtshäusern dem Alkohol, starb an Cholera

Savoyenstraße, 16. und 17., seit 1897, Fürstin Maria Christine von Montléart, geb. Prinzessin von Sachsen-Curland (1779 bis 1851), verwitwete Herzogin von Savoyen, s. *Montléartstraße*

Scalagasse, 5., seit 1888, Johann Scala (1816 bis 1888), 1862 bis 1888 Pfarrer von Matzleinsdorf

Scariaweg, 16., seit 1936, Emil Scaria (1840 bis 1886), Opernsänger

Schablergasse, 19., seit 1895, Riedname; 1357 urk. erwähnt

Schachnerstraße, 22., seit 1959, Friedrich Schachner (1841–1907), Architekt, Baumeister

Schadekgasse, 6., seit 1919 (ursprünglich Hollerbeergasse, dann Kollergerngasse, ab 1906 Windmühlgasse), Dr. Franz Josef Schadek (1843–1913), Bezirksvorsteher des 6. Bezirkes; Kaufmann

Schadinagasse, 17., seit 1894, Johann Baptist Schadina, Pfarrer von Ottakring um 1680

Schäffergasse, 4., seit 1862 (vorher Ankergasse und Kapaunergasse, auch Kapäundlgasse und Kapuzinergasse), Johann Michael Schäffer (gest. 1848), Schneidermeister, errichtete eine Stiftung für verarmte Bürgerstöchter

Schätzgasse, 19., seit 1894, Anna Schätz (1814–1853), Stifterin eines Kindergartens in Nußdorf

Schafberggasse, 18., seit 1894 (vorher: Badgasse), führt auf den Schafberg (ursprünglich „Gotteshausberg"); Schafberg kommt von „schof" (= „geschlägerter Wald")

Schaffernakgasse, 21., Dr. Friedrich Schaffernak (1881–1951), Gründer des hydrologischen Instituts, Wasserbautechniker

Schafflerhofstraße, 22., nach dem gleichnamigen, ehemaligen Wirtschaftshof der Herrschaft Eßling

Schafgarbenweg, 22., seit 1956, nach der Heil- und Zierpflanze

Schalkgasse, 18., seit 1894 (vorher: Sackgasse), Ignaz Schalk (1831–1876), Grundbesitzer, überließ mehrere Grundstücke unentgeltlich der Gemeinde Gersthof

Schallautzerstraße, 1., seit 1906, Hermes Schallautzer (1503–1563), Bürgermeister von Wien (1538/39), Stadtrichter (1540 bis 1545)

Schallergasse, 12., seit 1875, Johann Schaller (1777–1842), Bildhauer, Professor an der Akademie der bildenden Künste

Schaludekgasse, 11., seit 1971, Franz Schaludek (1878 bis 1957), Pfarrer von Kaiser-Ebersdorf, Verdienste um den Wiederaufbau der Pfarrkirche nach 1945

Schamborgasse, 14., seit 1929, Rosina Schambor (1822–1848), Dienstmagd, und Margarete Schambor (1818–1848), Wäscherin, fielen in der Märzrevolution 1848, s. *Märzstraße*, s. *Achtundvierzigerplatz*

Schamsgasse, 22., seit 1953, Franz Schams (1823–1883), Maler

Schanzstraße, 14. und 15., seit 1894 (vorher: Wiener Straße); einst bestanden hier Schanzen zur Verteidigung der Vororte

Schartlgasse, 23., seit 1966 (vorher: Berggasse), Karl Schartl (1885–1958), Bezirksrat (1953/54 und 1955–1958), ÖVP

Schattenfrohgasse, 22., seit 1972, Prof. Dr. Arthur Schattenfroh (1869–1923), Bakteriologe

Schatzlsteig, 19., seit 1937, Dr. Josef Schatzl (1862–1936), populärer Arzt

Schauflergasse, 1., schon 1310 als Schauffelgasse, später als Schüvellucke, Schauflerlüchen und Schauflochgasse erwähnt, Herkunft unklar

Schaukalgasse, 17., seit 1973, Dr. Richard Schaukal (1874–1942), Dichter, Kunstkritiker

Schaumburgergasse, 4., zur Erinnerung an den Schaumburgergrund, 1813–1850 selbständiger Ort

Schaurhofergasse, 4., seit 1937, Monsignore August Schaurhofer (1872–1928), Sozialpolitiker; Verdienste um straffällig gewordene Jugendliche

Schautagasse, 10., seit 1929, Dr. Friedrich Schauta (1849–1919), Univ.-Prof. für Gynäkologie

Schedifkaplatz, 12., seit 1914, Wilhelm Schedifka (1863–1914), Gemeinderat, Tischlermeister

Scheffelstraße, 21., Josef Viktor von Scheffel (1826–1886), Dichter („Der Trompeter von Säkkingen", 1854), Maler (rund 400 Zeichnungen und Aquarelle)

Scheffeneggergasse, 23., seit 1971, Dr. Max Scheffenegger (1883–1963), Jurist, Unterstaatssekretär im Staatsamt für Justiz in der provisorischen Regierung Renner 1945

Schegargasse, 19., Benedikt Schegar (1801 bis 1861), Baumeister, erbaute das 1837 eröffnete „Zögernitz-Casino"

Scheibelreitergasse, 19., seit 1979, Ernst Scheibelreiter (1892–1973), Schriftsteller (Romane, Lyrik)

Scheibenbergstraße, 17. und 18., seit 1894 (ursprünglich Friedhofstraße, dann Schönbrunner Straße), führt zum Scheibenberg

Scheibengasse, 19., seit 1894 (vorher: Berggasse), Riedname

Scheiblinweg, 14., seit 1982, Anton Scheiblin (1894 bis 1967), Lehrer, Sozialdemokrat; an den Schulreformen in den 20er Jahren beteiligt; 1957–1959 Abgeordneter zum Nationalrat, 1950–1959 Bezirksrat, Begründer des Penzinger Bezirksmuseums, Arbeiten über die Geschichte Penzings

Scheichgasse, 22., Benennungsdatum unbekannt, vermutlich nach einem Anrainer

Scheidlstraße, 18., die Familie Scheidl gehörte zu den ältesten Familien im Bezirk; Karl Scheidl, Fuhrwerker, eröffnete diese Straße

Scheimpfluggasse, 19., seit 1914, Theodor Scheimpflug (1865–1911), Hauptmann, Erfinder der photographischen Geländeerkundung (Aerophotogrammetrie)

Schelleingasse, 4., seit 1891, Karl Schellein (1820–1888), Maler

Schellenhofgasse, 23., nach einem ehemaligen, 1178 erwähnten Kloster (später Schloß und ab 1862 Brauerei; daneben gab es auch ein Ziegelwerk)

Schellenseegasse, 23., seit 1957 (vorher: Ferdinand-Schindler-Gasse), nach einem so bezeichneten ehemaligen Ziegelteich

Schellhammergasse, 16. und 17., seit 1894 (vorher in Hernals Fuhrmanngasse, in Ottakring Laudongasse), Franz Edler von Schellhammer (1775–1831), Oberleutnant, besaß Grund und Anwesen, aus denen später das „Yppensche Invalidenhaus" wurde; s. *Yppengasse*

Schellinggasse, 1., seit 1869, Friedrich Wilhelm Josef von Schelling (1775–1834), Philosoph

Schembergasse, 23., seit 1954 (vorher: Roseggergasse), Carl August Schember (1838–1917), Fabrikant; begründete 1887 die Schember-Waagenfabrik in Atzgersdorf

Schemmerlbrücke, 19. und 20., 1894 bis 1898 nach Plänen von Otto Wagner erbaut; nach Josef Schemerl (sic!) Ritter von Leuthenbach (1752–1844), Ingenieur, Hofbaudirektor, führend an der Donauregulierung beteiligt; die Brücke wurde 1953 bis 1955 saniert und 1975 umgebaut; Schemerl arbeitete das erste Projekt einer Donauregulierung aus, das allerdings nicht verwirklicht wurde

Schemmerlstraße, 11., seit 1904, s. *Schemmerlbrücke*

Schenkendorfgasse, 21., seit 1909 (vorher Hamerlinggasse), Max Schenkendorf (1783–1817), deutscher Dichter (patriotische und religiöse Lieder), nahm an den Befreiungskriegen gegen Napoleon teil

Schenkenstraße, 1., seit 1862, nach dem schon 1250 erwähnten Palais der Erbland-Mundschenke

Schenkweg, 14., seit 1934 (1938–1947 Wolfgang-Schultz-Weg), Leopold Schenk (1840–1902), Begründer der wissenschaftlichen Embryologie an der Universität Wien

Scherbangasse, 23., seit 1988, Alexander Scherban (1886–1964), Maler (Landschaften, Stilleben, Veduten); schuf auch die Motive für das sog. Maurer Notgeld (1920)

Schererstraße, 21., seit 1954, Dr. Wilhelm Scherer (1841–1886), Germanist, Univ.-Prof. (Verfasser einer bedeutenden Literaturgeschichte)

Scherffenberggasse, 18., seit 1910, Graf Siegmund Friedrich Scherffenberg; befehligte im Entsatzheer, das Wien 1683 vor den Türken rettete, ein Regiment und fiel 1688 bei der Belagerung Belgrads

Scherfweg, 14., seit 1929, Josef Scherf (1810 bis 1848), Zimmermaler, fiel in der Märzrevolution 1848, s. *Achtundvierzigerplatz*, s. *Märzstraße*

Scheringgasse, 14., seit 1968, Ernst Schering, Chemiker, gründete 1871 in Berlin die pharmazeutischen Schering-Werke

Scherlandgasse, 17., Benennungsdatum unklar, Flurname

Scherpegasse, 19., seit 1935, Hans Scherpe (1853–1929), Bildhauer

Scherrgasse, 11., Johann Scherr (1778 bis 1830), Hausbesitzer, Wohltäter

Scherzergasse, 2., seit 1875, Johann Georg Scherzer (1784–1840), Gerichtsbeisitzer; besaß ab 1807 die Sperlsäle; s. *Große Sperlgasse*

Scheugasse, 10., seit 1919 (vorher: Goethegasse), Josef Franz Georg Scheu (1841 bis 1904), Komponist (vertonte u. a. das „Lied der Arbeit"), Redakteur der „Österr. Musikerzeitung", gründete 1878 den „Arbeiter-Sängerbund-Wien"; gewerkschaftlich engagiert

Scheunenstraße, 10., nach hier einst befindlichen Scheunen

Scheydgasse, 21., seit 1912 (vorher: Bei der Haltestelle), Sebastian Scheyd (1653 bis 1727), Müller, Stifter einer Kapelle (1708)

Schichtweg, 21., nichtamtliche Bezeichnung (nach den „Schichtwerken")

Schickgasse, 22., seit 1909 (vorher ab 1907 Herrengasse), Ferdinand Schick, Bürgermeister von Stadlau; unter ihm nahm der Ort an der Jahrhundertwende eine steten Aufschwung

Schiergasse, 22., seit 1963, Benjamin Schier (1848–1910), Schriftsteller

Schiffamtsgasse, 2., seit 1862, hier befand sich das kaiserliche Schiffamt

Schiffmühlenstraße, 22., führte zu den ehemaligen kaiserlichen Schiffmühlen, die dem Ort Kaisermühlen den Namen gaben, s. *Kaisermühlenstraße*

Schiffstraße, 22., nichtamtliche Bezeichnung (zur Erinnerung an eine Schiffbauhütte, in der das erste Donauschiff gebaut wurde)

Schikanedergasse, 4., Emanuel Schikaneder (1751–1812), leitete 1789 das Freihaustheater, 1801 das neu eröffnete Theater an der Wien; Schikaneder füllte auf recht ungewöhnliche Weise sein Theater, er kaufte einen Posten Regenschirme auf, und diese wurden um drei Gulden pro Abend verliehen, sobald es zu regnen begann; wer den Schirm wieder brachte, erhielt 2 Gulden und 48 Kreuzer zurück; schrieb u. a. den Text zur „Zauberflöte" von Mozart und kaufte sich vom Erfolg Besitz in Nußdorf; starb verarmt infolge Geldentwertung unter den napoleonischen Kriegen

Schilchergasse, 14., seit 1957, Friedrich Schilcher (1811–1881), Porträtmaler

Schildgasse, 11., seit 1970, Franz Theodor Schild (1859–1929), Komponist (Märsche, Wienerlieder)

Schilfweg, 22., seit 1953, nach dem Schilf entlang des Mühlwassers

Schillerplatz, 1., seit 1872, Friedrich Schiller (1759–1805), Dichter („Maria Stuart", „Die Jungfrau von Orleans", „Die Braut von Messina", „Wilhelm Tell" usw.)

Schillerpromenade, 23., s. *Schillerplatz*

Schillerweg, 10. und 11., nichtamtliche Bezeichnungen

Schillgasse, 21., Ferdinand von Schill (1776 bis 1809), Major, Initiator einer gescheiterten Erhebung gegen Napoleon; fiel bei Stralsund, elf seiner Offiziere wurden von Napoleon hingerichtet

Schillingergasse, 23., nach einer alteingesessenen Familie

Schillochweg, 22., seit 1965, führt zum Schillochwasser (ein Rest der unregulierten Donau)

Schillwasserweg, 22., seit 1966, in den Gewässern dieser Gegend kommt der Schill (eine Fischart) häufig vor

Schimekgasse, 23., seit 1955 (vorher: Vogelweidstraße), Josef Schimek (1868 bis 1934), Gewerkschaftsfunktionär

Schimmelgasse, 3., seit 1862 (vorher: Sechsschimmelgasse), nach einem Gasthausschild „Zu den sechs Schimmeln"

Schinaweisgasse, 14., seit 1923, „Schinaweis" ist ein 1424 urkundlich erwähnter Flurname

Schindlergasse, 18., seit 1894 (vorher: Bergsteiggasse), Jakob Emil Schindler (1842 bis 1892), Landschaftsmaler, Vater von Alma Mahler-Werfel

Schinnaglgasse, 16., seit 1873, Maurus Schinnagl (1800–1871), Priester, Religionslehrer

Schippergasse, 21., seit 1933, Dr. Jakob Schipper (1842–1915), Anglist, Univ.-Prof.

Schirnböckgasse, 13., seit 1930, Ferdinand Schirnböck (1859–1930), Kupferstecher

Schirrmanngasse, 22., seit 1971, Richard Schirrmann (1874–1961), Pionier der Jugendherbergsbewegung, Vorsitzender des internationalen Jugendherbergsverbandes

Schlachthammerstraße, 22., Michael Schlachthammer (gest. 1887), Wirtschaftsbesitzer, Ortsrichter von Eßling

Schlachthausgasse, 3., seit 1862 (vorher: Hohlwegstraße), nach dem von 1846 bis 1848 erbauten städtischen Schlachthaus

Schlagbrückenufer, 2., seit 1923; hier befand sich die Schlagbrücke (heute Schwedenbrücke); der Name rührt daher, daß das Vieh auf der Brücke geschlagen (= geschlachtet) wurde, da die Zufuhr von totem Vieh bzw. Fleisch nach Wien aus großer Entfernung aus hygienischen Gründen verboten war

Schlägergasse, 13., Antonie Schläger (1859 bis 1910), Hofopernsängerin

Schlagergasse, 9., seit 1888, Dr. Ludwig Schlager (1828–1885), Psychiater, Direktor der NÖ. Landes-Irrenheilanstalt; Gemeinderat; kümmerte sich um die Verbesserung des Schicksals von Geisteskranken

Schlanitzgasse, 22., seit 1974 (vorher: Hardmuthgasse), Rudolf Schlanitz (1883 bis 1935), Bildhauer, Holzschnitzer

Schlechtastraße, 3. und 11., seit 1907, Franz Xaver Freiherr Schlechta von Wischrad (1769–1875), Finanzbeamter, Dichter (Lyrik), Freund Schuberts

Schlehenweg, 13., seit 1967, nach dem gleichnamigen Busch

Schleidengasse, 21., seit 1953, Matthias Jakob Schleiden (1804–1881), Botaniker, 1839 Prof. in Jena, 1863 in Dorpat; 1838 begründete er die Zellentheorie der Organismen mit, bemühte sich auch um eine methodische Erneuerung der Botanik in der Forschung

Schleiergasse, 10., Benennungsdatum und Herkunft unklar; möglicherweise nach einem ehemaligen Besitzer von Gründen in dieser Gegend; verlängert 1987

Schleifgasse, 21., Ignaz Schleif (1835–1898), Pfarrer von Floridsdorf (1880–1883)

Schleifmühlgasse, 4., seit 1862 (vorher: Obere und Untere Schleifmühlgasse), nach der kleinen Gemeinde „Schleifmühl", bereits 1582 urkundlich erwähnt; diese bildete sich um eine Waffenschleif- und Poliermühle

Schlenthergasse, 22., seit 1955 (ursprünglich Wallgasse, ab 1909 Josef-Pichler-Gasse), Paul Schlenther (1854–1916), Direktor des Wiener Burgtheaters, Schriftsteller, Theaterkritiker

Schlesingerplatz, 8., seit 1901 (1938–1948: Conrad-von-Hötzendorf-Platz), Dr. Josef Schlesinger (1834–1901), Professor an der Hochschule für Bodenkultur, Reichsratsabgeordneter (1891–1897), Gemeinderat (1895–1901)

Schletterstraße, 22., seit 1987, Dr. Hermann Schletter (1897–1965), Arzt; engagierte sich für die Armen

Schleusenstraße, 14., Benennungsdatum unbekannt, nach einer Schleuse zur Regulierung des Mauerbachs

Schlickgasse, 9., s. *Schlickplatz*

Schlickplatz, 9., seit 1892, Franz Heinrich Graf Schlick (1789–1862), General der Kavallerie, erbaute in der Gegend ein Palais (Türkenstraße 25)

Schliemanngasse, 21., seit 1910, Heinrich Schliemann (1822–1890), Kaufmann, Altertumsforscher; erwarb als Kaufmann Vermögen, eignete sich umfassende Sprachkenntnisse an und unternahm ab 1858 Bildungsreisen; nahm Homer beim Wort und entdeckte 1868 Troja

Schließmanngasse, 13., seit 1923, Hans Schließmann (1852–1920), Zeichner (Illustrator des Wiener Volkslebens)

Schlimekgasse, 23., Josef Schlimek (1771 bis 1836), Ortsrichter von Mauer

Schlöglgasse, 12., seit 1894 (vorher: Hietzinger Straße und Reinhartgasse), Friedrich Schlögl (1821–1892), Wiener Volksschriftsteller

Schlösselgasse, 8., seit 1862 (früher Kleines Gassel in der Josefstadt, später Josefstädter Straße), nach den Hausschildern „Zum kleinen Schlössel" und „Zum goldenen Schlössel"

Schloßallee, 14., seit 1919 (ursprünglich Schönbrunner Hofallee, dann Hofallee), führt zum Haupttor von Schönbrunn

Schloßberggasse, 13., führt zum Hackinger Schloß

Schlossergasse, 21., seit 1941 (vorher: Engerlinggasse), Dr. Julius von Schlosser (1866–1933), Kunsthistoriker

Schloßgartenstraße, 23., Flurname

Schloßgasse, 5., seit 1862 (vorher: Große Schloßgasse), markiert die Begrenzung des ehemaligen Schlosses Margareten und seines 1786 parzellierten Gartens

Schloßhofer Straße, 21., nach dem ehemaligen kaiserlichen Besitz Schloßhof an der March (1725–1736 von Prinz Eugen errichtet)

Schloßnagelgasse, 10., nichtamtliche Bezeichnung, Herkunft unklar

Schloßparkgasse, 23., verläuft neben dem Erlaaer Schloßpark; der Park gilt wegen seiner Pflanzenwelt als erhaltenswert

Schloßpromenade, 22., seit 1991, nach dem Eßlinger Schloß

Schluckergasse, 13., seit 1971, Philipp Schlucker (1747 bis 1820); nach einem von ihm stammenden Plan wurde die Mauer um den Lainzer Tiergarten erbaut

Schlüsselgasse, 4., seit 1862 (bis etwa 1770 Tischlergasse), nach einem Hausschild „Zu den zwei weißen Schlüsseln“

Schmätzerweg, 14., seit 1953, Vogelname (Unterfamilie der Drosseln)

Schmalerweg, 14., seit 1931, Josef Schmaler (1800–1848); fiel in der Märzrevolution 1848, s. *Achtundvierzigerplatz, s. Märzstraße*

Schmalzhofgasse, 6., seit 1862, angeblich nach dem Hof eines Schmalzhändlers

Schmardagasse, 13., seit 1936, Dr. Ludwig Karl Schmarda (1819–1908), Zoologe, Univ.-Prof.

Schmedesweg, 16., seit 1936, Erik Schmedes (1868–1931); Heldentenor an der Wiener Staatsoper

Schmelzbrücke, 15., 1876 erbaut (auch Schweglerbrücke), nach der Lage in Richtung Schmelz; s. auch *Sperrgasse*

Schmelzbrückenrampe, 15., seit 1896, führt auf die 1876 erbaute Brücke über die Westbahn

Schmelzgasse, 2., seit 1862 (vorher: Ochsengasse), nach der schon 1614 nachgewiesenen Schmelze, in der minderwertiges Rinder- und Schaffett für die Herstellung von Kerzen und Seifen geschmolzen wurde

Schmerlingplatz, 1., seit 1893 (vorher: Reichsratplatz), Anton Ritter von Schmerling (1805–1893), Jurist, Justizminister, Ministerpräsident

Schmidgasse, 8., seit 1862 (vorher ab 1839 Gemeindegasse), Josef Schmid (1790 bis 1867), Ortsrichter der Josefstadt, Gemeinderat

Schmidgunstgasse, 11., seit 1894 (vorher: Dorfgasse), Georg Schmidgunst (1831 bis 1886), Bürgermeister von Kaiserebersdorf (1861–1873)

Schmidlergasse, 23., Franz Schmidler (1738 bis 1796), Hersteller von Textilfarben

Schmiedeckgasse, 23., seit 1957 (vorher: Lammgasse), Otto Schmiedeck (1876 bis 1954), Arbeitervertreter

Schmiegergasse, 18., seit 1963, Willi Schmieger (1887 bis 1950), 1901–1919 Stürmer der österreichischen Fußballnationalmannschaft; Sportreporter, bis er von den Nationalsozialisten Berufsverbot erhielt

Schmöllerlgasse, 4., Josef Schmöllerl (1763 bis 1848), Vogteikommissär der Pfarre St. Karl, Wohltäter

Schmutzergasse, 15., seit 1912, nach der berühmten Wiener Kupferstecherfamilie Schmutzer (Andreas, 1700–1741; Josef, 1695–1741; Adam, 1694–1740, und der Sohn von Andreas, Jakob, 1733–1801); Jakob begründete eine Schule für Kupferstecher

Schneeballenweg, 22., seit 1954, nach dem Waldstrauch

Schneebeerengasse, 22., seit 1965, nach der Zierpflanze

Schneidergasse, 11., seit 1899, Johann Schneider (1835–1897), Gemeindeausschußmitglied, Baumeister (Schulbauten)

Schneiderhangasse, 12., seit 1922, Josef Schneiderhan (1837–1910), letzter Bürgermeister von Unter-Meidling, Bäckermeister

Schnirchgasse, 3., seit 1889, Ing. Friedrich Schnirch (1791–1868); führte neue Methoden des Brückenbaus ein

Schnitterweg, 22., seit 1994, nach den Schnittern (= Männer, die um die Jahrhundertwende auf der Alten Donau mit der Eisgewinnung beschäftigt waren); s. auch *Laberlweg*

Schnorrgasse, 21., seit 1937, Ludwig F. Schnorr von Carolsfeld (1788–1853), Maler, ebenso sein Bruder Julius (1794 bis 1872)

Schöberweg, 17., seit 1949, Johann Schöber (1902 bis 1942), leitender Funktionär der illegalen KPÖ; hatte Verbindungen zu katholischen NS-Gegnern, 1941 verhaftet, 1942 hingerichtet

Schödlbergergasse, 22., seit 1913, Johann Nepomuk Schödlberger (1779–1853), Lehrer, Maler

Schöffelgasse, 18., seit 1912 (vorher: Lidlgasse, ursprünglich Reformvereinsgasse), Josef Schöffel (1832–1910), Offizier, Bürgermeister von Mödling, Landtagsabgeordneter; rettete mit einer Pressekampagne den Wienerwald nach dem verlorenen Krieg gegen Preußen (der Holzverkauf sollte die Staatsfinanzen aufbessern) vor der Abholzung

Schöffelplatz, 14., s. *Schöffelgasse*, amtlich seit 1994, vorher ebenso nicht amtlich

Schoellerhofgasse, 2., seit 1909, Gustav Ritter von Schoellerhof (1826–1883), Großindustrieller

Schoellerweg, 15., seit 1925, Johann Christoph Schoeller (1782–1851), Miniaturmaler; Illustrator von Bäuerles Theaterzeitung

Schönbachstraße, 13., seit 1932, Dr. Anton Schönbach (1849–1921), Literaturhistoriker, Univ.-Prof.

Schönberger Häufel, 22., nichtamtliche Bezeichnung, nach einem Siedler

Schönbergplatz, 14., seit 1952, Arnold Schönberg (1874–1951), Komponist, Dirigent, Lehrer; Kammermusikwerke, Oratorien, mit seiner „Zwölftonmusik“ Wegbereiter einer Epoche, 1933 Emigration in die USA

Schönborngasse, 8., Friedrich Karl Graf Schönborn (1674–1743), Fürsterzbischof von Wien; ließ das Palais in der Laudongasse ausbauen

Schönbrunner Allee, 12., als Verbindung zwischen den Schlössern Schönbrunn und Hetzendorf angelegt

Schönbrunner Graben, 17. und 18., seit 1962; nach guten Quellen, die von den Jagdgesellschaften Maria Theresias benutzt wurden

Schönbrunner Schloßbrücke, 14., seit 1919 (vorher: Maria-Theresien-Brücke), führt zum Schloß Schönbrunn

Schönbrunner Schloßstraße, 12. und 13., ursprünglich Hietzinger Hauptstraße; nach dem Schloß benannt

Schönbrunner Straße, 4., 5. und 12., seit 1894 (ursprünglich Lange Gasse, Hundsthurmer Straße, Gaudenzdorfer Hauptstraße und Meidling-Schönbrunner Straße), führt zum Schloß Schönbrunn

Schönburgstraße, 4., seit 1892, Alexander Fürst Schönburg-Hartenstein (1826 bis 1896)

Schöneckergasse, 14., seit 1985, Dyonis Schönecker (1888–1938), 1910–1938 Präsident des Sportclubs Rapid; hatte großen Anteil daran, daß Rapid zu jener Zeit führender Fußballclub in Europa war

Schönlaterngasse, 1., nach dem bereits 1770 urkundlich erwähnten Hausschild „Zur schönen Laterne“ („Bei der schön Latern“); im 17. Jhd. Heiligenkreuzer Gasse und Beim Heiligenkreuzer Hof

Schönngasse, 2., seit 1898, Georg Schönn (1826–1897), Maler (Landschaftsbilder)

Schönthalergasse, 21., seit 1932, Franz Schönthaler (1821–1904), Innenarchitekt, Holzbildhauer

Schönthanplatz, 22., seit 1961, Franz von Schönthan (1849–1913), Bühnendichter

Schönwiesegasse, 23., Karl Schönwiese (1868–1942), Gemeinderat von Inzersdorf

Schönygasse, 10., seit 1981, Heinrich Schöny (1881–1965), Komponist, Pädagoge

Schöpfergasse, 12., seit 1903, Wolfgang Schöpfer (1825–1876), Wohltäter in Hetzendorf

Schöpfleuthnergasse, 21., Johann Schöpfleuthner (1827–1896), Gemeinderat in Floridsdorf (1867–1875, 1882–1896)

Schoeppelgasse, 22., seit 1955 (vorher: Jagdgasse), Hugo Schoeppel (gest. 1928), Schriftsteller, Gründer der Adalbert-Stifter-Gesellschaft

Scholzgasse, 2., seit 1873, Wenzel Scholz (1787–1857), Komiker am Carltheater, Partner von Nestroy

Schongauergasse, 20., seit 1920, Martin Schongauer (1450–1491), Maler, Kupferstecher

Schopenhauerstraße, 18., seit 1894 (vorher: Wienerstraße), Arthur Schopenhauer (1788–1860), Philosoph, Vertreter des Pessimismus („Die Welt als Wille und Vorstellung")

Schottenaustraße, 20., seit 1905, zur Erinnerung daran, daß diese Gegend im Besitz des Schottenstiftes war

Schottenbastei, 1., früher Gässel zur Bastei, war ein Teil der Stadtbefestigungsmauer; s. *Schottengasse*

Schottenfeldgasse, 7., seit 1862 (vorher: Mittergasse, Mönchbodengasse, Feldgasse), nach dem ehemaligen Vorort Schottenfeld, 1850 zum 7. Bezirk eingemeindet; so benannt, weil diese Gegend im Besitz des Schottenstiftes war

Schottengasse, 1., bereits 1346 urkundlich erwähnt; die schottischen (eigentlich irischen) Benediktinermönche wurden 1155 nach Wien berufen und erbauten Kloster, Kirche und Spital; 1418 ging der Besitz an die deutschen Benediktiner über; der Name „Schotten" blieb jedoch erhalten

Schottenring, 1., nach dem bereits 1276 urkundlich erwähnten Schottentor, s. *Schottengasse*

Schotterfeldweg, 21., seit 1937, Flurname

Schrailplatz, 23., Johann Nepomuk Schrail (1787–1830), Lehrer in Atzgersdorf; hinterließ historisch interessante Aufzeichnungen über die napoleonischen Kriege (1809) in seinem Ort

Schrammelgasse, 17., seit 1923, Johann Schrammel (1840–1893), Komponist, Gründer des volkstümlichen Schrammelquartetts; bekannt wurde das Quartett in der „Güldenen Waldschnepfe" in Dornbach

Schrankenberggasse, 10., Flurname

Schrankgasse, 7., seit 1907 (bis 1862 Herrengasse, dann Döblergasse), Dr. Johann Ferdinand Schrank (1830–1881), Handelsschullehrer, Gemeinderat (1866 bis 1881), Vizebürgermeister

Schraufgasse, 15., seit 1912, Karl Albrecht Schrauf (1837–1897), Mineraloge, Univ.-Prof.

Schrebergasse, 22., seit 1923, Dr. Daniel Gottlieb Moritz Schreber (1808–1861), Arzt, Mitgründer der Schrebergartenvereine

Schreckgasse, 23., Wilhelm Schreck (1838 bis 1897), Müller

Schreiberweg, 19., Benennungsdatum unbekannt, die Gegend war um 1297 im Besitz eines herzoglichen Hofschreibers

Schreinerweg, 22., seit 1965, Jakob Schreiner (1854 bis 1942), Burgschauspieler

Schrekergasse, 16., seit 1936, Franz Schreker (1878–1934), Komponist, Direktor der Berliner Musikhochschule

Schreygasse, 2., seit 1802; der Bildhauer Josef Schrey eröffnete 1778 die Gasse; seine Gattin Eleonore vermachte ihr Haus der Gemeinde Leopoldstadt für die Errichtung einer Schule

Schreyvogelgasse, 1., seit 1885 (vorher: Kleppersteig und Mölkerbastei), Josef Schreyvogel (1768–1832), Ausgestalter des Burgtheaters, Schriftsteller, Hoftheatersekretär (1802–1804, 1815–1832)

Schrickgasse, 22., seit 1909 (vorher: Diepoldgasse), Michael Schrick (eigentlich Ruffus, 1400–1473), Arzt, Lehrer

Schroederweg, 12., seit 1930, Sophie Antonia Schroeder (1781–1868), Schauspielerin

Schrödingerplatz, 22., seit 1973, Prof. Dr. Erwin Schrödinger (1887–1961), Physiker; 1921 bis 1927 Univ.-Prof. in Zürich, dann in Berlin, Träger des Nobelpreises 1933 („Abhandlungen zur Wellenmechanik", „Spezielle Relativitätstheorie); 1938 Emigration, 1956 Rückkehr

Schröttelgasse, 22., seit 1959 (vorher: Jägersteig), Georg Schröttel, von 1606 bis 1627 Besitzer der Herrschaft Kagran

Schröttergasse, 10., seit 1875, Anton Schrötter Ritter von Kristelli (1802–1875), Chemiker, entdeckte den amorphen Phosphor

Schrottenbachgasse, 18., seit 1992, Ferdinand Schrottenbach (1957–1991), Revierinspektor, am 16. 3. 1991 nach einem Raubüberfall erschossen

Schrottensteingasse, 22., seit 1909 (vorher: Kirchengasse); die Herrschaft Kagran war von 1606 bis 1672 im Besitz der niederösterreichischen Familie Schröttl

Schrottgasse, 3., seit 1910, Dr. Josef Schrott (1811–1888), Universitätsprofessor für Wirtschaftswissenschaft

Schrottgießergasse, 2., nach einer ehemaligen Schrottgießerei, die sich im 16. Jahrhundert hier befand

Schrotzbergstraße, 2., seit 1899, Franz Schrotzberg (1841–1899), Porträtmaler

Schrutkagasse, 13., seit 1925, Dr. Emil von Schrutka (1852–1918), Jurist; Prof. für österr. Zivilprozeßrecht an der Universität Wien

Schubertgasse, 9., seit 1862 (vorher ab 1780 Brunngasse), Franz Schubert (1797 bis 1828), Komponist; schrieb 9 Symphonien, 600 Lieder, Ouvertüren, 7 Messen, Opern, Sonaten, Streichquartette, Kammermusik

Schubertring, 1., seit 1928 (vorher: Kolowratring), s. *Schubertgasse*

Schuchardtstraße, 21., seit 1956, Dr. Hugo Schuchardt (1842–1927), deutscher Sprachwissenschafter, Romanist, 1876 Univ.-Prof. in Graz

Schüttauplatz, 22., nach der ehemaligen Donauinsel „Schütt", 1875 verschwunden

Schüttaustraße, 22., s. *Schüttauplatz*

Schüttelstraße, 2., seit 1876 (früher Am Schüttel und ein Teil Kronprinzenstraße); vor der Donauregulierung war der Prater eine sehr wasserreiche Gegend; so wurde eine Straße „angeschüttet", die höher als die Umgebung lag

Schützengasse, 3., seit 1862 (vorher: Auf der Schutzen), nach einem Hausschild „Zum Schützen"

Schützensteig, 14., Benennungsdatum unbekannt, nach den Freunden des Schießsports

Schützplatz, 14., seit 1912 (vorher: Laurentiusplatz, bis 1894 Kirchenplatz), Josef Franz Schütz (1851–1908), Apotheker, sozial für die Armen von Breitensee engagiert

Schuhbrechergasse, 14., seit 1956, alter Flurname

Schuhfabrikgasse, 23., seit 1955 (vorher: Laimgrubengasse), nach einer Schuhfabrik

Schuhmeierplatz, 16., seit 1920 (vorher: Habsburgplatz), Franz Schuhmeier (1864 bis 1913), Begründer der sozialdemokratischen Bewegung in Ottakring; bis zu seiner Ermordung 1913 dominierende Persönlichkeit der österr. Arbeiterbewegung; gründete den Arbeiterbildungsverein „Apollo" und die Zeitung „Volkstribüne"; war 1901 einer der beiden ersten sozialdemokratischen Reichsratsabgeordneten

Schukowitzgasse, 22., seit 1953, Dr. H. Schukowitz, Schriftsteller, gab 1896 ein Buch über Marchfelder Mythen heraus

Schulerstraße, 1., früher „strata scole", Schullerstraße, Schuolstrazze und Große Schulenstraße; abgeleitet von der Bürgerschule St. Stephan

Schulgasse, 18., seit 1894 (früher: Turmgasse und Karlsgasse), erinnert an die 1867 erbaute Volksschule

Schulhof, 1., seit 1421 wegen der in der Nähe gelegenen Judenschule so genannt

Schulsteig, 19., Benennungsdatum unbekannt (1940–1945 Nesziweg), führt zur Schule

Schultergasse, 1., seit dem 14. Jahrhundert als Sitz- und Wohnort der Schildner und Waffenschmiede bekannt

Schultheßgasse, 17., seit 1894 (ursprünglich Friedhofgasse, dann Hernalser Friedhofstraße), Heinrich Schultheß (1836–1904), Pfarrer von Hernals

Schulzgasse, 21., Johann Graf Schulz (gest. 1686), Reitergeneral während der Türkenbelagerung 1683

Schulzgasse, 23., Emil Schulz (1852–1914), Bürgermeister von Inzersdorf

Schulz-Straßnitzki-Gasse, 9., seit 1896 (vorher: Straßnitzkigasse), Leopold Karl Schulz von Straßnitzki (1803–1852), Mathematiker; setzte sich für die Ausbildung und soziale Besserstellung der Volksschullehrer ein

Schulzweg, 21., nichtamtliche Bezeichnung, wahrscheinlich Anrainername

Schumanngasse, 17. und 18., seit 1894 (im 17. Bezirk früher Mitterberggasse, im 18. Bezirk Annagasse), Robert Schumann (1810–1856), Komponist, Musiklehrer, Hauptvertreter der deutschen Romantik

Schumpeterweg, 21., seit 1994, Dr. Josef Alois Schumpeter (1883–1950), Nationalökonom, Finanzminister (1919), Univ.-Prof. in Graz, Bonn, ab 1932 in den USA

Schuppengasse, 23., seit 1956, Jan van Schuppen (1670–1751), holländischer Maler

Schurzgasse, 12., seit 1922, Anton Schurz (1794–1859), Schwager von Nikolaus Lenau und sein Biograph

Schuselkagasse, 15., seit 1912, Dr. Franz Schuselka (1811–1886), Schriftsteller (Romane, Novellen, politische Schriften), 1848 Abgeordneter der Frankfurter Nationalversammlung

Schußlinie, 11., ehemals befand sich ein Schießplatz auf der Simmeringer Haide, dieser Weg verlief neben der Schußrichtung

Schußwallgasse, 5., seit 1862 (vorher: Am Linienwall), hier befand sich eine Verteidigungsstellung im Linienwall

Schutzhausweg, 12. und 17., nichtamtliche Bezeichnungen

Schwagergasse, 23., seit 1958, Richard Schwager (1822–1880), Miniaturenmaler

Schwaigergasse, 21., Josef Schwaiger (1805 bis 1893), Ehrenbürger von Floridsdorf, Verdienste um die Armen

Schwalbengasse, 3., Benennungsdatum unklar; in früheren Zeiten sollen hier viele Schwalben genistet haben (in den Höfen der Fuhrwerker)

Schwalbenweg, 17., amtlich seit 1993, nach dem Vogel, vorher ebenso nicht amtlich

Schwanngasse, 21., seit 1953, Prof. Dr. Theodor Schwann (1810–1882), deutscher Arzt, Anatom, Physiologe; Entdecker des Pepsins

Schwarzenauweg, 21., seit 1964, nach dem gleichnamigen Ort in NÖ

Schwarzenbergplatz, 1., 3. und 4., 1945 bis 1956 Stalinplatz; Karl Fürst Schwarzenberg (1771–1820), 1812 Feldmarschall, Oberbefehlshaber der alliierten Truppen beim Sieg über Napoleon in der Völkerschlacht bei Leipzig (1813)

Schwarzenbergstraße, 1., s. *Schwarzenbergplatz*

Schwarzenhaidestraße, 23., Flurname

Schwarzenstockallee, 2., Benennungsdatum unbekannt, ein Nebenarm der Donau (vor der Regulierung) hieß Schwarzes Stockwasser

Schwarzer Weg, 21., amtlich seit 1988, vorher ebenso nicht amtlich; Herkunft unklar

Schwarzgrubergasse, 10., seit 1956 (vorher: Blindengasse), Rudolf Schwarzgruber (1900–1943), Alpinist

Schwarzhorngasse, 5., Johann Rudolf Schmidt Freiherr von Schwarzhorn (1590 bis 1667), Besitzer von Schloß und Herrschaft Margareten; Hofkriegsrat, Gesandter in Konstantinopel

Schwarzingergasse, 2., seit 1862 (vorher: Flecksiedergasse), Barbara Schwarzinger (1861–1891); spendete 100.000 Gulden für den Bau der Infektionsabteilung im Leopoldstädter Kinderspital

Schwarzspanierstraße, 9., seit 1862 (vorher: Glacis ab 1825, Alservorstädter Glacis ab 1853), erinnert an Kirche und Kloster der „Schwarzspanier" genannten Benediktiner von Montserrat (wegen der schwarzen Ordenskleider); die Kirche wurde 1690 bis 1727 im Barockstil errichtet; 1963 wurde das Kirchenschiff abgetragen

Schwarzwaldgasse, 23., Marie Edle von Schwarzwald (1814–1882), Wohltäterin in Mauer

Schwedenbrücke, 2., seit 1920 (urspr. Schlagbrücke; 1819 als Ferdinands-Brükke erbaut; 1911 und 1954/55 umgebaut), s. *Schwedenplatz*

Schwedenplatz, 1., seit 1919 (vorher ab 1887: Ferdinandsplatz), aus Dankbarkeit für die schwedische Hilfe nach dem Ersten Weltkrieg

Schweglerstraße, 15., Johann Schwegler (1820–1903), Kaffeesieder, Bürgermeister von Rudolfsheim (1873–1879)

Schweidlgasse, 2., seit 1890, Karl Schweidl (1819–1889), Mitglied des Bezirksausschusses und Armenrat, Ortsschulratsstellvertreter

Schweizer-Garten-Straße, 3., seit 1922 (vorher: Maria-Josefa-Park) nach dem Schweizer Garten; dieser wurde zur Erinnerung an die Hilfe, die die Schweiz Österreich nach dem Ersten Weltkrieg leistete, so benannt

Schweizertalstraße, 13., seit 1894 (vorher teilweise Neustiftgasse), nach einigen Villen, die dort im Schweizer Stil errichtet wurden

Schwemmäckergasse, 21., seit 1913, Flurname

Schwemmgasse, 2., seit 1862, hier bestanden bis 1873 Pferdeschwemmen

Schwemmingergasse, 23., seit 1958, Heinrich Schwemminger (1803–1884), Maler

Schwendenweingasse, 18., seit 1894 (vorher: Sackgasse), August Ritter von Schwendenwein-Lonauberg (1817 bis 1885), Architekt, widmete eine Stiftung für die Armen und für die Schule von Pötzleinsdorf

Schwendergasse, 15., seit 1894 (vorher: Marktgasse), Karl Schwender (1809 bis 1866); der ehemalige Schankbursche etablierte sich zum Konzernherrn eines Vergnügungszentrums, dem „Colosseum"

Schwenkgasse, 12., seit 1894, Ludwig Schwenk (1823–1890), Apotheker, Gemeinderat in Unter-Meidling

Schwertgasse, 1., nach einem schon 1797 erwähnten Hausschild „Zu den sieben Schwertern"

Schwetzweg, 12., seit 1994, Karl Schwetz (1888–1965), Grafiker, Buchillustrator; Mitbegründer des Heimatmuseums Meidling

Schwindgasse, 4., Moritz von Schwind (1804 bis 1871), Maler

Schwinglgasse, 23., Andreas Schwingl (1808–1885), Bürgermeister von Liesing

Scottgasse, 21., seit 1953, Robert F. Scott (1868–1912), Südpolforscher; erreichte 1912 (vier Wochen nach Amundsen) den Südpol und kam bei der Rückkehr in den Schneestürmen ums Leben

Sebaldgasse, 22., seit 1909, Ivo Sebald (1838–1904), Pfarrer von Leopoldau

Sebastian-Brunner-Gasse, 13., seit 1898, Sebastian Brunner (1814–1893), Prälat, Schriftsteller

Sebastian-Hofbauer-Weg, 21., seit 1994, Sebastian Hofbauer, Ortsrichter; bestimmte entscheidend die Entwicklung von Leopoldau; errichtete 1823 die Trasse der heutigen Leopoldauer Straße

Sebastian-Kelch-Gasse, 14., seit 1904, Sebastian Kelch (1802–1870), Ortsrichter von Penzing 1848

Sebastian-Kneipp-Gasse, 2., seit 1900, Sebastian Kneipp (1821–1897), Pfarrer, Arzt („Kneipp-Kur“: Naturheilverfahren unter Anwendung von Wasser und Kräutern)

Sebastian-Kohl-Gasse, 21., seit 1909 (vorher: Kohlgasse), Dr. Sebastian Kohl (1804 bis 1841), Arzt, Grundrichter von Leopoldau

Sebastianplatz, 3., seit 1905, nach der Pfarrkirche, die den Heiligen Rochus und Sebastian geweiht ist

Sechshauser Gürtel, 15., seit 1894 (vorher: Gürtelstraße), zur Wahrung des alten Ortsnamens (1769 erstmals erwähnt)

Sechshauser Straße, 15., seit 1894 (ursprünglich Reindorfer Straße, später Rudolfsheimer und Sechshauser Hauptstraße, dann bis 1894 Hauptstraße), s. *Sechshauser Gürtel*

Sechskrügelgasse, 3., seit 1870 (vorher: Krügelgasse), nach einem Hausschild „Zu den sechs Krügeln“

Sechsschimmelgasse, 9., seit 1862 (um 1779 Waschstadelgasse), nach einem Hausschild „Zu den sechs Schimmeln“

Sechtergasse, 12., seit 1894 (vorher: Luisengasse), Simon Sechter (1788–1867), Komponist, Lehrer von Anton Bruckner und Johann Strauß

Seckendorfstraße, 14., seit 1901, Leo von Seckendorf (1773–1809), Übersetzungen griechischer Dichtungen, mit Goethe und Schiller befreundet; fiel 1809 in einer Schlacht gegen Napoleon

Seckendorf-Gudent-Weg, 13., seit 1988, Dr. Arthur Freiherr von Seckendorf-Gudent (1845–1886), Prof. an der Forstakademie zu Mariabrunn und an der Hochschule für Bodenkultur, Experte auf dem Gebiet des forstlichen Versuchswesens

Sedlacekweg, 10., seit 1989, Josef Sedlacek (1905–1983), Betriebsratsobmann der Wienerberger Ziegelwerke

Sedlitzkygasse, 11., seit 1894 (vorher: Pfeifergasse), Dr. Adalbert Sedlitzky (1812 bis 1886), Bürgermeister von Simmering (1850), Gemeinderat (1861–1884), Apotheker

Seeadlerweg, 22., seit 1966, nach dem Vogel

Seeböckgasse, 16., seit 1883, Anton Seeböck (1801–1841), Ortsrichter von Ottakring

Seefeldergasse, 22., seit 1955 (vorher: Gärtnerstraße), Dr. Richard Seefelder (1875 bis 1949), Arzt

Seegasse, 9., seit 1862 (1629: Gassel allwo der Juden Grabstätte, seit 1778 Judengasse); hier bestand ein Fischteich, 1415 als „See“ urkundlich erwähnt

Seelosgasse, 13., seit 1930, Gottfried Seelos (1829–1900), Landschaftsmaler

Seemüllergasse, 17., seit 1942, Dr. Josef Seemüller (1855–1920), Germanist, Mundartforscher

Seerosenweg, 22., seit 1959, nach der Wasserpflanze

Seeschlachtweg, 11., Benennungsdatum unbekannt, Flurname

Segengrundgasse, 22., seit 1957, Flurname, bereits 1403 erwähnt

Seglerweg, 14., seit 1953, nach dem Vogel (Turm- und Mauersegler)

Segnerstraße, 10., seit 1956 (vorher: Simmeringer Straße), Prof. Johann Andreas Segner (1704–1777), deutscher Physiker, Erfinder des „Segnerischen Wasserrades“ (Vorläufer der Turbine)

Seidelbastgasse, 22., seit 1955, nach der Pflanze

Seidengasse, 7., seit 1862 (vorher: Fuhrmannsgasse, Schildkrotgasse), nach den zahlreichen Seidenfabrikanten, die in der Gegend ihren Sitz hatten

Seidlgasse, 3., seit 1876 (vorher: Obere Gärtnergasse), Johann Gabriel Seidl (1804–1875), Archäologe, Lyriker

Seifertstraße, 13., seit 1894 (vorher: Kaiser-Franz-Josef-Straße), Andreas Seifert (1748–1832), Landwirt; kaufte 1825 die ehemalige Einsiedelei und erhielt auch das Schankrecht

Seilergasse, 1., einst Verkaufsstätte der Seiler, 1507 als „Saylergasse" urkundlich erwähnt

Seilerstätte, 1., urkundlich 1301 als Arbeitsstätte der Seiler („auf der Seil") erwähnt

Seippgasse, 3., seit 1959, Christoph Ludwig Seipp (1747–1793), Schriftsteller (Theaterstücke), Direktor des ehemaligen Landstraßer Theaters

Seiseneggergasse, 22., seit 1953, Jakob Seisenegger, um 1560 Hofmaler Kaiser Ferdinands I.

Seisgasse, 4., seit 1889, Matthias Seis (1783 bis 1854), Hofzahlmeister, Gemeinderat

Seitenberggasse, 16. und 17., seit 1872, Dr. Jakob Seitenberg (1814–1887), Arzt, Gemeinderat von Ottakring

Seitenhafenstraße, 2., seit 1912, Zufahrt zum Seitenhafen des Freudenauer Hafens

Seitenstettengasse, 1., nach dem Seitenstettenhof, 1825 vom gleichnamigen Stift in NÖ erbaut; urspr. Katzensteig

Seitzergasse, 1., Gottfried I., Prior des Seitzer Konviktes in der Steiermark, wird 1325 zur Leitung des ersten Stiftshofes (Seitzerhofes) nach Wien berufen

Seleskowitschgasse, 19., seit 1969, Josef Seleskowitsch (1873–1940), Sozialdemokrat, 1919 bis 1934 Bezirksvorsteher des 19. Bezirks

Seligmanngasse, 23., seit 1958, Albert Franz Seligmann (1862–1945), Maler

Sellenygasse, 2., seit 1876, Josef Selleny (1824–1875), Landschaftsmaler, Mitglied der Nordpol-Forschungsexpedition 1870 bis 1872; brachte viele Landschaftsbilder davon mit; konzipierte den Stadtpark

Sellingergasse, 11., seit 1894 (vorher: Kreuz- und Quergasse), Martin Sellinger (1812 bis 1873), Gemeinderat von Kaiser-Ebersdorf, Wirtschaftsbesitzer

Selma-Lagerlöf-Gasse, 10., Selma Lagerlöf (1858–1940), schwedische Dichterin, Literaturnobelpreis 1904

Selzergasse, 15., Josef Selzer (1814–1877), Bürgermeister von Reindorf (1850–1863)

Semmelweisgasse, 21., seit 1920, Dr. Ignaz Philipp Semmelweis (1818–1865), Arzt, Gynäkologe; entdeckte die Ursache des Kindbettfiebers und entwickelte die antiseptische Wundbehandlung

Semperstraße, 18., seit 1894 (ursprünglich Leichenhofstraße, dann Freithofstraße, bis 1894 Döblinger Straße), Gottfried Semper (1803–1879), Architekt (erbaute mit Karl Hasenauer das Burgtheater)

Semperweg, 11., nichtamtliche Bezeichnung

Senderstraße, 21., nach dem Rundfunksender auf dem Bisamberg

Sendnergasse, 11., seit 1959, nach einer alteingesessenen Familie (Mühlenbesitzer)

Senefeldergasse, 10., seit 1871, Alois Senefelder (1771–1834), Erfinder des Steindruckes (Lithographie)

Senfgasse, 10., seit 1957, nach der Pflanze

Senngasse, 3. und 11., seit 1907, Johann Michael Senn (1792–1858), Lyriker, Freund Schuberts; von der Metternich-Zensur eingesperrt und dann in seine Heimat Tirol abgeschoben

Sensengasse, 9., seit 1862 (vorher ab 1818 Fuhrmannsgasse, 1804–1818 Todtengasse), nach einem Hausschild „Zur goldenen Sense" (hier befanden sich drei Friedhöfe)

Serpentingasse, 21., seit 1994, nach dem Edelstein

Serravagasse, 14., seit 1894 (vorher: Hannovergasse), Diego de Serrava, spanischer Erzieher am kaiserlichen Hof; gründete das spätere Kaiserspital (bestand bis 1754, lag in der Gegend des heutigen Bundeskanzleramtes)

Servaesgasse, 10., seit 1959, Franz Servaes (1866–1947), Schriftsteller, Journalist

Servitengasse, 9., Benennungsdatum unbekannt, erinnert an Kirche und Kloster der Serviten; bestehen seit Mitte des 17. Jahrhunderts

Seumegasse, 12., seit 1894 (vorher: Gemeindegasse), Johann Gottfried Seume (1763 bis 1810), Schriftsteller

Seuttergasse, 13., seit 1894 (vorher: Wasagasse), Friedrich Karl Seutter (1820 bis 1892), Fabrikant, Wohltäter

Sevcikgasse, 23., seit 1957 (vorher: Feldgasse), Ottokar Sevcik (1852–1934), Musiklehrer, Violinvirtuose

Severingasse, 9., seit 1862, nach dem hl. Severin (gest. 482)

Severin-Schreiber-Gasse, 18., seit 1910, Severin Schreiber (1829–1892), Großfuhrwerksbesitzer; ihm gehörten die Sandgruben auf der Türkenschanze; trat den Grund zur Vergrößerung des Türkenschanzparkes ab

Seybelgasse, 23., Emil Seybel (gest. 1895), Fabrikant, s. *Wagenmanngasse*

Seyringer Straße, 21., seit 1910, nach dem Ort in NÖ

Shuttleworthstraße, 21., nach der Großindustriellenfamilie

Sibeliusstraße, 10., seit 1959, Jan Sibelius (1865–1957), finnischer Komponist (sinfonische Dichtungen)

Siccardsburggasse, 10., seit 1894 (ein Teil bis 1894 Heinrichgasse), August Sicard von Siccardsburg (1813–1868), Ringstraßenarchitekt; erbaute mit Van der Nüll die Oper; überlebte den Selbstmord seines Freundes Nüll nur um wenige Wochen

Sickenberggasse, 19., seit 1894 (urspr. bis 1873 Fabrikgasse und Kirchengasse, dann Donaustraße), Ferdinand Sickenberg (1810–1885), Großindustrieller, Gründer einer Färberei und einer chemischen Putzerei in Nußdorf

Sickingengasse, 10., seit 1930, Franz von Sickingen (1481–1523), Führer im fränkischen Ritteraufstand 1522/23

Siebeckstraße, 22., seit 1960, Rudolf Siebeck (1812–1878), Stadtgärtner

Siebenbrunnenfeldgasse, 5.; Kaiser Ferdinand I. ließ 1562 Wasser von quellenreichen Feldern in sieben Brunnen sammeln und in die Stadt leiten

Siebenbrunnengasse, 5., s. *Siebenbrunnenfeldgasse*

Siebenbrunnenplatz, 5., seit 1904, zur Erinnerung an den Zusammenschluß der sieben Vororte Margareten, Hungelbrunn, Laurenzergrund, Nikolsdorf, Matzleinsdorf, Reinprechtsdorf und Hundsturm zum 5. Bezirk 1850; ein Denkmal mit sieben Brunnenquellen symbolisierte die Vororte

Siebenbürgerstraße, 22., seit 1932, Martin Siebenbürger (genannt Capinius, ca 1475–1522), Jurist, Univ.-Prof., Dekan der juridischen Fakultät; Stadtrichter, Ratsherr, Bürgermeister von Wien (1521)

Siebeneichengasse, 15., bei der Penzinger Pfarrkirche standen einst sieben Eichen

Siebenhirtenstraße, 23., Benennungsdatum unbekannt, nach der schon 1178 erwähnten ehemaligen Gemeinde Siebenhirten

Siebensterngasse, 7., seit 1862 (vorher: Schwabengasse, Kleine Stiftgasse, 1938 bis 1945 Straße der Julikämpfer), nach dem Haus Nr. 15, dem „Haus zu den sieben goldenen Sternen“

Siebertgasse, 12., seit 1889, Friedrich Siebert (1816–1889), Gemeinderat des 5. Bezirkes, Seidenfabrikant

Siedlungsstraße, 23., nach den Siedlungsanlagen

Siegelgasse, 3., seit 1862 (vorher: Spiegelgasse); zur Erinnerung daran, daß die Stadt Wien (1461) Kaiser Friedrich III. gegen seinen Bruder Herzog Albrecht VI. unterstützt hat und das Recht erhielt, den Doppeladler im Siegel und im Stadtwappen zu führen

Siegerweg, 10. und 11., nichtamtliche Bezeichnungen; zur Erinnerung an die Siegermächte des Ersten Weltkrieges

Siegesplatz, 22., seit 1909 (vorher: Hauptstraße), zur Erinnerung an den Sieg Erzherzog Karls über Napoleon bei Aspern (1809)

Siegfried-Charoux-Weg, 14., seit 1977, Siegfried Charoux (1896–1967), Bildhauer (Lessingdenkmal am Judenplatz 1935; von den Nationalsozialisten zerstört, nach dem Krieg schuf er ein neues, ursprünglich am Morzinplatz aufgestellt, seit 1982 wieder am Judenplatz), Maler, Karikaturist; wirkte in der Emigration im Rahmen der BBC-Sendungen an der Befreiung Österreichs mit

Siegfriedgasse, 21., seit 1909 (erst Untere Ziegelofengasse, dann Rüdigergasse), Markgraf Siegfried, von König Heinrich III. 1043 als Herrscher über die Ostmark eingesetzt

Siemens-Nixdorf-Steg, 2. und 9., seit 1991, nach Ing. Werner von Siemens (1916 bis 1982) und Heinz Nixdorf (1925–1986), Forscher, Wissenschaftler

Siemensstraße, 21., seit 1909 (vorher: Großjedlersdorfer Straße und Leopoldauer Straße), Werner von Siemens (1816 bis 1892), Erfinder, Unternehmer; erfand 1846 den Zeigertelegrafen und verwertete die Erfindung, indem er 1847 mit dem Mechaniker J. G. Halske die Telegraphen-Bauanstalt von Siemens & Halske, Keimzelle des späteren Unternehmens Siemens, gründete; 1879 führte er die erste funktionstüchtige Lokomotive vor, 1880 baute er den ersten elektrischen Aufzug und 1881 die erste Straßenbahn

Siemensweg, 21., nichtamtliche Bezeichnung, s. *Siemensstraße*

Sieveringer Straße, 19., seit 1894 (ursprünglich Ortsstraße, später Obere und Untere Hauptstraße, dann Hauptstraße), zur Erinnerung an den alten Vorortnamen; Sievering, bereits 1114 urkundlich erwähnt, wurde 1890/92 dem 19. Bezirk angeschlossen; vor der Eingemeindung 1890 hatte Ober-Sievering 626 und Unter-Sievering 1.996 Einwohner

Sigmundsgasse, 7., seit 1862, Sigmund Schultes (1801–1861), Schottenabt (1831 bis 1861)

Silberergasse, 22., Viktor Silberer (1846 bis 1924), Aeronaut

Silbergasse, 19., Benennungsdatum und Herkunft unklar

Silberwurzweg, 22., seit 1960, nach dem Rosengewächs

Sildgasse, 21., Lambert Sild (1838–1890), Kaufmann aus altansässiger Familie, Gemeinderat

Silenegasse, 22., seit 1978, nach der Nelkenart

Sillergasse, 10., nichtamtliche Bezeichnung, s. unten

Sillergasse, 13., Franz Josef Siller (1893 bis 1924), Präsident des Zentralverbandes der Kleingärtner, Pionier des Siedlerwesens

Sillerplatz, 13., seit 1927 (1934–1938 Dr.-Engelbert-Dollfuß-Platz), s. *Sillergasse*

Sillerstraße, 19., s. *Sillergasse*

Sillerweg, 10. und 11., nichtamtliche Bezeichnungen; s. *Sillergasse*

Silvaraweg, 19., seit 1966, Geza Silvara (1876 bis 1938), Schriftsteller, Journalist

Silvester-Früchtl-Gasse, 23., seit 1957 (vorher: Leipziger Gasse), Silvester Früchtl (1865–1940), Feuerwehrhauptmann, NS-Opfer

Silvinggasse, 13., seit 1981, Bert Silving (1887–1948), Komponist, Musikdirektor der ehemaligen RAVAG

Simmeringer Hauptstraße, 11., seit 1894 (vorher: Hauptstraße, Schwechater Hauptstraße und Reichsstraße), zur Wahrung des Ortsnamens; Simmering wurde mit Kaiser-Ebersdorf und Teilen von Schwechat und Kledering 1892 zum 11. Bezirk zusammengefaßt

Simmeringer Lände, 11., seit 1894 (vorher: Donaukanallände), nach der Lage entlang des Donaukanals

Simon-Denk-Gasse, 9., seit 1862 (vorher: Simongasse), Simon Denk (1630–1721), Grundrichter der Vorstadt Althan, Gemüsegärtner; besaß hier Gärten, die 1811 parzelliert wurden

Simoningplatz, 11., seit 1914, so lautete der Name der Ortschaft Simmering im 13. Jahrhundert

Simonsgasse, 22., seit 1962, Carl Rainer Simons (1869 bis 1934), Direktor der Wiener Volksoper

Simonygasse, 18., seit 1907, Dr. Friedrich Simony (1813–1896), Geologe, Pionier des Alpinismus, erforschte das Dachsteingebiet

Sinagasse, 22., seit 1876 (vorher: Jägergasse), Simon Georg Freiherr von Sina (1772–1856), Bankier, Wohltäter

Sinawastingasse, 21., Anna Sinawastin (1825–1891), Dienstmagd, Wohltäterin (half verarmten Hausgehilfinnen)

Sindelargasse, 10., seit 1960, Matthias Sindelar (1903–1939), genannt der „Papierene“; Fußballer; Kapitän des legendären Wunderteams der 30er Jahre

Sindinggasse, 10., seit 1955, Christian Sinding (1856–1941), norwegischer Komponist (Orchesterwerke)

Singerstraße, 1., seit 1862, urkundlich 1314 erstmals so erwähnt; nach einer aus Sünching (Bayern) stammenden Familie, die hier ihren Wohnsitz hatte und als „Siniger“ bekannt war

Singrienergasse, 12., seit 1894 (vorher: Jahngasse), Johann Singriener (gest. 1545) betrieb eine der ersten Buchdrukkereien in Wien

Siolygasse, 19., seit 1963, Johann Sioly (1843 bis 1911), Wienerlieder-Komponist

Siriusweg, 14., seit 1923, nach dem Stern

Sizzogasse, 22., Graf Sicco (sic!) gründete im 11. Jahrhundert Süßenbrunn (Sizzobrunn)

Skabiosenweg, 22., seit 1953, nach der Wiesen- und Zierpflanze

Skodagasse, 8., seit 1883 (um 1400 der teuffe Graben und Im Hexentanz, 1700 Im Hohlweg, 1778 Kaserngasse, ein Teil Breite Gasse, bis 1883 Reitergasse und Hohlweggasse), Prof. Josef Skoda (1805 bis 1881), Arzt, Univ.-Prof. (1846); machte die erste Operation am Herzen und führte physikalische Methoden in der Diagnostik ein; engagierte sich auch für den Ausbau der Kanalisation und der Hochquellwasserleitung; seit 1987 auch für Albin Skoda (1909–1961), Burgtheaterschauspieler, Sammler, Stifter

Skrabalgasse, 22., seit 1965, Dr. Anton Skrabal (1877 bis 1957), Chemiker

Skraupstraße, 21., seit 1940, Dr. Zdenko Skraup (1850–1910), Chemiker

Skurawygasse, 23., seit 1958, Edmund Skurawy (1869–1933), Schriftsteller

Slamastraße, 23., seit 1982, Victor Slama (1890–1973), Graphiker, Plakatkünstler

Slanarplatz, 10., seit 1959, Prof. Hans Slanar (1890–1955), Geograph; Herausgeber von Atlanten

Slatingasse, 13., seit 1951, Rudolf Slatin Pascha (1851 bis 1932), Afrikaforscher; bereiste Ägypten und den Sudan; leitete dann die britische Kolonialverwaltung im Sudan; im Mahdiaufstand 1884 gefangengenommen und bis 1895 in Haft, dann gelang ihm die Flucht; der Khedive von Ägypten verlieh ihm den Titel „Pascha", der König von England den Titel „Sir"; Verdienste bei der Niederwerfung der Mahdis 1896; 1900 Generalinspektor des Sudan, 1914 bei Kriegsausbruch Rücktritt von seinem Amt, Rückkehr nach Wien; leitete später die Kriegsgefangenenfürsorge des Roten Kreuzes

Smaragdgasse, 21., seit 1953, nach dem Edelstein

Smolagasse, 22., seit 1909 (vorher: Bahngasse), Josef Freiherr von Smola (1764 bis 1820), Generalmajor, Verdienste in den napoleonischen Kriegen

Sobieskigasse, 9., seit 1862 (vorher ab 1829 tw. Ruprechtsgasse, ab 1816 tw. Himmelpfortgrund, ab 1808 tw. Windmühlgasse; bis 1862 Hirschengasse; 1938–1945: Streblgasse); Johann Sobieski (1629 bis 1696), Polenkönig, Führer des Entsatzheeres gegen die Türken 1683; es waren ca. 80.000 Soldaten, die Wien zu Hilfe kamen; das größte Kontingent, rund 26.000 Mann, bildeten die Polen unter König Sobieski, der auch den formellen Oberbefehl hatte; dazu kamen 21.000 kaiserliche Söldner, Reichstruppen, Bayern, Sachsen und Freiwillige aus verschiedenen Ländern; 140.000 Mann unter Kara Mustapha hatten Wien belagert; in der Stadt standen 11.000 Soldaten und 8.000 Mann Bürgerwehr

Sobieskiplatz, 9., seit 1862 (vorher ab 1853 Johannesplatz, 1938–1945 Kricklplatz), s. *Sobieskigasse*

Sobotagasse, 23., seit 1955, Rudolf Sobota (1876–1935), Vizebürgermeister von Inzersdorf

Sölchgasse, 21., seit 1954, Dr. Johann Sölch (1883–1951), Geograph, Univ.-Prof.

Soesergasse, 10., seit 1959, Ferdinand Soeser (1872–1937), Vorstand des Wiener Schubertbundes

Sofienalpenstraße, 14., seit 1971 (vorher: Adalbert-Stifter-Straße), führt auf die 477 m hohe Sofienalpe

Soldanellenweg, 22., seit 1994, nach der Pflanze

Sollingergasse, 19., seit 1906, Johann Sollinger (1795–1849), Topograph

Sommarugagasse, 18., seit 1894 (vorher: Uniongasse), Franz Freiherr von Sommaruga (1780–1860), Präsident des Obersten Gerichtshofes, Minister

Sommerergasse, 13., seit 1894 (vorher: Brunnengasse), Leopold Sommerer (1791 bis 1875), Oberlehrer, Gemeinderat von Ober-St.Veit

Sommergasse, 19., Rudolf Sommer (1838 bis 1918), Hausbesitzer, Wohltäter

Sommerhaidenweg, 18. und 19., seit 1901, Flurname

Sommerschuhgasse, 23., Josef Sommerschuh (1798–1842), Ortsrichter von Mauer

Sommerweg, 10., nichtamtliche Bezeichnung

Sonnbergplatz, 19., Flurname, schon 1351 als „in den Sueenberg" urk. erwähnt

Sonnenbadweg, 18., seit 1995 amtlich; langjährige ortsübliche Bezeichnung

Sonnenbergweg, 13., nichtamtliche Bezeichnung, Weg in der Siedlung „Sonnenberg"

Sonnenfelsgasse, 1., seit 1862 (ursprünglich Bäckerstraße, 1848 kurze Zeit Märzstraße, 1938–1945 Johann-Sebastian-Bach-Gasse), Josef von Sonnenfels (1733 bis 1817), Hofrat, Ratgeber von Maria Theresia; Verdienste um die Abschaffung der Folter

Sonnenhofgasse, 5., seit 1862 (vorher: Kirchengasse), Franz Anton Graf von Sonnau (gest. 1732), Besitzer der Herrschaft Margareten

Sonnenthalgasse, 16., seit 1920 (1938 bis 1947: Ekhofgasse), Adolf von Sonnenthal (1831–1909), Burgschauspieler

Sonnenuhrgasse, 6., seit 1875, nach einem Haus, an dem drei Sonnenuhren befestigt waren

Sonnenweg, 10., nichtamtliche Bezeichnung

Sonnenweg, 14., seit 1923 (vorher: Grenzweg), nach der Sonne

Sonnergasse, 12., seit 1911, Sebastian Sonner von Rothenburg, s. *Rothenburgstraße*

Sonnleitensteig, 19., seit 1919, Flurname (Steig über eine sonnige Leite = Berglehne)

Sonnleithnergasse, 10., seit 1890, Dr. Ignaz Sonnleithner (1766–1835), Schriftsteller, Jurist, Sekretär; Mitbegründer der Gesellschaft der Musikfreunde (1812) und des Konservatoriums (1817)

Sonnwendgasse, 10., zur Erinnerung an die Sonnenwendfeiern, die früher am 21. Juni abgehalten wurden

Sorbaitgasse, 15., seit 1894 (vorher: Kandlgasse), Dr. Paul von Sorbait (1621 bis 1691), Rektor der Wiener Universität (1669 bis 1673), bahnbrechend in der Pestbekämpfung durch Hinweis auf die Bedeutung der Hygiene

Sorgenthalgasse, 21., seit 1932, Konrad von Sorgenthal (1735–1805), Direktor der Wiener Porzellanmanufaktur (1785–1805)

Sorgogasse, 13., seit 1963, Dr. Josef Sorgo (1869–1950), Arzt (Internist), Univ.-Prof.

Späthgasse, 22., seit 1953, Prof. Dr. Josef Späth (1823–1896), Gynäkologe

Spallartgasse, 14., seit 1894 (vorher: Herrengasse), Dr. Franz Xaver Spallart von Neumann (1837–1888), Professor an der Hochschule für Bodenkultur

Spalowskygasse, 6., seit 1949 (vorher: Grasgasse), Franz Spalowsky (1875–1938), Tischler, Redakteur, führender Funktionär der christlichen Gewerkschafter, Gemeinderat (1914–1919), Nationalratsabgeordneter

Spandlgasse, 22., seit 1923, Franz Spandl (1892–1922), Gründer der Siedlung „Kriegerheimstätten"

Spanngasse, 21., seit 1956, Matthias Spann (1815–1860), mehrfacher Lebensretter bei der Donauüberschwemmung von 1830

Sparefrohgasse, 3., seit 1965; zur Erinnerung daran, daß die ehemalige Zentralsparkasse Wien (heute: Bank Austria) das „Sparefrohmännchen" als Symbol für den Spargedanken bei Kindern schuf

Spargelfeldstraße, 22., seit 1909 (vorher: Feldgasse), Flurname

Sparkassaplatz, 15., seit 1904, nach dem 1891 erbauten Gebäude der Rudolfsheimer Gemeinde-Sparkasse

Spatzenweg, 2., Benennungsdatum unbekannt, nach dem Vogel

Spaungasse, 20., seit 1896, Anton Ritter von Spaun (1790–1849), Historiker

Spechtweg, 22., nichtamtlich (nach dem Vogel)

Speckbachergasse, 16., seit 1894 (vorher: Hofergasse), Josef Speckbacher (1767 bis 1820), Tiroler Freiheitskämpfer (1809)

Speditionsstraße, 11., seit 1993, Areal zwischen Schemmerlstraße und Gadnergasse; nach den ansässigen Speditionen

Speidelweg, 22., seit 1953, Ludwig Speidel (1830–1906), Schriftsteller

Speierlinggasse, 22., seit 1954, nach dem Baum

Speikweg, 22., seit 1954, nach der Blume

Speisinger Straße, 13. und 23., seit 1894 (vorher: Hauptstraße, Wiener Straße), zur Erinnerung an den alten Vorortnamen

Spengergasse, 5., Melchior Spenger (1676 bis 1752), Gastwirt, Ortsrichter von Magdalengrund und Mariahilf; eröffnete 1724 durch Hausbau die Gasse

Sperbergasse, 21., seit 1942 (vorher: Hausgasse), nach dem Vogel

Sperkergasse, 23., seit 1954, nach einer alteingesessenen Weinhauerfamilie

Sperrgasse, 15., seit 1864 (vorher: Feldgasse); durch die Erbauung der Westbahn wurde Alt- und Neufünfhaus „abgesperrt" (getrennt) und kam erst durch die 1876 erbaute Schmelzbrücke wieder in Verbindung; s. *Schmelzbrücke*

Spiegelgasse, 1., seit 1701, einst Sitz und Verkaufsstätte der Spiegler, bereits im 14. Jahrhundert erwähnt

Spiegelgrundstraße, 14. und 16., seit 1910 (vorher: Am Spiegelgrund); alter Flurname

Spielmanngasse, 20., seit 1968, nach der Figur aus „Der arme Spielmann" von Grillparzer

Spießhammergasse, 12., seit 1894 (vorher: Magdalenagasse), Dr. Johann Cuspinian Spießhammer (1473–1529), Rektor der Wiener Universität, Leibarzt von Kaiser Maximilian I, Geschichtsschreiber

Spießweg, 19., seit 1912, Simon Spieß (1852 bis 1902), Feuerwehrhauptmann, Bezirksrat

Spindeleggergasse, 16., seit 1887, Simon Spindelegger (1812–1867), trat die Gründe zur Eröffnung dieser Gasse ab

Spindlerweg, 22., seit 1955 (vorher: Schulweg), Hofrat Dr. Franz Spindler (1866 bis 1944), Tierarzt, Oberveterinärrat

Spinngasse, 11., dort bestand 1869 bis 1958 die „Erste österreichische Jute-Spinnerei und Weberei"

Spinozagasse, 16. und 17., seit 1933 (1938 bis 1947: Eckermanngasse), Baruch de Spinoza (1632–1677), Philosoph

Spissakgasse, 11., seit 1954, Johann Spissak (1889–1942), Simmeringer Heimatschriftsteller (Naturbeschreibungen, Gedichte), Gießereiarbeiter, Sozialdemokrat

Spitalgasse, 9., seit 1862 (1719–1778 Adlerzeil, dann Am Alserbach), nach dem seit 1784 bestehenden Wiener Allgemeinen Krankenhaus

Spittelauer Lände, 9., seit 1862; erinnert an die Donauinsel Spittelau, auf der Pestverdächtige in Quarantäne gehalten wurden

Spittelauer Platz, 9., seit 1910; s. *Spittelauer Lände*

Spittelberggasse, 7., seit 1862 (vorher: Fuhrmannsgasse und Kandlgasse, ein Teil seit 1909 Gardegasse), zur Wahrung des Ortsnamens; Spittelberg war 1696 bis 1850 im Besitz des Bürgerspitalfonds (Spittelberg = Spitalberg!)

Spittelbreitengasse, 12., seit 1894 (vorher: Brestelgasse), Flurname; deutet auf ausgedehnten Spitalbesitz

Spittelergasse, 22., seit 1954, Carl Spitteler (Pseudonym Felix Tandem, 1845–1924), Schweizer Dichter, Literaturnobelpreis 1919

Spitzackergasse, 17., Benennungsdatum unklar, Flurname (nach der Form des Ackers)

Spitzergasse, 18., seit 1925 (1938–1945 Barwiggasse), Daniel Spitzer (1835 bis 1893), Schriftsteller; wurde mit seinen satirischen Feuilletons „Wiener Spaziergänge" populärer Autor seiner Zeit

Spitzweggasse, 13., seit 1938 (vorher ab 1930: Zewygasse), Carl Spitzweg (1808 bis 1885), Maler des deutschen Kleinstadtwesens

Spörlinggasse, 6., seit 1862, Michael Spörling (1784–1857), Tapetenfabrikant, Wohltäter

Spötterweg, 14., seit 1953, nach dem Singvogel

Spöttlgasse, 21., seit 1952, Ignaz Spöttl (1834 bis 1892), Heimatforscher, Numismatiker

Spohrstraße, 13., seit 1906, Ludwig Spohr (1784–1859), Komponist (Opern, Symphonien), Kapellmeister

Sporckplatz, 14. und 16., seit 1913 (vorher: Schanzstraße), Johann Graf Sporck (1601 bis 1679) besiegte mit Graf Montecuccoli 1664 die Türken bei St. Gotthard/Raab

Sporkenbühelgasse, 9., seit 1903, zur Erinnerung an die alte Ortsbezeichnung „Sporkenbühel", 1254 urkundlich erwähnt

Sportklubstraße, 2., seit 1912 (früher Prater-Gürtelstraße), führt zu den Sportanlagen in der Rustenschacherallee

Sportweg, 21., seit 1961, nach den Sportanlagen in der Umgebung

Sprengersteig, 16., seit 1953, Paul Wilhelm Eduard Sprenger (1798–1854), Architekt, Professor an der Architekturschule der Akademie der bildenden Künste, allmächtiger Hofbaurat und oberste Instanz in allen Baufragen bis 1848 („Metternich der Architektur")

Springenfelserbengrund, 22., s. *Springenfelsgasse*

Springenfelsgasse, 22., früher Springergasse; Josef Springenfels (1830–1898), Bürgermeister von Aspern

Springergasse, 2., seit 1872, Daniel Lazarus Springer (1614–1687), 1670–1673 und 1678 bis 1679 Bürgermeister von Wien

Springsiedelgasse, 19., seit 1911 (vorher: Springsiedelweg), Flurname

Spundagasse, 21., seit 1979, Prof. Dr. Franz Spunda (1889–1963), Schriftsteller

Staackmanngasse, 21., seit 1960, Johann August Ludwig Staackmann (1830–1896), deutscher Verleger

Staargasse, 14., seit 1929, Franz Staar (1821 bis 1848), Tischlergeselle, fiel in der Märzrevolution 1848, s. *Achtundvierzigerplatz*, s. *Märzstraße*

Staarweg, 22., nichtamtliche Bezeichnung

Stachegasse, 12., seit 1911, Friedrich August Ritter von Stache (1814–1895), Architekt, Baumeister

Stachlgasse, 13., Hans Jakob Stachl (1725 bis 1803), Ortsrichter von Mauer (1781/82), Tischlermeister

Stadionallee, 2., seit 1937 (vorher: Schlachthausbrückenallee), führt zum Ernst-Happel-Stadion

Stadionbrücke, 2., seit 1937 (1873 als Kaiser-Joseph-Brücke errichtet, 1919 in Schlachthausbrücke umbenannt, 1936 und 1959–1969 umgebaut), s. *Stadionallee*

Stadiongasse, 1., Johann Philipp Karl Graf Stadion-Warthausen (1763–1824), 1805 bis 1809 Außenminister; setzte nach den Niederlagen in den napoleonischen Kriegen auf Restauration und Patriotismus

Stadlauer Brücke, 2. und 22., seit 1925 (vorher: Ostbahnbrücke), 1870–1872 erbaut, 1932–1934 umgebaut

Stadlauer Lände, 2., s. *Stadlauer Straße*

Stadlauer Straße, 22., seit 1910 (vorher: Hauptstraße), zur Wahrung des Ortsnamens; Stadlau wurde um 1150 urk. als „Stadelove" (= Stadl in der Au) erwähnt; 1904 zu Floridsdorf eingemeindet, 1954 der Donaustadt angeschlossen

Stadlbreiten, 22., seit 1988, Flurname (= ebenes Feld)

Stadlergasse, 13., seit 1900, Maximilian Stadler (1748–1833), Abt zu Lilienfeld und Kremsmünster, Pfarrer von Altlerchenfeld, Komponist

Stadtparkbrücke, 1. und 3., seit 1919 (vorher: Karolinenbrücke), nach der Lage

Stättermayergasse, 15., Ignaz Stättermayer (1829–1898), Baumeister, Gemeinderat von Rudolfsheim

Staglgasse, 15., seit 1894 (vorher: Braugasse), Michael Stagl (1814–1881), Baumeister; um 1850 Gemeinderat von Fünfhaus, Verdienste um den Bau der Kanalisation im heutigen 15. Bezirk

Stallarngasse, 22., Flurname

Stallburggasse, 1., nach der Stadelburg, wie die Ställe, Speicher und Wirtschaftsgebäude des Hofes genannt wurden (heute: Stallungen der Lipizzaner)

Stammersdorfer Straße, 21., seit 1941 (vorher: Gerasdorfer Straße), nach der ehemals selbständigen Gemeinde

Stammgasse, 3., seit 1864 (s. *Blattgasse*)

Stammhausstraße, 14., seit 1952 (vorher: Brunnenstraße), nach dem Stammhaus der Siedlungsgenossenschaft „Wolfersberg"

Stampfergasse, 13., seit 1894 (vorher: Bräuhausgasse), Simon Stampfer (1792 bis 1864), Mathematiker, Naturforscher

Stanislausgasse, 3., seit 1862, Dr. Stanislaus von Neymister (1806–1874), Hof- und Gerichtsadvokat, Grundbesitzer; erbaute hier das erste Haus

Starchantgasse, 16., seit 1897, Starchant von Ottakring, Besitzer des Ottakringer Freihofes von 1301–1339

Starkegasse, 10., seit 1942, Dr. h. c. Gustav Starke (1832–1917), Pionier der Feinmechanik

Starkenburggasse, 16., seit 1913, Georg Ignaz Montfort Edler von Starkenburg, 1753–1760 Besitzer des Ottakringer Freihofes

Starkfriedgasse, 18. und 19., seit 1900, Starkfried (Starichfried) von Patzelinesdorf; um 1136 Besitzer der Herrschaft Pötzleinsdorf, bis ins 14. Jahrhundert genannt

Staudgasse, 18., seit 1894 (um 1866 ein Teil Mitterberggasse, bis 1894 Johannesgasse), Johann Staud (1737–1808), Pfarrer von Währing (1772–1808), hinterließ eine Stiftung für ein Armenhaus

Staudiglgasse, 10., seit 1895, Josef Staudigl (1807–1861), Opernsänger

Staudingergasse, 20., Josef Staudinger (1811–1882), Hausbesitzer, Tierhändler, Gemeinderat in der Leopoldstadt

Stauffergasse, 14., seit 1929, Alois Stauffer (1812–1848), Hausbesorger, fiel in der Märzrevolution 1848, s. *Achtundvierzigerplatz*, s. *Märzstraße*

Stauraczgasse, 5., seit 1949 (1888–1938 Kompertgasse, 1938–1949 Hölderlingasse), Prof. Franz Stauracz (1855–1918), Gründer einer christlichen Arbeiterbewegung

Stavangergasse, 22., seit 1994, s. *Trondheimgasse*, s. Einleitung

Steckhovengasse, 13., seit 1899 (vorher: Josefigasse), Adrian Steckhoven (1705 bis 1762), holländischer Gartengestalter (gestaltete den Schönbrunner Schloßpark aus)

Stefan-Esders-Platz, 19., seit 1935 (ursprünglich Hohenwartplatz, dann Ettinghausenplatz), Stefan Esders (1852–1920), Großkaufmann, Stifter der Kirche „Maria Schmerz" (Kaasgrabenkirche)

Stefan-Fadinger-Platz, 10., seit 1938 (1930 bis 1935 Fadingerplatz, 1935–1938 Liebfrauenplatz), Stefan Fadinger (gest. 1626), Führer der oberösterreichischen Bauern im Aufstand von 1626

Stefan-Schickel-Gasse, 14., Stefan Schickel (1858–1945), Lehrer in Hütteldorf, Wohltäter

Stefan-Zweig-Platz, 17., seit 1960, Stefan Zweig (1881–1942), Schriftsteller; pazifistisch-humanistische Lebenshaltung („Die Welt von Gestern“, „Schachnovelle“), Selbstmord in der Emigration

Steggasse, 5., nach einem ehemaligen Steg über die Wien

Stegmayergasse, 12., seit 1922, nach der Künstlerfamilie Stegmayer (Matthias, 1771–1820, Schauspieler; Karl, 1800 bis 1862, Komponist; Ferdinand, 1803–1863, Kapellmeister)

Steidlgasse, 21., Dr. Josef Steidl (1761–1850), Gemeindearzt von Stammersdorf

Steierweg, 10., nichtamtliche Bezeichnung, Herkunft ungeklärt

Steigenteschgasse, 22., seit 1910 (vorher ab 1906 Kainzgasse), August Ernst Freiherr von Steigentesch (1774–1826), Generalmajor, Gesandter, Schriftsteller

Steinachgasse, 22., seit 1955 (vorher: Scheibenstraße), Dr. Eugen Steinach (1861 bis 1944), Physiologe

Steinackergasse, 12., seit 1894 (ursprünglich Eibesbrunnergasse, dann Hirschengasse), Flurname; Acker mit steinigem Boden

Steinamangergasse, 21., seit 1978, nach der heute in Ungarn liegenden Stadt (Szombathely)

Steinbachstraße, 14., nach ihrem Verlauf am Steinbach

Steinbauergasse, 12., seit ca. 1894, Johann Steinbauer (1750–1823), Besitzer der Herrschaft Hundsturm und des Brauhauses

Steinberg-Frank-Weg, 22., seit 1987, Alfred Steinberg-Frank (1888–1953), Schriftsteller, Librettist, Präsident der Gesellschaft zur Förderung der Wiener Volkskunst

Steinberggasse, 23., Flurname (nach dem Steinberg, 251 m hoch)

Steinböckengasse, 14., seit 1911, Flurname

Steinbrechergasse, 22., nach einer alteingesessenen, um Stadlau verdienten Familie

Steinbruchstraße, 14. und 16., Benennungsdatum unklar, führte zum Ottakringer Steinbruch

Steinbüchlweg, 19., Flurname; bereits 1328 als Steinpul und Steinpüchl (Büchl, Bühel) urkundlich erwähnt

Steinbügelweg, 21., Flurname (Bügel = Bühel = Hügel, steiniger Hügel)

Steinbühelgasse, 22., Flurname

Steindlgasse, 1., Johann Steindl, um 1683 Mitglied des Äußeren Rates, Verdienste bei der Türkenbelagerung 1683

Steineichengasse, 10., seit 1957 (vorher: Brunnengasse), nach der charakteristischen Baumart des Laaer Waldes

Steinergasse, 17., ursprünglich Feldgasse, später Lerchenfeldgasse; Josef Steiner (1815 bis 1895), Bürgermeister von Hernals, Gastwirt

Steinergasse, 23., Ferdinand Steiner (1829 bis 1888), verdienter Lehrer von Atzgersdorf, Kirchenmusikdirektor

Steinfeldgasse, 19., seit 1901, Franz Steinfeld (1787–1868), Maler (Landschaften), Professor an der Akademie der bildenden Künste

Steingasse, 3., unklar; entweder war dies ehemals eine steinige Gegend, oder die Gasse wurde nach einer Person dieses Namens benannt

Steinhagegasse, 12., seit 1894 (vorher: Gärtnergasse), Johann Steinhage (1807 bis 1880), Bürgermeister der ehemaligen Ortschaft Gaudenzdorf von 1861 bis 1880

Steinhardtgasse, 13., seit 1956, Dr. Oskar Steinhardt (1909–1955), Arzt, Univ.-Doz. für Herz- und Gefäßchirurgie

Steinheilgasse, 21., seit 1910, verlängert 1975 (vorher: Siemensstraße), Karl August Steinheil (1801–1870), Physiker (Telegraphenwesen)

Steiningergasse, 12., seit 1913, Josef Steininger (1820–1894), Lehrer in Atzgersdorf

Steinklammergasse, 13., nach einer alteingesessenen Hauerfamilie in Mauer

Steinlechnergasse, 13., seit 1894 (vorher: Neugasse), alteingesessene Familie in Lainz

Steinlegasse, 16., seit 1938 (urspr. Finsenstraße, 1918–1938 Eduard-Lang-Gasse), Eduard von Steinle (1810–1886), Maler der romantischen Schule

Steinmüllergasse, 16. und 17., seit 1927, Rudolf Müller (1869–1926), genannt Steinmüller, Gemeinderat, Steinmetz

Steinschötelgasse, 10., seit 1957, diese Pflanzenart kommt im Laaer Wald vor

Steinseeweg, 23., seit 1965, führt längs des Steinsees; 1926 vom arbeitslosen Kriegsinvaliden Ferdinand Hiller als Ziegelteich von der Gemeinde Inzersdorf gepachtet und erschlossen, damals Steinhofteich genannt; um 1936/37 war die Parzellierung abgeschlossen; heute privates Strandparadies

Steinspornbrücke, 22., seit 1977, Flurname

Steinspornweg, 22., amtlich seit 1990, vorher ebenso nicht amtlich, Flurname

Steinweisweg, 12., seit 1992, Franz Steinweis (1916–1968), Gemeinderat, Wr. Landtagsabgeordneter (1964–1968), Bezirksrat (1946–1950 und 1954–1964), Bezirksvorsteher-Stellvertreter von Meidling (1959 bis 1964), ÖVP

Stelzhamergasse, 3., seit 1907, Franz Stelzhamer (1802–1874), oberösterreichischer Mundartdichter (Novellen, sozialkritische Erzählungen)

Stemmerallee, 2., seit 1891, Flurname

Stemolakgasse, 22., seit 1964, Prof. Karl Stemolak (1875–1954), Bildhauer

Stenografengasse, 23., seit 1970, nach dem Österreichischen Stenografenverband

Stephan-Koblinger-Gasse, 22., Stephan Koblinger, von 1482 bis 1488 erster Buchdrucker in Wien

Stephansplatz, 1., bereits 1255–1792 Stephansfreithof, nach dem Dom zu St. Stephan, urkundlich 1136 als Kapelle erwähnt; der Name ist seit der Begrüßung von Franz II. nach seiner Rückkehr von der Krönungsreise gebräuchlich

Stephensongasse, 21., seit 1909 (vorher: 1887 bis 1901 Gärtnergasse, dann bis 1909 Tegetthoffstraße), George Stephenson (1781–1848), britischer Eisenbahningenieur; baute 1814 seine erste Dampflokomotive, gründete 1823 die erste Lokomotivfabrik der Welt und leitete den Bau von Bahnstrecken

Sterngasse, 1., nach einem Hausschild „Zum weißen Stern“

Sterngasse, 23., nach dem schon 1582 erwähnten Gasthof „Zum goldenen Stern“

Sternwartestraße, 18., nach der Sternwarte, erbaut 1874 bis 1879

Sternweg, 21., nichtamtliche Bezeichnung

Steudelgasse, 10., seit 1875, Johann Heinrich Steudel (1825–1891), Vizebürgermeister von Wien (1884–1891), erster Bezirksvorsteher von Favoriten (1875–1883), Gemeinderat (1861–1891), Gasthausbesitzer

Stiegengasse, 6., seit 1862 (vorher: Gärtnergasse und Windmühlgasse), nach der dortigen Stiege

Stiegengasse, 14., Benennungsdatum unbekannt, nach der dortigen Stiegenanlage

Stiegerbrücke, 15., 1868 erbaut, s. *Stiegergasse*

Stiegergasse, 15., seit ca. 1864, Anton Stieger, um 1840 Erbauer des ersten Hauses in der Gasse

Stieglergasse, 23., seit 1954, nach einer alteingesessenen Weinhauerfamilie in Mauer

Stieglitzweg, 22., nichtamtliche Bezeichnung, nach dem Vogel

Stiftgasse, 7., seit 1862 (vorher: Große Stiftgasse und Pelikangasse), nach dem Stiftungshaus des Hofkammerrates Johann Conrad Chaos, Freiherr von Richthausen, einem Haus zur Erziehung armer Knaben, später Erholungsstätte für Spitalspfleglinge, dann Adeligenakademie, Ingenieursakademie; heute Kaserne, s. *Richthausenstraße*

Stiglitzgasse, 13., nach einer alteingesessenen Familie in Mauer

Stillfriedplatz, 16., seit 1883, zur Erinnerung an den Sieg Rudolf von Habsburgs über König Ottokar im Jahre 1278 bei Stillfried im Marchfeld

Stinglgasse, 14., Wenzel Stingl (1846–1923), Oberlehrer in Hadersdorf-Weidlingau

Stinygasse, 10., seit 1956, Josef Stiny (1880 bis 1958), Geologe, Prof. an der Technischen Hochschule in Wien

Stipcakgasse, 23., seit 1954 (vorher: Feldweg), Leopold Stipcak (1909–1944), führender Funktionär der Revolutionären Sozialisten, Widerstandskämpfer, 1942 verhaftet, 1944 hingerichtet

Stockentenweg, 14., seit 1978, nach der Stockente (Stammform der Hausente)

Stockhammerngasse, 14., seit 1911 (vorher: Kirchengasse), Hermann Ludwig Graf Stockhammern (1790–1858), unterstützte die Armen von Hütteldorf

Stockholmer Platz, 10., nach der Hauptstadt von Schweden

Stock-im-Eisen-Platz, 1., seit ca. 1803 so; nach einem dort befindlichen, benagelten Lärchenstamm bzw. der bekannten Sage, wonach jeder fremde Schlossergeselle hier einen Nagel einschlug; urk. 1533 erwähnt

Stock im Weg, 13., seit 1894 (vorher: Josefigasse), Flurname

Stockwiesenweg, 17., seit 1961, Flurname

Stöbergasse, 5., seit 1894, Franz Stöber (1795–1858), Kupferstecher, führte den Stah stich ein

Stöberplatz, 16. und 17., seit 1914, Johann Stöber (1853–1913), Pfarrer von Hernals

Stöhrgasse, 21., seit 1954, Dr. Adolf Stöhr (1855–1921), Philosoph, Univ.-Prof.

Stoesslgasse, 13., seit 1955 (vorher: Leopold-Müller-Gasse), Otto Stoessl (1875 bis 1936), Dichter (Romane, Novellen, Gedichte, Essays)

Stoffellagasse, 2., seit 1938 (vorher: Emiliengasse), Emil Stoffella d'alta Rupe (1835 bis 1912), Prof. an der Wiener medizinischen Fakultät der Universität Wien

Stolberggasse, 5., seit 1877, Friedrich Leopold Graf zu Stolberg (1750–1819) und Christian Graf zu Stolberg (1748–1821), beide Dichter, mit Goethe befreundet

Stollgasse, 7., seit 1896, Dr. Maximilian Stoll (1742–1788), Arzt, Fachschriftsteller

Stolzenthalergasse, 8., Benennungsdatum unklar, Matthias Stolzenthaler (1814 bis 1877), Wachszieher; schenkte der Gemeinde den Grund zur Eröffnung der Gasse

Stooßgasse, 21., seit 1936, Dr. Carl Stooß (1849–1934), Jurist, Strafrechtslehrer, Univ.-Prof.

Storchengasse, 15., seit 1894 (vorher zum Teil Schulgasse), nach einem Hausschild „Zum Storch"

Storchensteg, 15., erbaut 1825 als Holzsteg, 1829 neu errichtet

Storckgasse, 5., Friedrich Storck (1746 bis 1823), 1782 erster Direktor des Taubstummen nstituts

Stoß im Himmel, 1., nach einer alteingesessenen Wiener Bürgerfamilie, Hans Stoßanhimls (gest. 1529), Margarete Stoßimhimlin (gest. 1770), Marianne Stoßinhimlin (gest. 1797)

Stowassergasse, 21., seit 1954, Dr. Josef Maria Stowasser (1854–1910), Altphilologe, Verfasser des bekannten Lateinwörterbuches

Strachegasse, 11., seit 1940, Hugo Strache (1865–1927), Gas- und Feuerungstechniker, erfand das sog. Doppelgas

Sträußlegasse, 10., seit 1912, Juliane Sträußle (1812–1881), gründete eine Armen- und Waisenstiftung

Strakaweg, 22., seit 1965, Josef Straka (1864 bis 1946), Maler

Stralehnergasse, 22., seit 1910 (vorher: Ziegelofengasse), Gotthold Stralehner (gest. 1816), Ortsrichter von Stadlau

Strampfergasse, 13., seit 1955 (vorher: Hörndlwaldgasse), Friedrich Strampfer (1827–1890), Schauspieler, Direktor des ehemaligen „Strampfer"-Theaters im 1. Bezirk

Strandgasse, 22., seit 1962, nach dem Badestrand an der Alten Donau

Stranitzkygasse, 12., 1930–1938 Dawisongasse; Josef Anton Stranitzky (1676 bis 1726), Zahnarzt, Weinhändler, Volksschauspieler, Leiter des Kärntnertortheaters, Schöpfer des Hanswurst

Stranskyweg, 14., seit 1974, Dr. Erwin Stransky (1877–1962), Neurologe, Psychiater; 1915–1947 Univ.-Prof. in Wien, Mitbegründer der wissenschaftlichen Lehre der Schizophrenie

Stranzenbergbrücke, 13., seit 1972, s. *Stranzenberggasse*

Stranzenberggasse, 13., seit 1910, Riedname

Straßäckergasse, 22., seit 1933, Flurname

Straße der Menschenrechte, 22., seit 1982, nach der UNO-Deklaration

Straße-des-1.-Mai, 2., seit 1921 (vorher: Große Zufahrtsstraße); 1890–1918 fanden dort die Maikundgebungen der Wiener Arbeiterschaft statt

Straßergasse, 19., seit 1894 (vorher: Ferstelgasse, 1938–1945 Saarlandgasse), Johann Straßer (1807–1873), Bürgermeister von Grinzing

Straßgschwandtnerstraße, 14., seit 1889, Anton Straßgschwandtner (1827–1881), Maler

Straßmeyergasse, 22., seit 1955 (vorher ab 1932: Johann-Teich-Gasse), Leopold Straßmeyer (1846–1927), Schauspieler

Strauchgasse, 1.; hier floß einst der Ottakringer Bach, vereint mit dem Alsbach, durch den Tiefen Graben der Donau zu; urkundlich bereits 1320 als „Strauchgazze" (nach dem dichten Gesträuch) erwähnt

Straußengasse, 5., seit 1837, nach einem Gasthausschild „Zum goldenen Strauß"

Straußweg, 10. und 11., nichtamtliche Bezeichnungen (nach Johann Strauß, 1825 bis 1899)

Strebersdorfer Platz, 21., seit 1912 (vorher: Gemeindegasse), zur Erinnerung an die ehemalige selbständige Gemeinde, 1331 als „Strobelinersdorf" urkundlich erwähnt

Strebersdorfer Straße, 21., seit 1912 (vorher: Großjedlersdorfer Straße), s. *Strebersdorfer Platz*

Streckerplatz, 13., seit 1908, Alexander Strecker (1818–1908), Bürgermeister von Ober-St. Veit

Streffleurgasse, 20., Valentin Ritter von Streffleur (1808–1870), Oberkommandant der Wiener Nationalgarde im Jahre 1848, Lehrer von Erzherzog Franz Joseph (des späteren Kaisers)

Strehlgasse, 19., seit 1896, Johann Strehl (1801–1862), Schuldirektor, schrieb Lehrbücher für Mathematik

Streichergasse, 3., seit 1893, Johann Baptist Streicher (1795–1871), Klaviererzeuger; in seinem Haus (Ungargasse 46) fanden viele Konzerte statt, bei denen u. a. auch Beethoven mitwirkte

Streitmanngasse, 13., seit 1955 (vorher: Anzengrubergasse), Karl Streitmann (1853 bis 1937), Tenor

Striagasse, 14., seit 1929, Matthias Stria (1818–1848), fiel in der Märzrevolution 1848, s. *Märzstraße*, s. *Achtundvierzigerplatz*

Strigelgasse, 22., seit 1938 (vorher ab 1936 Demuthgasse), Bernhard Strigel (1460 bis 1520), Hofmaler Kaiser Maximilians I.

Strindberggasse, 11., seit 1932, August Strindberg (1849–1912), schwedischer Dichter (Romancier, Dramatiker, Essayist)

Strobachgasse, 5., seit 1906 (vorher: Wildemanngasse), Josef Strobach (1852 bis 1905), Christlichsozialer, Obmann des Hausherren-Vereines in Margareten, Gemeinderat (1893–1905), Stadtrat (1895), Bürgermeister von Wien (1896/97)

Strobelgasse, 1., nach einer alteingesessenen, urkundlich bereits 1331 erwähnten Wiener Bürgerfamilie; es gab in der Gasse auch ein Hausschild „Zum Strobelkopf"

Strohberggasse, 12., seit 1894 (vorher: Herzgasse), Flurname, Strohlager (Tristen) auf einem Hügel

Strohblumengasse, 22., seit 1955, nach der Blume

Strohbogasse, 21., seit 1970, nach einem Grundbesitzer „Strohbo" (um 1000 urkundlich genannt)

Stroheckgasse, 9., seit 1876; erinnert an Strohmärkte, die unterhalb der heutigen Friedensbrücke abgehalten wurden

Strohgasse, 3., seit 1862; hier befand sich ein Strohspeicher der Heumarktkaserne

Strohmayergasse, 6., Lorenz Strohmayer (1769–1834), Ziegelofenbesitzer

Stromstraße, 20., seit 1877 (1938–1945 Feikestraße), verläuft auf einem bei der Donauregulierung von 1868 bis 1875 zugeschütteten Arm des Donaustroms

Strozzigasse, 8., seit 1862 (vorher: Strozzigrund Hauptstraße), Gräfin Maria Katharina Strozzi (1633–1714), Gründerin der Vorstadt Strozzigrund (die um Palais und Garten entstandene Ansiedlung entstand seit 1702)

Strudlhofgasse, 9., seit 1907 (ein Teil vorher Versorgungshausgasse), Johann Peter Strudel von Strudendorff (sic!, 1660 bis 1714), Hof- und Kammermaler, Direktor der kaiserlichen Kunstakademie; erbaute hier sein Palais, den Strudelhof

Strudlhofstiege, 9., s. *Strudlhofgasse*

Strunzgasse, 22., seit 1987, Univ.-Prof. Dr. Franz Strunz (1875–1953), Wissenschafter, Volksbildner

Stryeckgasse, 21., Lorenz Stryeck (1757 bis 1849), Schuhmachermeister, Ortsrichter von Floridsdorf (1804–1849)

Stubenbastei, 1., seit 1912; schon 1156 und 1314 als Teil der Stadtbefestigung erwähnt (nach Trinkstuben oder Badestuben so benannt), 1862 abgetragen

Stubenring, 1., seit 1912, s. *Stubenbastei*

Stuckgasse, 7., seit 1809, nach einem Hausschild „Zum goldenen Stuck" (Stuck = Kanone)

Studenygasse, 11., Michael Studeny (1818 bis 1857), Gärtner; war angeblich der erster Ansiedler in der Gegend

Stüber-Gunther-Gasse, 12., seit 1926 (vorher: Stübergasse), Fritz Stüber-Gunther (1872–1922), Heimatdichter (Skizzen aus dem Wiener Alltag)

Stürzergasse, 19., seit 1933, Rudolf Stürzer (1865–1926), Wiener Heimatdichter

Stuhlhofergasse, 23., Martin Stuhlhofer (1802–1888), Bürgermeister von Mauer

Stummergasse, 22., seit 1940, Josef Stummer von Traunfels (1839–1893), Architekt

Stumpergasse, 6., seit 1862 (vorher: Große Steingasse), Anton Stumper (1740–1814), gab 1811 die Gründe zur Errichtung der Straße frei

Stundlgasse, 22., seit 1953, Theodor Stundl (1875–1934), Bildhauer

Stuppöckgasse, 23., Franz Stuppöck (1884 bis 1950), Oberlehrer von Inzersdorf

Sturgasse, 2., seit 1909, Michael Stur (1840 bis 1909), Provinzial der Barmherzigen Brüder

Sturzgasse, 14. und 15., Benennungsdatum unbekannt, nach dem Verlauf (steil bergab führende Gasse)

Stuschkagasse, 23., Ludwig Stuschka (1845 bis 1912), Buchbindermeister, Gründer der Freiwilligen Feuerwehr Liesing

Stutterheimstraße, 15., seit 1912, Josef Freiherr von Stutterheim (1764–1831), Feldmarschall in den Franzosenkriegen (1809 bis 1813)

Stuweckengasse, 13., seit 1913, Flurname

Stuwerstraße, 2., seit 1898, Johann Georg Stuwer (1732–1802), hielt ab 1777 populäre Kunstfeuerwerke ab; seine Nachkommen brannten bis 1879 regelmäßig Feuerwerke im Prater ab

Suchenwirtplatz, 10., seit 1875, Peter Suchenwirt (gest. 1395), berühmter Wappendichter (Beschreibung von Wappen und Verherrlichung fürstlicher Personen)

Südportalstraße, 2., seit 1904 (vorher: Auffahrtsstraße), südliche Zufahrtstraße zur 1873 erbauten Rotunde; führt jetzt zum Südportal des Messegeländes

Südrandstraße, 23., seit 1973, Randstraße der Siedlung „Blumental"

Südtiroler Platz, 4., seit 1927 (1898–1927 Favoritenplatz), zur Erinnerung an das einst österreichische Südtirol

Süßenbrunner Hauptstraße, 22., seit 1964 (vorher: Hauptstraße), nach dem ehemaligen Vorort Süßenbrunn; um 1200 urk. erwähnt („Prunne", „Prunn" = Quelle); 1938 zum 22. Bezirk Groß-Enzersdorf eingemeindet, 1954 der Donaustadt zugeschlagen

Süßenbrunner Platz, 22., seit 1955 (vorher: Hauptplatz, 1938–1947 Hubert-Rudiger-Platz), s. *Süßenbrunner Hauptstraße*

Süßenbrunner Straße, 22., s. *Süßenbrunner Hauptstraße*

Sulmgasse, 16., seit 1868, Adam Sulm (gest. 1874), Grundbesitzer; gab die Gründe für die Gasse her

Sulzengasse, 23., seit 1986, alter Riedname („Die Sulzen", bezieht sich auf stehendes meist salzhaltiges Wasser)

Sulzweg, 19., seit 1894, Flurname

Sumpfgasse, 21., seit 1942; ein Sumpfgebiet infolge des tiefer gelegenen Schwarzlackenwassers, eines ehemaligen Donauarms

Suppégasse, 13., seit 1898, Franz von Suppé (1820–1895), Operettenkomponist („Fatinitza", „Boccaccio")

Suttingergasse, 19., seit 1913, Daniel Suttinger (1640–1690), Hauptmann, Topograph, Zeichner eines Planes von Wien (1683)

Svetelksystraße, 11., seit 1995, Wilhelm Svetelsky (1905–1987), Gemeinderat (1949 bis 1964), Obmann der Bezirksorganisation Simmering der SPÖ

Swatoschgasse, 11., seit 1967, Leopold Swatosch (1890–1950), Gründer des Simmeringer Heimatmuseums, Vertreter

Swobodagasse, 13., seit 1955 (vorher: Pestalozzigasse), Albin Swoboda (1836 bis 1901), Schauspieler

Sykoragasse, 23., seit 1985, Karl Sykora (1850–1924), Stadtbaudirektor, Verdienste beim Bau der I. und II. Wiener Hochquellenwasserleitung

Symphonikerstraße, 4., seit 1961 (vorher: Technikerstraße), zur Erinnerung an das 60jährige Bestehen der Wiener Symphoniker so benannt

Syringgasse, 17., Benennungsdatum unbekannt, Johann Georg Syring, um 1830 Ortsrichter von Hernals, Wachstucherzeuger

T

Taborstraße, 2. und 20., seit ca. 1903, führt zum Tabor (älteste Straße der Leopoldstadt, im 14. Jahrhundert Kremser Straße, im 17. Jahrhundert Hauptstraße); Befestigungsanlage, Bollwerk, Brückenkopf

Taggergasse, 22., seit 1969, Theodor Tagger (richtig Ferdinand Bruckner, 1891–1958), Dramatiker; feierte seine größten Erfolge in Berlin („Elisabeth von England", „Die Rassen"), zählte zum Freundeskreis von F. T. Csokor

Taglieberstraße, 23., Matthias Taglieber (1837–1931), Gemeinderat von Atzgersdorf

Talgasse, 15., seit ca. 1864 (vorher: Josephigasse), bergab (zu Tal) führende Gasse

Talkengasse, 23., seit 1967, Riedname (Mittlere, Obere und Untere Talken)

Tallesbrunngasse, 19., seit 1906, nach der Familie Tallesbrunn; war im Besitz dieser Gegend und schenkte sie dem Schottenstift

Talpagasse, 23., seit 1965, Johann Talpa (1889–1947), Gemeinderat von Siebenhirten, Gewerkschaftsfunktionär; im Dienst bei der AG der Wiener Lokalbahnen tödlich verunglückt

Tamariskengasse, 22., seit 1953, nach der Pflanze

Taminoweg, 19., seit 1963, Gestalt aus der Oper „Zauberflöte" von W. A. Mozart

Tanbruckgasse, 12., seit 1894 (vorher: Bindergasse), nach dem um 1340 bestandenen Gutshof Tanbruck

Tandelmarktgasse, 2., der Wiener Tandelmarkt übersiedelte 1671 zum Teil in die Leopoldstadt; später gab es dann in der Gegend mehrere Märkte

Tannengasse, 15., einst bestand hier ein kleiner Tannenwald

Tannhäuserplatz, 15., seit 1912, Tannhäuser (1170–1240) war Minnesänger am Hofe Friedrichs des Streitbaren

Tartergasse, 22., seit 1974, Julius Tarter (1887 bis 1964), Arzt

Taubenweg, 11., nichtamtliche Bezeichnung

Taubergasse, 17., seit 1894 (vorher: Dorotheergasse), Kaspar Tauber, 1524 als Anhänger der Reformation enthauptet; Tauber hatte lutherische Schriften herausgegeben; er war erster Blutzeuge der Lutheraner in Wien

Taubstummengasse, 4., dort bestand von 1803 bis 1913 ein Taubstummeninstitut

Tauschekgasse, 21., seit 1964, Gustav Tauschek (1899–1945), Techniker, Erfinder

Tauschinskygasse, 22., seit 1955 (vorher: Kernstockgasse), Hippolyt Tauschinsky (1839–1905), Schriftsteller

Tautenhayngasse, 15., seit 1912, Josef Tautenhayn (1837–1911), Medailleur, Bildhauer, Prof. an der Akademie der bildenden Künste

Technikerstraße, 4., seit 1862 (ursprünglich Tandelmarktgasse und Tandelmarktplatz, bis 1862 Am Glacis), nach der Technischen Hochschule, erbaut 1816 bis 1818

Tegelweg, 22., seit 1953, nach der hier vorkommenden Erde (Tegel = kalkreiche Tonerde)

Tegetthoffstraße, 1., seit 1877, Wilhelm von Tegetthoff (1827–1871), Admiral; Sieger bei Helgoland (1864) und Lissa (1866)

Tegnérgasse, 10., Esaias Tegnér (1782 bis 1846), schwedischer Dichter; 1812 Prof. für Gräzistik, 1824 Bischof von Växjö; Epos „Frithiofs"

Teichackergasse, 12., seit 1894 (vorher: Annagasse), Flurname

Teichgasse, 10., führt zum ehemaligen Rothneusiedler Teich

Teichgasse, 17., nach einem zugeschütteten Ziegelteich

Teiläckergasse, 22., seit 1961, Flurname

Teinfaltstraße, 1., nach dem bereits im 14. Jahrhundert erwähnten Domvogthaus

Telekygasse, 19., seit 1963, Dr. Ludwig Teleky (1872–1957), Arzt

Telephonweg, 22., nach dem von Graham Bell erfundenen Fernsprechapparat

Tellgasse, 15., seit 1912, Peter Tell, Tischler; 1809 von den Franzosen erschossen, weil er sich in einem Streit zwischen der Besatzungsmacht und Wiener Bürgern auf die Seite der Bürger stellte und einem französischen Offizier den Säbel zerbrach

Tempelgasse, 2., seit 1862 (vorher: Wällischgasse und Quergasse, 1938–1945 Mohapelgasse), nach der 1858 erbauten Synagoge, die 1938 vernichtet wurde

Tendlergasse, 9., seit 1902 (vorher ab 1862 Ackergasse, 1826–1862 Feldgasse), Pater Franz Tendler (1820–1902), Priester, Seelsorger im Waisenhaus Boltzmanngasse

Tenschertstraße, 23., seit 1980, Dr. Roland Tenschert (1894–1970), Musikwissenschaftler, Schriftsteller

Tepserngasse, 9., seit 1910 (vorher: Spittelauergasse), Josef Johann Edler von Tepsern (1690–1761), Regiments- und Kammerrat; gründete eine Stiftung für die arme Jugend

Terramaregasse, 23., seit 1959, Georg Terramare (1889–1948), Dichter

Terzaghigasse, 22., seit 1966, Ing. Karl von Terzaghi (1883–1963), Professor an der Technischen Hochschule

Tesarekplatz, 10., seit 1989, Prof. Anton Tesarek (1896–1977), Leiter des Jugendamtes der Stadt Wien, Mitbegründer der Roten Falken, Schriftsteller

Teschnergasse, 18., seit 1956 (1894–1938 Karl-Beck-Gasse, 1938–1945 Gustloffgasse, 1945–1956 wieder Karl-Beck-Gasse), Richard Teschner (1879–1948), Begründer des Marionettentheaters „Figurenspiegel"

Teslagasse, 21., seit 1952, Nikola Tesla (1856 bis 1943), Physiker, Erfinder der gleichnamigen Ströme

Tessingasse, 10., Nikodemus Tessin (1615 bis 1681) und sein Sohn Nikodemus (1654–1728), beides schwedische Architekten

Testarellogasse, 13., seit 1894 (vorher: Sachsengasse), Johann Matthias Testarello della Massa (gest. 1693), Domherr, Geschichtsschreiber

Tetmajergasse, 21., seit 1917, Hofrat Prof. Ing. Ludwig von Tetmajer (1850–1905), Fachmann für technische Materialprüfung Prof. an der Technischen Hochschule

Teuffenbachstraße, 2., seit 1899, Rudolf Freiherr von Teuffenbach (1582–1653), Oberstfeldwachtmeister im Dreißigjährigen Krieg; stiftete 1650 von seinem Vermögen 20.000 Gulden, von deren Zinsen arme Mädchen eine Heiratsausstattung erhielten

Tewelegasse, 13., seit 1955, Franz Tewele (1843–1914), Schauspieler, Komiker

Teybergasse, 14., seit 1894, nach dem Hofviolinist Matthias Teyber und seinen musikalischen Kindern; Elisabeth (1744 bis 1816) und Therese (1760–1830) waren Hofopernsängerinnnen, Anton (1756 bis 1822) war Dirigent, Franz (1758–1810) komponierte für Theater (z. B. die Oper „Alessandro", mit der 1801 das Theater an der Wien eröffnet wurde)

Thalhaimergasse, 16., seit 1897, Gregor Thalhaimer, um 1484 Pfarrer von Ottakring

Thaliastraße, 16., seit 1894 (vorher zum Teil Lerchenfelder Straße), dort stand das Thaliatheater von 1856–1869

Thallergasse, 23., Johann Thaller (1793 bis 1862), Bürgermeister von Mauer

Thavonatgasse, 9., seit 1934 (vorher ab 1925 Krankenhausgasse), Ferdinand Ignaz Freiherr von Thavon (1655–1726), Hofkammerrat; gründete eine Stiftung für die Versehrten der Türkenkriege

Thayagasse, 21., seit 1953, nach dem Fluß in NÖ

Theergasse, 12., seit 1930, Robert Theer (1815–1863), Miniaturenmaler

Thelemanngasse, 17., Friedrich Thelemann (1790–1881), Baumeister, Grundbesitzer; entwarf die heutige Gürtelstraße

Theobaldgasse, 6., seit 1862, nach der 1343 erbauten St.-Theobald-Kapelle, 1529 vernichtet, als St.-Theobaldkloster wieder aufgebaut, 1784 von Joseph II. aufgehoben, bis 1905 Polizeigefangenenhaus, dann abgerissen

Theodor-Körner-Gasse, 21., seit 1909 (vorher: Vereinsstraße), Theodor Körner (1791 bis 1813), Dichter (gefallen im Kampf gegen Napoleon); schrieb patriotische Lieder gegen Napoleon

Theodor-Kramer-Straße, 22., seit 1983, Theodor Kramer (1897–1958), Schriftsteller; erhielt 1938 Berufsverbot vom NS-Regime, 1939 Emigration nach England, 1957 Rückkehr nach Wien; machte sich in seinen Gedichten zum Sprecher von Randfiguren und Außenseitern, griff soziale Probleme auf und thematisierte Natur und Landschaft seiner engeren Heimat

Theodor-Sickel-Gasse, 10., seit 1932, Dr. Theodor Ritter von Sickel (1826–1908), Direktor des Instituts für österreichische Geschichte, Historiker

Theodor-Steiskal-Gasse, 10., seit 1974, Theodor Franz Steiskal (1876–1945), Pädagoge, Schulreformer

Theodor-Storm-Weg, 16., seit 1927, Theodor Storm (1817–1888), deutscher Novellist, Lyriker („Der Schimmelreiter", „Immensee" etc.)

Theophil-Hansen-Gasse, 23., s. *Hansenstraße*

Theresianumgasse, 4., seit 1862, nach dem ehemaligen Lustschloß „Favorita“; 1747 zu einem Jesuitenkollegium und 1749 von Maria Theresia in die Theresianische Ritter-Akademie umgewandelt

Theresienbadgasse, 12., nach dem dort befindlichen Bad benannt

Theresiengasse, 18., unklar, möglicherweise nach Theresia Klettenhofer (1813 bis 1898), Gattin des damaligen Bürgermeisters von Währing

Theuergasse, 22., seit 1951, Ing. Max Theuer (1878–1949), Architekt; Prof. an der Technischen Hochschule in Wien

Theumermarkt, 21., seit 1994, Ernst Theumer (1890–1978), sozialdemokratischer Politiker, Bezirksvorsteher von Floridsdorf (1948–1957)

Thimiggasse, 18., seit 1948 (1894–1938 Ladenburgstraße, 1938 –1948 Heilbronner Straße), Hugo Thimig (1854–1944), Schauspieler (Burgtheater, Josefstadt), erfolgreicher Charakterkomiker des deutschen Theaters

Thomagasse, 21., seit 1909 (vorher: Albengasse), Josef Thoma (1835–1892), Hauptmann der Freiwilligen Feuerwehr Großjedlersdorf, Gemeinderat

Thomas-Morus-Gasse, 13., seit 1932, Thomas More, latinisiert Morus (1478–1535), Jurist, Humanist, Lordkanzler; von Heinrich VIII. enthauptet, Werk „Utopia“

Thomas-Münzer-Gasse, 10., seit 1930, Thomas Münzer (1490–1525), Führer der Wiedertäufer und des Bauernaufstandes in Thüringen, 1525 enthauptet

Thönygasse, 22., seit 1976, Wilhelm Thöny (1888–1949), Maler

Thonetgasse, 22., seit 1953, Michael Thonet (1796–1871), Tischler, Industrieller; ihm gelang 1830 die Erfindung, Holz im Dampf zu biegen; ab 1842 stellte er nach dieser Methode Stühle her, die weltbekannt wurden

Thorvaldsengasse, 12., seit 1953, Bertel Thorvaldsen (1768–1844), dänischer Bildhauer

Thürnlhofstraße, 11., Michael Pfeiffer, Unterkoch Kaiser Ferdinands I.; erhielt von diesem 1552 zu seinem Haus in Ebersdorf noch „zwei öde Thürnln“ (Türme), von dem der Hof seinen Namen erhielt

Thugutstraße, 2., seit 1876, Franz Maria Freiherr von Thugut (eigentlich Thunichtgut, 1739–1818), leitete als Staatsminister die österr. Außenpolitik 1793–1800

Thujagasse, 22., seit 1954, nach dem Baum

Thujenweg, 17., nach der Pflanze

Thunhofgasse, 12., seit 1906, Siegmund Graf Thunhof (1639–1702), Besitzer des Thunhofes, des späteren Hetzendorfer Schlosses

Thurngasse, 9., seit 1862 (vorher: Adlergasse), Maria Josepha Reichsgräfin von Thurn-Valsassina (1792–1852), besaß hier Grundstücke, die sie parzellieren ließ (1823), wodurch die Gasse geschaffen wurde

Thurygasse, 9., seit 1862 (vorher ab 1741 Flecksiedergasse), Johann Thury (gest. 1659), Ziegeleibesitzer; gründete 1646 die Vorstadt Thurygrund; diese kam 1786 zur Gemeinde Wien

Thymianweg, 17., nach der Gewürzpflanze

Tichtelgasse, 12., seit 1875, Dr. Wolfgang Tichtel (ca. 1450–1505), Arzt, Geschichtsschreiber

Tichyweg, 18., seit 1993, Prof. Dr. Herbert Tichy (1912–1987), Forschungsreisender, Schriftsteller; durchquerte 1933 gemeinsam mit Prof. Dr. Max Reisch erstmals den Landweg nach Indien mit einem Motorrad (Puch 250, 13.000 km)

Tiefauweg, 17., nichtamtliche Bezeichnung (alter Riedname)

Tiefendorfergasse, 14., seit 1905, Josef Tiefendorfer (1800–1860), Gemeindevertreter von Breitensee

Tiefer Graben, 1., nach dem früheren tiefen Bett des Ottakringer- und des Alsbaches, schon 1186 urkundlich erwähnt, s. *Strauchgasse*

Tiefweg, 21., nichtamtliche Bezeichnung (nach der Lage)

Tiergartenstraße, 2., seit 1876; nach dem 1863 eröffneten Tiergarten am Schüttel, der 1866 wegen zu geringem Ertrag geschlossen wurde; 1868 und 1894 jeweils kurzfristig wiederbelebt

Tietzestraße, 22., seit 1965, Prof. Dr. Hans Tietze (1880–1954), Kunsthistoriker

Tigergasse, 8., seit 1862 (entstand 1783, bis 1862 Alleegasse, 1913 kurze Zeit Loidoltgasse), nach einem Hausschild „Zum Tiger“ (Haus Nr. 38)

Tilakstraße, 21., Benennungsdatum und Herkunft unklar

Tildeweg, 11., nichtamtliche Bezeichnung

Tilgnergasse, 23., nichtamtliche Bezeichnung, s. *Tilgnerstraße*

Tilgnerstraße, 4., seit 1897, Viktor Tilgner (1844–1896), Bildhauer

Tillmanngasse, 22., seit 1972, Prof. Dr. Rudolf Tillmann (1892–1958), Tiefbautechniker

Tina-Blau-Weg, 14., seit 1930 (1938–1947 Helmerweg), Tina Blau (1845–1916), Malerin (Landschafts- und Blumengemälde, „Frühling im Prater", „Landpartie")

Tinterstraße, 14., seit 1934, Dr. Wilhelm Tinter (1839–1912), Professor an der Technischen Hochschule

Tiroler Gasse, 13., nach dem Tiroler Garten, einer 1805 errichteten Gaststätte im Schönbrunner Park

Titlgasse, 13., seit 1898, Anton Emil Titl (1809 bis 1882), Komponist (Opern, Lieder), Orchesterdirektor am Burgtheater

Tivoligasse, 12., seit 1898 (vorher: Johannesgasse), der „Tivoli" war eine 1830 erbaute Vergnügungsstätte; Johann Strauß Vater komponierte einen eigenen „Tivoli-Rutsch-Walzer" nach der dort bestandenen Hauptattraktion, einer Rutschbahn

Tlasekgasse, 11., seit 1970, Karl Tlasek (1897 bis 1932), Polizeifunktionär

Töllergasse, 21., seit 1910, Georg Töller, Daten unbekannt, Ortsrichter von Leopoldau (um 1453)

Tönsbergweg, 22., seit 1994, s. *Trondheimgasse*, s. Einleitung

Töpfelgasse, 14., seit 1894 (vorher: Antongasse), Alexander Matthias Töpfel (1797 bis 1881), erster Bürgermeister von Penzing (1851–1865)

Toldgasse, 15., seit 1912, Franz Xaver Told von Toldenburg (1792–1849), Freiheitskämpfer in den napoleonischen Kriegen (1809), patriotische Gedichte; schrieb das Epos „Die Schlacht von Aspern"

Tolstojgasse, 13., seit 1932, Leo Graf Tolstoj (1828–1910), russischer Schriftsteller („Krieg und Frieden", „Anna Karenina")

Tomaschekgasse, 21., seit 1933, Dr. Wilhelm Tomaschek (1841–1901), Univ.-Prof. für historische Geographie

Tomschikgasse, 22., seit 1953, Josef Tomschik (1867–1945), Sozialpolitiker, Sozialdemokrat, Mitbegründer der Eisenbahnergewerkschaft, Reichsratsabgeordneter (1907–1918), Nationalratsabgeordneter (1918–1933), Vorsitzender-Stellvertreter des Bundes der Freien Gewerkschafter (1928–1931)

Tonfabrikgasse, 21., seit 1985, nach der ersten Floridsdorfer Tonwarenfabrik, gegr. 1870, genannt Thonbude

Tongasse, 3., seit 1862 (vorher: Zieglergasse), ehemals Arbeitsstätte der Töpfer und Tonwarenerzeuger

Topasplatz, 21., seit 1953, nach dem Edelstein

Torberggasse, 14., seit 1981, Friedrich Torberg (1908–1979), Schriftsteller (Roman „Der Schüler Gerber", 1930), 1938 Emigration in die USA, 1951 Rückkehr; Satire „Tante Jolesch", Herausgeber des „Forum", Theaterkritiker, Übersetzer (u. a. Ephraim Kishon), brachte die Werke von Herzmanovsky-Orlando heraus

Torricelligasse, 14., seit 1930, Evangelista Torricelli (1608–1647), Physiker, Mathematiker, Mitarbeiter von Galilei, entwickelte ein Quecksilberbarometer

Toscaninigasse, 23., seit 1960, Arturo Toscanini (1867–1937), Dirigent

Toßgasse, 15., seit 1894 (vorher: Morizgasse), G. Toß (Näheres unbekannt), gründete hier 1784 eine Weinstein- und Weinessigfabrik

Toulagasse, 22., seit 1953, Dr. Franz Toula (1845–1920), Geologe, Univ.-Prof.

Touristenweg, 14., nichtamtlich, zur Erinnerung, daß Wanderer früher als Touristen bezeichnet wurden

Trabertgasse, 13., seit 1924, Wilhelm Trabert (1863–1921), Meteorologe

Trabrennstraße, 2., seit 1952, nach dem 1882 errichteten Trabrennplatz bzw. der 1878 eröffneten Trabrennbahn in der Krieau

Traisengasse, 20., seit 1891, nach dem gleichnamigen Fluß in Niederösterreich

Traklgasse, 19., seit 1958, Georg Trakl (1887 bis 1914), Apotheker, Lyriker (Tod und Vergänglichkeit als Themen), tragischer Lebenslauf, Selbstmord im Lazarett von Krakau

Trambauerstraße, 10., seit 1911, Theodor Trambauer (1830–1903), Gemeinderat (1890–1895), Seidenfabrikant

Traminergasse, 19., Weinried; Weinsorte, deren Reben ursprünglich aus Tramin in Tirol stammen

Trappelgasse, 4., Josef Trappel (nähere Daten unbekannt), Ziegelbrenner um 1810, und sein Sohn Karl Trappel (1809–1868), Hausbesitzer, Ortsschulaufseher

Trappweg, 23., seit 1959, Georg Trapp (1880 bis 1947), Gründer des Trapp-Chores

Trattnerhof, 1., seit 1912, Johann Thomas Edler von Trattner (1717–1798), Buchdrucker, Verleger

Traubengasse, 23., nach der Weintraube

Traubenweg, 11., nichtamtliche Bezeichnung

Traunergasse, 16., seit 1899, Hans Trauner (1583–1664), Ortsrichter von Ottakring (1648–1650)

Traunfelsgasse, 20., seit 1892, Josef Stummer von Traunfels (1808–1891), Architekt, Professor an der Wiener Technik

Traungasse, 3., nach dem Grafengeschlecht Abensberg-Traun, das nach 1683 hier ein Palais mit Garten besaß

Trautenauplatz, 19., seit 1914, zur Erinnerung an den Sieg der Österreicher über die Preußen bei Trautenau (1866)

Trautsongasse, 8., seit 1862 (ursprünglich Schiffgasse, dann Schwibbogengasse), Johann Fürst Trautson (1707–1757), Erzbischof von Wien (1751–1757); das Palais wurde 1712 von Fischer von Erlach erbaut

Trauttmannsdorffgasse, 13., seit 1894 (vorher: Alleegasse), Gräfin Therese Trauttmannsdorff (1784–1847), gründete ein Armenhaus in Hietzing

Trauzlgasse, 21., seit 1971, nach dem Floridsdorfer Industriebetrieb „Trauzl-Werke“

Traviatagasse, 23., seit 1960, Oper von Giuseppe Verdi

Trazerberggasse, 13., seit 1894 (vorher: Feldgasse), führt zum Trazerberg

Treffzgasse, 13., seit 1955 (1927–1955: Friedrich-Ludwig-Jahn-Gasse), Henriette Treffz-Strauß (1818–1878), Opernsängerin, Gattin von Johann Strauß Sohn

Treitlstraße, 4., seit 1913, Josef Treitl (1804 bis 1895), Gemeinderat (1881–1884), vermachte der Akademie der Wissenschaften 2,5 Millionen Kronen

Tremlweg, 23., seit 1959, Friedrich Treml (1816–1852), Maler

Trenkwaldgasse, 17., seit 1929, Josef Matthias Trenkwald (1824–1897), Historienmaler

Trennstraße, 14., weil die Straße Siedlungs- und Waldgebiet trennt

Trentinigasse, 23., seit 1959, Albert von Trentini (1878–1933), Schriftsteller

Trepetschniggasse, 23., seit 1976, Josef Trepetschnig (1890–1963), Siedlungsgründer (Kugelmannsiedlung)

Trepulkagasse, 11., seit 1971, Johann Trepulka (1872–1951), Leiter des Fürsorgeamtes in Simmering (1934–1938), Schuldirektor

Treumanngasse, 13., seit 1955, Louis Treumann (1872–1943), Opernsänger

Treustraße, 20., seit 1898 (Teile davon früher Freigasse und Mittlere Gasse); Wolfgang Treu (ca. 1488–1540), Bürgermeister von Wien (1528–1530, 1532/33, 1536/37), Ratsherr; leitete mit Graf Salm (s. *Salmgasse*) die Verteidigung Wiens während der Ersten Türkenbelagerung (1529)

Tribulzgasse, 23., Klaudius Tribulz, in den Jahren 1581 bis 1603 Herrschaftsbesitzer von Kalksburg und Mauer

Triester Straße, 10. und 23., seit ca. 1850 (vorher: Neustädter Poststraße), ehemalige Reichsstraße nach Triest, in der Regierungszeit von Karl VI. (1711–1740) angelegt

Triestinggasse, 21., seit 1953, nach dem Fluß in NÖ

Trillergasse, 21., seit 1900 (vorher: Thomagasse), Andreas Triller, Hofkontrollor, stiftete 1650 das „Trillerkreuz“ (Ecke Brünner Straße – Thomagasse)

Trimmelgasse, 17., Anton Trimmel (1832 bis 1899), Haus- und Grundbesitzer, Wohltäter

Trinkhausstraße, 11., seit 1904, Jakob Trinkhaus (1713–1767), Pfarrer von Simmering, Verdienste um den Umbau der Kirche

Trisannagasse, 21., seit 1953, nach dem Fluß in Tirol

Trogergasse, 14., seit 1894 (vorher: Preysinggasse), Paul Troger (1698–1762), Barockmaler (Hochaltarbilder, Fresken), Werke u. a. in der Schönbrunner Schloßkapelle, in der Dominikaner-, Neulerchenfelder und Mariahilfer Kirche

Trollblumengasse, 22., seit 1955, nach der Wiesenpflanze

Trondheimgasse, 22., seit 1994, zur Erinnerung daran, daß die norwegische Bevölkerung nach dem Zweiten Weltkrieg Lebensmittelpakete für Kinder spendete

Troststraße, 10., seit 1894 (vorher: Marxergasse und Schaumburgerstraße), Martin Trost (1831–1893), Fleischhauer, Gemeinderat (1875–1883), Vorsitzender des Favoritner Ortsschulrates

Trubelgasse, 3., seit 1893, Ludwig Trubel (1832–1891), Holzhändler, Gemeinderat von Erdberg; sein Sohn Otto war Maler und schuf viele Ansichten von Erdberg

Trummelhofgasse, 19., seit 1935 (vorher ab 1933: Paul-Ehrlich-Gasse), nach dem Trummelhof (zuletzt Brauhaus in Grinzing, 1814–1831)

Trunnerstraße, 2., seit 1890, Wunnibald Trunner (1829–1885), Prior der Barmherzigen Brüder; in seiner Amtszeit wurde das jetzige Spital erbaut

Tschaikowskygasse, 21., seit 1937, Peter Iljitsch Tschaikowsky (1840–1893), russischer Komponist, Musikkritiker, Dirigent; Sinfonien, Opern, Ballette

Tschechowgasse, 21., seit 1932, Anton Pawlowitsch Tschechow (1860–1904), Arzt, Schriftsteller (Schilderungen der russischen Gesellschaft und sozialer Mißstände), z. B. „Die Insel Sachalin“, „Die Möwe“, „Onkel Wanja“, „Der Kirschgarten“

Tscherttegasse, 12., seit 1940, Hans Tschertte, Festungsbaumeister zur Zeit der Ersten Türkenbelagerung Wiens 1529

Tschörnerweg, 22., seit 1972, Prof. Ludwig Tschörner (1875–1960), Pionier der Bildtelegraphie

Tschudigasse, 22., seit 1955, Ägidius von Tschudi (1505–1572), Topograph

Tuchlauben, 1., seit 1862 in der heutigen Ausformung; hier wurden 1153 deutsche Tuchmacher seßhaft (Lauben = Bogenhallen der Häuser = Verkaufsstellen der Tuchmacher)

Tuchlaubenhof, 1., s. *Tuchlauben*

Türkenbundweg, 21., seit 1953, nach der Lilienart

Türkenschanzplatz, 18., seit 1910, s. *Türkenschanzstraße*

Türkenschanzstiege, 18., seit 1910, s. *Türkenschanzstraße*

Türkenschanzstraße, 18., nach der Türkenschanze; Herkunft und Ortsbezeichnung unklar, möglicherweise war sie eine türkische Befestigungsanlage bei der Belagerung Wiens 1529

Türkenstraße, 9., seit 1862, zur Erinnerung an die Belagerungen Wiens durch die Türken in den Jahren 1529 und 1683

Türkisgasse, 21., seit 1953, nach dem Edelstein

Tuersgasse, 13., seit 1894 (vorher: Wiengasse), Wilhelm Turss (Tuers) von Aspern (gest. 1439), Dompropst zu Wien, Erbauer der Ober-St.-Veiter-Kirche

Tulipanenweg, 22., seit 1966 (vorher nicht amtlich Tulpenweg), andere Bezeichnung für Tulpen

Tullnertalgasse, 23., Flurname

Tulpengasse, 8., seit 1862 (vorher: Schlösselgasse), nach einem Hausschild „Zur Tulpe“

Tulzergasse, 21., seit 1979, Georg Tulzer (1870–1927), Oberlehrer und Gemeinderat von Stammersdorf

Turgenjewgasse, 13., seit 1932, Iwan Turgenjew (1818–1883), russischer Dichter („Väter und Söhne“)

Turmburggasse, 6., seit 1862, nach einem um 1765 erwähnten Gutshof mit Kapelle und hohem Turm, Turmburg genannt

Turnergasse, 15., seit 1894 (vorher: Neue Gasse und Hellergasse), erinnert an die Turnerbewegung um 1860

Tuschlgasse, 23., seit 1959, Karl Tuschl (1858 bis 1943), Schauspieler

Twarochgasse, 17., seit 1935, Johann Nepomuk Twaroch (1863–1930), Bezirksvorsteher-Stellvertreter von Hernals

Tyrnauer Gasse, 10., seit 1904, nach der Stadt Tyrnau (Trnava) bei Preßburg; dort bestand eine deutschsprachige Minderheit

Tyroltgasse, 12., seit 1930, DDr. Rudolf Tyrolt (1848–1929), Schauspieler, Schriftsteller

U

Uchatiusgasse, 3., seit 1881, Franz Freiherr von Uchatius (1811–1881), Feldmarschall, modernisierte den Kanonenbau, Erfinder der Stahlbronze

Udelweg, 11., seit 1938, Karl Udel (1844 bis 1927), Wiener Gesangshumorist

Überfuhrstraße, 21., nach einer ehemaligen Überfuhr über die Donau (nach Nußdorf)

Überreiterweg, 14., seit 1958, alte Berufsbezeichnung, deren Sinn nicht mehr eindeutig ist; vermutlich „reitender Überlandbote"

Uetzgasse, 10., Karoline Uetz (gest. 1901), hinterließ eine Stiftung für Waisenknaben in Höhe von 60.000 Gulden

Uferweg, 19., nach der Lage entlang des Arbesbaches

Uhlandgasse, 10., Ludwig Uhland (1787 bis 1862), Balladendichter („Des Sängers Fluch")

Uhligstraße, 10., seit 1956 (vorher: Goethestraße), Viktor Uhlig (1847–1911), Geologe, Univ.-Prof.

Uhlirzgasse, 21., seit 1954, Dr. Karl Uhlirz (1854–1914), Historiker, Univ.-Prof., Direktor des Archives der Stadt Wien, Publizist

Uhlplatz, 8., seit 1894 (vorher: Kirchenplatz), Eduard Ritter von Uhl (1813–1892), Bürgermeister von Wien (1882–1889); Beamtenlaufbahn bis 1840, Hausbesitzer; verlor sein Privatvermögen durch Spekulation

Uhugasse, 21., seit 1942 (vorher: Gründergasse), nach dem Vogel

Ulanenweg, 22., seit 1966, nach der in den napoleonischen Kriegen eingesetzten Reitertruppe

Ullmannstraße, 15., seit 1894 (ursprünglich Am Mühlbach, später bis 1894 Mühlbachgasse und Blindgasse), Josef Ullmann (1846–1890), Zuckerwarenerzeuger, Bürgermeister von Sechshaus

Ullreichgasse, 22., seit 1992, Franz Ullreich (1881–1958), Tabakarbeiter; gründete 1904 den „Verband christlicher Tabakarbeiter Österreichs", 1902–1907 Mitbegründer der christlichen Gewerkschaften, Vertreter der Genossenschaftsidee; 1934 bis 1938 Obmann der „Unität" (Organisation christlicher Arbeiter im öffentlichen Dienst); Gemeinderat

Ulmenstraße, 14., seit 1953, nach dem Baum

Ulrichgasse, 2., seit 1862 (vorher: Obere Fischergasse und Fischergasse), Leopold Ulrich (1769–1847), Küchengärtner, letzter Ortsrichter der Jägerzeile

Ultzmanngasse, 22., seit 1954, Dr. Robert Ultzmann (1842–1889), Chirurg

Umlauftgasse, 17., seit 1924, Dr. Friedrich Umlauft (1844–1923), Geograph, Direktor der Wiener Urania

Underreingasse, 14., seit 1929 (irrtümlich Unterraingasse, 1948 richtiggestellt), Ignaz Underrein (1805–1848), Tischler, fiel in der Märzrevolution 1848, s. *Märzstraße*, s. *Achtundvierzigerplatz*

Undsetgasse, 10., seit 1955, Sigrid Undset (1882–1949), norwegische Dichterin

Ungargasse, 3., 1444 Hungargasse, ein Teil später Stuckgasse; in früheren Zeiten befanden sich hier Herbergen für ungarische Kaufleute, die mit ihren Waren nach Wien kamen

Universitätsstraße, 1. und 9., seit 1884, nach der Universität, 1873–1884 von Heinrich Ferstel errichtet

Universumstraße, 20., seit 1896, nach der gleichnamigen Vergnügungsstätte in der Brigittenau (ursprünglich eine Art Prater, später umgebaut und Ballsaal), 1870 verschwunden

Unterbergergasse, 20., seit 1899, Michael Unterberger (1696–1758), Barockmaler, Direktor der Kunstakademie

Unter der Kirche, 11., tiefer gelegener Straßenzug entlang der Friedhofsmauer

Untere Aquäduktgasse, 23., nach dem Aquädukt der I. Wiener Hochquellenwasserleitung

Untere Augartenstraße, 2., seit 1862 (1777 bis 1862 Neue Gasse), führt zum Augarten

Untere Bahnlände, 10., seit 1993, nach der Lage entlang der Donauländebahn

Untere Donaustraße, 2., seit ca. 1700 (offiziell 1862, ursprünglich Am hangenden Ort), Uferstraße am unteren Donaukanal

Untere Jungenberggasse, 21., Flurname

Untere Kaistraße, 10., seit 1993, nach der Lage am linken Liesingbachufer

Untere Mühlbachgasse, 23., nach dem ehemaligen Mühlbach in Rodaun

Unterer Reisenbergweg, 19., seit 1912, nach seiner Lage am Reisenberg, s. *Oberer Reisenbergweg*

Unterer Schreiberweg, 19., seit 1912, Weg neben dem Schreiberbach

Unterer Weisleitenweg, 19., seit 1961, Flurname

Untere Sätzen, 21., seit 1920, Flurname

Untere Viaduktgasse, 3., seit 1862, nach den Viadukten an der Verbindungsbahn

Untere Weißgerberstraße, 3., seit 1862 (vorher: Gärtnergasse), zur Wahrung des alten Vorstadtnamens; Weißgerber wurde 1850 mit Landstraße und Erdberg zum 3. Bezirk zusammengefaßt

Unterfeldgasse, 11., seit 1917, Flurname („Unteres Feld")

Unterfeldweg, 22., Flurname

Unter-Laaer Platz, 10., seit 1987, s. *Unter-Laaer Straße*

Unter-Laaer Straße, 10., nach der gleichnamigen Ortschaft, die 1954 in den 10. Bezirk eingemeindet wurde

Unter-Meidlinger Straße, 10. und 12., seit 1905, nach der ehemaligen Ortschaft Unter-Meidling

Unterweg, 10., nichtamtliche Bezeichnung, Herkunft unklar

Upsalagasse, 10., nach der schwedischen Universitätsstadt

Uraniastraße, 1., seit 1913 (vorher ab 1906: Georg-Coch-Straße), nach dem 1909/10 erbauten Uraniagebäude

Uranusweg, 14., seit 1923, nach dem Planet

Urbangasse, 17., Urban Mayer, Minoritenpater, gründete 1827 eine Armenstiftung

Urban-Loritz-Platz, 7., seit 1892, Urban Loritz (1807–1881), Pfarrer von Schottenfeld (1841–1881)

Urschenböckgasse, 11., seit 1904, die Freiherren von Urschenböck waren von 1608 bis 1635 Besitzer der Herrschaft Simmering

Urselbrunnengasse, 10., seit 1964, Flurname (die Äcker gehörten dem Kloster St. Ursula)

Utendorfgasse, 14., seit 1894 (vorher: Mühlgasse), älteste Bezeichnung von Hütteldorf (um 1170 „Ötendorf", „Utendorf", „Outendorf")

Utopiaweg, 18., seit 1954; griech. „Nirgendland", Titel eines 1516 erschienenen Romans des englischen Humanisten Thomas Morus, s. *Thomas-Morus-Gasse*

V

Valentingasse, 23., Valentin Edler von Mack (1764–1838), Besitzer der Herrschaften Kalksburg und Mauer

Valiergasse, 11., seit 1971, Ing. Max Valier (1895–1930), Astronom, Pionier der Raumfahrt

Van-der-Nüll-Gasse, 10., seit 1894 (vorher tw. Wienerfeldgasse), Eduard van der Nüll (1812–1868), Architekt; erbaute mit seinem Freund Siccardsburg die Oper, beging kurz vor der Fertigstellung wegen anhaltender Kritik („versunkene Geldkiste") Selbstmord; Kaiser Franz Joseph, der sich mit Kritik ebenfalls nicht zurückgehalten hatte, war erschüttert und gab von da an in künstlerischen Fragen nur mehr die stereotype Antwort „Es war sehr schön, es hat mich sehr gefreut"

Van-Swieten-Gasse, 9., seit 1862 (vorher: Kirchengasse), Gerard Freiherr van Swieten (1700–1772), Leibarzt der Kaiserin Maria Theresia; reorganisierte den Universitätsbetrieb, schuf neue Lehrkanzeln, Begründer der Wiener Medizinischen Schule

Varnhagengasse, 22., seit 1910 (vorher: Erzherzog-Carl-Gasse), Karl August Varnhagen von Emse (1785–1858), Schriftsteller

Varronegasse, 23., seit 1959, Johann Varrone (1832–1910), Maler

Vegagasse, 19., seit 1893, Georg Freiherr von Vega (1754–1802), Oberstleutnant, Mathematiker

Veilchenweg, 11. und 14., nichtamtliche Bezeichnungen

Veithgasse, 3., seit 1877 (1938–1947 Uhdegasse), Dr. Johann Emanuel Veith (1788 bis 1876), Priester, Domprediger zu St. Stephan, Prof. an der tierärztlichen Hochschule, Autor von Gedichten und Erzählungen

Veitingergasse, 13., seit 1894 (vorher: Windmühlgasse und Ober-St. Veiter Gasse), Flurname („Veitinger Feld")

Veitlissengasse, 13., seit 1894 (vorher: Gartengasse), Flurname

Veltzegasse, 19., seit 1935, Alois Veltze (1864–1927), Oberst, Militärschriftsteller

Venediger Au, 2., seit 1905, alter Flurname (venatio = Jagd), Benennung unter Hinweis auf die alten Handelsbeziehungen mit Venedig; 1377 erstmals urk. genannt

Venusweg, 14., seit 1923, nach dem Planet

Venusweg, 22., nichtamtliche Bezeichnung

Verbandsweg, 22., seit 1966 (nach dem Siedlerverband)

Verbindungsweg, 21., Verbindung in der Siedlung

Verbindungsweg I und **Verbindungsweg II**, 14., Wege am Bierhäuselberg

Vereinsgasse, 2., seit 1906, nach dem 1856 gegründeten katholischen Leopoldstädter Gesellenverein

Vereinsstiege, 9.; wurde 1845 von einem Wohltätigkeitsverein erbaut (dieser stiftete eine Kinderbewahranstalt im Lichtental), s. *Viriotgasse*

Vereinsweg, 10. und 18., nichtamtliche Bezeichnungen

Vergaragasse, 22., seit 1911, Marquis von Vergara (1686–1765); errichtete Stiftungen zugunsten von Waisen

Vernholzgasse, 22., seit 1910 (vorher: Bahnstraße), Christian Freiherr von Vernholz-Vernwald (1775–1815), Offizier, Verdienste in den napoleonischen Kriegen

Veronikagasse, 16. und 17., Benennungsdatum unklar; nach einer Bildsäule der hl. Veronika, die von 1722 bis 1842 auf freiem Felde auf dem Weg von Altlerchenfeld nach Hernals stand

Versbachgasse, 13., seit 1913, Mansuet Freiherr von Versbach-Hadamar (1845–1912), General der Kavallerie, Korpskommandant

Versorgungsheimplatz, 13., seit 1910, s. *Versorgungsheimstraße*

Versorgungsheimstraße, 13., seit 1908, nach dem städtischen Versorgungsheim Lainz, erbaut in den Jahren 1902 bis 1904

Vertexgasse, 23., seit 1955 (vorher: Schubertgasse), Firmenname (früher „Osram")

Vettersgasse, 10., seit 1955, Hermann Vetters (1880–1941), Erdölgeologe

Victor-Gruen-Gasse, 10., seit 1981, Victor Gruen (1903–1980), Architekt

Viehmarktgasse, 3., seit 1862, nach dem Viehmarkt von St. Marx

Viehtriftgasse, 21., seit 1993, Flurname

Vierthalergasse, 12., seit 1894 (vorher: Schillergasse), Franz Michael Vierthaler (1758 bis 1827), Lehrer und Leiter des Kienmayerschen Waisenhauses in Wien

Viktor-Adler-Platz, 10., seit 1919 (vorher: Eugenplatz, 1938–1945 Horst-Wessel-Platz), Dr. Victor Adler (sic!, 1852–1918); lernte als Armendoktor die Not der Armen in den Wienerberger Ziegelwerken kennen; gründete die Wochenschrift „Gleichheit" und nach deren Verbot die „Arbeiter-Zeitung", er opferte sein Vermögen für die Herausgabe der Zeitung und die politische Arbeit; er hatte entscheidenden Anteil am Hainfelder Gründungsparteitag der Sozialdemokratie 1888/89, avancierte dann zum unumstrittenen Führer der österreichischen Arbeiterbewegung; 1905 Reichsratsabgeordneter, starb einen Tag vor Ausrufung der Ersten Republik, nämlich am 10. November 1918

Viktor-Christ-Gasse, 5., seit 1949 (vorher: Bachergasse), Viktor Christ (1904–1941), Facharbeiter der E-Werke, Widerstandskämpfer, gemeinsam mit tschechischen Widerstandskämpfern im KZ Mauthausen ermordet

Viktorgasse, 4., seit 1862 (vorher: Antonsgasse), Erzherzog Anton Viktor (1779 bis 1835), Sohn Erzherzog Karls, General

Viktor-Hagl-Gasse, 14., Benennungsdatum unbekannt, Viktor Hagl (1864–1939), Bürgermeister von Hadersdorf

Viktoriagasse, 15., um 1858 Mittelrustengasse, auch Feldgasse; nach der ehemaligen Vergnügungsstätte „Viktoriasäle" (Tanz- und Versammlungslokal)

Viktor-Kaplan-Straße, 22., seit 1940, Viktor Kaplan (1876–1934), Techniker, erfand 1912 die nach ihm benannte Wasserturbine

Viktor-Kutschera-Platz, 14., seit 1960, Viktor Kutschera (1863–1933), gefeierter Schauspieler am Volkstheater

Viktor-Leon-Gasse, 13., seit 1955, Viktor Leon (1858–1940), Operettenlibrettist (arbeitete u. a. für Strauß, Lehár und Heuberger)

Viktor-Wittner-Gasse, 22., seit 1958, Viktor Wittner (1896–1949), Lyriker

Villaweg, 22., nichtamtliche Bezeichnung

Villenweg, 19., nach den dort erbauten Villen

Vilicusweg, 16., seit 1970, Johann Vilicus, um 1380 Pfarrer von Ottakring

Vinzenzgasse, 18., seit 1904 (ursprünglich ein Teil Bockgasse, später Lazaristengasse), s. *Lazaristengasse*

Vinzenz-Hauschka-Gasse, 22., seit 1932, Vinzenz Hauschka (1766–1840), Komponist

Vinzenz-Heß-Gasse, 13., seit 1906 (vorher: Am Schloßberg, Bergstraße), Vinzenz Heß (1807–1894), Bürgermeister von Hütteldorf (1849–1878)

Violaweg, 22., seit 1986, viola = botanische Bezeichnung für Veilchen

Virilligasse, 23., seit 1955 (vorher: Flurgasse), Georg Virilli (1872–1951), Bürgermeister von Inzersdorf

Viriotgasse, 9., seit 1872, Johann Lothar Freiherr von Viriot (1752–1837), spanischer Generalkonsul, finanzierte den Bau der Lichtentaler Kleinkinder-Bewahranstalt

Vitusgasse, 13., seit 1894 (vorher: Bognergasse), nach der Kirche „Zum hl. Vitus" (Ober-St.-Veiter-Kirche)

Vivaldigasse, 10., seit 1972, Antonio Vivaldi (1678–1741), Komponist

Vivariumstraße, 2., seit 1957, nach einem 1873 errichteten Aquarium; ab 1878 wurden auch Affen und Krokodile gezeigt, 1888 Umbenennung der Anlage in Vivarium, 1893 Erwerb durch die Wiener Tiergartengesellschaft; nach deren Konkurs 1902 wurde eine biologische Versuchsanstalt eingerichtet, die 1914 von der Akademie der Wissenschaften übernommen wurde; 1945 zerstört

Vivenotgasse, 12., seit 1894 (vorher: Miesbachgasse), Dr. Rudolf von Vivenot (1807 bis 1884), Arzt, Gründer des Sophienspitals

Vizanigasse, 23., seit 1955 (vorher: Quergasse), Franz Vizani (1889–1942), Bürgermeister von Erlaa

Vöschergasse, 23., seit 1958, Leopold Heinrich Vöscher (1830–1877), Maler

Vösendorfer Straße, 23., seit ca. 1919, führt nach Vösendorf

Vogelbeerengasse, 22., seit 1965, nach dem Strauchgewächs

Vogelsanggasse, 5., seit 1901 (vorher: Heinegasse), Karl Freiherr von Vogelsang (1819 bis 1890), Schriftsteller; kam 1864 aus Schlesien nach Wien, verband sozialistische und christliche Ideen und wurde zu einem Wegbereiter der Arbeiterbewegung

Vogeltenngasse, 16., seit 1897, Tenne = Sammelplatz (Sammelplatz für Vögel)

Vogelweidplatz, 15., seit 1912 (vorher: Parkstraße), Walther von der Vogelweide (etwa von 1170–1230), Minnesänger und Spruchdichter

Vogentalgasse, 10., seit 1955, Riedname

Voglgasse, 21., seit 1993, Adolf Vogl (1910 bis 1993), Fußballer

Vogtgasse, 14., seit 1955 (vorher ab 1905 Karl-Bauer-Gasse), Dr. Theodor Vogt (1835–1906), Univ.-Prof., gründete das Pädagogische Institut der Universität Wien

Vohburggasse, 21., seit 1970, nach dem Markgrafen Vohburg (um 1155 erwähnt)

Voigtländergasse, 22., seit 1940, Friedrich Voigtländer (1779–1859), Optiker, Erfinder

Voitgasse, 22., seit 1972, Prof. Dipl.-Ing. Wilhelm Voit (1865–1941), Tiefbautechniker

Volkergasse, 15., seit 1912, Volker, der Burgunderrecke, eine Gestalt aus der Nibelungensage

Volkertplatz, 2., seit 1872, s. *Volkertstraße*

Volkertstraße, 2., seit 1872, die Gegend gehörte im 18. Jahrhundert den Grafen Volkra, verballhornt Volker (ursprünglich hieß die Gegend daher „Im Volkert")

Volkgasse, 13., seit 1910, Georg Volk (1819 bis 1901), Gemeinderat von Hietzing

Volkmargasse, 10., seit 1956 (vorher: Haydngasse), Otto von Volkmar (1819–1901), Direktor der Staatsdruckerei

Volkragasse, 22., seit 1910 (vorher: Babenbergergasse), Wolfgang Christoph von Volkra (gest. 1638), Besitzer der Herrschaft Hirschstetten (1629–1638)

Volksgartenstraße, 1.; der Volksgarten wurde auf den Gründen der von den Franzosen gesprengten Festungsmauern (1809) angelegt, 1823 eröffnet

Vollbadgasse, 17., seit 1894 (vorher: Badgasse), nach einem 1861 errichteten Voll- und Wannenbad, das 1920 geschlossen wurde

Voltagasse, 21., Alessandro Giuseppe A. Graf Volta (1745–1827), Physiker, grundlegende Arbeiten zur Elektrophysik, erfand um 1800 die Voltasäule (Gleichstromquelle zur Erzeugung stationärer Ströme)

Voltelinistraße, 21., seit 1940, Hans von Voltelini (1862–1938), Jurist, 1902 Prof. an der Universität Innsbruck für österreichische Geschichte, 1908 Prof. für Rechtsgeschichte an der Universität Wien; Abhandlungen über Wien, die Stadtverfassung, das Stadtbild und die Sozialgeschichte Wiens

Vorarlberger Allee, 23., seit 1990, nach dem Bundesland (wegen diverser Pflanzungen von Bäumen aus Vorarlberg)

Vordere Zollamtsstraße, seit 1905, nach dem Zollamtsgebäude

Vorgartenstraße, 2. und 20., so benannt, da sich vor jedem Haus ein „Vorgarten" befand, was 1893 in der Bauordnung so festgelegt wurde

Vorlaufstraße, 1., seit 1887 (vorher: Sterngasse), Konrad Vorlauf (ca. 1335–1408), 1399 Mitglied des Inneren Rates, 1404 Bürgermeister, 1405 wieder im Inneren Rat, 1406 neuerlich Bürgermeister; in seine Amtszeit fiel die Auseinandersetzung zwischen Herzog Leopold und Herzog Ernst; Vorlauf geriet durch undiplomatisches Verhalten zwischen die Stühle und wurde mit Hans Rockh und Konrad Ramperstorffer hingerichtet, s. *Rockhgasse*, s. *Ramperstorffergasse*

Vorleitengasse, 21., Flurname (Leiten = Hang, vor einem Hang)

Vormosergasse, 19., seit 1894 (vorher: Kirchengasse), Jörg Vormoser, um 1500 Pfarrer von Döbling

W

Waaggasse, 4., 1734 hieß die Gegend „Am Wagrein", nach einem Hausschild „Zur goldenen Waage"

Wachaustraße, 2., seit 1897, nach der Wachau, dem Donautal zwischen Ybbs und Krems

Wacholderweg, 21., seit 1960, nach der Beerenfrucht

Wachtelweg, 14., seit 1953, nach dem Feldhuhn

Wachthausgasse, 11.; die Gasse führte zum ehemaligen Artilleriewachthaus auf der Simmeringer Haide

Wacquantgasse, 22., seit 1910 (vorher ab 1906 Johannesgasse), Johann Theodor Wacquant (1754–1844), Feldzeugmeister in den napoleonischen Kriegen (1809)

Wächtergasse, 1., hier befand sich 1650 bis 1773 eine städtische Polizeiwachstube

Währinger Gürtel, 9. und 18., seit 1894 (im 18. Bezirk vorher: Gürtelstraße), zur Wahrung des ehemaligen Vorortnamens; Währing zählte vor der Eingemeindung 61.154 Einwohner; Währing wurde mit Weinhaus, Gersthof, Pötzleinsdorf, Neustift am Walde und Salmannsdorf zum 18. Bezirk; Salmannsdorf und der größte Teil von Neustift kamen 1938 zum 19. Bezirk; Währing wurde bereits im 12. Jahrhundert als „Warich" erwähnt

Währinger Straße, 9. und 18., seit 1894 (im 9. Bezirk von 1314 bis 1630 Neuburgerstraße, ab 1630 Währingergasse, später wieder Neuburgerstraße, ab 1862 Währinger Straße; im 18. Bezirk früher Zwanziger- und Zweiunddreißigerzeile, später bis 1894 Hauptstraße, in Weinhaus Währing-Weinhauser Straße), s. *Währinger Gürtel*

Wällischgasse, 3., seit 1905; die aus Verona vertriebene italienische Adelsfamilie della Scala siedelte sich in Erdberg an und legte Weingärten an; Oria della Scala verschenkte 1445 die Gründe an die Beschuhten Augustiner-Eremiten; sie wurden „wällische" Gärten genannt (wällisch = italienisch)

Wagenmanngasse, 23., seit 1967, Dr. Karl Wagenmann, geb. 1787, gründete 1832 eine chemische Fabrik, die er 1841 an seinen Schwiegersohn Emil Seybel verkaufte („Wagenmann, Seybel & Co."); das Unternehmen kam 1911 zur HIAG und spielte ein große Rolle für die Rüstungsindustrie in der Monarchie; s. auch *Seybelgasse*

Wagenseilgasse, 12., seit 1912, Georg Wagenseil (1715–1777), Komponist, Musiklehrer

Wagner-Jauregg-Weg, 14., seit 1981, Univ.-Prof. Dr. Julius Ritter von Wagner-Jauregg (1857–1940), Neurologe, Psychiater, 1927 Nobelpreis, neue Methoden in der Behandlung von Psychosen, der Syphilis und von Schilddrüsenerkrankungen

Wagner-Schönkirch-Gasse, 23., seit 1973, Hans Wagner-Schönkirch (1872–1940), Musikpädagoge

Wagramer Straße, 21. und 22., seit 1910 (um 1830 Hollitscher Straße, später Kagraner Straße, Leopoldauer Straße, bis 1909 Kagraner Reichsstraße und Süßenbrunner Straße), führt nach dem Ort in NÖ

Wahlberggasse, 14., seit 1934, Wilhelm Emil Wahlberg (1824–1901), Prof. für Strafrecht an der Wiener Universität, an der Reform des Strafrechts führend beteiligt, einschlägige Fachpublikationen

Waidäckergasse, 16., seit 1905, ein schon 1366 erwähnter Flurname

Waidhausenstraße, 14., seit 1908 (vorher: Friedhofstraße), bereits 1421 wird eine Weingartenried namens Waydhausen erwähnt

Walcherstraße, 2., seit 1897, Josef Walcher (1718–1803), Mathematiker, Physiker

Waldaugasse, 19., seit 1960, Gustav Waldau (1871–1958), Schauspieler

Waldbachsteig, 19., seit 1895, verläuft neben dem Waldbach

Waldeckgasse, 18., seit 1910, Georg Friedrich Fürst von Waldeck (1620–1692); befehligte 1683 die schwäbischen und fränkischen Truppen im Entsatzheer, das Wien vor den Türken rettete

Waldegghofgasse, 17., seit 1894 (vorher: Parkgasse), nach der früheren Bezeichnung für das Schloß Neuwaldegg

Waldemarweg, 13., seit 1954, Richard Waldemar (1869–1946), Komiker

Waldgasse, 10., zur Erinnerung daran, daß der Laaer Wald einst bis in diese Gegend reichte

Waldheimstraße, 22., seit 1956, eingebürgerte Bezeichnung nach einem ehemaligen Waldgarten

Waldhüttenweg, 17., seit 1994, nach dem Kleingartenverein „Waldhütte"

Waldmeistergasse, 14., seit 1953, Pflanzenname

Waldmüllergasse, 20., seit 1888, Ferdinand Georg Waldmüller (1793–1865), Maler, Hauptvertreter des Wiener Biedermeier (Porträts von Wiener Bürgern und ihren Familien, Motive aus dem Prater)

Waldrandweg, 17., nichtamtliche Bezeichnung

Waldrebengasse, 22., seit 1966 (vorher: Hans-Domes-Straße), nach dem Strauch

Waldrosengasse, 14., seit 1966, nach der Rosenart; 1938–1945 Hans-Domes-Gasse

Waldschafferweg, 14., seit 1956, Flurname

Waldsteingartenstraße, 2., seit 1908 (vorher: Esterházystraße); hier befand sich ein Lustgarten im Besitz von Major Ernst Graf Waldstein-Wartenberg

Waldviertlerweg, 22., seit 1966, nach dem gleichnamigen „Viertel" in NÖ

Waldvogelstraße, 13., seit 1919, Anton Waldvogel (1846–1917), Oberingenieur, Techniker der DDSG, publizierte technische Fachbücher

Waldweg, 14., führte einst direkt in den Wald (zum nahe gelegenen Kolbeterberg)

Waldzeile, 17., grenzt an den Wald

Walfischgasse, 1., seit 1875 (früher ein Teil Alte Walfischgasse), nach dem 1700 erwähnten Gasthaus „Bey den Wallfisch" (sic!) bzw. dem Hausschild „Zum Jonas mit dem Walfisch"

Walkergasse, 21., seit 1956 (vorher: Schießstattgasse), Dr. Gustav Walker (1868 bis 1944), Jurist, Univ.-Prof., beschäftigte sich mit internationalem Recht

Walkürengasse, 15., seit 1912, Schlachtjungfrauen der nordischen Sagenwelt; holen die gefallenen Helden vom Schlachtfeld und geleiten sie zur Tafel der Götter

Wallackgasse, 23., seit 1977, Ing. Franz Wallack (1887–1957), Erbauer der Großglockner-Hochalpenstraße

Wallensteinplatz, 20., seit 1895, s. *Wallensteinstraße*

Wallensteinstraße, 20., seit 1895 (ursprünglich Untere Quergasse und Dammstraße, später Gärtnergasse); Wenzel Eusebius von Wallenstein, genannt der Friedländer (1583 bis 1634), Feldherr im 30jährigen Krieg (1618–1648); ab 1604 im Dienste der Habsburger, Übertritt zum Katholizismus, 1621 Mitglied des Wiener Hofkriegsrates, 1622 Gubernator des Königreichs Böhmen, wurde durch Heirat und Spekulation größter Grundherr in Böhmen; 1625 bis 1629 verdrängte er das dänische Heer aus dem deutschen Reich, 1630 abgesetzt, 1632 wieder eingesetzt, bot Gustav Adolf von Schweden in der Schlacht von Lützen Paroli, 1634 in Eger ermordet

Wallgasse, 6., seit 1862 (vorher: Große Schloßgasse und Wallstraße), nach dem Linienwall

Wallishaussergasse, 17., Johann Baptist Wallishausser der Ältere (1757–1810), der Jüngere (1791–1838), beide Buchdrucker

Wallmodengasse, 19., seit 1906, Ludwig Georg Thedel Graf von Wallmoden-Gimborn (1769–1862), General in der Schlacht bei Wagram gegen Napoleon

Wallnerstraße, 1., einst Sitz und Arbeitsstätte der Tuchwalker, bereits im 14. Jahrhundert als „Walichstraße" erwähnt

Wallrißstraße, 18., seit 1903, Flurname, 1288 als Walgris bekannt; hier floß einst ein kleiner Bach zum Währinger Bach; der Ausdruck kommt vermutlich von „Gries" = sandige Stelle

Waltenbergergasse, 21., seit 1956, Johann Waltenberger (1876–1952), Eisenbahner, Gewerkschafter; 1919–1934, 1945–1948 Bezirksrat (SPÖ)

Waltenhofengasse, 10., seit 1942, Adalbert von Waltenhofen (1828–1914), Prof. der Elektrotechnik an der Technischen Hochschule, begründete dieses Fach

Waltergasse, 4., Michael Walter (1793–1861), Gastwirt, Ortsrichter von Wieden (1849 bis 1861)

Walter-Lindenbaum-Gasse, 10., seit 1968, Walter Lindenbaum (1907–1945), Lyriker, Mitglied der Vereinigung sozialistischer Schriftsteller, Journalist; 1943 mit Frau und Tochter nach Theresienstadt deportiert, 1944 nach Auschwitz überstellt, dort wurden Frau und Kind vergast; Lindenbaum kam weiter ins KZ Buchenwald, wo er im Februar 1945 ermordet wurde

Walter-Schwarzacher-Gasse, 21., seit 1968, Dr. Walter Schwarzacher (1892–1958), Gerichtsmediziner, Univ.-Prof.

Walther-von-der-Vogelweide-Gasse, 23., s. *Vogelweidplatz*

Wambachergasse, 13., seit 1893, Franz Wambacher (1793–1871), Kaffeehausbesitzer; sein Sohn Karl (1824–1908) war Bürgermeister von Lainz

Wankläckergasse, 21., seit 1953, Flurname

Wannemachergasse, 21., seit 1909, Martin Wannemacher (1787–1845), Pfarrer von Jedlersdorf

Wanriglgasse, 16., seit 1897, „Wanriegl" = volkstümliche Bezeichnung für einen unwegsamen, steil ansteigenden Berghang

Wanthalerweg, 17., seit 1954, Gustav Wanthaler (1808–1863), Wienerlieder-Komponist

Warchalowskigasse, 22., seit 1962, Adolf Warchalowski (1886–1928), Flugpionier; s. *Flugfeldstraße*

Warhanekgasse, 21., seit 1956 (vorher Invalidengasse), Dr. Karl Warhanek (1860 bis 1945), Jurist, Experte für Jugendrechtsfragen, Mitglied des Obersten Gerichtshofes

Warneckestraße, 11., seit 1982, Dr. Herbert Warnecke (1914–1979), Großindustrieller (gründete 1955 ein Verpackungsmaterialunternehmen)

Wartenslebengasse, 22., seit 1913, Ferdinand Graf Wartensleben (1777–1821), Feldmarschall-Leutnant, Verdienste in den napoleonischen Kriegen

Wasagasse, 9., seit 1862 (vorher ab 1827 Quergasse), Gustav Wasa (1799–1877), Feldmarschall-Leutnant, Schwede; ließ hier sein Palais erbauen

Waschhausgasse, 2., seit 1862, nach dem Kaiserlichen Hofwaschhaus, um 1650 unter Kaiser Leopold I. angelegt, 1919 Bundeswaschanstalt, 1924 Lehrlingsheim

Wasnergasse, 20., seit 1885 (vorher: Augartendamm), Josef Wasner (1815–1881), Gemeinderat in der Leopoldstadt, Hausbesitzer, Schiffsmeister

Wasserburgergasse, 9., seit 1910, Theresa Wasserburger (1794–1871), Wohltäterin (gründete eine Stiftung für die Hinterbliebenen von Steinmetzen)

Wassergasse, 3., seit 1862 (vorher: D'Orsaygasse), führt zum Donaukanal („zum Wasser"), daher der Name

Wassermanngasse, 21., seit 1970, Jakob Wassermann (1873–1934), Schriftsteller

Wasserweg, 14., Benennungsdatum unbekannt, hier befand sich eine Quelle

Wastlgasse, 23., seit 1954, nach einer seit 1789 ansässigen Weinhauerfamilie

Wattgasse, 16. und 17., seit 1883 (vorher: im 16. Bezirk Sterngasse, im 17. Bezirk Bahngasse), James Watt (1736–1819), Erfinder der Dampfmaschine

Wattmanngasse, 13., seit 1894 (vorher: Neugasse, Schmidtgasse), Josef Wattmann Freiherr von Maelcamp-Beaulieu (1789–1866), Leibarzt Kaiser Ferdinands I., Univ-Prof.

Wawragasse, 14., seit 1930, Vinzenz Wawra (1834–1848), Weberlehrling, fiel in der Märzrevolution 1848, s. *Achtundvierzigerplatz*, s. *Märzstraße*

Webergasse, 20., Johann Baptist Weber (1787–1843), Pfarrer in der Leopoldstadt, Gründer der Ersten österreichischen Spar-Casse

Webgasse, 6., seit 1862 (vorher: Große Schmiedgasse), nach ehemaligen Webwarenfabriken, die sich in dieser Gegend befanden

Wedekindgasse, 21., seit 1933, Frank Wedekind (1864–1918), 1886/87 Reklamechef der Firma Maggi, dann Journalist, Zirkussekretär, freier Schriftsteller; schrieb Dramen, die sich gegen traditionelle Moralvorstellungen und ein erstarrtes Bürgertum richteten („Lulu“, „Frühlings Erwachen“)

Wedlgasse, 3., seit 1910, Dr. Karl Wedl (1815 bis 1891), Histologe

Wegelergasse, 18., seit 1906, Prof. Franz Gerhard Wegeler (1765–1848), Arzt und Freund Beethovens, verfaßte auch Erinnerungen über ihn

Wegerichgasse, 14., seit 1966, nach der Pflanze

Wegmayrgasse, 22., seit 1927, Sebastian Wegmayr (1776–1857), Maler

Wehlistraße, 2. und 20., seit 1945, verlängert 1986 (1938–1945 Admiral-Scheer-Straße), August Freiherr von Wehli (1810–1892), Vizepräsident der Donauregulierungskommission, Sektionschef

Wehrbrücklstraße, 22., nach einer ehemaligen Wehrbrücke, die über einen Donauarm führte

Wehrgasse, 5., seit 1862, nach einer ehemaligen Gumpendorfer Stauanlage („Wehr“) am Wienfluß

Weibelstraße, 22., seit 1955 (vorher: Schoberstraße), Dr. Wilhelm Weibel (1876–1945), Gynäkologe

Weichselbaumgasse, 10., seit 1929, Dr. Anton Weichselbaum (1845–1920), Prof. für pathologische Anatomie an der Universität Wien

Weichselstraße, 20., nach der gleichnamigen Kirschenart

Weichseltalweg, 11., seit 1905, Flurname

Weichselweg, 22., seit 1966, nach der Kirschenfrucht

Weidelstraße, 10., seit 1956, Dr. Hugo Weidel (1849–1899), Chemiker, Univ.-Prof.

Weidenweg, 22., seit 1978, nach dem Baum

Weidlichgasse, 13., seit 1894 (vorher: Feldgasse), Anton Weidlich (1813–1875), Bürgermeister von Hietzing

Weidlinger Damm, 22., gegen den Groß-Enzersdorfer Arm der unregulierten Donau

Weidmanngasse, 17., seit 1894 (vorher: Wilhelmsgasse), Franz Karl Weidmann (1787 bis 1867), Theaterdichter, Topograph

Weiglgasse, 15., seit 1912 (vorher: Gärtnergasse), Josef Weigl (1766–1846), Komponist, Kapellmeister, schrieb Opern („Die Schweizerfamilie“)

Weihburggasse, 1., nach der „Weihburg“, einer Befestigung mit Turm in der Stadtmauer, bereits im 13. Jahrhundert erwähnt; der Name entstand in Anlehnung an dort befindliche Klöster

Weilandgasse, 21., seit 1966 (vorher ab 1956 Smitalgasse, ursprünglich Esterházygasse), Josef Weiland (1882–1961), Mundartdichter

Weilgasse, 19., seit 1894 (vorher: Promenade), Karl Weil (1819–1877), Weingroßhändler, Gemeinderat von Ober-Döbling

Weimarer Straße, 18. und 19., seit 1919 (vorher: Karl-Ludwig-Straße im 18. Bezirk; ursprünglich Lederergasse, dann Gerbergasse), als Ausdruck der Verbundenheit mit der neugegründeten deutschen Republik; Weimar war Sitz der Nationalversammlung (daher 1918–1933 „Weimarer Republik“)

Weinbergerplatz, 13., seit 1955 (vorher: Bertha-von-Suttner-Platz), Karl Rudolf Weinberger (1861–1939), Operettenkomponist

Weinberggasse, 19., seit 1905, nach der Lage (führte einst durch die Weingärten)

Weindorfergasse, 13., Matthias Weindorfer (1694–1770), Ortsrichter von Mauer (1761 bis 1763)

Weinfeldstraße, 14., zur Erinnerung an Hersch Weinfeld (1871–1942) und Dwoire Weinfeld (1877–1944) bzw. stellvertretend für die jüdischen Opfer des Nationalsozialismus; das Ehepaar wurde 1938 delogiert und 1942 ins KZ Theresienstadt deportiert, dort kamen beide um

Weingartenallee, 22., Allee durch Weingärten

Weinhauser Gasse, 18., seit 1907, zur Erinnerung an den ehemaligen Vorortnamen; Weinhaus hatte vor der Eingemeindung 2.192 Einwohner, die Herkunft des Namens ist unklar, der Ort wurde erstmals im 13. Jahrhundert urkundlich erwähnt

Weinheimergasse, 16., seit 1899, Lorenz Weinheimer (1820–1885), Mitgründer des Ottakringer Kirchenbauvereines, Gemeindevertreter

Weinlechnergasse, 3., seit 1910, Prof. Dr. Josef Weinlechner (1829–1906), Chirurg

Weinrothergasse, 13., Ferdinand Weinrother (1835–1900), Bürgermeister von Speising

Weinsteiggasse, 21., Flurname

Weintraubengasse, 2., seit 1909, nach dem Gasthaus „Zur blauen Weintraube“

Weinwurmweg, 22., seit 1952, Rudolf Weinwurm (1835–1911), Komponist, Musikpädagoge

Weinzierlgasse, 14., seit 1906, Max von Weinzierl (1841–1898), Kapellmeister, Komponist

Weinzingergasse, 19., Johann Weinzinger (1830–1890), Gemeinderat, Holzhändler

Weiskerngasse, 16., seit ca. 1919, Friedrich Weiskern (1710–1768), Schauspieler, Topograph

Weiskirchnerstraße, 1., seit 1932 (vorher: Wollzeile), Dr. Richard Weiskirchner (1861 bis 1926), christlichsozialer Bürgermeister der Stadt Wien (1912–1919), Nationalratspräsident (1920–1923),

Weissauweg, 22., seit 1994, Flurname

Weißdornweg, 18., seit 1967, nach der Pflanze

Weisselgasse, 21., seit 1946 (vorher: Kretzgasse und Obermayergasse), Ing. Georg Weissel (1899–1934), Schutzbundkommandant der Hauptfeuerwache Floridsdorf, Sozialdemokrat; nach dem Aufstand des Schutzbundes am 15. 2. 1934 hingerichtet

Weißenböckstraße, 11., Johann Weißenböck (1812–1871), Hausbesitzer, Gastwirt, Wohltäter

Weißenthurngasse, 12., seit 1930 (1938 bis 1947 Robert-Franz-Gasse), Johanna Franul-Weißenthurn (1773–1847), Burgschauspielerin, Schriftstellerin

Weißenwolffgasse, 21., seit 1914, Nikolaus Graf von Weißenwolff (1763–1825), Feldmarschall, Kommandant des Deutschmeisterregiments

Weißingergasse, 21., seit 1993, Ing. Hellmut Weißinger (1916–1992), Gemeinderat (1977/78), Bezirksrat (1960–1977, 1978 bis 1983), SPÖ

Weißgasse, 17., seit 1894 (1876 Petersgasse, dann Gerlgasse), Michael Weiß (1802 bis 1863), erster Bürgermeister und letzter Ortsrichter von Hernals

Weißgerberlände, 3., seit 1925, zur Erinnerung an den alten Vorstadtnamen Weißgerber; als Lände wurde das Ufergelände an einem Fluß bezeichnet, Weißgerber wurde 1850 mit Landstraße und Erdberg zum 3. Bezirk vereint

Weitlofgasse, 18., Dr. Moritz Weitlof (1835 bis 1905), Rechtsanwalt, Reichsrats- und Landtagsabgeordneter

Weitmosergasse, 10., seit 1930, Erasmus Weitmoser (gest. 1525), im Bauernaufstand von 1525 Führer der Salzburger Knappen

Weixelbergergasse, 23., Gerard Weixelberger (1660–1728), Abt des Stiftes Heiligenkreuz

Weizengasse, 10., seit 1963, hier wurde früher Weizen angebaut

Weizenweg, 22., seit 1954, nach dem Getreide

Weldengasse, 10., Franz Ludwig Freiherr von Welden (1782–1853); tat sich bei der Niederwerfung der Italiener 1848 hervor, 1848–1851 Gouverneur von Wien

Welingergasse, 23., seit 1954, Vinzenz Welinger (1878–1946), Gemeinderat von Erlaa

Welschgasse, 23., seit 1966 (vorher: Blumengasse), Josefine Welsch (1876–1959), Gemeinderätin von Liesing

Welzenbachergasse, 22., seit 1965, Prof. Alois Welzenbacher (1889–1955), Architekt

Wenckebachgasse, 19., seit 1962, Dr. Karl Frederik Wenckebach (1864–1940), Arzt, Univ.-Prof.

Wendgasse, 16., seit 1883 (vorher: Gasgasse), Josef Wend (1807–1878), Gemeinderat von Ottakring

Wendstattgasse, 10., seit 1968, Flurname (breite Wegstelle in einem Weinberg Favoritens)

Wenhartgasse, 21., seit 1910, Vinzenz Wenhart (1831–1893), Pfarrer von Jedlesee (1869–1893)

Wenzgasse, 13., seit 1893, Josef Wenz (1826 bis 1892), Baumeister, Gemeinderat

Werdertorgasse, 1., das Werdertor war ein altes Tor in der Stadtmauer (schon 1302 urkundlich erwähnt)

Werfelstraße, 17., seit 1949 (vorher ab 1939 Iglauer Straße), Franz Werfel (1890–1945), Schriftsteller („Der Spiegelmensch", „Das Lied von Bernadette", „Die vierzig Tage des Musa Dagh"), Emigration 1938, gest. in Beverly Hills (USA)

Werkmanngasse, 19., seit 1926, Josef Werkmann (richtig Josef Medelsky, 1854 bis 1924), Arbeiterdichter

Werkstättenweg, 3. und 11., Verbindung zu den Bundesbahnwerkstätten

Werndlgasse, 21., seit 1913 (ursprünglich Nordbahngasse, dann Nordwestbahn-Kolonie, bis 1913 Rieplgasse), Josef Werndl (1831–1889), Waffentechniker, Erfinder des Werndl-Karabiners

Wernergasse, 23., Laurenz Werner (1820 bis 1901), Bürgermeister von Mauer

Wernhardtstraße, 16., seit 1899, erster um 1330 urkundlich erwähnter Weingartenbesitzer in Breitensee

Werthenburggasse, 12., seit 1894 (vorher: Feldgasse), Flurname

Weschelstraße, 2., seit 1906 (vorher: Feldgasse), Leopold Matthias Weschel (1786 bis 1844), Schriftsteller, Maler; veröffentlichte 1824 die Topographie „Die Leopoldstadt bey Wien"; wirkte bei der Gründung der Ersten österreichischen Spar-Casse mit

Westbahnstraße, 7., seit 1862 (ursprünglich Pfarrgasse, dann Kirchengasse und Lammgasse), nach der Ausrichtung zum Westbahnhof so benannt

Westermayergasse, 14., seit 1917 (vorher: Draxlergasse), Martin Westermayer (1790 bis 1855), Ortsrichter, dann erster Bürgermeister von Baumgarten

Wettengelgasse, 23., seit 1951, Josef Wettengel (1878–1941), Gemeinderat von Siebenhirten (1918–1934)

Wettsteingasse, 21., seit 1942, Dr. Richard Wettstein von Westerheim (1863–1931), Botaniker, Prof. für Botanik, Leiter des Botanischen Gartens der Uni Wien

Wexstraße, 20., seit 1896 (vorher: Untere Gärtnergasse), Gustav Ritter von Wex (1811–1895), Mitglied der Donauregulierungskommission

Weyprechtgasse, 16., seit 1874, Karl Weyprecht (1838–1881), Linienschiffsleutnant der österreichischen Kriegsmarine, Nordpolfahrer der Jahre 1872 bis 1874, s. *Payergasse*, s. *Nordpolstraße*

Weyrgasse, 3., seit 1919 (vorher: Estegasse), Prof. Rudolf Weyr (1847–1914), Bildhauer; schuf u. a. Figuren und Reliefs für Kunst- und Naturhistorisches Museum, für Universität und Burgtheater und das Brahmsdenkmal auf dem Karlsplatz

Weyringergasse, 4., Josef Weyringer (1799 bis 1869), Ziergärtner

Wichnergasse, 22., seit 1955 (vorher: Johann-Nestroy-Gasse), Josef Wichner (1852–1923), Schriftsteller

Wichtelgasse, 16. und 17., seit 1868 (im 16. Bezirk vorher zum Teil Johannesgasse, im 17. Bezirk bis 1894 Schmerlinggasse), Benedikt Wichtel (1808–1868), Grundbesitzer; trat den Grund für den Bau der Gasse ab

Wickenburggasse, 8., seit 1862, Anton Reichsgraf Wickenburg (1750–1813), Gesandter am Hof; eröffnete die Gasse durch einen Neubau

Wickengasse, 14., seit 1953, nach der Pflanze

Wickhoffgasse, 15., seit 1921 (vorher: Argentinierstraße), Franz Wickhoff (1853 bis 1909), Kunstwissenschaftler

Widerhofergasse, 9., Dr. Hermann Widerhofer (1832–1901), Leibarzt der Familie des Kaisers Franz Joseph I., o. Univ.-Prof. für Kinderheilkunde, Direktor des St.-Anna-Kinderspitals

Widerhoferplatz, 9., s. *Widerhofergasse*

Widholzgasse, 11., seit 1971, Laurenz Widholz (1861–1925), Förderer der Arbeiter-Versicherung; Tischler, Reichsrats- und Nationalratsabgeordneter

Wiedermanngasse, 11., seit 1895, Johann Wiedermann (1837–1890), Wirtschaftsbesitzer in Kaiser-Ebersdorf

Wiedgasse, 22., seit 1909 (vorher: Gärtnergasse), Franz Ludwig Prinz zu Wied-Runkel (1769–1824), Generalmajor, Verdienste in den napoleonischen Kriegen

Wiedner Gürtel, 4., seit 1882 (vorher: Vordere Südbahnstraße), zur Erinnerung an den Ort Wieden; 1211 als „Widen" urkundlich erwähnt, abgeleitet von Schenkung = Widmung an das Heilige-Geist-Spital; 1850 eingemeindet und namensgebend für den 4. Bezirk

Wiedner Hauptstraße, 4. und 5., seit 1862 (früher: Alte Wieden Hauptstraße, Matzleinsdorfer Hauptstraße, Matzleinsdorfer Straße), s. *Wiedner Gürtel*

Wiegelestraße, 23., seit 1954 (vorher: Mittelstraße), Franz Wiegele (1887–1945), Maler

Wielandgasse, 10., s. *Wielandplatz*

Wielandplatz, 10., Christoph Martin Wieland (1733–1813), Dichter (anmutig galante Dichtung; z. B. „Oberon"), Übersetzer von Shakespeare, Herausgeber der Zeitschrift „Der Teutsche Merkur"

Wielandweg, 22., s. *Wielandplatz*

Wielemansgasse, 17. und 18., Alexander Wielemans Edler von Monteforte (1843 bis 1911), Architekt, Oberbaurat (baute u. a. den Justizpalast, die Breitenfelder und Ottakringer Pfarrkirche, das Grazer Rathaus und die Redoutensäle)

Wienerbergbrücke, 12., seit 1965

Wienerbergstraße, 10. und 12., seit 1894 (vorher im 10. Bezirk Gerichtsweg, im 12. Bezirk Meidlinger Straße), führt auf den Wiener Berg

Wienerfeldgasse, 10., seit 1909, Flurname

Wienerflurgasse, 23., seit 1951, Flurname

Wiener Gasse, 21., führte seinerzeit Richtung Wien

Wiener Praterstadion – Ernst-Happel-Stadion, 2., seit 1993, Ernst Happel (1925 bis 1992), Fußballer, Fußballtrainer

Wiener Schüttau, 19., seit 1966, Flurname (nach einer „aufgeschütteten" Insel in der Donau)

Wienerwaldgasse, 14., seit 1983, nach der Lage (grenzt an den Wald)

Wiener Weg, 10., nichtamtliche Bezeichnung

Wiengasse, 14., Benennungsdatum unbekannt, nach dem Wienfluß

Wieningerplatz, 15., Louis Wieninger (gest. 1889), Bürgermeister von Neulerchenfeld (1886–1889); seine Erben stellten den Grund für den Platz kostenlos zur Verfügung

Wientalstraße, 13. und 14., verläuft im Wiental

Wiesberggasse, 16., seit 1913 (vorher: Herbststraße), Wilhelm Wiesberg (1850 bis 1896), Volkssänger, Wienerlied-Dichter

Wieselburger Gasse, 10., seit 1914, nach der ungarischen Stadt Wieselburg (Mosony), wo eine deutschsprachige Minderheit siedelte

Wieselweg, 22., seit 1966, nach dem Tier

Wiesengasse, 9., seit 1862 (vorher ab 1837 Kleine Schmiedgasse), nach der alten Ortsbezeichnung „auf der Wiesen"

Wiesengasse, 14., nach früher hier bestandenen Wiesen

Wiesenthalgasse, 10., seit 1981, Grete Wiesenthal (1885–1970), Tänzerin

Wiesingerstraße, 1., seit 1902, Dr. Albert Wiesinger (1830–1896), Dechant, Hofburgpfarrer, Stadtpfarrer von St. Peter

Wiesmühlgasse, 23., nach einer einstmals hier bestandenen Mühle (damals noch auf Wiesengelände)

Wiesnergasse, 22., seit 1953, Prof. Dr. Julius Wiesner (1838–1916), Botaniker

Wiethestraße, 22., seit 1955 (vorher: Quadenstraße), Dr. Camillo Wiethe (1889–1949), Facharzt für Kehlkopfkunde (Laryngologe)

Wigandgasse, 19., seit 1895, Wigand von Theben, Pfarrer vom Kahlenberger Dorf

Wilbrandtgasse, 18. und 19., seit 1919, Adolf Wilbrandt (1837–1911), Direktor des Burgtheaters (1881–1887), schrieb erfolgreich Theaterstücke, Gedichte, Novellen

Wilckensweg, 19., seit 1960, Dr. Martin Wilckens (1834 bis 1897), Prof. an der Hochschule für Bodenkultur

Wilczekgasse, 10., seit 1932, Hans Graf von Wilczek (1837–1922), Gründer der Wiener freiwilligen Rettungsgesellschaft, Kunstmäzen (errichtete z. B. die Burg Kreuzenstein mit Teilen von Burgen aus ganz Deutschland), Mitglied des Herrenhauses, Ehrenbürger von Wien

Wildagasse, 23., seit 1959, Charles Wilda (1854–1907), Maler

Wildauergasse, 12., seit 1930, Mathilde Wildauer (1820–1878), Burgschauspielerin, Opernsängerin

Wildbadgasse, 21. und 22., seit 1961, in der Siedlung „Bruckhaufen", dort wurde einst „wild" gebadet

Wildgänsegasse, 21., seit 1962, nach dem Schwimmvogel

Wildgansplatz, 3., seit 1932, Anton Wildgans (1881–1932), Lyriker, Dramatiker („Kirbisch", „Rede über Österreich"), Burgtheaterdirektor

Wildgrubgasse, 19., Flurname (ehemals unwegsame Waldgegend)

Wildnergasse, 21., seit 1926, Gustav Wildner (1869–1925), Vorstand des Fürsorgeamtes in Floridsdorf

Wildpretmarkt, 1., seit 1912, bereits im 14. Jahrhundert erwähnt, 1660–1740 Neuer Kienmarkt, seit ca. 1850 Wildpretmarkt; Verkaufsstätte für Wildpret

Wildpretstraße, 11., Flurname (einst bestanden hier ergiebige Jagdgründe)

Wildweg, 17., nichtamtliche Bezeichnung

Wilhelm-Busch-Gasse, 19., seit 1927, Wilhelm Busch (1832–1908), humoristischer Dichter, Maler, Zeichner

Wilhelm-Dachauer-Straße, 22., seit 1981, Prof. Wilhelm Dachauer (1881–1951), Maler (Landschaften, Porträts)

Wilhelm-Erben-Gasse, 12. und 23., seit 1959, Dr. Wilhelm Erben (1864–1933), Historiker

Wilhelm-Exner-Gasse, 9., seit 1930 (vorher ab 1862 Eisengasse), Dr. Wilhelm Exner (1840–1931), Technologe, Gründer und erster Leiter des Technologischen Gewerbemuseums (TGM), liberaler Politiker, Abgeordneter des Herrenhauses

Wilhelminenstraße, 16. und 17., seit 1872 (früher Kaiserweg), Prinzessin Wilhelmine von Montléart-Sachsen-Curland (1827 bis 1895), s. *Montléartstraße*

Wilhelm-Karczag-Weg, 13., seit 1981, Wilhelm Karczag (1857–1923), Direktor des Theaters an der Wien; Schriftsteller

Wilhelm-Kreß-Platz, 11., seit 1924, Wilhelm Kreß (1836–1913), Flugzeugbauer, Klaviermacher, Erfinder (Steuerknüppel); brachte 1877 das erste freischwebende Drachenfliegermodell zum Flug

Wilhelm-Legler-Gasse, 14., seit 1957, Wilhelm Legler (1875–1951), Landschaftsmaler, Graphiker

Wilhelm-Leibl-Gasse, 13., seit 1931, Wilhelm Leibl (1844–1900), Maler

Wilhelm-Otto-Straße, 11., seit 1904, Wilhelm Otto (1823–1892), Direktor der Simmeringer Waggonfabrik

Wilhelm-Pinka-Platz, 10., seit 1992 (richtiggestellt 1993), Wilhelm Pinka (1909 bis 1988), Bürgermeister von Oberlaa, Unterlaa und Rothneusiedl vor der Eingemeindung 1954; Präsident des Wr. und des Österr. Siedlerverbandes

Wilhelm-Raab-Gasse, 21., seit 1912, Wilhelm Raab (1818–1893), Mühlenbesitzer, Wohltäter

Wilhelmstraße, 12., früher Breitenfurter Straße, später Wilhelmsdorfer Straße; Wilhelm Sedlacek (1793–1853), Propst von Klosterneuburg; stimmte 1846 der Gründung der ehemaligen Ortschaft Wilhelmsdorf zu, die nach seinem Vornamen benannt wurde

Willendorfer Gasse, 23., nach einer Ortschaft, die von den Türken 1529 zerstört und nicht mehr aufgebaut wurde

Willergasse, 23., seit 1954 (vorher: Friedhofstraße), Dr. Peter Willer (1880–1938), Bürgermeister von Rodaun

Willy-Forst-Weg, 19., seit 1993, Willy Forst (eigentlich Wilhelm Frohs, 1903–1980), Schauspieler, Regisseur

Wimbergergasse, 7., seit 1905, Karl Wimberger (1834–1926), Hotelbesitzer, Gemeinderat (1891–1918)

Wimmergasse, 5., seit 1875, Gottlieb August Wimmer (1791–1875), Pfarrer von Matzleinsdorf

Wimpffengasse, 22., seit 1910 (vorher: Feldgasse), Maximilian Freiherr von Wimpffen (1770–1854), Feldmarschall in den napoleonischen Kriegen (1809)

Wimpissingerweg, 13., seit 1987, Johann Wimpissinger (1866–1950), Mäzen, Armen- und Bezirksrat

Winarskystraße, 20., seit 1928 (ursprünglich Kaiserwasserstraße, 1934–1946 Kolpingstraße), Leopold Winarsky (1873–1915), erster sozialdemokratischer Gemeinderat des 20. Bezirkes, engagiert in der Arbeiterbildungsbewegung

Winckelmannstraße, 15., seit 1894 (vorher: Tegetthoffstraße), Johann Joachim Winckelmann (1717–1768), Kunsthistoriker, Begründer der Archäologie („Geschichte der Kunst des Altertums")

Windhaaggasse, 1., seit 1894 (ursprünglich Stiftgasse, dann Sternwartgasse), Joachim Enzmüller Graf von Windhaag (1600 bis 1688), Regierungspräsident; hinterließ sein Vermögen als Stipendiumstiftung für Studierende

Windhabergasse, 19., seit 1894 (vorher teilweise Schulgasse), Rupert Windhaber (1831–1876), Bürgermeister von Sievering

Windmühlgasse, 6., nach den ehemaligen Vororten „Obere Windmühle" und „Untere Windmühle", später Windmühle, 1850 eingemeindet; der Name leitet sich nach einer um 1562 errichteten Windmühle ab

Windmühlhöhe, 19., nach einer Windmühle, die noch um 1870 in der Nähe stand

Windschutzstraße, 14., früher standen hier Bäume als Windschutz

Windtenstraße, 10., seit 1932 (vorher: Bergstraße), Wenzel von Windten (gest. ca. 1431), Besitzer der Herrschaft Inzersdorf

Winkeläckerstraße, 21., seit 1929, Flurname (unregelmäßig verlaufender Ackergrund)

Winkelbreiten, 13., seit 1899, Flurname

Winkelweg, 18., nichtamtliche Bezeichnung

Winklergasse, 17., seit 1898, Michael Winkler (1823–1898), Hausbesitzer, Wohltäter

Winterburgergasse, 16., seit 1920 (vorher: Roterdstraße), Johann Winterburger (gest. 1519), erster Buchdrucker in Wien

Winterleitengasse, 16., seit 1897, Flurname (die nach Norden gelegene Seite ist hügeliges Gelände)

Wintzingerodestraße, 22., seit 1911, Ferdinand Carl Friedrich Wilhelm Freiherr von Wintzingerode-Kirchohmfeld (1770 bis 1818), Feldmarschall-Leutnant, Verdienste in den napoleonischen Kriegen

Winzerstraße, 13., früher Weg der Winzer in die Weingärten

Wipplingerstraße, 1., seit 1914, nach einer alteingesessenen Wiener Bürgerfamilie, deren Namen verballhornt wurde, urkundlich bereits 1272 „Wildwerkaere Strazze", 1547 „Bilpingerstraße"

Wirerstraße, 10., seit 1911, Dr. Franz Wirer Ritter von Rettenbach (1761–1844), Arzt; ihm verdankt Bad Ischl seine Entdeckung als Kurort

Wißgrillgasse, 14., seit 1913, Franz Karl Wißgrill (1736–1803), Genealoge

Wittegasse, 13., seit 1894 (vorher: Zwerggasse), Stephan Witte (1809–1886), Wohltäter (Verdienste um die Armenfürsorge)

Wittelsbachstraße, 2., seit 1876, nach dem Regentenhaus von Bayern (1180 bis 1918); Elisabeth, Gattin von Kaiser Franz Joseph I., entstammte dieser Familie

Wittgensteinstraße, 13. und 23., Hermann Christian Wittgenstein (1802–1878), 1856 Besitzer der Herrschaft Mauer; urspr. Tiergartenweg

Witthauergasse, 18., seit 1894 (vorher: Kleingasse), Friedrich Witthauer (1793–1846), einer der wichtigsten Journalisten des Biedermeier; Besitzer und Redakteur der „Wiener Modenzeitung" und Theaterkritiker in Bäuerles „Theaterzeitung"

Wittmannweg, 14., seit 1930, Johann Wittmann (1814–1848), Schuhmachergeselle, fiel in der Märzrevolution 1848, s. *Achtundvierzigerplatz*, s. *Märzstraße*

Wittmayergasse, 12., seit 1908 (vorher: Neufellnergasse), Josef Leopold Wittmayer (richtig Widmayer, 1800–1873), Pfarrer von Altmannsdorf

Witzelsbergergasse, 15., seit 1912, Richard Witzelsberger (1835–1900), letzter Bürgermeister von Fünfhaus (1885–1891)

Wlassakstraße, 13., seit 1931, Dr. Rudolf Wlassak (1865–1930), Arzt, Gründer der Arbeiter-Abstinenzbewegung

Woborilweg, 16., seit 1993, Heinrich Woboril (1894–1955), Gewerkschafter, Direktor der Wr. Gebietskrankenkasse

Wodiczkagasse, 22., seit 1953, Franz Wodiczka (1851–1878), Verfasser einer Schrift über die Marchfeldbewässerung

Wöbergasse, 23., seit 1954 (vorher: Grillparzergasse), Johann Wöber (1866–1943), Gemeinderat von Atzgersdorf

Wögingergasse, 16., seit 1884, Severin Wöginger (1804–1876), Gemeinderat von Ottakring (1864–1870)

Wöhlergasse, 10., seit 1929 (vorher: Patrubangasse), Prof. Friedrich Wöhler (1800 bis 1882), Chemiker, Entdecker des Aluminiums (1827)

Wohlgemuthgasse, 22., seit 1982, Else Wohlgemuth (1881–1972), Burgschauspielerin

Wohllebengasse, 4., Stephan Edler von Wohlleben (1751–1823), Finanzbeamter, Bürgermeister von Wien (1804–1823)

Wohlmutstraße, 2., seit 1899, Bonifaz Wohlmut, Zechmeister der Wiener Steinmetze; legte 1547 einen Plan von Wien an; hatte großen Anteil am Wiederaufbau der Vorstädte nach der Türkenbelagerung von 1529

Wohnparkstraße, 23., seit 1978, nach der Wohnanlage („Wohnpark Alterlaa")

Woinovichgasse, 13., seit 1936, Emil Woinovich (1851–1927), General der Infanterie, Direktor des Kriegsarchivs

Wolfengasse, 1., nach dem Gasthausschild „Zum weißen Wolf"

Wolfenweg, 14., nach den einst in der Gegend lebenden Wölfen

Wolfersberggasse, 14., seit 1894 (vorher: Bergstraße), führt auf den 321 m hohen Wolfersberg

Wolfersgrünweg, 21., seit 1982, Flurname

Wolfganggasse, 12., Wolfgang Treu, Bürgermeister von Wien (1528–1530, 1532–1533 und 1536–1537)

Wolfgang-Mühlwanger-Gasse, 22., vermutlich nach einem Anrainer

Wolfgang-Pauli-Gasse, 14., seit 1969, Dr. Wolfgang Pauli (1900–1958), Physiker; Nobelpreis 1945, Beiträge zu Quantenmechanik und Relativitätstheorie

Wolfgang-Schmälzl-Gasse, 2., seit 1898, Wolfgang Schmälzl (um 1500–1560), Lehrer bei den Schotten, Dichter (Theaterstücke, Lyrik)

Wolfgrabensteig, 14., alter Flurname

Wolf-in-der-Au-Brücke, 14., nach dem Gasthaus „Zum Wolfen in der Au"

Wolfrathplatz, 13., seit 1894 (vorher: Kirchenplatz), Anton Wolfrath (1582–1639), Bischof von Wien ab 1631

Wolfsaugasse, 20., seit 1898, ehemaliges Augebiet in der Brigittenau

Wolfsgrubergasse, 19., seit 1935, Dr. Cölestin Wolfsgruber (1848–1934), Theologieprofessor, Kirchenhistoriker

Wolfsmilchgasse, 22., seit 1955, nach der Pflanze

Wolfsschanzengasse, 21., seit 1965 (vorher: Obere Haidschüttgasse), in diesem Gebiet lag eine Befestigung im Krieg gegen die Schweden (1645)

Wolkersbergenstraße, 13., seit 1911, führt auf den Wolkersberg (302 m hoch)

Wollekweg, 22., seit 1953, Karl Wollek (1862 bis 1932), Bildhauer

Wollergasse, 19., seit 1894 (vorher: Hohe Warte), Franz Woller (1771–1839), Besitzer des Heiligenstädter Bades

Wollzeile, 1., seit 1906, einst Sitz und Verkaufsstätte der Wollweber und Wollhändler; bereits 1158 urkundlich als „Wollstrazze" erwähnt, 1261 „Wollzeile"

Wolsteingasse, 21., seit 1940, Johann Gottlieb Wolstein (1783–1820), Gründer einer Wiener Tierarzneischule

Woltergasse, 13., seit 1898 (ursprünglich Zieglergasse, dann Eskelegasse), Charlotte Wolter Gräfin O'Sullivan (1834–1897), Hofschauspielerin

Wopenkastraße, 11., seit 1995, Max Wopenka (1903–1952), Bezirksrat (1946–1952), Bezirksvorsteher des 11. Bezirkes (1945 bis 1952); SPÖ

Worellstraße, 6., seit 1903, Stephan Worell (ca. 1829–1898), Gründer eines katholischen Waisenhilfsvereines

Wranitzkygasse, 22., seit 1932, Paul Wranitzky (1756–1809), Komponist

Würffelgasse, 15., seit 1894 (vorher: Badgasse), Dr. August Würffel (1834–1904), Badeanstaltsbesitzer, trat den Grund zur Verbauung ab

Würthgasse, 19., seit 1894 (vorher: Annagasse), Heinrich Anton Edler von Würth (1789–1875), Besitzer der Herrschaft Ober-Döbling um 1824

Württemberggasse, 20., Herzog Friedrich August von Württemberg (1763–1834), Feldmarschall

Würtzlerstraße, 3., seit 1897 (vorher: Antonsgasse), Dr. Ladislaus von Würtzler (1847 bis 1896), Arzt, half selbstlos den Armen

Würzburggasse, 13., seit 1909, zur Erinnerung an den Sieg der Österreicher über die Franzosen bei Würzburg

Wulzendorfstraße, 22., seit 1909 (vorher: Mittlerer Feldweg), nach einer im 16. Jahrhundert verschwundenen Ortschaft

Wundtgasse, 12. und 23., seit 1922, Wilhelm Wundt (1832–1920), Philosoph, Psychologe

Wurlitzergasse, 16., Benennungsdatum unklar, Paul Wurlitzer (1784–1857); eröffnete 1852 die Gasse und in einem Nebengebäude seines Wirtschaftshofes – nach jahrelangem Streit mit M. Gansterer (s. *Gansterergasse*) – das erste Kaffeehaus in Ottakring

Wurmbrandgasse, 22., seit 1910 (vorher: Kaiser-Joseph-Gasse); die Grafen Wurmbrand waren 1728 bis ca. 1800 Besitzer der Herrschaft Hirschstetten; Graf Johann Wilhelm Wurmbrand hatte 1728 die Herrschaft erworben und das Schloß Hirschstetten vergrößert

Wurmbstraße, 12., seit 1910 (vorher: Meidlinger Hauptstraße), Dr. Karl Wurmb (1850 bis 1907), Eisenbahnbaudirektor

Wurmsergasse, 15., seit 1912 (vorher: Steinergasse), Dagobert Sigmund Graf von Wurmser (1724–1797), Feldmarschall; Heerführer im bayerischen Erbfolgekrieg und in den napoleonischen Kriegen

Wurzbachgasse, 15., seit 1894 (vorher: Michaelergasse), Dr. Konstantin Wurzbach Ritter von Tannenberg (1818–1893), Dichter, Bibliothekar; verfaßte das „Biographische Lexikon des Kaisertums Österreichs" (60 Bände)

Wurzbachtalgasse, 14., seit 1943 (vorher: Wurzbachgasse), nach dem Tal des Wurzbaches

Wurzingergasse, 18., seit 1910, Karl Wurzinger (1817–1883), Historienmaler, beliebter Professor an der Akademie der bildenden Künste

Y

Ybbsstraße, 2., seit 1905, nach dem gleichnamigen Fluß in Niederösterreich

Yppengasse, 16., seit 1873, Simon van Yppen (1698–1770), Oberst; Eigentümer des ehemaligen „Schellhammerhofes" (s. *Schellhammergasse*), den er der Errichtung eine Heimes für invalide Offiziere nach seinem Tode widmete („Yppenheim"); bestand bis 1876

Yppenplatz, 16., seit 1872; s. *Yppengasse*

Z

Zachgasse, 22., seit 1909 (vorher: Donaustraße), Anton Freiherr von Zach (1747 bis 1826), Feldzeugmeister; Verdienste in den napoleonischen Kriegen

Zagorskigasse, 16., seit 1913, Anton Adolf Ritter von Zagorski (1838–1902), Baumeister, letzter Bürgermeister von Ottakring (1882–1891)

Zahnradbahnstraße, 19., nach der anläßlich der Weltausstellung 1873 erbauten Zahnradbahn auf den Kahlenberg

Zallingergasse, 21., seit 1936, Dr. Otto Zallinger-Thurn (1856–1933), Rechtshistoriker, Univ.-Prof.

Zamaragasse, 13., seit 1955 (vorher ab 1927 Goethegasse), Alfred Zamara (1863 bis 1940), Komponist

Zamenhofgasse, 11., seit 1956, Dr. Lazarus Zamenhof (1859–1917), Erfinder der Esperanto-Sprache (Welthilfssprache), Augenarzt

Zampisgasse, 23., seit 1958, Anton Zampis (1820–1883), Maler

Zanaschkagasse, 12. und 23., seit 1970, Alois Zanaschka (1870–1936), Lederarbeiter, Sozialdemokrat, Meidlinger Bezirksvorsteher 1918–1934; nach dem Bürgerkrieg 1934 sechs Monate inhaftiert und schikaniert

Zangerlestraße, 23., seit 1954, Anton Zangerle (1876–1949), Bürgermeister von Kalksburg

Zanggasse, 22., seit 1972, Prof. Dr. Christoph Bonifaz Zang (1772–1835), Chirurg

Zatzkagasse, 22., seit 1959, Hans Zatzka (1859–1945), Maler

Zaunergasse, 3., seit 1894 (vorher: Michaelgasse), Franz Anton Zauner Edler von Felpatan (1746–1822), Bildhauer, schuf u. a. das Reiterdenkmal auf dem Josefsplatz

Zaunscherbgasse, 21., seit 1910, Josef Zaunscherb, um 1834 Ortsrichter von Floridsdorf, Förderer des Floridsdorfer Kirchenbaues

Zdarskyweg, 13., seit 1951, Matthias Zdarsky (1856–1940), Alpinist, Schipionier

Zedlitzgasse, 1., Joseph Christian Freiherr von Zedlitz (1790–1862), Dichter (Lyriker, Dramatiker); gilt als Vorläufer der politischen Dichtung in Österreich; Berufsoffizier

Zehdengasse, 21. und 22., seit 1956 (vorher: Michael-Pacher-Gasse), Karl Zehden (1843–1901), Wirtschaftswissenschafter (Handels- und Verkehrsgeographie)

Zehenthofgasse, 19., nach einem schon 1512 erwähnten Gutshof

Zehetbauergasse, 11., seit 1925, Franz Zehetbauer (1870–1921), Bezirksvorsteher von Simmering 1919/20, Sozialdemokrat, Gewerkschafter

Zehetnergasse, 14., seit 1894 (vorher: Unter-St.-Veiter-Straße), Dominik Zehetner, Bürgermeister von Baumgarten (1877 bis 1880)

Zehngrafweg, 11., seit 1971, Josef Zehngraf (1841–1927), Komponist

Zeidlergasse, 23., seit 1957 (vorher ab 1935 Haidengasse), Dr. Jakob Zeidler (1855 bis 191-), Literaturhistoriker

Zeifgasse, 13., nach einer alteingesessenen Weinhauerfamilie aus Mauer

Zeilingerweg, 21., seit 1994, Josef Zeilinger, Dorfrichter von Leopoldau (1836–1845), Erbauer des Markthauses von Leopoldau

Zeillergase, 16., seit 1894 (vorher: Schwarzenberggasse), Franz Edler von Zeiller (1751–1828), Jurist, Redakteur des Allgemeinen Bürgerlichen Gesetzbuches

Zeinlhofergasse, 5., seit 1888, Johann Georg Zeinlhofer (1802–1881), Pfarrer von Margareten

Zeisigweg, 22., nichtamtliche Bezeichnung, nach dem Vogel

Zeismannsbrunngasse, 7., seit 1900, nach der gleichnamigen Ortschaft, die seit 1137 bestand und nach ihrem Besitzer so benannt war; 1302 zu St. Ulrich gekommen, s. *St.-Ulrichs-Platz*

Zeißberggasse, 16., seit 1914, Heinrich Ritter von Zeißberg (1839–1899), Historiker, Direktor der Hofbibliothek

Zeleborgasse, 12., seit 1894 (vorher: Heinrichsgasse), Ignaz Zelebor (1815–1890), Bürgermeister von Unter-Meidling 1870 bis 1885

Zeleznygasse, 23., seit 1958, Franz Zelezny (1866–1932), Bildhauer

Zelinkagasse, 1., seit 1869, Dr. Andreas Zelinka (1802–1868), Jurist, Bürgermeister von Wien (1862–1868); unter seiner Ära wurden der Stadtpark angelegt und die Vorstädte eingegliedert

Zelkinggasse, 21., seit 1967, Conrad Zelking schlichtete im Auftrag von König Premysl Ottokar II. am 14. April 1260 einen Streit zwischen den Bewohnern von Uorleugesdorf und Alpiltowe (s. *Alpiltoweweg*)

Zellweckergasse, 23., seit 1961, Edwin Zellwecker (1883–1953), Volksbildner

Zeltgasse, 8., seit 1862 (vorher: Zwerchgasse); angeblich standen hier die Zelte des Kara Mustapha bei der 2. Türkenbelagerung Wiens von 1683

Zemlinskygasse, 23., seit 1957 (vorher: Josef-Weber-Straße), Alexander von Zemlinsky (1872–1942), Dirigent, Komponist

Zennergasse, 16., seit 1971, Adolf Zenner (1893–1970), Bezirksrat (1946–1969), Obmann sozialistischer Vereinigungen

Zennerstraße, 14., seit 1906, Franz Xaver Zenner (1794–1861), Weihbischof, Generalvikar von Wien (1851–1861)

Zenogasse, 12., seit 1894 (vorher: Grünbergstraße und Maria-Theresien-Straße), Apostolo Zeno (1668–1750), Hofdichter, Geschichtsschreiber

Zentagasse, 5., seit 1905, s. *Zentaplatz*

Zentaplatz, 5., seit 1905, zur Erinnerung an den Sieg der Österreicher unter Prinz Eugen über die Türken bei Zenta (1697)

Zenzlsteig, 13., seit 1969, Zenzl war der Rufname des Ober-St. Veiter Lokalschriftstellers Josef Vinzenz

Zerbinettagasse, 23., seit 1959, Figur aus der Strauss-Oper „Ariadne auf Naxos"

Zerritschgasse, 19., seit 1957, Fritz Zerritsch (1865–1938), Bildhauer

Zetschegasse, 23., Eduard Zetsche (1844 bis 1927), Maler

Zettelweg, 14., seit 1929, Wolfgang Zettel (1824–1848), Fleischergeselle, fiel in der Märzrevolution 1848; s. *Achtundvierzigerplatz*, s. *Märzstraße*

Zeuggasse, 5., seit 1862 (vorher: Blumengasse), nach einer 1820 gegründeten Werkzeugfabrik

Ziakplatz, 3., seit 1990, Prof. Dr. Karl Ziak (1902–1987), Schriftsteller, Volksbildner, Verleger; schrieb z. B. „Von der Schmelz auf den Gallitzinberg" (s. Literaturverzeichnis)

Zichygasse, 14., seit 1946, (1940–1946 Herbert-Norkus-Gasse), zur Erinnerung an die Eigentümer des Grundes, die gräfliche Familie Zichy; sie verkaufte die Grundstücke und ließ diese parzellieren

Ziedlergasse, 23., seit 1954 (vorher: Feldgasse), Franz Ziedler (1867–1917), Kämpfer für die Arbeiterbewegung

Ziegelhofstraße, 22., seit 1945 (vorher: Pirquetgasse), in der Nähe bestanden Ziegelöfen

Ziegelofengasse, 4. und 5., seit 1862, nach hier bestandenen Ziegelöfen

Ziegelofenweg, 21., nach einstigen Ziegelöfen

Zieglergasse, 7., seit 1862 (ursprünglich Untere Gasse, dann Ziegelgasse und Pfauengasse), nach ehemaligen hier bestandenen Ziegeleien

Ziehrerplatz, 3., seit 1933 (vorher: Rochusplatz), Carl Michael Ziehrer (1843–1922), Komponist, Kapellmeister (Operetten, Märsche, Walzer), Herausgeber der „Deutschen Kunst- und Musikzeitung"

Zierleitengasse, 19., seit 1894 (vorher: Neuberggasse), Riedname

Zieselweg, 22., seit 1966, nach dem Nagetier

Ziestgasse, 14., seit 1953, nach der Pflanze (seltenes Kraut)

Zifferergasse, 22., seit 1955 (vorher: Resselgasse), Dr. Paul Zifferer (1879–1929), Schriftsteller, Journalist

Zillbauerplatz, 22., seit 1966, nach einem Siedlerfunktionär

Zillbauerweg, 22., seit 1966, s. *Zillbauerplatz*

Zillingergasse, 22., Johann Zillinger (1780 bis 1859), Bürgermeister von Kagran

Zimbagasse, 14., seit 1972, nach dem 2.643 m hohen Berg in Vorarlberg (zwischen Brand und Vandans)

Zimmerlweg, 19., seit 1992, Christl Zimmerl (1939–1976), Solotänzerin der Wiener Staatsoper

Zimmermanngasse, 9., seit 1899, s. *Zimmermannplatz*

Zimmermannplatz, 9., seit 1899, Georg Ritter von Zimmermann (1827–1896) Hofrat, Amtsdirektor, Gemeinderat des Vorortes Hernals, zu dessen Gemeindegebiet die Verkehrsfläche bis 1905 zählte

Zinckgasse, 15., seit 1894 (vorher zum Teil Moeringgasse), Andreas Zinck, um 1850 Grundbesitzer in der Gegend; verkaufte dem Staat 1847 um 7.900 Gulden die Flächen auf der Schmelz für die Anlegung eines Exerzierfeldes

Zinnergasse, 11., seit 1894 (vorher: Fabriksgasse), Matthias Zinner, Hofjäger in Kaiser-Ebersdorf

Zinnienweg, 22., seit 1954, nach der Zierpflanze

Zippererstraße, 11., seit 1904, Georg Zipperer, um 1850 Grundbesitzer in der Gegend

Zirkusgasse, 2., seit 1862 (vorher: Große Fuhrmannsgasse), 1853 wurde für den Zirkus Renz hier ein Gebäude errichtet, das 1945 vernichtet wurde

Zitterhofergasse, 7., seit 1898 (vorher: Kirchberggasse), Ambros Gustav Zitterhofer (1824–1894), Pfarrer von St. Ulrich; Schottenpriester

Znaimer Gasse, 21., seit 1978, nach der Stadt in Tschechien (Znojmo)

Zöchbauerstraße, 15., seit 1899, Josef Zöchbauer (1797–1856), erster Bürgermeister und letzter Ortsrichter von Breitensee

Zöllnerweg, 11., seit 1956 (vorher: Biberweg), Philipp Zöllner (1785–1870), Charakterkomiker; Weg in der Siedlung „Simmeringer Haide"

Zöppelgasse, 12., seit 1894 (vorher: Hoffmanngasse), die Brüder Johann Josef (gest. 1580) und Ulrich Christoph (gest. 1584) Zöppel von Haus waren Lehensherren zu Altmannsdorf

Zohmanngasse, 10., seit 1913, Gregor Zohmann (1825–1905), Schuhmachermeister, Obmann des Armeninstituts

Zolagasse, 14., seit 1929, Emile Zola (1840 bis 1902), französischer Schriftsteller, Vertreter des sozialkritischen Naturalismus („Nana“, „Germinal“, „Der Zusammenbruch“)

Zollergasse 7., seit 1862 (vorher: Rittergasse, Wenzelsgasse), Michael von Zollern (1665–1756), Tuchhändler, errichtete die „Zollerschule“

Zollernsperggasse, 15., Flurname, schon 1365 urkundlich erwähnt

Zollgasse, 3., seit 1862 (vorher: Kegelgasse), nach dem 1841 bis 1847 erbauten Hauptzollamt

Zouvalgasse, 23., seit 1971, Franz Zouval (1894–1968), Bezirksrat (1949–1968), ÖVP

Zrinyigasse, 20., seit 1894 (vorher: Kleine Gärtnergasse), Niklas Graf von Zrinyi (1508–1566), Verteidiger der ungarischen Festung Szigethvar gegen die Türken

Zschokkegasse, 22., seit 1933, Heinrich Zschokke (1771–1848), Schriftsteller

Zsigmondygasse, 11., seit 1956, Richard Zsigmondy (1865–1929), Nobelpreis 1925, Chemiker; beschäftigte sich mit Kolloiden („Kolloidchemie“, 1912)

Zuckerkandlgasse, 19., seit 1925 (1938 bis 1947: Stellwaggasse), Dr. Emil Zuckerkandl (1849–1910), Anatom, Univ.-Prof.

Zülowgasse, 10., seit 1968, Franz Zülow (1883–1963), Maler, Mitarbeiter der Wiener Werkstätten und der Wiener Secession

Zufahrtsstraße, 2., seit 1921 (vorher: Kleine Zufahrtsstraße), ehemalige Zufahrt zur Rotunde

Zufahrtsweg, 10., nichtamtliche Bezeichnung

Zufferbrücke, 13. und 14., seit 1919 (vorher: Franz-Karl-Brücke), Josef Zuffer (1850 bis 1909), Brückenbauingenieur

Zukunftsweg, 21., seit 1960

Zumbuschgasse, 1. seit 1956 (bis 1894 Feldgasse, 1894–1956 Ruthgasse), Kaspar Ritter von Zumbusch (1830–1915), Bildhauer (Beethoven-Denkmal, Maria-Theresien-Denkmal, Radetzky-Denkmal)

Zum weißen Kreuz, 19., seit 1974, alte Flurbezeichnung (Herkunft unklar)

Zur Spinnerin, 10., nach der sagenumwobenen Gedenksäule; 1372 als Hinrichtungsstätte erstmals erwähnt, die letzte Hinrichtung fand 1868 statt

Zwachgasse, 23., seit 1955 (vorher: Krenngasse), Adolf Zwach (1863–1951), Vizebürgermeister von Inzersdorf

Zwerchhäckerweg, 22., seit 1953, Flurname

Zwerchbreitengasse, 21., seit 1956 (vorher: Kirchberggasse), Flurname

Zwerenzweg, 13., seit 1954, Mitzi Zwerenz (1881–1947), Operettensängerin

Zwerggasse, 2., seit 1874, auffallend kurze Gasse

Zwerggrabengasse, 23., Flurname

Zwerngasse, 17., seit 1894 (vorher: Augasse), Flurname; besagt, daß die Äcker „zwern“ (kreuz und quer) liegen

Zwicklgasse, 11., seit 1895 (vorher: Dirndlhofgasse), Johann Zwickl (1756–1815), 1787–1812 Ortsrichter in Simmering; Schmied

Zwillinggasse, 19., seit 1933 (1895–1933 Kinderasylgasse), Viktor Zwilling (1861 bis 1931), Lehrer, Landtagsabgeordneter

Zwingligasse, 15., seit 1937, Ulrich Zwingli (1484–1531), Schweizer Reformator; ursprünglich Anhänger Luthers, in der Abendmahlfrage mit ihm entzweit, fiel als Feldprediger in den Schweizer Religionskriegen

Zwinzstraße, 16., seit 1899, Ignaz Zwinz (1825 bis 1893), Gemeinderat von Breitensee

Zwölfergasse, 15., seit 1894 (vorher: Ober-Rusten), Heinrich Zwölfer (1776–1836), Baumeister, Besitzer des Fünfhauser Brauhauses

Zwölfpfenniggasse, 10., seit 1968; um 1528 war das die Höhe der Geldbuße (pro Stück Vieh) für unerlaubte Benutzung der Weide

Zyklamengasse, 14., seit 1953, nach der Blume („Alpenveilchen“)

Zypressenweg, 22., seit 1954, nach dem Baum

Literaturverzeichnis

Amtsblatt der Stadt Wien

Felix Czeike: Historisches Lexikon Wien in 5 Bänden. Band 1: Wien, 1992, Band 2: Wien, 1993, Band 3: Wien 1994

Liselotte Hansen-Schmidt: Donaustadt. Stadt am anderen Ufer, Wien 1992

Hans Havelka: Was Simmeringer Gassennamen zu erzählen wissen, Wien 1985

Roland Peter Herold: Brigittenau. Von der Au zum Wohnbezirk, Wien 1992

Friedrich Javorsky: Lexikon der Wiener Straßennamen, Wien 1964

Wilhelm Kisch: Die alten Straßen und Plätze Wiens, Wien 1883

Christine Klusacek/Kurt Stimmer: Döbling. Vom Gürtel zu den Weinbergen, Wien 1992

Christine Klusacek/Kurt Stimmer: Erdberg. Dorf in der Stadt, Wien 1992

Christine Klusacek/Kurt Stimmer: Hietzing. Ein Bezirk im Grünen, Wien 1977

Christine Klusacek/Kurt Stimmer: Josefstadt. Beiseln. Bühnen. Beamte, Wien 1991

Christine Klusacek/Kurt Stimmer: Leopoldstadt. Eine Insel mitten in der Stadt, Wien 1978

Christine Klusacek/Kurt Stimmer: Meidling. Vom Wienfluß zum Wienerberg, Wien 1992

Christine Klusacek/Kurt Stimmer: Ottakring. Vom Brunnenmarkt zum Liebhartstal, Wien 1983

Christine Klusacek/Kurt Stimmer: Penzing. Vom Wienfluß zum Wienerwald, Wien 1993

Christine Klusacek/Kurt Stimmer: Rudolfsheim-Fünfhaus. Zwischen Wienfluß und Schmelz, Wien 1978

Christine Klusacek/Kurt Stimmer: Währing. Vom Ganselberg zum Schafberg, Wien 1992

Eduard Koutek: Straßen, Gassen und Plätze erzählen Geschichte, Wien 1977

Wolfgang Lauber: Wien. Ein Stadtführer durch den Widerstand 1934–1945, 2. Auflage, Wien 1988

Josef Rauchenberger: Stichwort Demokratie. 50 Jahre Zeitgeschehen. Politisches Handbuch, Wien 1994

Manfried Rauchensteiner: Die Zwei. Die große Koalition in Österreich 1945–1966, Wien 1987

Ludwig Rossa: Straßenlexikon von Wien, Wien 1945, und 2. Auflage, Wien 1947

Werner Schubert: Favoriten. Von der Siedlung zur Großstadt, Wien 1980

Werner Schubert: Favoriten, ed. Bezirksmuseum Favoriten, Wien 1992

Peter Simbrunner: Straßennamen von A–Z, 4. Auflage, Wien 1989

Rudolf Spitzer: Hernals. Zwischen Gürtel und Hameau, Wien 1991

Rudolf Spitzer: Liesing. Altes erhalten, Neues gestalten, Wien 1994

Kurt Stimmer (Hrsg).: Die Arbeiter von Wien, Wien 1988

Alfred Wolf: Alsergrund. Bezirk der Dichter und Denker, Wien 1993

Karl Ziak: Von der Schmelz auf den Gallitzinberg. Gang durch die Gassen meiner Kindheit und durch die Geschichte Ottakrings, 3. Auflage, Wien–München 1987